ヨーロッパ中世社会史事典

新装版

A・ジェラール
序 J・ル＝ゴフ
池田健二訳

藤原書店

目次

ヨーロッパ中世社会史事典

凡　例

一　本書は、Agnès Gerhards, *La société médiévale*, MA Edition, Paris, 1986. の全訳である。

一　項目の一部はAgnès Gerhardsの協力者であるMarcel Mazoyerによって記述されている。その項目は、目次の項目名の末尾に㋮を付記することで明示した。

一　項目の配列は、原文はアルファベット順であるが、訳文では五十音順とした。

一　記号は、〔　〕は項目名、（　）は著者による補足、『　』は書名、《　》は著者による強調部分である。

一　本文中訳者の選択に於いて＊の付記されている言葉は、その言葉が項目として取り上げられていることを示す。必要に応じて、その項目を参照されたい。

一　注は、とくに原注と明記してあるものを除き、すべて訳注である。

一　各項目末尾の⇩で指示されている諸項目は、各項目に関して参照すべき項目である。

一　各項目の参考文献は、項目の末尾に記されている。頭に＊のついているものは、訳者が追加した文献である。

一　人名は、原則的には出身地での呼称を用いたが、慣用に従ったものもある。

一　原著に図版はなく、使用されている図版はすべて訳者の選択による。

一　教皇、国王、地方名に関しては、巻末の附録に収録した主要王朝系図、歴代ローマ教皇一覧、フランス地方略図を参照されたい。いずれも訳者が作成した。

序文

ジャック・ル＝ゴフ

読んでもらいたい、またとくに活用してもらいたい、そう私の願っているこの本は、謙虚であると同時に野心的でもある目的をもっている。

謙虚であるというのは、この本が、中世を理解するのに欠かせない基本的な単語や概念に関して、簡潔で必須の知識を提供するための一連の項目を、羅列する形をとっているからである。こうした知識は、西欧中世の歴史に親しもうとする学生や一般の人々が待望していたものである。この本は、テーマ別事典形式のガイドブックなのである。

野心的であるというのは、著者たちが、その諸項目をつうじ、中世の歴史と最近の中世史研究に関する、万全の考証と豊かな知性に裏づけられた、総括的な概観を提供しようとしているからである。そのため、この試みにおいては、歴史と歴史記述（そこでは《歴史の歴史》が語られる傾向がますます強くなっている）が、同時に対象とされている。それは、美しくも危険な賭けなのである。[原注(1)]

この本は、一五四の長短とりまぜた項目からなっている。経済に関する項目は、主としてマルセル・マゾワィエによって記述されているが、それらの項目のずばぬけた内容の豊富さと正確さは高く評価されるであろう。なかでもとくに、農業技術に関する諸項目がすばらしい。それは、土地への依存度が高く、農業経済の発展がその運命を決した中世世界を理解するためには重要なことである。技術の歴史にしかるべき注意が向けられはじめた今日、こうした中世農村の歴史の技術的な側面にも、興味深い手ほどきがなされようとしているのである。

こうした試み、こうした営みは、二十世紀前半でもっとも偉大なフランスの中世史家を後楯にしている。フランスでもそれ以外の国々でも、中世史の根本的な刷新をゆるぎないものにし、一部は今日でもいまだ生命を保っている威信を確立したその人物は、マルク・ブロックである。当然のことながら、本書の一項目は彼に捧げられている。マルク・ブロックの行なった中世の技術についての諸研究は、たいへん名高く、いまだに示唆に富む。[原注(2)] 一九三五年の《中世の諸発明》に関する論文は、ルフェーヴル・デ＝ノエット[(1)]の諸研究にもとづくものであるが（とくに繫駕法[(2)]と道路の諸特徴については）、古代とくらべて技術は衰退し、不活発で、技術水準も劣っていたとする、中世に対する伝統的な見解をくつがえすのに貢献した。中世を《暗黒》の時代とする考えに対し（ルフェーヴル・デ＝ノエットは暗黒の中世にもわずかな光をみいだせると明言していた）、マルク・ブロックは、中世が創造的な時代であったことを明らかにするのに貢献した。彼は、繋駕用頸環、車輪と撥土板のついた左右非対称の犂刃をもつ犂、馬鍬、三圃農法、機械職人、カム機構、そしてことに水車によって、中世という時代が、近代西欧での、工業とまでは言わないが、農業や手工業の躍進の原点であることを明らかにしたのである。水車は（もちろんこの本の項目の一つである）、一九三五年の古典的名論文『水車の出現と普及』[3]の主題でもあるが、西欧における最初の《機械》だったのである。この事実は、クロード・リヴァルのすばらしい学位論文[4]が出版されれば、やがて正しく認識されるであろうが、それさえマルク・ブロックのラインにそったものなのである。またマルク・ブロックは、（技術史の専門家は今でも忘れていないことであるが）すべての技術の歴史は同時に社会史でもなければ有益なものとはなりえない（『技術と社会発展、ある歴史家の考察』[5]）、ということを思い出させてくれる。マルクスは、水車を奴隷制の破壊者に仕立て上げるというおそるべき事実の単純化を行ないはしたが、その教説のなかで、生産手段と生産様式の発展が社会構造を変化させるとも説いている。結局のところ、マルク・ブロックは、技術の発展のなかに心性《マンタリテ》[6]のはたした役割を粗描することで、きたるべき日のための露払いを行なったのである（『集団心理学としての技術変化』[7]）。

　そのため〔輪作〕〔農事暦〕〔有輪犂〕〔作物〕〔開墾〕〔休耕〕などの項目は、また当然ながら〔農業〕の項目は、たいへん興味深いものになっている。〔輪作〕を例にとろう。この項目では、輪作地が、すなわち《同じ耕作や、連続した同じ一連の作業》が行なわれる地片が、検討の対象とされる。そして、自然と人間の関係に深い影響をあたえるこの耕作の連続と回転のシステムは、《農耕システム》のなかにあらたな地位を獲得する。そこには、三圃農法導入の環境、その影響、その限界が、手短かではあっても非常にたくみに言及されているのである。

　いくつかの項目は、中世農村経済に特徴的ないくつかの要素をくっきりと際立たせる。〔狩り〕や〔森林〕の項目は、採集物や狩りの獲物のはたした役割をあきらかにする。そこでは、中世経済における狩猟採集活動の役割がみきわめられ、そうした《半自然的》経済の必要性が強調される。その一方で、この経済は、さまざまな技術革新、教会、誕生したばかりの国家などの努力にもかかわらず、領主の課税によって劣悪さをました自然の諸条件に、きびしく支配されている。そこから来るこの経済の脆弱さは、程度の差こそあれ、定期的にくりかえされた飢饉のなかに露呈する。かなり好況であった十三世紀にはまだまれであった飢饉も、十四世紀には再発をくりかえすようになる。このことは、〔危機〕の項目に言及される。

〔狩り〕〔森林〕〔飢饉〕などもまた、そこから連想される中世のさまざまな社会的側面を描き出す。こうした行為、場所、現象の周辺に広がるイマジネール[8]を暗示することは、これにより、さらに容易になるであろう。〔狩り〕、それは中世の貴族や騎士の一途な情熱の対象であり、数かぎりない夢や文学作品の幻想の世界であり、恋する女の探索の、またワルキューレ王の背後に広がる中世の闇夜の天空をよぎる馬上の死者たちの彷徨の、すなわち、ゲルマン人の《悪霊の空中騎行》の象徴でもある。〔森林〕、それは西欧の砂漠であり、隠修士の領分であり、盗賊や恋人たち――トリスタンとイズー、オカッサンとニコレット――の隠れ場であり、石炭を掘ったり蜂蜜を集めたりするうさんくさい山師たちみなの領分であり、アイヴァンホーが本来の生気をとりもどして活躍する森であり、中世のオルフェウスが野性の動物たちをしたがえた場所である。森からは、敵兵や狼、さらに危険な狼男さえもあらわれた。〔飢饉〕、それは空腹からくる幻想であり、きのこや、ライ麦の麦角や、毒草をたべた人々の幻覚である。また、ラウール・グラベール[9]の幻想を信じるなら、人食いであり、飢えた人々の残酷な亡霊への変身だったのである。《人としての声そのものがか細くなり、まるで死にかけた鳥のかすかな鳴き声のようであった。》

この本では、農業の分野以外の中世経済の重要事項、すなわち〔手工業〕〔定期市〕〔商人〕〔貨幣〕などもとり上げられ、解説されている。また、〔銀行〕〔工業〕といった、一見時代錯誤的とも思われる諸項目に出会うとしても、著者たちは、今日的な意味のもとにそれらを描き出している。そこには、今後の研究の発展の引き金となるような、今までのものとは違う内容がもり込まれている。かなりの数の商人が〔銀行〕で頻繁に両替取引を行なっていたが、この取引から、為替手形やその他のあらゆる活動が生み出されていく。このことに関しては、中世末期を《銀行の黎明期》の時代としてとりあげたカリフォルニアのシンポジウムで、最近討議されたばかりである。

ここでいま一度、〔高利〕という言葉が描き出す、たいへん中世的な現実にたち戻ってみよう。十二世紀初頭、金と神、富と救済の戦いが演じられたのは、この言葉をめぐってであった。利子つきで金を貸すことは、神だけの所有物である時間を売りものにすることであった。聖書のいましめを無視し、わが兄弟を食いものにすることであった。貨幣経済がくまなく行きわたるようになると、キリスト教徒に対してでも金を貸すには利子が必要であることを何の憂いもなく確信していたユダヤ人の金貸したちだけでは、もはや需要が満たせなくなる。そして、やがて数多くのキリスト教徒の同業者が生まれたが、教会の目には、すべての商人の頂点に高利貸がいて、つねに目ざとく、煽動的であるように映った。破門、赦免、地獄落ちのおどしもむだであった。結局は、巧妙な決疑論[10]と〔煉獄〕とによって、高利貸が金持になり、悪魔の手から逃れることが許容されてしまう。しかし、彼らは危険な目にあったし、いつまでも平穏無事ではいられないのである。

〔工業〕に関しては、十九世紀の産業革命や、アンシャン・レジームのマニファクチャーにおける西欧の経験と比較しうるようなものは、当然のことながら、何もみいだせない。とはいえ、当時の織物製造活動の密集の度合――フランドルや北イタリア、特に北イタリア諸都市における――、作業場の数と広さ、都市や農村での水車の密度からして、それを単なる手工業としてかたづけてしまえるであろうか。ジャン・ギャンペルの挑発的な書物『中世の産業革命』[11]は、たしかに慎重さには欠けるかもしれないが、まったく理に合わないわけではない。

経済に関する箇所を除く残りの部分、つまりこの本の書の大半は、アニェス・ジェラール・ティヴァンによって書かれている。むずかしい項目の選択に際しても、彼女は賢明な決断を下しており、その上で、歴史家としての学識と真の感受性をもって、みごとな記述を行なっていると私は思う。

彼女の選択は適切だと思う。私の思い違いでなければ、この著者は、言葉や事柄に、三つの系統があることを感じとったようである。まずは、伝統的な方法によって中世の時代を定義し、叙述し、解説するもの――たとえば封建制というような。つぎに、よりあとから歴史家の領分に侵入したもので、中世についての認識を深め、また中世をより肉づきよく、みずみずしく、いきいきと、そしてより正しく把握させてくれるようなもの。最後は、中世の領域を充実させ、その領域での重要な革新を行なったと考えられている、かの中世史家の近著全体をとくに参照したものである[12]。

基礎的ではあっても、新鮮味はない系統に関しては概観するにとどめたい。〔封建制〕〔自由地〕〔バン〕〔貢租――貢租地〕〔城砦〕〔騎士身分〕〔慣習法〕――重要な用語で、非常に適切な選択と思われる――、〔封〕〔誠実〕〔フランシーズ〕〔オマージュ〕〔系族〕〔貴族身分〕〔賦課租〕〔領主制〕〔農奴身分〕〔家臣制〕〔百姓〕などがそれにあたる。同じく、〔都市〕〔ブルジョワ〕〔同業組合〕、〔教会〕〔聖職者〕〔修道院〕〔学校〕〔大学〕、また〔皇帝〕〔教皇職〕〔国王〕、そして〔異端審問〕〔神の平和〕〔巡礼〕〔聖人〕（聖性の歴史はアンドレ・ヴォシェによって革新された）[13]、〔騎馬試合〕（ジョルジュ・デュビィによってあらたな光が当てられた）などに関する項目も欠くことはできない。

たしかに不完全な点もある。しかしそれは、フランスの、あまりに細分化された中世史研究や中世史教育が抱え込んでいる不全さの反映でもある。この国では、美術史、哲学史、神学史、法制史、文学史などが孤立、もしくは半孤立状態のままに生きながらえている（細々ながらではあるが）。しかも、もしこの事典を完全なものにしようとすれば、それは巨大なものになってしまうであろう。そして、実例による証明を問う必要もなくなってしまうであろう。

しかしながら、足がかり的な項目、橋わたし的な項目として、私は、〔カテドラル〕や〔イメージ〕（中世図像学のなかで進行する開拓の最前線）、〔法〕、そして、今フランスで非常にいきいきと輝いている文学史の領域に属す〔宮廷風恋愛〕〔武勲詩〕〔騎士道物語〕〔トゥルバドゥール——トゥルヴェール〕に注目する。いま一つふくらみに欠け、短かすぎる感はあるにしても。

その一方で、中世史家が関心を向ける新しい研究領域も、この本には深く根づいている。そして、そうした研究を普及させるという確たる役割をも、この本は担っている。

文化の分野においては、読み（〔書物〕という項目がある）書きこそが文化史の本質的位相であることを思い出させてくれる、〔文盲〕についてのあらたな問題提起がある。また、この領域の拡大は、〔民衆文化〕や〔呪術〕という項目があることにもあらわれている。中世の男性は（女性もであるが）今や〔肉体〕をもつようになり、〔快楽〕はこの社会のゲームの賞品となる。この社会では、それなりの方法で、〔個人〕の側からくりかえしくりかえし問題が提起される。生きた宗教は、〔罪〕〔信心〕〔千年至福説〕の視点をとおして把握される。人間と自然の関係は、〔生態系〕の定義のうちに捕らえられている。性や親族の問題は、〔子供〕（私はフィリップ・アリエス[14]にならって、子供時代は、中世においては無価値なものとされたと考えつづけている）や〔結婚〕、〔女性〕の項目のなかにあらわれる。バランスをとろうとする意図から、〔ユーグ・カペー〕〔フィリップ尊厳王〕〔ルイ九世〕（どうして聖王ルイにしなかったのか）などの男性像と同じ数の女性の姿が紹介されている。〔ジャンヌ・ダルク〕（正しい選択だ）、〔ブランシュ・ド・カスティーユ〕

〔悪くない〕。しかし、その役割を、あくまでも政治的目的の外側に位置づけるよう私がこだわる〔アリエノール・ダキテーヌ〕は、もっと重要な文化的役割を演じたはずである。アニェス・ジェラール・ティヴァンは、〔ストライキ〕が中世生まれであることをきちんと見てとる（一二二九年～一二三一年のパリの大学ストライキが最初で、つぎが一二六〇年からの《労働者》のストライキである）。今日的な関心事へのまなざしは、当然ながら、周縁性《マルジナリテ》[15]への言及を導き出す。〔排除された人々〕[原注3]や、戯れの世界、すなわち〔祝祭〕、〔ゲーム〕がそうである。周縁性は、現在と形こそ違え、中世の社会とイデオロギーを特徴づけていた。ジャック・ロシオーのすばらしい諸研究は、都市社会と性の出会う場に〔売春〕という主題を呈示するよう仕向ける。その一方で、現代の不幸が、〔拷問〕〔暴力〕といった現象をまでもここに登場させる。もちろん、それは中世特有の不幸のなかで語られるのであるが。〔オック語圏〕については慎重に語る必要があるし、同時代人の幻想から、歴史的事実を切り離す必要があるであろう。そして最後に、この位置にふさわしく、死に関する固定観念の枠組みに言及したい――とくに、〔あの世〕と深くかかわるキリスト教の死について。そこではおそらく、地上の楽園へのノスタルジーと、天上の楽園への願望を強調することができるのではなかろうか――そして同時に、地獄への強迫観念も。そこでは、悪魔が、封建的イマジネールのオーケストラの大指揮者であり、また、あえて言うなら、この世の封建制が機能するためのエクスマキナ（救いの神）なのである。

　最後になるが、いくつかの見出しのもとで、それに関する革新的著作が発見ないしは再発見されるであろう。〔動物〕（ロベール・デロー『動物には歴史がある』[16]）の項目は、動物の歴史についての認識を広げた。〔ブーヴィーヌの日曜日〕は、ジョルジュ・デュビィの偉大な著作『ブーヴィーヌの日曜日』[17]のたまものである。この本は、戦闘事件の説明において、事件以前の情勢の推移と、その影響によってのちに発生する出来事に同等の比重をおくことで、軍事史に変革をもたらした。〔中世の没落〕は、オランダ人ホイジンガ[18]の著書（原題に忠実に『中世の秋』と呼んだほうがよいであろうが、この本は、感受性の歴史についての最初の傑作である）への捧げものである。〔妖精〕、それは、ローランス・アルランネのすばらしい著作『中世の妖精たち』[19]にもとづき、学者文化と民衆文化の衝突のさまを、そして女性の想像の世界を照らし出す。〔歴史〕は、『西欧中世における歴史と歴史文化』[20]のなかで、ベルナール・ギュネーにより学問的で詳細な分析がなされた、中世における歴史科学と歴史的心性の誕生に言及する。〔モンタイユー〕

は、エマニュエル・ル＝ロワ＝ラデュリ[21]のたいへん有名な著作の豊かな内容を利用している。〔三身分〕は、ジョルジュ・デュメジル[22]の理論が中世史においても有益であることを証明する。その理論をどう用いるかに関しては、ジョルジュ・デュビィが、『三身分もしくは封建主義のイマジネール』[23]のなかに、きわめてみごとな実例を呈示している。〔恐怖〕は、恐れに満ちたキリスト教が中世に起源をもつことを紹介するが、そのことは、『西欧における恐怖』と『罪と恐怖』[24]のなかで、ジャン・ドリュモーが明らかにしている。〔封建社会〕は、その参考文献からもわかるように、マルク・ブロックの代表作を呼び戻す。〔知識人〕と〔煉獄〕の詳細に触れることは、容赦していただけるであろう[25]。

この本の一貫性を補完するもの、それは地域と時代に関する選択である。そこでの言及は、たぶん西欧全体を対象としたものであろう。さもなければ、西欧中世が、キリスト教世界の名のもとに語られることもないはずである。しかしその最良の部分は、フランスに捧げられている。なぜなら、みずからを明確に定義し、国家を形成し、そして国民国家をもって自他ともに任じるようになるのは、フランスが（たぶんイギリスとともに）もっとも早かったからである（〔国家〕〔ナショナリズム〕の項目）。他方、本書においては、中世は〔紀元千年〕にはじまるものとして呈示されるが（最初の異端者たちとともに西欧中世が誕生したことはたぶん事実であろう）、ここで主役を演じているのは、たいへんな飛躍の時代である中世中期である。しかし、多くの場所ではルネサンスであった中世の秋も、ホイジンガ（彼の項目がないのはなぜか）の存在と、ペスト以前の《美しき》中世と、ペスト以降の《混濁》した中世の間に境界線を引く〔ペスト〕の項目の貢献によって、しかるべき地位を獲得している。一三四八年以前の苦痛があまりに激しいものであったがゆえに、そのあとには、比類ないほどに見事な秋のバラが咲き乱れたのである。

本書の基礎をささえ、また生気をあたえているのは、この半世紀間のフランスにおける中世に関する歴史研究と歴史著述の、その質の高さと斬新さである。そしてそのかなたには、少なくとも十七世紀以来の、フランスにおける中世史研究の豊かな伝統が広がっている。その名を高めたのは、二人の人物であった。まず、シャルル・デュ・フレーヌ[26]。彼はカーニュ領主であり、中世ラテン語の大辞典『中世および俗ラテン語の語彙集』の著者である。そして、ドン・ジャン・マビヨン。彼はサンモール会のベネディクト派修道士で、サン＝ジェルマン・デ・プレ修道院において『古文書論』[27]を著し、中世の文書や証書の研究である《歴史的古文書学》の基礎をすえた。

たぶん二つの項目（手短な）は、それぞれの主題に捧げると同時に、ある学校にも捧げることができるであろう。その学校とは、一八二一年以来、中世史家の学識の形成に専心している古文書学校《エコール・デ・シャルト》である。この学校は、二十世紀の歴史学の進歩によって、もはや過去の存在となってしまったといえるかもしれない。また、マルク・ブロックや、高等師範学校出身者《ノルマリアン》や、《アナール》学派[28]に、中世に関する歴史記述の革新という、おきみやげを残したことも事実である。しかし、中世史の理解にこの学校がはたしてきた役割は少なからず重要であるし、古文書学の領域では、いまだにその活力を示しつづけている。この本の諸項目は、その成熟した伝統のなかから、豊富な知識をくみ上げることができたのである。

中世は、流行のさなかにある。中世史は大評判となり、中世に関する書物もよく売れている。現代の男性たち、女性たち、若者たちは、彼らの父祖たちの心を動かした古代より、むしろ中世のなかに自分たちのルーツをみいだしている。中世は、われわれにとって近くもあるし、遠くもある。なじみ深くもあるし、エキゾティックでもある。暗黒伝説や黄金伝説はおぼろげなものとなり、そのあとに姿を見せるのは、より科学的に認識され、より真実に近い中世、古風で革新的で、優しくて激しい、粗野で衒学的な中世、感情的な行動にはしりがちな、懐疑的でもなく熱意がないわけでもないのに、しばしば絶望的な、そして、おそろしいほど活力に満ちた中世である。情熱にあふれ、情熱をかき立てるこの中世。それによって、にせ歴史家や三文文士、そして嘆かわしいテレビ番組作家に着想を提供しているまやかしの中世のばかげた話やおかしな話は、駆逐されなければならない。

私は、この本が、保存されるだけの価値のあるこうした過去と現在の歴史の、よき導き手の一つとなることを願ってやまない。

ジャック・ル＝ゴフ

原注

（1）私は、これからも有用でありつづけるであろう、二冊のそれぞれまったく違った書物の存在を忘れているわけではない。Le petit lexique U のシリーズ中の、René Fédou とその協力者たちによる *Lexique historique du Moyen Age*,A.Colin,Paris,1980.は、七〇〇の項目からなる必携本である。また、Pierre Bonnassie,*50 mots-clefs de l'histoire médiévale*,Privat,Toulouse,1981.もすばらしい。

（2）これらの論文は、Marc Bloch,*Mélanges historiques*,S.E.V.P.E.N.,Paris,1963,tom.2,pp.791-838.におさめられている。

（3）パイオニア的研究である《ポーランドの偉大な中世史家》Bronislaw Geremak,*Les marginaux parisiens aux XIV*^{e} *et XV*^{e}

siècles,Flammarion,Paris,1976.と *Truands et misérables dans l'Europe moderne,1350-1600*,Coll.Archives,Paris,1980.も忘れてはならない。

訳　注

（1） Lefebvre des Noëttes, *L'Attelage et le cheval de selle à travers les âges*, Picard, Paris,1931.

（2） 有輪犂や荷車と、それを牽引する牛馬とのつなぎ方、引き具のつけ方。

（3） Marc Block,"Avènement et conquêtes du moulin à eau", dans *Annales d'histoire économique et sociale*,7, 1935.

（4） Claude Rivals,*Moulin à vent et le meunier dans la société traditionnelle française*,Berger-Levrault,Paris,1987.

（5） Marc Block,"Technique et évolution sociale,réflexions d'un historien",*Europe*,47, 1938.

（6） 新しい歴史学で頻繁に用いられる概念で、広い意味での心のありようを示す言葉である。そこには、意識されていない心の深層にはじまり、日常のなかでの感覚、感情、欲求、さらには価値観、世界観までもが含まれる。

（7） Marc Block,"Les transformations des techniques comme problème de psychologie collective", *Journal de Psychologie normale et pathologique*,41, 1948.

（8） 目にみえる現実の世界ではなく、人々の心のなかに広がる空想の世界、想像の領域のことをいう。新しい歴史学は、この領域にも根源的な重要な地位を認める。

（9） Raoul Glaber(985-1050)はブルゴーニュ地方出身の修道士。ディジョンのサン＝ベニーニュ修道院をはじめ、各地の修道院に滞在し『歴史』五巻を著した。紀元千年当時の貴重な証言者である。

（10） 良心の問題を考察の対象とする神学の一分野であるが、転じて、単純な真実を故意にあいまいにすることも意味する。

（11） Jean Gimpel,*La révolution industrielle du Moyen Age*, Seuil,Paris,1975,坂本賢三訳『中世の産業革命』岩波書店、一九七八年。

（12） ル＝ゴフ自身の著作、*La civilisation de l'Occident médiéval*,Artaud,Paris,1984.のことであろう。

（13） André Vauchez,*La spiritualité du Moyen Age occidental, VIIIe-XIIe siècles*,P.U.F.,Paris,1975.

（14） Philippe Ariès(1917-1984)フランスの歴史家で、長年「日曜歴史家」として子供や死に関する研究を行ない、家族史や心性史の分野の開拓者の一人となった。

（15） 既成の社会から疎外されたり、逸脱したりした状態を指す言葉。そうした状態におかれた人々のことをマルジノーと呼ぶ。

（16） Robert Delort,*Les animaux ont une histoire*,Seuil,Paris, 1984.

（17） Georges Duby, *Le dimanche de Bouvines*, Gallimard, Paris,1973.

（18） Johan Huizinga(1872-1945)は、オランダの歴史家で、『中世の秋』『ホモ・ルーデンス』その他の著作で独自の文化史観を提示した。近年、「新しい歴史学」の先駆としても再評価されている。

（19） Laurance Harf-Lancner,*Les Fées au Moyen Age*,Champion,Paris,1984.

（20） Bernard Guenée,*Histoire et culture historique dans l'Occident médiéval*,Aubier-Montagne,Paris,1981.

（21） Emmanuel Le Roy Ladurie(1929—)はフランスの歴史家で、雑誌『アナール』の編集人の一人。『モンタイユー(上)』(井上幸治他訳、刀水書房、一九九〇年）のほかにも『新しい歴史』（樺山紘一他訳、一九八〇年、新版藤原書店近刊）などの著作がある。

（22）Georges Dumézil(1898-1986)はフランスの宗教史家で、欧印語族の神話と社会構造の比較研究を行ない社会を三つの職能に区分するイデオロギーがそこに共通して存在することを指摘した。

（23）Georges Duby,*Les trois ordres ou l'imaginaire du féodalisme*,Gallimard,1978.

（24）Jean Delumeau,*La peur en Occident*,Fayard,Paris,1978. および *Le péché et la* peur,Fayard,Paris,1983.

（25）これらの二項目が、ル＝ゴフ自身の著作である『中世の知識人』*Les intellectuels au Moyen Age*,Seuil,Paris,1985.および『煉獄の誕生』（渡辺香根夫・内田洋訳、法政大学出版局、一九八八年）にもとづいているため。

（26）Charles du Fresne(1610-1688)は法律家で歴史家。中世ラテン語研究の先駆者で、*Glossarium mediae et infimae Latinitatis*, 1678.を著した。

（27）Don Jean Mabillon(1632-1707),*De re diplomatica*,1681.

（28）マルク・ブロックとリュシアン・フェーブルが一九二九年にストラスブールで創刊し、現在も刊行されている雑誌『アナール』の周辺に集う歴史学者たちのこと。新しい歴史学の牽引役をはたしてきた。

アヴィニョン教皇職　Papauté d'Avignion

一三〇九年以降、約四分の三世紀のあいだ、アヴィニョンは、ローマにとりかわって、キリスト教世界の首都であった。教皇クレメンス五世は、最初からフランスに居を定めるつもりだったわけではない。政治的な理由で、やむをえなかったのである。フィリップ美男《ル・ベル》王と教皇ボニファティウス八世の抗争は、一三〇三年のアナーニでの≪屈辱≫によって幕を閉じる。教皇は、フィリップ美男王の顧問官ギョーム・ド・ノガレ(1)と、彼に敵対する者たちの手で逮捕された。教皇は、自分のライバルの一族を追い払おうとしていたのである。教皇は、辱められ、痛めつけられた。そして、この教皇権の大敗北の直後に、歿してしまう。そこでフィリップ美男王は、この教皇から受けたさまざまな≪侮辱≫を、なかでも、教皇権に関する神学理論や、世俗権に対する教皇権の優越を喚起する勅書≪ウナム・サンクタム(2)≫による侮辱を、またボニファティウス八世がフランス国王にあたえた破門による侮辱を、つぐなうよう要求した。ことに、フィリップ美男王と、ボニファティウス八世

南フランスのアヴィニョンに残る教皇庁の建物。14世紀なかばに建設された巨大なゴシック建造物である。

のあとを継いだクレメンス五世との交渉は長びいた。その間、教皇が滞在していたのが、教皇領のはずれにあるヴナスク伯領のアヴィニョンであった。

この地は、ローマとくらべて気候はおだやかで、住民もおとなしく、まわりのキリスト教国との連絡も容易であった。町は、ナポリ王妃から買いとられると、しだいに城壁で囲われ、快適で金のかかった広大な宮殿も建てられた。そして、ローマ教皇庁から移された多数の聖職者官僚たちであふれかえるようになった。聖座の行政や司法にたずさわる一群の人々である。王権による中央集権化と、教権による課税強化は、この教皇職に対する激しい憎悪を生んだ。事実、教皇庁は終始財政難に苦しんでいた。この《教皇の宮殿》は、莫大な資金を浪費したのである。財政を圧迫する官僚機構や官吏たちの維持費はますます重みを増し、イタリア内のライバル陣営への援助資金もますます膨張した。ヨハネス二十二世は、全財政支出の六〇パーセント以上を、彼らのために注ぎ込んだのである。

教皇たちは、古くからの財源だけでは不充分なため、あらたな税を創設する知恵をめぐらしつづけた。慈善支援金《スブシッド・カタリテイフ》（義務的な分担金へと変化した自発的な寄付金）、教皇によって叙任された聖職者が支払う税（新たに選任された司教や修道院長は重い税を払った）などである。フランス国王たちは、教皇による中央集権化や課税強化に、異議を唱えようとはしなかった。なぜなら、彼らもまた、そこから部分的ながら恩恵をえていたからである。アヴィニョン教皇たちは、聖職者税《デシーム》（十字軍や、それに匹敵する必要性のため、すべての受益者から徴収された特別税）や、聖職就任税《アナント》（最初の年の聖職禄収入に平等にかかる税）など、いくつかの税収の受領を国王たちに認めた。それにもかかわらず、国王のとりまきのあいだでは、数々の小ぜりあいをつうじ、教皇職に対する根強い憎しみが生きつづけていた。恨みが噴きあがる下地が、つねに存在していたのである。イギリスの王権や世論はどうであったかといえば、やはり、アヴィニョン教皇職に激しい敵意を抱いていた。

教皇権は、一三七八年の教会分離《シスム》*以降、より重大な危機に直面することになった。三九年間つづいた《教会大分離《グラン・シスム》》である。この期間をつうじ、ローマ系とアヴィニョン系の二つの系統の教皇が並び立った。ウルバヌス六世に対抗して選出されたクレメンス七世は、アヴィニョンにとどまっていた枢機卿たちによって支持されていた。この分離は、一四一七年までつづくことになる。それは、マルティヌス五世が、唯一の教皇として、全キリスト教世界からやっと承認された年であった。

アヴィニョンへの教皇の滞在は、実際には、教皇の権威を損ないはしなかった。その反面、教会分離は、教皇権に深刻な衰退をもたらすことになった。

（1） Guillaume de Nogaret (1260-1313) はフィリップ美男王側近の法曹家。顧問官としてアナーニ事件を画策する一方、一三〇七年には大法官となり、テンプル騎士団事件の立役者としても活躍した。

（2） Unam sanctam は一三〇二年に教皇ボニファティウス八世の出した勅書。教皇の至上権を主張し、国王でさえその権威に従うことを要求した。

参考文献

Francis Rapp, *L'Eglise et la vie religieuse en Occident à la fin du Moyen Age*, Nouvelle Clio, P.U.F., Paris, 1971.

Yves Renouard, *La papauté d'Avignion*, P.U.F., Paris, 1954.

Guillaume Mollat, *Les papes d'Avignion*, 10e édition, Letouzey et Ane, Paris, 1966.

⇩〔国家〕〔教皇職〕〔教会分離〕

あの世　Au-delà

中世のキリスト教徒の一生において、あの世は、たいへん重要な存在である。教会が、肉はやがて消えさる運命にあるとして、肉体の軽視を説けば説くほど、またこの世での生が、災禍や、不平等や、罪悪に満ちていればいるほど、その重要性はますます高まる。他方、人々は霊魂の不滅を認識している。その不滅性を信じるがゆえに、この世での生もまた、不安に満ちたものになるのである。それなのに、まだ煉獄*が発明されていない十二世紀、最後の審判の期日を楯に脅かされた信者たちは、天国か地獄か、そのどちらかしか選べなかったのである。

天国にたどりつける可能性はすべての人々にあたえられていたし、辛酸をなめた者ほどその確率も高かった。貧しい者たちにはその保証さえあたえられていたが、何の慰めにもならなかった。中世のイマジネールにおける天国の姿は、遠くオリエントのそれとは異なっていた。はじめのうち、人々は、そこに座す威厳に満ちて王者らしい御父の姿を想像し、またときに、家臣たちの頂点に座して勝ち誇る封建領主の姿を想像した。中世末期には、この御父は、激怒し威嚇する復讐者に姿を変える。しかしこの神も、やはりあまり身近な存在ではなく、中世の信心*は、より人間的な仲介者を求める方向へとむかう。そうした存在が、神の小羊から中世末期の苦悩するキリストにかけて展開されるイメージのもとでのキリストであり、聖母マリアであり、諸聖人であった。聖母マリアや諸聖人は、地獄や悪魔によって示される苦悩のすぐ脇で、人々に天国や神の恩寵をもたらし、慈悲を、ことに安堵をもたらすのに貢献した。しかし、予定説の考え（神は、天国のために選ばれるものと選ばれないものを、ずっと前からごぞんじである）が出現するにいたり、苦悩はよりいっそう深まっていく。

ジャン・ドリュモーの言うとおり、あの世での責め苦が、何より十六世紀の流行であるとしても、地獄や、すさまじいその業火についての言説は、中世にもすでに頻繁に用いられている。それもかなり巧妙にである。なぜなら、それは選抜式になっているからである。必然性をもつ者だけが、地獄に落ちるのである。地獄は、永遠の苦悩の象徴であり、一群の墜天使たちをともなう魔王ルシフェルの軍団であり、あきらかに光明にとぼしい未来への展望そのものであった。ロマネスク教会やカテドラルの*タンパン(1)は、そして説教家たちは、忘れっぽい信者たちの記憶のなかにこの観念を保つ任を負っていたのである。

悪魔は、キリスト教神学に欠くことのできない存在である。悪を説明してくれるのは、彼らである。苦悩と不幸の責任者は、彼らなのである。そして人間は、悪魔に対し、その誘惑に対し、つねに闘いつづけなければならない。悪魔は、ほとんどの場合、つぎの二つの姿であらわれる。挑発的な外見（たとえば美しい娘）で人をだまし打ちにする誘惑者として、また、おぞましい外見によってその罪をみずから体現する迫害者として。修道士ラウール・グラベールは、顎はそりかえり、唇はつきだし、耳はけむくじゃらの、尻はふるえている、裸の小男の姿の悪魔と《遭遇》している。しかし、十六世紀の絵画にまったく身の毛もよだつ途方もない姿で登場する悪魔たちとくらべれば、まだかがしれている。彼らは、地獄の釜や、災いをなす力を証明する二叉や三叉の熊手の姿で、そこに登場するのである。

しかしながら、この中世においても、どの程度悪魔を信じているかは、人によってまちまちであった。アベラール(2)のような思想家たちは、たしかに例外的であるにせよ、墜罪のそもそもの責任者であるその人自身の内面的なモラルに、ある一定の重要性を認めている。魔術的な罪の源としての悪魔は、そこでは排除されている。ファブリオ文学(3)でも、自然災害を説明するために登場してくる悪魔は、笑いとばされ、つまはじきにされるのである（ジャン=シャルル・パイヤン）。

（1）　教会の扉口上部のアーチ部分を埋める壁面。そこには、最後の審判をはじめとする、聖書の物語のさまざまな場面が刻まれている。
（2）　Pierre Abélard (1079-1142) はフランスの哲学者、神学者。

北フランス各地で学んだのち、パリのノートル・ダムで神学、論理学を論じる。「唯名論」の論客として有名となり、『然りと否』『弁証法』などの書物を著した。エロイーズとの恋愛でも有名。

（3） 十二世紀から十三世紀にかけて流行した風刺文学。八音綴りの韻文の形式をとる。そこでは、宗教をも含めた、あらゆるものが風刺の対象とされ、笑いの対象とされる。

参考文献

Jean-Charles Payen"Pour en finir avec le diable médiéval," dans *Le Diable au Moyen Age*,Colloque Aix-en-Provence, Senifiance,6,1979.

Jean Delumeau,*Le péché et la peur*,Fayard,Paris,1983.

Jacque Le Goff,*La civilisation de l'Occident médiéval*,Arthaud, Paris,1984.

⇩〔**煉獄**〕〔**罪**〕

アリエノール・ダキテーヌ　Aliénor d'Aquitaine

アリエノール・ダキテーヌは、一一二二年ころ生まれ、一二〇四年に歿しているが、彼女の一生は、中世の女性のおかれていた一般的な状況を示すものでは決してない。今日、彼女を魅力ある有名人に、異論なき評価の対象にしているのは、この女性だけに関係する、まったくと言っていいほど例外的なことがらである。

シノンのサント＝ラドゴンド礼拝堂で最近発見された、アリエノールを描いたと思われる壁画。

彼女は、八人の子供の母親となった。このような多産も、当時では何もめずらしいことではなかった。とはいえこの子供たちは、二度の結婚から、すなわち、かたやフランス国王ルイ七世、かたやプランタジネット家のイギリス国王ヘンリー二世とのあいだに生まれたのである。彼女は、お気に入りの息子リチャード獅子心《ザ・ライオン・ハーテイッド》王や、娘たちとのあいだに、なみなならぬ特別の絆《きずな》をたもちつづけ、その文学好きを彼らに伝えた。

アリエノールは、特異な性格の女性で、その生涯と愛をとおして、だれにも従属せず、また従属すまいと努めた。その《移り気と、多情さ》?が原因で、ルイ七世との結婚は失敗におわる。彼女は、第二回十字軍でルイ七世に同行し、叔父のアンティオキア侯レモン・ド・ポワティエ(1)とのあいだに色恋ざたをおこした。そのせいで彼女は、国王を笑いものにし、政治的なあやまちまで犯させた、との非難を浴びることになった。その政治的あやまちとは、アンティオキア侯国の負担を軽減し、聖地をおびやかす主要な脅威を取り除くことになるはずであった、エデッサ遠征の計画の放棄であった。ヘンリー二世との結婚も、同じように、政治的な理由や個人的な理由によって波瀾に満ちたものとなった。

アリエノールは、王妃として、政治的役割を演じることを望んでいたにちがいない。しかし、ルイ七世はそれを禁じ、彼女を国事から遠ざけたままにした。ヘンリー二世も、また同様であった。やがて彼女は、夫ヘンリー二世の死に際し、世継ぎのリチャードが十字軍に出かけて不在であったため、その間イギリスを統治する機会をえた。かねてからの望みをついにはたしたのである。ドイツ皇帝の捕虜となったこの息子の解放のために、要求された身代金を支払ったのも、彼女であった。

けれども、アリエノールがより大きな影響力をふるったのは、当然ではあるが、アキテーヌ公国の女領主としてである。彼女は、アキテーヌ公国(2)のギヨーム十世の娘として、精力的に、また効果的に、この公国を取りしきった。そこは、ほかでもない≪彼女の≫公国であった。ルイ七世との結婚は、この公国の王領*からの独立の維持を妨げはしなかった。ヘンリー二世でさえも、その地をイギリス王国に統合することは、ついにかなわなかったのである。

アリエノールは、夫に反抗する息子たちをかわるがわる支援するという重大な役割をも演じた。ヘンリー二世が、息子のリチャード獅子心王をたよりに、アキテーヌ公国をその勢力下に組み入れようとしたのに対し、一一六九年、彼女は、この息子をアキテーヌ公に任じたのである。

アリエノールは、息子たちを巻き込みながら、自分の領内の諸侯のイギリス国王に対する反乱を指揮した。ヘンリー二世は、一一七三年に彼女を逮捕させ、監禁した。一一九九年には彼女は八十歳になっていたが、自分の公国のために、あいかわらずフランス国王——当時はフィリップ尊厳王《オーギュスト》——にオマージュ*を捧げている。とはいえ、フランス国王の領土拡大の策謀からは、その領土を守り通したのであった。

アリエノールは、行動的な女性であると同時に、文学を好む、教養ある女性でもあった。ルイ七世との結婚の間、彼女は、南仏の宮廷のしきたりをイル・ド・フランスにいくらかでも根づかせようと試みたが(3)、あまり成功しなかった。彼女の離婚は、オイル語圏とポワトゥー地方のあいだに、考え方や生き方において、まだ大きな隔たりがあったことを証明している（ジョルジュ・デュビィ）。ヘンリー二世と離婚し、故郷に帰ったアリエノールは、大変きらびやかで洗練された宮廷を営んだのであった。

南フランスの文化が北フランスに広まったのは、何より彼女の娘たちを介してであった。なかでもとくに、シャンパーニュ伯の妻となったマリー(4)の個人的影響力の大きさは疑いえない。

女傑であり天才的女性であったアリエノールは、特異な存在であり、エロイーズ(5)、マリー・ド・フランスやブランシュ・ド・カスティーユ*といった人々と同じく、中世の女性の地位を示すにも、女性解放を示すにも、あまりにほど遠い存在であった。

（1） Raimond de Poitiers(v.1100-1149)は最初のトゥルバドゥールとして有名なアキテーヌ公ギヨーム九世の息子。結婚をつうじてアンティオキア侯となり、聖地の防衛に活躍した。

（2） 十世紀から十三世紀なかばにかけ、フランス南西部に、ポワティエを都として栄えた公国。広大な領地を有し、カペー王朝に対する政治的、文化的独立性が強かった。

（3） 北フランス方言を喋る諸地方のこと。アキテーヌ地方を含む南フランス諸地方では、現代語のウイをオックと発音したのに対し、北フランス諸地方ではオイルと発音したため、この地域をオイル語圏とも呼ぶ。

（4） Marie de Champagne(1188-1252)はルイ七世とのあいだに生まれた娘。シャンパーニュ伯アンリと結婚し、トロワで華やかな宮廷生活を送った。アンドレ・ル・シャプランに『恋愛評定』を書かせ、クレティアン・ド・トロワに『ペルスヴァル』や『ランスロ』を書かせたのは、彼女であった。

（5） Héloïse(1101-1164)はフランスの修道女。アベラールとの恋愛で有名である。彼女の思想はアベラールとの往復書簡によって知られるが、その書簡が本当に彼女の手になるものなのかどうかについては議論がある。

参考文献

Régine Pernoud, *Aliénor d'Aquitaine*, Albin Michel, Paris, 1966.
Georges Duby, *Histoire de la civilisation française*, tom.1, Collection U, A.Colin, Paris, 1968, 前川貞次郎・鳴岩宗三訳『フランス文化史Ⅰ』人文書院、一九六九年。
*石井美樹子『王妃エレアノール』平凡社、一九八八年。

⇩**〔宮廷風恋愛〕〔王領〕〔女性〕〔プランタジネット家〕〔結婚〕**

異端　Hérésie

西方キリスト教世界は、信仰は一つという強迫観念のもとにあった。厳格な正統派教義から逸脱したあらゆる思想や行動は（いくつかの例外を除いて）、すべてが断罪された。キリスト教世界内部では、ユダヤ教を除いて、他のいかなる宗教も許容されない。こうして禁止された異端とは、言葉の厳密な意味からすれば、公認された信仰や、その信仰の実践に異議をさしはさむ価値観である。とはいえ異端のレッテルは、ただ邪魔者とみなされただけの集団にまで貼りつけられることもある。

ベギン会修道女[1]や、ベガルド会修道士[2]の場合がそうである。彼らは、ただ愛をつうじて生きようとしただけであった。異端が、原則として、正式の教会との断絶であることは言うまでもない。ときにそれは、社会に対する異議申し立てをもともなう。そのため、異端のもつ意味が問題となってくる。はたして、こうした異端は、真の社会変革の意志の表明だったのであろうか。

異端は、知識面や神学面での異議申し立てから生じることもあれば(学者の異端)、信心*からくる一つの反動として生じることもあった(民衆の異端)。中世初期には、むしろ聖職者間だけでの問題であった異端は、十一世紀になると、とくに民衆のあいだに広まるようになる。

これらの非正統派の動きは、ある共通点をもっている。それは、聖書を直接に読むことへの回帰の要求であり、カトリックのヒエラルキーとその信仰実践への批判であり、こうした批判に深く関連している富裕への断罪と、清貧への回帰の要求である。

ミラノ地方には、《ボロまとい》もしくはパタリアと呼ばれる人々の運動が生まれる。彼らは聖職売買を非難し、聖職者に反抗して蜂起し、みずからを鞭打ち、托鉢によって暮らす。教皇グレゴリウス七世は、このグループの信頼を獲得し、自分のめざす改革の達成のため、その責任者たちを利用している。そのパタリアたちも、やがてはカタリ派*と合流していく。カタリ派は、どの異端をもはるかに凌ぐものとなる。というのも、ほとんど別の宗教ともいえるものを作り上げ、さらにはすべての社会階層に関係することで、教会にとってよりいっそう危険な存在となったからである。

それとは逆に、リヨンの一ラシャ商人、ピエール・ヴァルデスによって十二世紀の一一七〇年ころに創立されたヴァルド派は、たいへん博愛主義的な活動に終始する。ヴァルド派の人々は、彼ら独自の聖書解釈を行ないつつ、施しをうけて生活するために自分の財産を放棄し、身をおちつけた場所(ロンバルディアのアルプス地方)に、逃亡者たちや失業者たちを受け入れるための信心会*を創設する。その理想は、一種の平等主義にもとづいている。彼らは、その儀式を聖書の朗読と祝福のみに減じ、聖体拝領は年に一度しか行なわない。中世末期においても、ピエール・ヴァルデスの信奉者たちは、依然、たいへん多数の共同体を形成していたのである。

《霊的自由》《リーブル・エスプリ》の兄弟姉妹たち(3)は、汎神論的な教義（神は存在するものすべてに宿り、神以外のすべては無である）に帰依し、ヒエラルキーにもとづく教会を無用なものとして断罪した。そして、聖体からは遠ざかり、働くよりもパンの施しを求めながら、社会の周縁で生きた。

《厳格派》《スピリテュエル》、すなわち、千年至福説*と、絶対的清貧を軸としたフランシスコ会士たちの動きについてみれば、彼らは、この修道会内部にいくらかの困難をひきおこした。さきに述べた民衆の異端と違って、これらの二つの運動は、聖職者のなかにも賛同者をみいだしたのである。

十四世紀には、新しい異端があらわれた。イギリスのジョン・ウィクリフと、チェコスロヴァキアのヤン・フスの異端である。ウィクリフの《異端》は、主として理論レベルでのものであった。一三七二年に神学博士となり、やがてはオックスフォード大学の学長となったウィクリフは、その諸論文のなかでの主張によって、イギリスの君主たちの支持を獲得し、多数の信奉者をもつようになる。しかしその教えは、大衆運動をひきおこすまでにはいたらなかった。その点では、ボヘミアでの事件の推移とはずいぶん違っている。ボヘミアでは、ヤン・フスの教えが大変な影響力を発揮し、民族的、社会的運動の火ぶたが切られるにいたる。

しかし、ジョン・ウィクリフの理論は、ヤン・フスに少なからぬ影響をあたえていた。大切なのは、彼の理論が、とくに《目に見える教会》への批判において、実体変化（パンとぶどう酒がキリストの身体と血に変わるというカトリックの信仰）の否定において、カルヴァンやルターのような改革者たちの思想を、すでに先取りしていたことである。一三八一年、彼のカトリック教会への批判をよりどころに、イギリス農民の大反乱がおきる。彼は、その動きを非難したにもかかわらず、大学を去ることを余儀なくされた。ジョン・ウィクリフの最初の信奉者たちであるロラード派(4)も、十四、十五世紀に、たびたび蜂起をくりかえしたが、その反乱も失敗に終わった。

中世末期、カトリック教会は、攻囲された砦のような行動をますます強める。異端の追及は、かつてないほど暴力化する。教皇職は、十二世紀*早々、アルビ派(5)に対する十字軍を勧説し、そして異端審問の制度を整える。ヤン・フスは、その教えによって獲得した社会的成功のせいで、一四一五年のコンスタンツ公会議において有罪の判決を受け、火刑に処せられた。

異端のひきおこす数々の反乱から、なかでもとくに中世末期の諸反乱から、これらの宗教的運動を、ある社会状況に対する自覚の一つの形であると結論づけることができるであろうか。

異端とは、実際には、異質な要素からなる社会的連合のよりあい世帯であり、そのことが運動の効果を弱めることになった。そして、とくに修道会の言葉は、社会の構成員をときにその場から避難させてしまった。その言葉が、現世での解決の希望を、人々から完全にとり上げてしまったからである。そのため、異端は《もっとも過激な形態をとるイデオロギー的自己放棄である》（ジャック・ル゠ゴフ）、と考えることもできるのである。

（1）十二世紀、ネーデルランド地方に作られた平信徒の宗教団体であるベギン会に属する女性たち。期限つきの誓願をたて、共住生活のなかで教育や慈善事業にたずさわったが、その信仰はたびたび異端の嫌疑を受けた。

（2）十二世紀、ネーデルランド地方に作られた男性平信徒の宗教団体であるベガルド会に属す人々。共住生活をおくり、財産を共有して祈りの節制の生活をおくったが、ベギン会とともに、異端の嫌疑を受けた。

（3）一三一七年にストラスブールで摘発され、有罪の判決を下された、ベガルド会の一派とされる男女の各集団。

（4）イングランドやスコットランドで、ウィクリフの教説を信奉し、単純で福音主義的な信仰を主張し、教会を激しく攻撃した人々。明確な輪郭や、組織をもたなかった。

（5）カタリ派のなかでも、とくにトゥールーズ伯領、フォワ伯領など、南フランス一帯に広がった一派。その教義と、活動については〔カタリ派〕の項目を参照のこと。

参考文献

Francis Rapp, *L'Eglise et la vie religieuse en Occident à la fin du Moyen Age*, Nouvelle Clio, P.U.F., Paris, 1971.
Jacques Le Goff, *La civilisation de l'Occident médiéval*, Arthaud, Paris, 1984.
Hérésies et Société dans l'Europe préindustrielle, sous la dir. de Jacques Le Goff, Mouton, Paris, 1968.

⇨**〔カタリ派〕〔異端審問〕〔托鉢修道会〕〔千年至福説〕**

異端審問　Inquisition

異端審問は、拷問*とともに中世における抑圧的な大発明の一つである。そして二つとも、教会によって考案されたものである。この制度は、十二世紀末の異端、とりわけカタリ派*に対する闘いに直接結びついている。異端の嫌疑者を密告することが信者の義務とされたのは、一二一五年のラテラノ公会議からである。しかし、異端審問の真の規定が教会にあたえられたのは、一二三一年から一二三三年にかけてのグレゴリウス九世の三通の大勅書によってである。審問の手続きも、そこに託されていた。イノケンティウス四世は、一二五二年、この手続きに拷問を導入し、規定を厳重なものにした。拷問は、西欧の多くの国々に導入された。アラゴン王国[1]への導入は一二五七年である。異端審問の手法は、そもそも教皇職が編み出したもので、異端審問官を任命したのも教皇職であった。俗権の彼らへの支援も、ローマとの合意にもとづいていた。ところが十五世紀末、まだこの異端審問制度が存続しているにもかかわらず、アラゴン国王フェルディナンドは、教皇に《国立》異端審問所の創設を要求し、了承をえている。自分自身で異端審問官を任命し、ユダヤ人たちを駆り立てるためであった。

　異端審問官たちはその大半がドミニコ会士[2]であり、異端からの改宗者たちもいるにはいたが、言われているほど多数ではなかった。彼らのやり方は、その独自な手続きによって特徴づけられる。すなわち、匿名の告発をたよりに、非公開で、弁護士の同席もないままに、被告の罪状を事前に決めてしまうのである。結果的には、告訴を免れることもあれば、無罪の証明に失敗することもあった。とはいえ、有罪判決のすべてが、火あぶりの刑だったわけではない。

　異端審問官のなかには、残忍なことで名をはせた者もいる。そのため、ドイツでは一二三三年ころ、教皇特使マールブルクのコンラート[3]が民衆たちに殺されている。北フランスでは、ロベール・ル・ブーグル[4]が、教皇から召還され、終身刑を言い渡されている。異端審問官たちの便宜をはかるための手引書も出版された。そのなかでもっとも有名なのが、一二三一年ころの、トゥールーズの異端審問官でドミニコ会士のベルナール・ギー[5]の手になるものである。こうした手引書が編まれたのは、異端の事実をより正しく鑑定するためであった。

　とくに念入りな仕事をした係官たちは、自分の管区で行なった尋問や活動を逐一記録している。パミエの司教、ジャック・フルニエ[6]の場合がそうである。彼はのちに、ベネディクトゥス十二世という名で、アヴィニョン教皇になっている。この偏執的な異端審問官は、その犠牲者たちからは《なさけ容赦ない真の悪魔》として恐れられた。彼の手になる訴訟書類と尋問調書は、ジャン・デュヴェルノワによって、三巻本として翻訳され、出版されている。この書物からは、この史料の有効な利用方法の輪郭がいくつか浮かび上がる。ジャック・フルニエの時代である一三一七年において、この抑圧を実施していたのは、けっしてドミニコ会の現場管理者だけではなかった。一三一二年のヴィエンヌ公会議では、異端審問法廷の場において、在地の司教の権限と、教皇特使の権限とを結び合わす決定がなされている。

ジャック・フルニエは、彼自身の《本拠》を作り上げる。一三一八年から一三二五年にかけて、その法廷は三七〇日間開催され、五七八通の尋問調書が作成される。そのなかでただ一度、彼は、無理強いされて自白をえるために告訴を捏造し、拷問をくわえている。しかしほとんどの場合は、真実の《探究》だけを、《過ちを含む》態度の追及だけをみずからに課したのである。その《異端審問》、つまり調査ののちに、最終的に火あぶりの刑に処せられた被疑者は、たったの五人であった。残りは、黄色い星を身につける刑に処せられただけであった。

異端審問は、カタリ派信仰の敗北には大きく貢献したとしても、異端そのものを克服したわけではなかった。別の異端があらわれ、この制度は消え去った。しかし、スペインでこの制度が廃止されたのは、やっと一八三四年になってからのことである。

---

(1)　スペイン北東部に一〇三五年から一四六九年まで存在した王国。ナバラ、カタルニア、バレンシアを合併しながらレコンキスタに邁進し、カスティリアとの合併で消滅した。

(2)　スペイン人の聖ドミニクスが、一二一六年、トゥールーズに創立した托鉢修道会であるドミニコ会の修道士。くわしくは〔托鉢修道会〕の項目を参照のこと。

(3)　Konrad von Marburg (v.1180-1233) はドイツの異端審問官。教皇グレゴリウス九世の命令により、一二三一年以降、ドイツでの異端者摘発の権限をあたえられ、その残忍な弾圧によって恐れられた。

(4)　Robert le Bougre はフランスのドミニコ会士。北フランスにおいて、一二三三年以降、異端者の摘発に猛威をふるった。

(5)　Bernard Gui (v.1261-1331) はフランスのドミニコ会士。各地の修道院長をつとめたあと、一三〇七年から異端審問官となる。数多くの異端者を摘発して火刑にし、たいへん恐れられた。そして、その職務上の経験をもとに『異端審問便覧』を著した。

(6)　Jacques Fournier (v.1280-1342) はフランス人のシトー会士。パミエ司教であった一三一七年から一三二六年にかけ、二人のドミニコ会士の協力をえて、異端審問に情熱を注いだ。〔モンタイユー〕の項目も参照のこと。

参考文献

Jean Guiraud, *L'Inquisition médiévale*, Tallandier, Paris, 1978.
Jean Guiraud, *Histoire de l'Inquisition au Moyen Age*, 2 volumes, Picard, Paris, 1935-1938.
Emmanuel Le Roy Ladurie, *Montaillou, village occitan*, Gallimard, Paris, 1982, 井上幸治他訳『モンタイユー(上)』刀水書房、一九九〇年。
Nicolas Eymerich, Francisco Peña, *Le manuel des inquisiteurs*, Mouton, Paris, 1973.

⇩〔**カタリ派**〕〔**拷問**〕〔**異端**〕

イノケンティウス三世　Innocent III

ラティウム地方スブリアコのベネディクト会修道院のある壁画に、イノケンティウス三世が登場する。そこでの彼は、《荘厳のキリスト》のようでもあり、王者のようでもある。グレゴリウス七世も、中世の偉大な教皇ではあったが、イノケンティウス三世の教皇在位中こそ、教皇職は、その絶頂期を画したのである。それは勝ち誇る、力に満ちた、一君主政体《モナルシー》であった。彼は、世俗の権力に対してある程度の自立性を認める一方で、なおかつ、かなりの優越権を要求した。たとえば、国王や皇帝がキリスト教徒の君主としての振舞に欠けるようであれば、彼らに審判を下す権利などをである。彼は、《最高位の異端者》を宣告する権利を聖座にあたえるよう要求し、みずからの裁判領域を拡大する。イノケンティウス三世は、諸国家の内政問題に介入し、フィリップ尊厳王《オーギュスト》*の結婚問題にからめながら、イギリス国王や、皇帝と対立していたフランス国王を《翻弄》するのである。彼は、ジョン欠地王《ザ・ラックランド》に、その王国を聖座の監督下におくことを義務づけ、王を侮辱する。しかし、フィリップ尊厳王には、《その王国の支配者》であることを認める。この保証は、やがて教皇職を助けることになる。フィリップ尊厳王は、最後にはアルビ派に対する十字軍の口火を切り、また一二〇四年のコンスタンティノープルに対する十字軍兵士の介入を支援することで、教皇職の権力を強化するからである。

イノケンティウス三世は、その統治のあいだに公会議*を開催してはいるが、それも彼の権力にさしさわるものではない。また、そこで改革のための諸施策を採択させはしたが、結局、教会に真の改革を強いるまでにはいたらなかった。

参考文献
Marcel Pacaut, *Histoire de la papauté des origines au Concile de Trente*, Fayard, Paris, 1976.
⇩**〔公会議〕〔カタリ派〕〔フィリップ尊厳王〕〔教皇職〕**

イメージ　Images

エミール・マール(1)は、『中世末期の美術』のなかで一五六八年に描かれた司教モラヌスの絵画を分析し、《聖なる画像と色彩の物語》と命名している。この本は、中世の美術とシンボリズムに対し、はじめて正当な評価をあたえた。そこに取り上げられているのは、中世に用いられていたあらゆるテーマ、たとえば聖母の幼年期や、十字架の下で気を失っている聖母などである。しかしそうした主題は、新しい美術においては追放されざるをえない。民衆から敬愛された昔の偉大な聖人たちは、より人間的なスケールにひき戻されてしまい（そのために、聖クリストフォロス[2]は急死せざるをえない）、フランシスコ会的な信仰のイメージは、はねつけられてしまう。結局のところ、素朴で民衆的なキリスト教に裏打ちされたものは、すべて断罪されてしまうのである。

　ここでは、中世社会におけるイメージの役割の一側面を、アポステリオリに解明してみたい。すなわち、宗教的教化という側面である。この役割を担ったのは、タンパンや柱頭に刻まれたロマネスクやゴシックの彫刻であり、また壁画や絵画である。そして、それら全体が、壮大なイメージの絵巻ともいえるものを形成している。説教師たちは、必要に応じて、それらを説教の助けに用いた。ステンドグラスは、カテドラル内部の非常に高い場所にあるため、説明が困難だったであろう。かわりに、そこからもれる光は、信心や祈りを誘ったのである。

　十四世紀以降、書物を飾るミニアテュールをつうじて、イメージはその数を増し、種類も豊かになる。木版刷りの利用や、木型による図像の印刷が、それを可能にしたのである。油絵も広まっていく。

　さまざまな図像学上のテーマは、民衆の信心*の発展を助長したが、また同時に、その時代の雰囲気や、教会の教えの変化を映し出すことで、民衆の信心の変遷をも描き出す。

　中世初期の厳しくて冷やかな神のあとを継ぐのは、ゴシックのカテドラル*の人間味のある救世主キリストや、聖母や、諸聖人である。聖人のなかには、聖クリストフォロスのように、そのイメージによって大変な人気を集める者もいた。十四世紀の図像には死の舞踏《ダンス・マカブル》[3]によって《メロドラマ趣味》が復活し、また十五世紀の図像には、とくにイタリア人によって、またフランドル人によって新時代が切りひらかれた。

　しかしながら、中世の図像学の役割は、宗教的な面だけに限定されていたわけではない。ユルジス・バルトゥルシャイティスは、ロマネスク芸術やゴシック芸術に、奇怪な被造物、不思議な怪物、鈴なりの頭、足のはえた頭などが登場することを理由に、これらの美術が、幻想趣味や、そこから生み出される幻想の産物をけっして拒んではいないことを、また、古代ヘレニズム、イスラム、極東からの影

コンクのサント＝フォワ教会のタンパンに刻まれた最後の審判の場面。荘厳のキリストの右手には天国へ召される義人たちが並び、左手には罪人たちが悪魔に苛まれる阿鼻叫喚の地獄図が展開する。

響に対しても扉を閉ざしてはいないことを指摘している。

（1） Emile Mâle(1862-1954)はフランスの美術史家。とくに中世キリスト教美術、キリスト教図像学の第一人者として有名である。ソルボンヌで教えたあと、アカデミーの会員となった。

（2） St.Christophe は伝説上の巨人で、幼子イエスを肩にのせて川を渡ったとされる。中世には、巡礼者や旅行者の崇敬を集めた。

（3） 人生の無常と死の勝利を説く宗教劇に起源を発する、死者と生者が対になった舞踏。十四世紀以降さかんになり、十五世紀からは図像化される。パリのイノッサン墓地に描かれた壁画が最初の図像とされる。

参考文献

Emile Mâle,*L'Art religieux en France au XII*ᵉ,*XIII*ᵉ*et à la fin du Moyen Age*, A.Colin,Paris,1949-1953.

＊Emile Mâle,*L'Art religieux en France de XII*ᵉ*au XVIII*ᵉ*siècle*,A.Colin,Paris,1945. 柳宗玄・荒木成人訳『ヨーロッパのキリスト教美術』岩波書店、一九八〇年。

Jugis Baltrusaitis, *Le Moyen Age fantastique*, Flammarion, Paris,1955. 西野嘉章訳『幻想の中世』リブロポート、一九八五年。

Francis Rapp,*L'Eglise et la vie religieuse en Occident à la fin du Moyen Age*, Nouvelle Clio,P.U.F.,Paris,1971.

⇨**〔カテドラル〕〔シトー会〕〔オリエント〕**

塩税　Gabelle

中世末期、いくつかの国家は、なかでもフランスは、ある部分、塩の上に《構築》されていた。こう断言すると、意外に思われるかもしれない。しかし、一三八三年に塩税の復活が決定されてからは、塩は、国王の最良の財源の一つとなり、財政のやりくりの絶好の便法となった。塩税は、豊富に取れ、そして生活に欠かせない（塩は腐りやすい食品の唯一の保存剤であった）この産物の価格を、つり上げてしまう。

塩税は、どの地域でも同じ方法で徴収されたわけではない。ロワール川より北では、いくつかの都市に塩倉《グルニエ》が作られた。輸入業者たちは、塩が乾燥するまでそこに貯蔵し、小売業者たちは、そこまで仕入れに出向かなければならなかった。こうした独占に、なお塩倉への補給の独占も加わった。それも、国王にとっての重要な収入源であった。この代替品のない産物の高値は、民衆の抗議を喚起しただけではない。さらには、無数の違法行為を誘発したのである。イタリアでも、フランスでも、当局者は、各消費者に一定量の塩の購入を義務づけるようになるが、それは塩の不法購入を防ぐためであった。しかし、それほど成功しなかった。

参考文献
Bernard Guenée, *L'Occident aux XIVe et XVe siècles, Les Etats*, Nouvelle Clio, P.U.F., Paris, 1981.
Le rôle du sel dans l'histoire, dir., Michel Mollat, P.U.F., Paris, 1968.

⇩〔租税〕

王領　Domaine royal

二枚の地図を比較してみよう。一枚は、一一八〇年のフィリップ尊厳王《オーギュスト》の即位のときの地図、もう一枚は、フィリップ六世が即位した一三二八年に行なわれた公的調査にもとづく地図である。するとそこには、フランス王領の発展の縮図が浮かび上がる。国王と土地保有農民とのあいだに他のいかなる権威も介在しない、国王直々の支配のもとにある領地（これが王領の定義である）の拡大が、この二つの年月のあいだに王国の四分の三の地域を覆うまでに進行する。十三世紀末の時点だけをとっても、王領は五倍にもなっている。それは、フランス国王が、元の所有者たちから取り上げて支配下においた広大な領地をみずから管理することを意味しているし、また国王が、他の諸侯たちとは比較にならない最高権力者となったことを意味している。十五世紀末ごろ、ルイ十一世は、諸侯たちを、もはや封臣《ヴァサル》としてではなく、ただの臣下《スジェ》としてあつかえばよいことを充分に自覚するようになる。彼らの不服従は、大逆罪とみなされるようになるのである。

カペー家による征服については、その過程を子細にたどらなくても、機会があるたびに彼らのなした行為を簡単に指摘するだけで充分であろう。彼らは、買収、結婚、没収、相続人不在の領地の収集、また武力による征服など、たいへん多彩な手段を用いている。自分の王国の征服をはじめた最初のカペー朝国王は、フィリップ尊厳王であった。

国王にとって、その領地のもつ重要性は、そこでの支配権だけにとどまらない。というのも、国王は、その権威を直接に高めてくれるこれらの所領から、封建的、領主的、地主的、王権的な、もろもろの租税を徴収するからである（これがもう一つの王領の定義である）。べつの言いかたをすれば、この領地は国王の個人的財産であり、国王は、そこから引き出す財源によって、あらゆる種類の出費に対処しなければならない。そこには、国家としての出費や、戦争による出費も含まれている。国王は、《自活》しなければならないのである。それゆえ、イギリス国王であれ、フランス国王であれ、すべての君主たちは、自分の領地の拡大を追求したのである。中世末期においてさえ、君主の権力は、依然、自分の領地の規模と密接に結びついていた。とはいえ、国王が自分の領地から徴収しえた税額を見積もることは、現実には不可能である。会計関係の史料は乏しいのである。しかしフランス国王は、法廷からの収入と、自分の森林からの収入を、かなり頼りにしていたようである。

君主たちは、自分たちの特権を拡大することに執着しつづけるが、その理由の一つは、諸特権が追加収入をもたらしたことにある。たとえばフランスでは、国王たちが、いくつかの条件のもとで実施された貢租地*や封土*の譲渡に対し課税しているし、また、代理人を仲介させることにより、簒奪された法廷の利権を回復している。それにもかかわらず、国家支出が膨らむにしたがい、領地からの伝統的な財源では、支出をとても賄いきれなくなっていく。初期の国王たちは、補足的な物品税を創設し、既存の物品税をより活用し、また借金をはじめることで、後の時代の準備を大急ぎでととのえる。そのあとはじめて、一時的なものとして租税*が創設され、やがて恒常的な租税となっていくのである。

参考文献

Marcel Pacaut,*Les structures politiques de l'Occident médiéval*, Collection U,A.Colin,Paris,1970.

Bernard Guenée,*L'Occident au XIVe et XVe siècles,Les Etats*, Nouvelle Clio,P.U.F.,Paris,1981.

Ferdinand Lot et Robert Fawtier,*Histoire des institutions françaises au Moyen Age*,3 tomes,P.U.F.,Paris,1957-62.

Jean-François Lemarignier,*La France médiévale:institutions et société*,Collection U,A.Colin,Paris,1970.

⇩〔貢租〕〔フィリップ尊厳王〕〔租税〕〔裁判〕

オック語圏　Occitanie

中世の北フランスの人々の目には、《南仏《ミディ》》が、ある種のまとまりを、それも警戒すべき《地方》的なまとまりを示しているように映っていた。というのも、オック語圏が、イスラム教の不気味な世界や、ユダヤ教徒たちとの接触をもっていたからである。その宗教的傾向から、とくにカタリ派*拡大のあとでは、どうしようもなく異端に偏向している地方、つまりマージナルな地域のように、北フランスの人々の目には映っていたのである。

　オック語圏の現実は、いうまでもなく、まったくその逆であった。この地域は、十一世紀にはすでに、経済的にも文化的にも北フランスとは比較にならないほど先進的であった。北フランスが自分の殻のなかに閉じこもっている間に、ラングドック地方やプロヴァンス地方の商人たちは、地中海の諸都市とさかんに交易していた。そこでは、商業の復活はより早く、都市への定住はより強力で強固であった。この地方の活力は非常に際立っており、それは文化の領域でより顕著であった。十一世紀から、トゥルバドゥール*たちの詩のなかでほめたたえられたオック語[1]は、十二世紀には、ヨーロッパ中の宮廷にとっての文化的な言語になっている。リチャード獅子心《ザ・ライオン・ハーテイッド》王は英語ができなかったが、オック語の読み書きはできたのである。宮廷風の詩が発達したのも、この南フランスの諸宮廷においてであった。

　他方、政治面では事情が異なっていた。この地方は、いくつかの試みにもかかわらず、けっして政治的に統一されることはなかった。オック語の空間的広がりが最大となったのは、紀元千年ころである。そこには、ジェヴォーダンやヴィヴァレのような伯領[2]に加え、ポワトゥー地方や（アキテーヌ公の本拠地はポワティエにおかれていた）やカタルニア地方が含まれていたのである。カペー朝は、政治的には統一されていなかったこの集団に対し、ルイ七世の治世まで、何の関心も示さなかった。オック語圏の諸侯でフランス国王にオマージュ*を捧げている者は、一一〇八年には、まだ誰もいなかった。諸伯領は、それぞれのもつ重みや力が異なっていたにもかかわらず、事実上の主権者であった。オック地方統一の試みは、ポワティエ、トゥールーズ、バルセロナの、三つの町を舞台にくり広げられていく。最初の《オック語国《オクシタニ》》はバルセロナの人々の国であったと思われるが、失敗におわる。二番手として、トゥールーズ近辺を支配するレモン（四世）・ド・サン＝ジルが名のりを上げる。しかし、その組織はもろく、そのうえ伯自身が、第一回十字軍の最中に聖地で死んでしまう。トゥールーズ伯領のこうした脆弱さは、それにつづく二つの統一への試みを生むことになる。アキテーヌ公ギョーム九世[3]によるものと、プロヴァンスやカタルニア近辺を支配するレモン・ベランジェ三世[4]によるものである。レモンの試みを、トゥールーズ伯は危険なものと感じた。そして二人のあいだに、一一二〇年から一一九八年にかけての約八〇年にわたる戦争がおこり、数多くの死者を出すことになる。この戦いは、オック語諸国の分裂を修復しがたいものにし、その統一の可能性を奪ってしまう。さらにこの分裂は、アルビジョワ十字軍[5]による北フランス諸侯の侵入と勢力拡大に際して、彼らに対する抵抗力を弱めてしまうのである。

　慎重に設置された王国の行政管理機構は、南フランスの諸地方の組織を、その根柢から覆しはしなかった。オック語圏の王領への政治的併合は、北フランスからの十字軍に南仏が敗れさったのち、すなわち一二二九年のパリ条約[6]以降、徐々に実行に移されていったのである。

（1）　中世の時代に、主としてロワール川以南の諸地方で用いられていた南仏方言の総称で、現代語のウイをオックと発音したことから、この名称で呼ばれる。

（2）　両伯領とも、中央山塊の東辺に位置していた。

（3）　Gillaume IX d'Aquitaine (1071-1127) はアキテーヌ公とポワティエ伯を兼ねた南仏の大貴族。最初のトゥルバドゥールとしても有名である。

（4）　Raimond Bérenger III (1082-1131) はバルセロナ伯で、結婚をつうじプロヴァンス伯も兼ねるようになった。そして、マジョルカ、セルダーニュなどの諸地方に、その勢力を拡大した。

（5）　教皇特使ピエール・ド・カステルノーの暗殺（一二〇八年）をきっかけに、教皇イノケンティウス三世が呼びかけ、それに呼応した北フランス諸侯軍が、アルビ派異端の撲滅を口実に結成した十字軍。北フランスの小貴族シモン・ド・モンフォールの指揮により十字軍側が勝利し、南仏諸侯の所領を奪いとった。

（6）　国王ルイ九世とトゥールーズ伯レモン七世とのあいだに結ばれた条約。南ラングドック一帯を国王にひきわたし、残りの領地も王の兄弟と婚約した伯の一人娘の持参金とすることが定められた。

参考文献

René Nelly, *Mais enfin, qu'est ce que l'Occitanie?*, Privat, Toulouse,1978.

Renée Mussot-Goulart, *Les Occitans, un mythe?*, Albin Michel, Paris,1978.

Pierre Bonnassie,"L'Occitanie un Etat manqué?", *L'Histoire*, juillet-août,1979.

⇨ **〔宮廷風恋愛〕〔文盲〕〔カタリ派〕**

オマージュ　Hommage

オマージュ（臣従礼）は、誠実*や授封とともに、家臣制*の入口に設けられた象徴体系に属している。しかしながら、つぎのことに注意しなければならない。この儀式は、フランス中部では効果を発揮するが、イタリアなどいくつかの地方には存在しないし、南フランスの諸地方でも主従関係の中枢ではないし、その他の地方でも出現するのが遅い。しかし最終的には、ヨーロッパの大部分で受け入れられたようである。この儀式を描く最古の物語は七五七年に書かれている。オマージュの核心部分は、イミクスティオ・マーヌム、すなわち、家臣の両手を主君の両手のなかに置くことにより構成される。この身振りの意味するものは、家臣の側からの、自己の従属状態の承認である（ジャック・ル゠ゴフ）。誓いが述べられるときに交わされる口もとへの接吻は、この二人のあいだに、相互的な関係を再構築する。家臣とは、主君にとって、《唇と手によって結ばれた人》なのである。

オマージュを交わすにあたり、その場所がどこであってもよかったわけではない。主君がオマージュを受けにやって来るにせよ、家臣がそれを捧げに出かけて行くにせよ、教会か、主君の城館の大広間でとり行なわれるのが一般的である。封建関係にある当事者どうしが、たがいの領地の境界線の上で、すなわち中立的な場所でオマージュを交わすときには、《歩きながらのオマージュ》が行なわれる。こうしたやり方からは、オマージュの単なる不可侵条約への格下げという、その矮小化がみてとれる。

家臣たちの実力の上昇は、複数の相手にオマージュを捧げることを一般化させた。十二世紀、バイエルンのシボト伯ファルケンシュタインは、二〇ものオマージュを捧げている。たった一人の人間が、そんなに多くの別々の主君に同時に仕えることなど、可能であるはずがなかった。そのため、特権的オマージュ、もしくは優先オマージュと呼ばれるものが誕生し、優先的に仕える主君の選択がなされるようになった。優先オマージュは、十一世紀早々カタルニアに、十一世紀末にはノルマンディーに登場したが、北イタリアやドイツには受け入れられなかった。しかしながら、国王たちは（カタルニア、イギリスでは）、そこにオマージュを《回収する》機会をみてとった。というのも、優先オマージュは国王にしか捧げることができない、との宣言がなされたからである。そして家臣たちの方は、複数の優先オマージュを捧げるにいたった。それは、主従関係の変質の様相であり、崩壊の道程でもあった。

⇩〔家臣制〕〔封〕〔誠実〕

参考文献

＊ François Louis Ganshof, *Qu'est-ce que la féodalitéu?*, S.A., Bruxelle, 1944, 森岡敬一郎訳『封建制度』慶應通信、一九六八年。

オリエント　Orient

長いあいだ、西欧は、オリエントの付属物の形でしか存在できなかった。そのうえ、≪移転《トランスラシオン》≫が、中世の歴史を支配していた。それは、当時の権力と文明を、オリエントから、アテネ、ローマをへて、西欧にまで移転されたものとみる概念である。とはいえ中世という時代は、西欧の知的自立へのゆっくりとした歩みだけではなく、キリスト教オリエントに対する優越をも（一四五三年にコンスタンティノープルは陥落する）、そしてまたヨーロッパでのイスラム教徒に対する勝利だけではなく（レコンキスタ*の終了）、イスラム教オリエントでの挫折をも、鮮明にしていく。

　オリエントとの接触が、二つの道筋、二つの心性《マンタリテ》、さらには二つの感受性の体系を、つまり民衆文化*と学者文化をつうじて生じたものであったとしても、この接触が≪実地≫に出現するのは、平和的な関係、敵対的な関係、無関心に特徴づけられた関係など、さまざまなタイプの関係をつうじてである。

　一見したところ、オリエントとの関係は何より敵意をおびている。イスラム教徒は、戦うべき異教徒である。このテーマは西欧文学を埋めつくす。とくに武勲詩*においてはそうである。そして十字軍*により、その戦いは現実のものとなる。両者の接触は戦いをつうじて行なわれ、オリエントの勝利と、十字軍兵士の完敗によって決着することになる。

　ビザンツの人々に対するとげとげしさは、その性質を異にしている。ビザンツ帝国の富や文化の発達度に対する嫉妬や羨望からなるラテン人の憎悪は、民衆の偏見や怨念となってあらわれる。ビザンツのエリートたちの西欧人に対するあざけりも、また同様である。オリエントのキリスト教帝国は、さらに教皇の権威を拒絶し、十一世紀（一〇五四年）からは分離した教会となってしまう過ちを犯す。この時点において、断絶は決定的なものとみなされず、いつもどおり和解を前提としていた。けれども、第四回十字軍と一二〇四年のコンスタンティノープル略奪によって、この断絶はまったく癒しがたいものとなり、反ラテン的な感情は、ビザンツの≪愛国心≫の根柢をなすようになる。

　とはいえ、オリエントとの関係は、平和的な形をとる場合が大半であり、その規模も相当なものであった。こうした関係を部分的ながら例証してくれるのは、貿易関係である。イタリア人たちはビザンツ各地に広く定住し、そこに極東の物産を供給するようになる。教皇職は、自分のために取っておきたい商品のイスラム向け輸出を禁止したが、効果はなく、貿易は密輸によって継続される[1]。さらに聖地では、オリエント・ラテン諸国家の建国以降、戦争での対立とは別の部分で、平和的共存関係がいち早く確立される。

　接触がもっとも豊かな実りをもたらすのは知的分野であ

り、中世のキリスト教西欧世界は、オリエントの学識からたいへんな恩恵をこうむることになる。イスラムの図書館や学校を介し、ついで商人たちを介し、プラトン、アリストテレス、ユークリッド、プトレマイオス、ヒッポクラテスなどの諸作品が、十二世紀に西欧に到達する。これらの作品は、アラビア人たちがかつて、異端のキリスト教徒（キリスト単性派(2)やネストリウス派(3)の人々）や、ビザンツによって迫害されたユダヤ人に導かれて受け入れたものである。キリスト教徒がこれらの作品を受け入れた場所は、主として南イタリアのパレルモやスペインのトレドであり、そこでは翻訳者たちが、君主のてこ入れのもとに仕事を進める。彼らの仕事が、新しい知識を渇望する西欧に、これらの知識の吸収を可能にしていく。《オリエントの恩恵をキリスト教文化に同化する》センターも、パリやシャルトルに設置されるのである。

それにくわえて、十一世紀には、ユスティニアヌス法典の真正のテキスト、イスラム科学の諸成果、アラビア科学の百科事典、計算技術などがフランスにはいってくる。予算収入を計算するための計算表《エシキユイエール》や、《アラビアの》(実際にはインド）と呼ばれる数字は、加減乗除の計算を革新していく。

イスラム教徒の側はといえば、西欧と向かい合いながらも、ベルナール・ルイスが指摘しているように、むしろ無関心をよそおう。イスラムの学者たちの行なうあらゆる研究や学問のなかに、ヨーロッパは、知的な発展をはじめた一地域としてしか登場しない。そのことは、おおよそ現実に合致していたのである。

---

(1) 第一回十字軍によって建国された、エデッサ伯領、アンティオキア公国、エルサレム王国、トリポリ伯領などの、いわゆる十字軍諸国家のこと。最終的には、一二九一年のアッコン陥落によって消滅した。

(2) キリストの人性と神性を一元的にみる説で、四五一年のカルケドン公会議で否定されたが、アルメニア、シリア、エジプト方面で広く信じつづけられた。

(3) 聖母マリアに対する《神の母》の呼び名をしりぞけ、キリストの人性と神性を分離する説で、四三一年のエフェソス公会議で否定されたが、シリア、ペルシア方面に広まった。

参考文献

Paul Lemerle,*Essais sur le monde de Byzance:Histoire et institutions*,Variorum Reprints,London,1978.

Bernard Lewis, *Comment l'Islam a découvert l'Europe?*, Découverte,Paris,1984.

Philippe Senac,*L'Occident médiévale face à l'Islam*,Flammarion,Paris,1983.

Jacque Le Goff,*Les intellectuels au Moyen Age*,Seuil,Paris,1985.

⇩ **〔十字軍〕〔商人〕〔領域拡大〕〔貨幣〕〔教会分離〕**

開墾（開墾地） Defrichement （Essart）

ヨーロッパの森林*の生態系*のなかにあって、森林の一部、もしくは全体を破壊することなしには、農業は定着しえず、また拡大しえなかった。農業の黎明期、最初は石の斧で、つぎに青銅の斧で、最後に鉄の斧で、小灌木や樹木の茂る森のもっとも近づきやすい箇所が伐採された。また、草木を焼いた上での間伐も行なわれた。数ヶ月間の乾燥ののち、草木には火が放たれ、その灰は表土に混入されて、作物の成長に都合のよい種床が作り上げられた。しかし二年か三年も耕作すると、この灰からなる無機的養分のわずかな備蓄は使いはたされてしまい、耕作は停止した。そうなれば、切り株からは新しい幹が伸びはじめ、数十年後には、森林はもとの姿に戻ってしまう。焼き畑による一時的な耕作は、その土地の性格上、年を追って場所を移さざるをえなかったのである。それゆえ、この空間は完全な開墾地ではなかった。切り株は残されたままであったし、森が完全に破壊されることもなかったのである。しかし人口が増加してくると、焼き畑耕作は、しだいに同じ土地にまい戻ることが多くなる。とくに、耕作にたいへん適した土地に対してはそうである。森林は消え去って小灌木の茂る荒れ地となり、やがては、耕作と耕作のあいだに数年つづくだけの、草の茂る荒れ地となる。この状態は短期間しか継続されず、穀物栽培は頻繁にくりかえされる。こうして、輪作*が形成されるのである。草の茂る荒れ地は、もはや斧で開墾することはできず、ほかの方法が必要となる。それが、エコビュアージュ[1]である。この農法では、鍬やシャベルで草や根などの有機物が根こそぎにされ、燃やされる。そうして得られた灰が、恵みをもたらしてくれる。一部の森林での臨時的な耕作もそうだが、中世には、まだエコビュアージュも行なわれていたのである。しかしその一方、畑を耕すことも、古代以来欠かすことができない作業であった。最初は鋤や鍬によって人力で行なわれていた耕作は、やがて中世になると、有輪犂*で行なわれるようになっていく。

しかし、犂耕を行なうためには、森林は完全に破壊されていなければならなかった。犂耕できる土地には、樹木や古い切り株があってはならないのである。古代以来、また中世初期以来、耕作の集中する傾向のある最良の土地では、こうした作業が、われわれの見てきたような方法で、たいへん古くから、またたいへん少しずつ行なわれてきたのであろう。とはいえ、可耕地の、すなわち完全に開墾された土地の大幅な拡大は、これだけの事実ではまだまだ説明しきれない。その面積は、十世紀から十三世紀にかけ、倍ちかくになったのである。

それは、森林のバイオマスの数世紀にわたって進行する消耗の歩みであり、原始林から二次林への、そして荒廃した二次林への、さらには荒れ地への後退的進化の歩みである。樹木の茂みの点在するこの荒れ地は、やがては灌木の茂みとなり、ついには草地となってしまう。当時の開墾においては、まず木を一本残らず伐採して切り株を除去し、(ずっとあとからではなく)その翌年に有輪犂で犂耕する。森林の伐採を促進させたのは、当時普及した斧と両引き鋸であり、切り株の根元を露出させたのは、鉄の鍬とシャベルであり、それを引き抜いて運び出させたのは、重量繋駕法と上手な馬具の装着法である。

中世の開墾は、古い村々をとりまいていた荒れ地や放牧地や森林から戦いとられた可耕地の拡大に関しても、遠く離れた森のなかに孤立していたり群をなしたりしている農民たち(奴隷身分や逃亡した農奴であることもある)のあらたな定住に関しても、十一世紀から十二世紀にかけて有力修道会や有力領主によって企てられたまだ手つかずの広大な森林内での大開墾に関しても、未開の森林から耕作される森林への暫時的な移行ではなく、未開の森林から当時の農耕システムへの、すなわち犂耕された畑への、急激で全面的な転換なのである。

可耕地は、九世紀から十三世紀にかけて、約一〇〇〇万ヘクタールから約二〇〇〇万ヘクタールへと倍増する。新しい道具と新しい農法によって可能になったこうした農業発展は、そして経済発展と人口増加は、人口の再生産を制限していた奴隷制を、新しい関係におきかえさせずにはおかなかったであろう。農民世帯の数もそれによって増加し、従属との引きかえながら、彼らも自分たちの努力の成果を、少なくとも部分的には受けとれるようになったのである。

この開墾は、はかりしれないほどの波及効果をもたらした。開墾は、新しい地方の農村や都市への植民を引きおこしただけではない。さらには、農業生産高が増大するにつれ、農業発展を決定づける二番目の変動を生み出すことになった。農業発展がもたらした余剰生産物は、十一世紀から十三世紀にかけての手工業活動の発展までも条件づけたのである。その結果、教会、修道院、カテドラルの建設が進み、都市が拡大し、新都市も誕生することになった。

(1) 焼き畑農法の一種である。その内容は、本文の説明のとおりであり、ここでは、森林に火を放つ焼き畑と区別されている。

参考文献

Georges Duby, *L'Economie rurale et la vie des campagnes dans l'Occident médiéval*, Montaigne, Paris, 1962.
Histoire de la France rurale, tom.1, Seuil, Paris, 1975.
Marcel Mazoyer, *Cours d'agriculture comparée*, Institut National Agronomique, Paris, 1975.

⇩〔農業〕〔輪作〕〔森林〕〔生態系〕〔休耕〕

街道　Routes

ローマの道路網は、二度にわたる蛮族の侵入や、単なる保守不良のために崩壊してしまい、中世には、わずかにその痕跡を残すだけであった。ここでは街道を、交通の手段としてではなく、ある驚くべき現象の表出としてとり上げてみたい。その現象とは、停滞した中世社会という伝統的イメージからはかけ離れた、驚くべき人々の移動である。移動は、それを義務づけられた商人たちだけの現象ではなかったのである。

教皇レオ九世がまれにみる活潑な旅行者であったことは、たしかである。彼は、教会をたてなおすため、数多くの司教たちの集会（教会会議）を開催し、また、ドイツ、ロレーヌ、アルザス、南イタリアなど、現地へとおもむいた。一〇四九年の一年間だけで、八ヶ月のあいだに少なくとも三〇〇〇キロを移動した。一日に五〇キロの行程が難事とされていた時代にである。

旅は、きわめてゆっくりした（ボローニャからアヴィニョンへ行くのに二週間、シャンパーニュ大市からニームへが二二日間）、また危険に満ちた（道程は定かでなく、森には盗賊たちや、攻撃と略奪しか頭にない騎士たちがうろついている）ものであった。それなのに、なぜ人々は移動したのであろうか。まず最初に領主や農民たちであるが、彼らには土地を取り上げられることもおこりうるし、そうなると、別の土地を譲り受けるしかないのである。それにくわえ、征服への意欲もまだ消えてはいない。北フランスの諸侯たちは、アルビジョワ十字軍のおかげで手に入れた南仏の地に身を落ちつけることや、聖地に居を定めることに、何のためらいも示さない。学生たちはといえば、よりよい教師を探し求めて有名大学へとおもむく。他方、巡礼者たちは、しばしばすべてのものを売り払ったのち、もっとも遠い目的地に向かって、もっとも長い期間を要する方角に向かって（エルサレム、サンチャゴ・デ・コンポステラ、ローマ）旅路についたのである。

農民たちが、兵役義務にある騎士たちが、巡礼たちが、ありとあらゆるマルジノーや、束縛を逃れた人々にまじりあう。聖職者たち、修道士たち、社会から排除された人々*である病人たち、盲人たちもそのなかにいる。十四世紀以降、この大旅行時代は、たとえフランスの諸国王が最終的な居場所を選択するのにさらに長い時間を必要としたにせよ、色あせていく。街道には、伝染病や飢饉を逃れた人々が、そしてとくに浮浪者たち、乞食たち、無法者たちがあふれることが多くなる。すなわち放浪《エラン》の民である。

参考文献

* Norbert Ohler, *Reisen im Mittelalter*, Artemis Verlag, München, 1986, 藤代幸一訳『中世の旅』法政大学出版局、一九八九年。

⇩〔排除された人々〕〔巡礼〕

快楽　Plaisir

中世という時代のためにこの言葉を選択するのは、一つの挑発行為である。というのも、中世のセクシュアリテ[1]を特徴づけていたのは、まさに教会によって解釈されていたとおりの、快楽の否定であり、あらゆる抑圧的な機構の設置だったからである。結婚生活の内部にさえ、それは侵入してくる。十三世紀末になると、そして聖トマス・アクィナス[2]が登場すると、諸理念は顕著な発展をみせるが、それでも、教会が激しい抑圧的態度をとりつづけることに変わりはなかった。この状態は、中世から現代までずっとつづいているし、これからもつづいていくであろう。

しかしながら、さまざまな強制措置が講じられたのは、中世においてであった。性と肉への嫌悪が教会のセオリーとなったのは、漸次的にである。なぜなら、福音書のなかには、そうした考えがまったく含まれていないからである。

ヴェズレーのサント＝マドレーヌ教会の柱頭彫刻。色欲と絶望が、ヘビにからみつかれた女性と、すさまじい形相の悪魔の姿をとって刻みつけられている。

情欲を断罪すべき性的欲望と定義したのは、聖アウグスティヌスである。彼は、情欲が原罪を伝えていくのであり、性的行為がその仲立ちをしていると断言する。説教家や聴罪司祭は、原罪と性的罪を、やがて混同するようになる。修道士たちが、七つの大罪(3)の目録に注目するようになると、色欲は、徐々にその上位におかれるようになる。そしてまた、色欲は、肉の名のもとに語られるすべての罪（情欲、姦淫、自慰など）を、再統合するようになるのである。

セクシュアリテを嫌悪するこのような雰囲気のなかでは、結婚*もまた、聖職者から好意的な目でみられない。十二世紀、彼らは、結婚を、どうしてもがまんできない者のための、いくらかでもましな方便としかみなそうとしない。聖職者にとって、理想は、童貞を守り、貞潔に暮らすことである。肉への嫌悪を表明するだけでは満足しなかった教会は、途方もない抑圧に乗り出す。贖罪規定書《ペニタンティエル》には、膨大な数の多様な性的罪がカタログ化され、それぞれに対応する罰の記載が挿入される。たとえば、女性の自慰については七年間の節食、教会の権威によって保証されていない体位を行なえば十五年間のパンと水だけでの悔悛、というふうにである。

教会は、結婚している夫婦の性的行動にまで干渉し、それを管理しようとし、また、みずから≪夫婦交渉《コメルス・コンジュゲル》≫と名づけたものを行なわせようとする。その規則では、≪結合≫が制限されている。木曜、金曜、土曜、日曜（とくにだめなのが日曜）の各曜日の夜も昼も、夫婦の規則にある期間は、その行為が禁じられていた。残りの日についても交わり方がきびしく規制されていて、≪レトロ≫な結合(4)や、肛門交接、フェラチオは禁止であった。これに違反した場合、自分から罪を認めたばか正直な人々にとって、その悔悛の期間はたいへん長く、その強迫は非常に恐ろしいものであった（異常児が生まれることになるというような）。神学者たちの一部は、癩病《レプラ》を説明するのに、粗野な者たちが肉欲を断つ規則を遵守しなかったから感染したのだとまで主張するに及んでいる。ジャン＝ルイ・フランドランは、人口学的な平衡が不安定であったこの時代において、教会によって課せられた規則が、信心深い夫婦の妊娠の可能性を減少させたに違いないことを指摘している。

教会の発展は、ゆっくりとしたものであった。トマス・アクィナスは、セクシュアリテに関するカトリックの教義をより包括的にとらえ、まとめ上げる。結婚は、それが子作りのためのものとされているかぎり、一種の汚れでしかない。快楽もまた、夫婦のあいだに存在しなかったはずはない。しかし注意してほしいのは、それが快楽自体を目的にしたものではなく、子どもを作るための刺激であったことである。色欲は、十五世紀のジャン・ジェルソン(5)のような神学者によっても、さかんに攻撃されつづける。

　教会の過酷な要求が守られていなかったことは、明白な事実である。それがどれだけ実効のないものであったかは、聖職者自身でさえ、グレゴリウス改革の措置がさまざまに講じられてからでもその悪弊を断ち切ることができなかったことから、充分推測することができる。聖職者だけではなく俗人たちに関しても、よい概観を提供してくれるのは、モンタイユー*村の住民たちである。彼らは、その振舞のなかに、さまざまな教会の禁止をとり入れる一方で、そうした禁止に対し、宮廷風恋愛*による洗練などとはまるで無縁の、陽気な規則破りを行なっている。

(1)　la sexualité とは、現象としての性行動、性欲の発現をあらわす言葉。ミシェル・フーコーの『性の歴史』以来、歴史学の用語としても使用されるようになった。
(2)　Thomas Aquinas (1224-1274) はイタリアの神学者、哲学者。ドミニコ会士で、パリ大学やケルン大学で学び、のちにパリ大学をはじめ各地の大学で教えた。『神学大全』など多数の著作をつうじてスコラ学を大成した。
(3)　高慢、物欲、色欲、ねたみ、貪食、憤怒、怠惰の七つの罪源のこと。
(4)　後背位による性交のこと。
(5)　Jean Gerson (1363-1429) はフランスの神学者。パリ大学の文書局長をつとめたのち教会改革に専念し、コンスタンツ公会議では分裂した教会の統一に尽力した。思想的には人文主義的傾向をもつ。

参考文献

Jean Louis Flandrin, *Un temps pour embrasser, Aux origines de la morale sexuelle occidentale* (*VI*^{e}-*XI*^{e} *siècles*), Seuil, Paris, 1983.
Jean Louis Flandrin, *Le sexe et l'Occident, Evolution des attitudes et des comportements*, Seuil, Paris, 1981, 宮原信訳『性と歴史』一九八七年、新版藤原書店近刊。
* L'Amour et la Sexualité, *L'Histoire*, 1984, 福井憲彦、松本雅弘訳『愛とセクシュアリテの歴史』新曜社、一九八八年。

⇩ **〔結婚〕〔聖職者〕〔モンタイユー〕〔教会〕〔罪〕**

学生　Etudiants

十二世紀に大学*が誕生し、十三世紀にそれが発展するなかで、パリには、あらたな住人である学生が集まるようになる。パリほどではないにしても、オルレアンやモンペリエなどの王国諸都市、またイタリアの多数の都市にも、同様の状況が生まれる。パリでは、人口二〇万に対し学生数は五千から一万で、比率からしてもこの新住民の数が非常に多かった。中世でもっとも繁栄したのはこのパリ大学であり、ここでは、そこでの学生生活を例に取り上げてみた。

　この大学の学問の性格、機構、学生生活などは、われわれの知っている大学のそれとはまったくと言っていいほど異なっている。学習は早くはじまり、その期間も平均して長い。学生たちがもっとも足しげくかよったのは、教養部である。それにつづくのが、法律（フィリップ尊厳王《オーギュスト》によってローマ法の研究が禁じられたあとでは、ことに教会法[1]）、医学、神学を教える学部である。神学部は、一三六二年にトゥールーズに設けられるまでは、ヨーロッパ中でパリにしかなかった。教養部での基礎教育は、二つの課程に分かれていた。生徒たちは十四歳からそこに入り、内容のあまりよくわかっていない初等教育を受けたあと、一般教育を学び、それを修了すれば、そこで勉強を終えることもできた。しかし、彼らがその段階をすべて習得していないときには、平均して二十歳まで教養部への登録をつづけた。他の学部は、その教育水準の高さから、より上級の学部とみなされていた。勉強の期間も特別に長く、法学部と医学部は二十八歳まで、神学部にいたっては三十五歳ころまでであった。

　大学という場所は、すくなくとも最初は、何にもまして知識そのものへの愛に根ざすものであった。けれども学生の目的は、当然のことながら、修了証書を手に入れることや、試験に合格することであった。その課程に関しては、長さに多少の差があるにせよ、内容はどの学部でもほぼ同じであった。学生は、まず最初に教養課程修了試験《バカロレア》に合格しなければならなず（教養課程修了者《バシュリエ》になる）、つぎに学士号試験《リサンス》に合格すると、教養部の教養修士や、医学博士、神学博士などの称号があたえられた。とはいえ、この資格試験に合格する学生は、けっして多くなかった。教養部の教養課程修了試験には、その学生のうちの半数が合格し、修士課程修了試験には四分の一が合格したのに対し、法学部では、三人か四人に一人しか教養課程修了者になれなかったし、学士号をえる者は一五人か二〇人に一人にすぎなかった。大学教授や医者になれたのは、ほんの一握りの学生たちだけであった。その大部分は、手紙や、法律文書を作成する文書係として、また判事の助手として雇い入れられた。手紙のやりとりが活潑になり、官僚機構が肥大していくなかで、就職先には困らなかったのである。

　教育方法についてみれば、主たる勉強の手段はスコラ的方法であり、その学習理論は四つの段階からなっている。最初の段階はレクティオ（講義）と呼ばれる。書物は稀少で、高価であったため、基本的な学習活動は、教師の行なう講義や解説に耳をかたむけることである。すべては口承によるのである。そのため、ノートが重要な役割を演じる。それぞれの学生は、前日聞いたことを翌日報告しなければならない。しかしこの段階は、徐々に衰えていく。二番目のタイプの訓練は、とりわけ自発的な教育効果をもたらした。このクワエスティオ（問題）と呼ばれる段階は、微妙な問題を含む原典のある部分について、異なった意見を提示することからなる。そして、それに対する賛成や反対の討論を、筋のとおる形で行なうことは、すばらしいスコラ的訓練となるであろう。これがディスピュタティオ（討論）である。この段階は、法学や医学においても、その分析を行なう場合の方法として活用される。そして、教師がその論争を総合し、自分の答えを提示するのが、デテルミナティオ（結論）である。

教養部での訓練は、主として七自由学芸によって構成されたカリキュラムにもとづいて行なわれた。文法、弁証法、修辞学が、トゥリヴィウム（三学）を、算術、幾何学、天文学、音楽が、クワドゥリヴィウム（四科）を形作る。文法は、なかでも主要な地位をしめている。

十五世紀においても、教育のカリキュラムや方法、展開に変化はなかった。ただ、その期間については、教養部が、六年間から三年間へと短縮されていた。

学生の物質面の生活は、貴族出身の者たちを別にすれば、恵まれないものであった。書物を手にいれることは、その稀少さからしてまずむりであり、ほとんどいつも借りるだけですまさなければならない。教師たちの授業の内容は、少しずつ刊行されるようになっていく。写字生によって書き写され、大学のメンバーのチームによって監査された上で、売ったり貸したりされるようになる。とはいえ、もっとも日常的な勉強道具は、依然、蠟びきの書字板であった。

住まいについては、大学が、家主たちに家賃を安くするよう強制したにもかかわらず、やはり高いままである。まずしい学生たちは、写本の書き写しによって生計をたてなければならないこともしばしばである。こうした物質面の困難をしのぐために、まずしい学生たちを収容する《学寮《コレージュ》》が徐々に設立され、サービスメニューの支給の手もうたれた。ことにパリでは、学寮がどんどん増加した。そのなかでも、もっとも有名で、もっとも多数の学生を収容したのが、ロベール・ド・ソルボン(2)によって設立された学寮であった。彼自身も、農民から身をおこし、ルイ九世の礼拝堂つき司祭にまでなった人物であった。十四世紀から十五世紀にかけて、こうした学寮は、枝わかれして数を増し、それ自体がひとつの教育の中心となり、大学と勢力を争うようになる。大学は、旧態依然として何の変化もなく、とくに若い学生たちを《つなぎとめる》ことができなかった。そのため大学では、規律の厳しい引きしめが実施された。

中世の学生生活の特質の一つは、事実、そのかなりの野蛮さにある。けんか騒ぎはあとをたたず、死者たちに挑発された戦争（一二七八年、パリで）さえおきた。相異なる国の出身の学生たち（パリには外国人が多かった）のあいだでも、頻繁に乱闘騒ぎがおきた。放蕩生活を描く、当時の年代記作家の筆をまつまでもないのである。こうした放蕩にブレーキをかけることへの期待をこめて、信仰業の実践が重視された。聖人崇敬が普及して、大学生活は聖母の庇護のもとにおかれ、説教は、根本的な学問的実践として位置づけられるまでに昇格したのである。

（1）教会が誕生して以来、聖書の記述、教父たちの著作、教皇の勅令、教会会議での決議などをもとに形成されてきた信者の守るべき規範の総体であり、一一四〇年ころ、イタリアの修道士グラティアヌスによって集大成された。

（2）Robert de Sorbon(1201-1274)は、パリ大学の神学教授でソルボンヌ学寮の創立者。その学寮は聖王ルイの援助のもと、一二五四年から一二五七年にかけて設立された。

参考文献

Jacques Le Goff, *Les intellectuels au Moyen Age*, Seuil, Paris, 1985.

Jacques Verger, *Les Universités au Moyen Age*, P.U.F., Paris, 1973, 大高順雄訳『中世の大学』みすず書房、一九七九年。

Michel Rouche, *Histoire de l'éducation en Frence*, tom.1, Promodis, Paris, 1981.

家臣制　Vassalité

家臣関係は、長いあいだ、中世の社会生活を構成する根本要素であると考えられていた。けれども、この関係は、その社会のほんのうわべの部分を覆っていたにすぎない。たとえそれが、一種のピラミッドを形作っていたとしても、である。このピラミッドの頂上には国王や皇帝がいて、有力家臣たちを支配する。その有力家臣たち自身も、重要な封*であるフランスの領邦の支配者であり、それぞれ数多くの家臣《ヴァサル》を従えている。その下の方にも、このピラミッドの基盤を構成する家臣をもたない陪臣《ヴァヴァスール》にいたるまで、同じような関係が連続していく。

家臣制《ヴァサリテ》は、何よりも人と人の関係の上に、個人的きずなの上に築かれている。オマージュ*の儀式がこのきずなを固める。たがいの誠実《フイデリテ*》の約束は、相互の義務からなる契約でもあった。しかしながら家臣の義務は、最初から、主君の義務よりはるかに重かった。

主君の保証する保護とひきかえに、家臣の側はさまざまな義務を負った。九世紀にはもう登場する援助《エード》と助言《コンセイユ》も、そうした義務の一部であった。最初はまったく口頭によっていたこれらの約束は、しだいに文書として記録されるようになった。こうした文書は、北フランスよりも南フランスに、より多かった。北フランスでは、約束の相手が重要人物であり、またそこに政治的意味合いがこめられているとき、契約が文書化された。主君にとって期待する奉仕を明確にする方が得策であるときにも、内々の契約を結ぶ手がうたれた。われわれの手元に残されている別の史料は、しばしば間接的な証言を提供してくれる。たとえば、一〇二〇年ころ、シャルトル司教フュルベール[1]がアキテーヌ公ギョーム四世に宛てた手紙や、公証人や年代記作家の書き物などがそうである。

援助という言葉は、その厳密な意味からすれば、軍事的奉仕（軍役、しかも騎馬での）と物質的奉仕（とくに金銭的な）を含んでいる。援助の内容は、一一〇〇年まではそれほど明確ではない。主人の必要に応じての手助けなのである。しかし、封建時代の第二期[2]をつうじ、なぜ助けるのか、どのくらい助けるのかということが、はっきり規定されていく。援助は、主君にとっては、譲渡した封土から利益をひきだす一つの方法となり、家臣にとっては、主君の恣意に対してある程度の守りを固める手段となる。

フランスやイギリスでは、三つの古典的な援助の機会が存在した。主君の息子の騎士叙任式*、主君の娘の結婚式、主君が捕虜となったときの身代金支払いの際である。十二世紀のなかごろからは、主君の十字軍出発のための援助がそこに加わる。十三世紀以降は金銭的な強制は軽減されていった。主君の権力が衰えたからである。

とくに封をめぐる問題はひどく複雑なものとなる。そして家臣関係が発展するにともない、ときほぐすことのできない絡み合いを生むほどにこの関係を混乱させることになる。ことにオマージュの複数化によって。そして、その中身を空にするほどではないにせよ、公的権威の解体の時代にあって、特殊な状況のもとで作り出されたこの関係を完全に弛緩させるまでになる。そこへさらに、ヨーロッパの諸君主の政策が加わった。彼らは、長いあいだ自分たちよりも有力であった家臣たちを犠牲にすることで、みずからの権力を確立しようとしたのである。

（1）Fulbert de Chartrea (v.980-1028)は、イタリア出身のシャ

ルトル司教。ジェルベール・ドーリヤックの弟子で、哲学、神学を教え、シャルトル学派の創始者となった。

(2) マルク・ブロックが、『封建社会』のなかで規定している一つの時代区分。十一世紀なかごろを境として、それ以前を封建時代の第一期。それ以後を第二期とする。

参考文献

Jean-Pierre Poly et Eric Bournazel, *La mutation féodale*, Nouvelle Clio, P.U.F., Paris, 1980.

⇩〔封〕

カタリ派　Cathares

十一世紀、十二世紀の他の異端*と同じく、カタリ派信仰《カタリスム》は、カトリック教会に対し、またその活動内容に対し、異議を申し立てる動きの一部をなしている。カタリ派は、教会の富裕を非難し、清貧を称讃し、教会の教えに反論し、聖書を直に読むことへもどるよう要求して、カトリックの聖職者をきびしく批判し、独自の聖職者を奉ずるのである。しかしながらカタリ派信仰は、その教義においても、ひきおこす事件の規模においても、他のもろもろの異端をはるかに凌ぐものとなる。

スペイン国境にほど近いピレネー山中に残るモンセギュールの城跡。

カタリ派の人々は、たとえ拷問*を受けても、自分たちはキリスト教徒であると言明するのがつねであった。しかしその教義は、キリスト教の教義とは異なっていた。彼らは、唯一の神ではなく、二つの神を信じる。すなわち、善なる神と、悪なる神である。悪の問題の解決方法については、その責任を創造主の神には負わせない。その結果、彼らは世界をも二分する。物質の世界と、霊魂の世界とにである。物質は、どんなものであれ拒否すべき悪であり、配慮に値するのは霊魂だけである。なぜならそれは、善なる神の被造物だからである。こうした教義によって、《二元論》(信仰における善と悪の対立)にもとづく諸異端の一つに数えられるカタリ派信仰は、十一世紀から十四世紀にかけ、ヨーロッパ全土を、とくにブルガリア、ドイツ、北フランス、イタリア(ロンバルディア地方、トスカナ地方)、カタルニア地方、ラングドック地方をゆり動かした。この派の諸異端がすべて同じ性格だったわけではないが、それぞれの共同体は、たがいに接触を保っていた。一一六七年、サン=フエリクス・ド・カラマンでのカタリ派公会議[1]に集合してからは、そうした接触はいっそう緊密になった。しかしながら、この公会議の信憑性には問題がないわけではない。

　この宗教は単純である。一般の信者たちは、いかなる特別の義務も負っていない。ただ位階制度の上部にいる《完全者《ペルフェクティ》[2]》たちだけが、厳格な生活をおくり、改宗を説く。また、一般の信者に対しては、この宗教の唯一の儀式である《慰藉式《コンソラメントゥム》》によって、完全者の地位に到達させると説く。この儀式では、一人ないしは数人の完全者が、ひざまずいた志願者の頭の上に両手を置き、志願者によって、貞潔と一種の菜食主義者たることが誓われたのち、平和の接吻が交わされた。

　カタリ派信仰の成功は、南フランスの、トゥールーズ、ロラゲ地方、フォア伯領、ケルシー地方、アルビ近辺などにおいて著しかった。アルビは、アルビ派の名のもとにもなる。貴族層をも含むすべての社会階層に浸透したカタリ派信仰は、その貴族たちによって保護されたが、なかでもトゥールーズ伯レモン六世による保護が有名である。

　こうした状況に危機感を抱いた教皇職は、これを契機に、イデオロギー面の統制を指示、強化するようになる。その目的のために、十字軍の理念が流用され、武力や、異端審問*も利用される(情報網を整備し、恐怖と密告の風土を生んだ)。また、托鉢修道会*の、とくにドミニコ会の説教活動の発展も、その強化に大きな役割をはたす。

　フランス国王は、反カタリ派十字軍を巧みに利用する。とはいえフィリップ尊厳王《オーギュスト》は、イノケンティウス三世*の十字軍結成の呼びかけに応じていない。その一方で、北フランスの諸侯たちは、シモン・ド・モンフォール[3]の指揮のもと、略奪と放火につづく大量虐殺（一二〇九年、ベジエの大聖堂に避難していた七〇〇〇人の女性や子供、年寄りたちを殺した）を急いで実行する。宗教的な口実をあたえられて、土地へのあからさまな欲望が噴き出したのである。ルイ八世による仲介は、仲介ではなく勝利を、つまりモー条約[4]の調印を（一二二九年）十字軍兵士たちにもたらした。その諸条項は、地中海への到達を彼らに可能にし、南フランスの北フランスへの併合を準備したのである。

これで、カタリ派の異端が消滅したわけではない。その消滅は、一二四四年の、モンセギュールの《鷹の巣》城[5]の陥落をまたなければならない。この城砦は、抵抗の象徴であり、不服従の者たちすべての避難所であった。しかしカタリ派信仰自体についてみれば、異端審問の効果や、かつての信奉者たちの離反による全般的な衰退にもかかわらず、十四世紀初頭以降も、ラングドック地方に生きのびている。

（1）トゥールーズ近郊で開催され、コンスタンティノープルから来たボゴミール派の司教ニケタスが指導的役割をはたした。ここでカタリ派の教義が統一され、司教区が確定され、司教が任命された。

（2）罪を消す厳しい修練期をへたのち、叙階され、聖霊をあたえられ、聖職の権力を授けられた少数の人々である。

（3）Simon de Montfort（?-1218）はパリ近郊の小領主である。第四回十字軍に参加し、帰国後、カタリ派に対する十字軍を指導し、勝利した。その功績により、トゥールーズ伯、ナルボンヌ侯となった。イギリスの貴族反乱を指導したのは、同名の彼の息子である。

（4）国王ルイ九世とトゥールーズ伯レモン七世のあいだに結ばれた講和条約。王はラングドック地方南部を入手し、また王弟とトゥールーズ伯領の女相続人の結婚が定められた。

（5）カタリ派の最後の砦であり、カトリック側による一年間の包囲ののち、ついに降伏し、二〇〇人以上が火刑に処せられた。

参考文献

Jean Duvernoy, *Le Catharisme*, 2 tomes, Privat, Toulous, 1976 et 1980.
René Nelly, *Le phénomène cathare*, Privat, Toulous, 1964.
Arno Borst, *Les Cathares, traduction française*, Payot, Paris, 1974. 藤代幸一訳『中世の異端カタリ派』新泉社、一九七九年。

⇨〔十字軍〕〔教会〕〔異端〕〔フィリップ尊厳王〕

学校　Ecoles

学校は、社会の識字化の進展に、流布する思想の変質に、さらには社会が子供に付与するようになる地位をめぐり、たいへん重要な役割を演じた。フィリップ・アリエスは、文字文化が優位に立つようになると、学校は社会の再生産の道具となり、子供*は一つの投資の対象となることを浮き彫りにしながら、子供の感性と、学校と、文字文化との関係を推測した。逆に、口承文化が支配的なとき、子供は大人たちのあいだで生活している。

十二世紀には、中世の教育革命がおきる。学校は、修道院から都市へと移動し、その数も増加する。それと並行して教育の性格も変わる。教育は、聖職者用から俗人用のものへと変化し、その内容もより多様化する。

十一世紀までは、学校といえば、各修道院にある修道院付属学校と、各司教区にある司教座聖堂付属学校が一般的だったようである。それらは、シャルルマーニュによって創立され（わずかであるが）、再建された（とりわけ）ものであった。小教区*の学校、すなわち農村の学校は、まだめずらしい。教育のカリキュラムはずっと同じままであったが、知識はそこで深化し、それ自体が目的化していく。イギリスでも、ドイツでも、フランスでも、由緒ある学校、偉大な教師たちが講義を行ない、その名声は国外にまで響きわたる。ドイツでは、ザンクト＝ガレン修道院の学校が有名であった。フランスでは十世紀、二人の教師がとくに有名だったようである。まず、オーリヤック出身の元修道士ジェルベール(1)。彼はランスで教え、その当時においてもっとも学識豊かな人物との評判を獲得した。そしてシャルトル司教フュルベール。彼は、《シャルトルの栄光》と讃えられた。生徒たちは、遠方から講義を聞きにやって来たが、教師自身もしばしば長旅をした（ジェルベールはスペインに勉強に行き、フュルベールはイタリアから来た）。教師たちは、何より固い団結を保っており、一種の《知識人のインターナショナル》を形成していた。

教育の方法は、まだ簡単である。《暗記することが、知ることである》。教育の成果を上げるための手段、それは箆《へら》や棒や鞭である。図像表現において、諸教科、なかでも基礎的な教科であった文法は、この手段によって表現されている。たしかに、偉大な教師たちは、算術、天文学、音楽、医学を教授していたが、他の大部分の教師たちは、ことにラテン語の諸規則や古典（ヴェルギリウス、オヴィディウス）解釈の基礎を教え、また、ラテン語を誤りなく話せるようになる練習をさせていたのである。哲学は文芸の仕上げをする。偉大な教育者であった聖アンセルムス(2)は（彼は生徒に対する優しさを要求する）、ル＝ベックの修道院を、当時の知識人たちのもっとも偉大な集いの場に変え、そして神学を創造したのである。

十一世紀のなかばから、学問の世界はある危機にゆさぶられている。リエージュの学監《エコラートル》（司教座聖堂付属学校の校長）の一通の手紙は（ピエール・リシェによって引用されている）、生徒たちの体罰や規律の遵守の拒否を、また彼らの新奇で非宗教的な思想への憧れを物語っている。修道院付属学校は、修道院改革者たちに翻弄され、やがては自分の殻のなかに閉じこもる。そこでの実用的な教育は、とりわけキリスト教的、宗教的目的にそうものであったろう。しかし修道士たちは、そのために高度の知識の習得に大きな遅れをとり、また彼らの《反都市的》態度は、諸都市の学校の発展を助長することになる。

　すでに有名であったシャルトルやランスの学校のほかに、フランスだけを例にとっても、オルレアン（法学）、ラン、そしてパリの学校をその列に加えることができるであろう。とくに首都らしくなりつつあったパリの近辺には、学校がどんどん増加していく。ギョーム・ド・シャンポー(3)が有名になったのもこの都市においてである。またアベラールも、ここで、哲学と注釈学の講義をつうじて名声を獲得した。モンペリエは、医学教育によって、一一三七年以降有名になる。

　全体的にみて、こうした教育の中身を特徴づけているのは、新しい知識の豊富さであり、また知識への貪欲さである。とくにパリではそうである。こうした数々の《学術》都市は、熱気あふれる活動の中心地となる。

　とはいえ、教育の方法にはほとんど変化がなかった。体罰は、依然、日常茶飯である。生徒たちは、鞭打たれ、屈辱的な規律に従っている。言葉を反復しつつ、講義を聞きつつ、彼らはいつも非常に多くのことを学んでいる（教育は、本質的には口承的なものにとどまっている）。しかし、筆記も進歩をみる。ただ一つの教室に、あらゆる年齢（六歳から十八歳まで）の生徒たちが集められている。カリキュラムには、生徒の年齢に応じての段階わけはない。ただ最年長の生徒たちは、最年少の生徒たちがそこにいるだけであることを、たいていはよく心得ていた。生徒たちは、教師の借りた部屋に集まり、藁をまいた床にそのまますわった。ベンチの導入は、十四世紀における大発明となるであろう。

　中世の学校の独創性は、生徒を枠にはめなかったことにある。ひとたび授業時間が終われば、教師の権威はもうおよばない。生徒たちは、たいてい民家に下宿していたが、それゆえ自由気ままに暮らしており、たいへん早く人生に、そして大人たちの世界に出会ったのである。

　十四世紀以降、《小さな学校》が、地方行政当局の管理のもとに、すなわち教会から独立した形で普及する。こうした学校は、フランドルやイタリアには十二世紀から《職業》学校の形で存在していた。そこでの教育は、将来の商

ブリューゲルの下絵による『学校のロバ』と題された版画。16世紀フランドルの小学校のようすがいきいきと描かれている。下の銘文には「ロバが学校に行っても馬になって戻ってはこない」とある。ダレーム美術館蔵。

人たちを育てるための書き方、計算、地理、現代語に集約されていた。フランスでは、この小さな学校はもっと文学的であったが、ノルマンディ、シャンパーニュ、ブルゴーニュ、プロヴァンスの各地方で、その数を増していく。ペトラルカ[4]はカルパントラの小さな学校で教育を受けたが、その学校ではとくに文法教育に力が入れられていた。これらの諸々の学校は、全体として、反教権的心性を作り出すのに寄与したのである。

---

(1) Gerbert d'Aurillac(938-1003)はフランスのオーリヤック修道院、カタルニアのリポール修道院に学び、ランスの司教座学校で教えた。その学識は、神学、論理学、数学など広範にわたった。その後、ボッビオ修道院長、ランス、ラヴェンナ大司教をへて、教皇シルヴェステル二世となった。

(2) Anselmus(1033-1109)はイタリア出身の修道士で、神学者。スコラ学の父と呼ばれる。ノルマンディーのル=ベック修道院長をへてカンタベリー大司教となる。彼の指導のもと、ル=ベック修道院は学問の中心地となった。

(3) Guillaume de Champeaux(v.1070-1121)はフランスの哲学者、神学者。パリのノートルダムで教え名声を獲得するが、弟子のアベラールとの普遍論争に敗れ、サン=ヴィクトール修道院に退いた。

(4) Francesco Petrarca(1304-1374)はイタリアの詩人、人文主義者。故郷のフィレンツェを追われ、子供時代をアヴィニョンで過ごした。トスカナ語による恋愛詩で有名であるが、ラテン語によるすぐれた著作も多い。カルパントラは、アヴィニョンの近郊。

参考文献

Pierre Riché, *De l'éducation antique à l'éducation chevaleresque*, Flammarion, Paris, 1968.
Pierre Riché, *Ecoles et enseignement dans le Haut Moyen Age*, Aubier, Paris, 1979.
Michel Rouche, *Histoire de l'éducation en France*, tom.1, Promodis, Paris, 1981.
Philippe Ariès, *L'Enfant et la vie familiale sous l'Ancien Régime*, Seuil, Paris, 1973, 杉山光信・杉山恵美子訳『〈子供〉の誕生』みすず書房、一九八〇年。

⇨**〔文盲〕〔法〕〔書物〕〔知識人〕〔パリ〕〔大学〕**

カテドラルの時代　Le temps des cathedrales

初期（十二世紀初頭）のものでも、末期（十三世紀末）のものでも、芸術の珠玉であるカテドラルは、その時代の社会を映し出す。そこでの衝突や苦悩を、また、そこでの憧憬や理想や思考を映し出すのである。そのことを、時代を追ってみごとに描き出しているのが、古典の一つともなっているジョルジュ・デュビィの著作、『カテドラルの時代』である。各時代に、その時代のカテドラルがある。各地方に、その地方のカテドラルがある。少なくともその建設を拒否する理由がないかぎりは。

ゴシック芸術の先頭に立ったのは、一修道士であったシュジェール[1]である。彼は、サン=ドニの大修道院長で、ベネディクト派修道士であった。彼の熟考をつうじて、カテドラル≪神学≫が生まれる。神は光であると考える神学である。そこから≪光の詩学≫、≪光の美学≫が生み出される。カテドラルの玄関扉口は光へとむかう歩みの出発点となり、その歩みは最後に内陣へといたる。そこは、この光がもっとも強く発散される場所である。古い神のイメージに加え、新しい神のイメージが生まれたのである。そして、サン=ドニ修道院のカテドラルがこのように着想されていたとしても、それはまだ、≪修道院の教会≫にすぎなかった。

シャルトルのノートルダム大聖堂の南側入口を飾るキリストと12使徒たち。その表情はおだやかで、人間味にあふれている。

ついで、司教たちのカテドラルが誕生した。それは、農村での労働と進歩の成果であり、金持ちになったブルジョワジーのため、都市のなかに出現した教会であった。カテドラルは、高位聖職者の権力を強め、その栄光を高める。また、都市を飾る≪あふれんばかりの尖塔≫によって、ブルジョワ階層の自尊心を満たす。この建物は、祈りの場としてだけではなく、同業組合*の集会場としても利用される。建築術は、そこを、つねに光に満ちあふれるカテドラルに変える。カテドラルは、以前の時代より、ずっと光り輝くのである。しかし、学校の、とくに懐疑や弁証法やオリエント伝来の諸科学を教えていく大学の影響のもと、≪福音的≫であったカテドラルは、やがて自由学芸に基礎を置く、論理学者の学芸の産物となる。カテドラルとその彫刻は、世界を人の目に見える形で再現する。すなわち、可視的な被造物が、それぞれ、しかるべき位置に据えられるのである。

つぎの段階は、≪抑圧の道具≫としてのカテドラルである。異端*の、なかでもカタリ派*の脅威がせまるようになると、それに対抗して、信仰の地の緻密な区画割りの設置が必要になる。そこでの建物は、≪はてしない説教のようなもの≫となり、≪説得への配慮≫にもとづくカテドラルとなる。十三世紀初頭のことである。そして、異端者を説得しようとする意志が、この建設活動を加速する。パリのノートルダムは、一二五〇年には一応の完成をみるが、工事はなお一世紀以上つづく。他方シャルトルでは、一一九一年に新しいカテドラルの工事がはじまり、二六年後に完成する。ランスでは、とにかく工事が早く、一二一二年に工事がはじまり、一二三三年にはもう主要部分が完成する。その装飾は、カタリ派信仰の≪反物質≫に反駁する。神学者たちとともにあった壮麗なカテドラルの芸術は、カタリ派によって断罪された可視的な世界そのものである。そうした装飾は、リアリズムへと発展していく。彫刻された草木が、本当に≪いきいき≫してくるのは、やっと一二二〇年をすぎてからである。その一方、人物たちは、装飾のなかに、すでに全員出そろっている。がりがりに痩せてもいなければ、ぶよぶよに肥ってもいない類型的な人物たちである。そこには、神の創造した天地と、カテドラルの完璧な構造が、調和しながら共存している。神の光は彼らを照らしはじめ、その口もとには微笑みが浮かぶ。一二〇四年のコンスタンチノープル略奪は、カテドラル内部に、まぎれもない≪装飾熱≫をまきおこす。

十三世紀なかごろ、フランスのゴシック芸術は勝利者となり、あらたに王領*に併合された諸地方さえも征服する。しかし、その勢いは急速に衰える。技術者たちは、もはや何も発明しない。完成の域に達した技術を、最大限に活用させるだけである。ジョルジュ・デュビィは、この行き詰まりの原因をさぐっている。その原因は多様であると彼は言う。建築の諸流派は、もはや合理的な技術しか生み出さない。高位聖職者たちは、カテドラルの創造に、もはや以前ほど深くかかわらない。しかもその創造は、いまや専門家たちの手に委ねられることが多い。職人たちのグループを率いる親方も、みずからは手をくださず、ただコンパスを操るだけである。芸術は、ある部分、技術屋の芸術となる。それにつづいて、現世的な幸福を重視する哲学が広まる。その哲学は、キリスト教の哲学に従う人々を遠ざけてしまう。ジョルジュ・デュビィは、ダンテの『神曲』を、最後のカテドラルととらえている。

---

(1) Suger(1081-1151)はルイ六世の友人であり、のちにはルイ七世にもつかえ、修道院長としてはもとより、神学者として、また政治家としても活躍した。サン=ドニ修道院の改築を進める一方で、ルイ六世の伝記を残し、修史事業の基礎を築いた。

参考文献

Georges Duby, *Le Temps des cathédrales*, Gallimard, Paris, 1976.

（この項目は、カテドラル（一一三〇年〜一二八〇年）に関する部分だけにもとづいている）。小佐井伸二訳『ロマネスク芸術の時代』白水社、一九八三年はこの本の前半部（九八〇年〜一一四〇年）を翻訳したものである。

＊Otto von Simson, *The Gothic Cathedral*, Princeton University Press, New Jersey, 1956, 前川道郎訳『ゴシックの大聖堂』みすず書房、一九八五年。

⇩〔カタリ派〕

貨幣　Monnaie

貨幣の有無、その復活と普及、その造幣権などの問題は、十三世紀以降になると、農村経済や、商取引や、誕生したばかりの国家を変化させ、さらには変革するほどの重大問題となる。

西欧世界では、十一世紀まで、貨幣が日常的に用いられることはなかった。そこに貴金属がなかったわけではない。しかしそれは、貨幣化されない地金のままで、商品のように計量されながら用いられていたのである。南フランス各地では、貴族や商人たちがソリドゥス金貨[1]を使用しつづけていた。とはいえ、それはしだいに小さくなり、しだいに金を含まなくなる。すなわち、約五〇パーセントは銀になってしまうのである。こうした金貨さえ、十一世紀にはほとんど消え去ってしまい、もはや銀貨であるデナリウス貨[2]が残るだけとなる。そして西欧の貨幣の歴史は、《銀貨のマネタリズム[3]》の歴史となるのである。それに対し、金貨や、ビザンツのベサンティヌス貨[4]の地位を奪ったイスラムのディナール貨[5]は、地中海沿岸でずっと使用されつづけている。

貨幣流通はなぜ復活したのか。そしてさらに、もっともめざましい現象として注目される金貨の造幣は、なぜ、どのようにして再開されたのか。それは西欧の経済成長の原因であったのか、それとも結果であったのか。

十二世紀以降、とくに十三世紀には、貨幣経済が農村部にまで浸透する。現金での賦課租の増加、現物での賦課租の買い戻し、また貢租地保有農の増大などが、その事実を証言している。しかし貨幣流通の発展は、何より商業の分野で際立っている。商人たちは、領主たちによって造幣された、価値が均等でない、そのうえ広く世に認められていない貨幣に、もはや満足できなくなる。こうした商人たちの欲求は、大領主たちの欲求とも合致する。しっかりした価値をもつ銀貨である《グロ貨[6]》の造幣は、たいへんな勢いで増大する。なぜなら、もはや《デナリウス貨》では、商業活動の需要を満たすことができないからである。最初の《グロ貨》は、十二世紀末にヴェネツィアで造幣される。そのあとに、イギリスのエスターリング貨や、聖王ルイのグロ貨[7]がつづく。諸侯や、定期市をもつ諸都市は、領主たちの不利益を顧みずに、国際的な価値をもつ貨幣までも発行しようとする。一二二四年、シャンパーニュ伯は、プロヴァンの貨幣を、《トゥール貨》と等価値の《フォール・ド・シャンパーニュ貨》に変更している。すなわち、経済成長が貨幣流通の発展をひきおこし、それがまた銀貨の造幣の再開をもたらしたと思われるのである。それと並行して、鉱業の活動もたいへん発展する。鉱山を所有している諸侯は、その集中的な採掘を要求する一方、新しい鉱脈の探索も活溌に行なっている。一一七〇年ころには、ザクセン地方で、豊かな銀の鉱脈が発見されている。

金貨の再登場と、金貨の造幣再開の問題がまだ残されている。その原因は、長いあいだイスラム金貨と関連づけて説明されてきた。この金貨が、西欧経済始動の原動力とみなされてきたのである。それに対し、これとはまったく逆の現象も取り上げられているようである。すなわち、たとえキリスト教諸国にイスラム金貨が浸透したとしても、それはずっと遅く、十世紀も終わりかけたころのことで、しかも、カタルニアでだけおきた現象にすぎない。金貨の造幣が集中的に再開されたのは、十二世紀、とくに中央イタリアと北イタリアにおいてであるというのである。そのもっとも顕著な例は、一二五二年に造幣されたジェノヴァとフィレンツェのフロリン金貨や、一二八四年のヴェネツィアのドゥカート金貨といった商業都市の貨幣であり、また一二六六年と一二七〇年に造幣されたフランスのエキュ金貨である。

したがってヨーロッパの金貨は、経済成長の一つの結果なのであり、もはや死蔵された威光を誇るための道具ではなく、イスラムのディナール貨にとりかわって国際貿易の場で用いられる交換貨幣なのである。そのことからしても、ヨーロッパの金貨は、経済成長の結果であり、原因ではなかったと思われる。

しかしながら、ヨーロッパ全体で金貨の造幣が一般化するのは、やっと十四世紀になってからである。十三世紀、金貨の造幣は、まずは繊維製品のような輸出可能な製品を大量に生産するイタリアの港町に集中している。ほかの場所では、金貨がひどく失敗したり（聖王ルイのエキュ金貨）、なおも政治的な道具として用いられたり（フリードリヒ二世のアウグスタリス金貨）している。中世末期、ヨーロッパの金貨の歴史はまた違った広がりをみせるようになる。ヨーロッパへの金の供給が、黒人アフリカ（マリ、ガーナ）や北アフリカから、大きな港町（タンジール、トリポリ）を経由して行なわれるようになるのである。一四五〇年ころには、金の価格が上昇したことにより、最初はジェノヴァ人が、つづいてポルトガル人が、大々的な金属の探索を開始する。この探索が、アフリカ沿岸の探検の原因となり、地理上の大発見の原因となる。

中世の貨幣の問題はまた、その造幣権の問題にもかかわってくる。本来、貨幣の造幣は君主の仕事であり、彼だけが貨幣を打造することができる。けれども公権力が崩壊するにともない、各地の領主は貨幣の造幣権を分与され、またその権利を簒奪していく。しかし領主による造幣は、狭い地域のなかでしか通用しない、まったく価値の低い貨幣（《闇》貨幣）しか生み出さない。十三世紀、通貨はほとんど無秩序ともいえる状況下にあるが、それが逆に、諸君主や商人たちの圧力のもとでの貨幣統一を導き出すことになる。十四世紀以降、ヨーロッパのいくつかの国では、造幣がふたたび君主の仕事となり、領主たちの作業場はつぎつぎと閉鎖されていく。

かくして、君主は、自分に都合のよいように貨幣を変造することができるようになる。とりわけ貨幣の基準、すなわち一枚の貨幣に含まれる貴金属の量を変えることができるようになる。これが平価切り下げの原理である。中世のある時期を通じて頻繁に行なわれた貨幣の変造の背景には、多くの場合、経済的原因が存在する。なかでも、貴金属の継続的な値上がりの影響が大きい。しかし君主たちも、かつて信じられていたほどにはこの分野に無知でなく、平価切り下げを、彼らの経済的必要を満たすための手段として、不足している財源を確保するための方法として、利用していた。彼らは、重大な困難をひきおこす租税の一形態を編み出したのである。とはいえこの《変造税》は、君主たちが安定した租税を入手できるようになったとき、減少していくことになる。

（1）ローマ帝国のコンスタンティヌス帝が発行して以来、ビザンツ帝国で造幣され、のちには西欧各地でも造幣されるようになった、古代末期から中世初期を代表する金貨。
（2）ローマ帝国に起源をもつ銀貨であるが、とくにカロリング朝のもとで基本通貨としての位置づけを獲得して以来、中世の代表的な貨幣となり、貨幣単位となった。
（3）経済の変化を調整するのに貨幣の役割を重視する考え。
（4）コンスタンティノープルで造幣され、十字軍の動きに乗って西欧に広く流通した金貨、銀貨。
（5）占領した旧ビザンツ帝国領をつうじてイスラムに入り、そこで造幣、使用されるようになった金貨。
（6）それまでの銀貨より大型で高額であったため、グロ、すなわち《大型》と呼ばれた。

(7)　聖王ルイは、トゥールで造幣されたトゥール・グロ貨と、それより四分の一重く、パリで造幣されたパリ・グロ貨の、二種類の銀貨を作らせた。

参考文献
Marc Bloch, *Esquisse d'une histoire monétaire de l'Europe*, A. Colin, Paris, 1954.
Etienne Fournial, *Histoire monétaire de l'Occident médiéval*, Nathan, Paris, 1970.
Pierre Bonassie, *La Catalogne du milieu du* X^{e} *à la fin du* XIe *siècle*, 2 tomes, Mirail, Toulouse, 1975-1976.
Pierre Vilar, *Or et monnaie dans l'histoire*, Flammarion, Paris, 1974.
L'Or au Moyen Age (*monnaie, métal, objets, symboles*), Senifiance 12, Aix et Marseille, 1983.

⇩〔租税〕〔国王〕

神の平和　Paix de Dieu

九八九年のシャルー教会会議において、司教たちは、戦士たちに、聖職者や貧民を襲ったり、その財産を脅かしたりしないことを約束するよう求める。ここに、神の平和運動が開始される。この運動は、一連の教会会議を起点として発展していく。各教会会議では、提案された保護策が拡充される。一〇一一年のポワティエ教会会議では、保護対象が未亡人や女性にまで拡大される。一〇一九年のヴェルダン・シュル・ル＝ドゥーブでの教会会議では、二十四箇条の協約が作成される。こうした平和のための教会会議は、特定の状況や特定の場所（聖域に隣接した場所）、また典礼暦上神聖化されている特定の期間中の戦いを、不法行為とみなすことを決議するのである。

　このような運動が教会によって喚起され、統制されたのはなぜであろうか。《神の平和のイデオロギー》（ジョルジュ・デュビィ）は、ごく単純である。国王たちは、かつて神から平和の維持を委託されていた。混乱と権力崩壊の時代である十世紀、国王たちがその任務をもはや遂行できないことは明白になる。ゆえに神が、諸侯の支援をうけた司教の仲介により、命令権をとり戻すのである。各地方から召集された俗人たちも参加する教会会議で討議されたのは、戦士たちに一定の規則を遵守させることを、道徳的、霊的に強制することであった。尊重しなければ破門されかねない集団での誓約が、戦士たちを縛るようになるのである。

　したがって、誓約《セルマン》が、この制度の鍵であった。しかし誓約はそれほど守られず、神の平和は、あまり効果を発揮しなかった。なかには、宣誓を拒む者たちを、敬虔な戦士や民兵を用いて脅迫し、屈伏させようとする司教もいた。また交渉を行ない、妥協案を受け入れる司教もいた。その領主の自領での略奪は許容するとか、特定の数日間だけは暴力を禁止するとかいう案をである。これが、特定の期間中は戦いを禁じるという、南フランスに起源をもつ神の休戦運動である。一〇三三年、カタルニア地方では、週末がこの禁止期間に定められる。やがてその期間はますます大切な曜日へと拡大され(週三日から四日)、ついには各種の典礼期間（四旬節など）へと拡大されていく。

神の平和運動は、一〇四〇年までに、城砦を所有する戦士階級を、ほぼその管理下におさめるようになる。当時の城砦は、指揮権の中枢であり、領主が自分の私兵の一団にとりまかれる場所であった。教会は、この階級の好戦性を、せめて教会以外の対象に向けさせようと努めたのである。その意味で、神の平和は、たしかに十字軍精神を醸成した。しかしこの《制度》は、ジョルジュ・デュビィが指摘しているとおり、農民たちにも大きな波及効果をもたらすことになる。この制度は、無防備な財産への暴力的攻撃が、戦士たちの魂にとって危険であることを指摘する一方で、その代償としての平和的収奪を、すなわち領主たちによるあらゆる取り立てを正当化するのである。それは、この制度が、一つの安全保障として提案したものであった。かくして教会は、自分たちと同じく軍事的暴力の犠牲者であった農民の側につくため、一時的には遠のいていた支配者側の陣営に、復帰したのである。

諸侯が、なかでも北フランスやカタルニア諸地方の諸侯が権力を徐々に回復するにしたがい、神の平和は、公《デュック》の平和となり（ノルマンディーでは）、伯《コント》の平和となり（カタルニアでは）、そして王《ロワ》の平和となった。一一五五年、ルイ七世はソワッソンの集会で《王国全体の平和》を宣言し、家臣たちにもそれを宣誓させたのである。

参考文献

Georges Duby, *Guerriers et paysans*, Gallimard, Paris, 1973.
Georges Duby, *Hommes et structures du moyen âge*, Ecole Pratique des Hautes Etudes, Paris, 1976.
Pierre Bonnassie, *La Catalogne du milieu du Xe siècle à la fin du XIe siècle*, Mirail, Toulouse, 1975-1976.

⇩〔バン〕〔教会〕

狩り　Chasse

狩りへの真の讃歌であるフォワ伯ガストン・フェブュス[1]

の『狩猟の書』は、たしかに狩りの本ではあるが、同時にそれ以上の内容をそなえている。フランス国立図書館に保存されている十五世紀初頭に作成されたその手写本は、ミニアテュール美術(2)の傑作である。動物であれ罠《わな》であれ、そのデッサンはまれにみる美しさであり、しかも非常に正確である。そして、たとえ実用的な概説として書かれたものであっても、この書物自体が人を魅了してやまない。この人物は、自分の情熱を分かち合う方法をよく心得ているのである。

この書物は四つの部分からなっている。第一部は、動物たちの博物誌である。ガストン・フェブュスは、自分の射とめた動物たち（雄シカ、ダマシカ、ノロ、トナカイ、クマ、オオカミ、ネコ、キツネ）を愛情をこめて、しかも食欲をこめて描き出す。肉質についての考察も怠りない。第二部は、猟犬による狩りに捧げられている。彼の熱情は、猟犬たちの世話や、狩猟頭たちの陶冶へと向けられる。そして第三部は、狩りのさまざまな局面を、最終部は、あらゆる罠の技法を描き出す。

とはいえ、この書物は単なる技術の概説ではない。それどころか、ある領主の情熱の証明であり、さらには真の狩猟哲学まで粗描する。狩りは、あらゆる美徳の源泉なのである。よりすぐれた騎士となり、偵察術を鍛え、勇気を高めるよう強いることからして、狩りは、すばらしい戦争のトレーニングなのである。狩りはまた、教育の場でもある。狩人は、仲間たちとの友愛を、自然との一体感を学ぶし、すべての悪の根源である無為を免れさせる肉体的訓練のおかげで、健康も保たれる。狩人は、食べすぎることもなければ、淫欲に溺れることもないはずである（狩りの禁欲的美徳）。そのうえこの大領主は、一定の限度内ではあるが、社会をへだてる障壁を低める力までも狩りに授ける。彼は、狩猟頭は天国に入るであろうことを、そして一般の狩人にもそれは可能かもしれないが、たぶん≪裏庭《バス・クール》≫までしか行きつかないであろうことを、信じていたのである。

貴族にとっては何よりの行事であった狩りも、実際には、社会的緊張の原因であった。農民たちは、ある区域での、またある種の動物の狩猟を禁じられる。しかしなかには、農民たちに割り当てられた狩猟技術もある。ガストン・フェブュスがきびしく非難した罠の技術は、農民用のものなのである。彼らの手法はしだいに密猟と同一視されるようになるが、彼らの食料のバランスのためには、実際、それが必要であった。

(1) Gaston Phoebus (1331-1391) はピレネー山麓のフォワ伯、ベアルン副伯であり、当時においては唯一の裕福なフランス国王

『狩猟の書』のミニアテュールよりトナカイ狩りの図。

『狩猟の書』のミニアテュールより障害物を使った罠の図。

家臣であった。勇敢な武人であり、優雅な文人であり、残虐な領主であった。とくに狩猟に対する情熱はなみはずれていた。

（2）　細密画と訳されることが多いが、その語源はラテン語のミニアトゥス、見出し語に用いた朱である。すなわちミニアテュールとは、大型のものをも含む、彩色写本装飾の全体を意味する。

参考文献

Gaston Phoebus, *Le livre de la chasse*,édition en français moderne par Robert Bossuat,Leband,Paris,1986.

La chasse au Moyen Age,Actes colloque de Nice,1979,Paris, 1980.

慣習法　Coutume(Droit coutumier)

十二世紀まで、西欧では、ローマ法や成文法はほとんど忘れ去られていた。社会の動きを法的に統制していたのは、《慣習法》と呼ばれる諸慣例である。地方の、さらには地域の数だけある諸慣行は、重なり合い、混ざり合い、忘れ去られ、相互に矛盾している。というのも、それらは口承だけによって保持されていたからである。イタリアからはじまった（十二世紀）ローマ法の再発見とともに、フランスは、相異なる二つの部分に分断される。成文法の地域である南フランスと、慣習法の地域である北フランスとにである。

慣習法は、主従関係を対象としていると同時に、相続のような、形態の異なる法にかかわる契約をもその対象とする。とはいえ、実際には、属地的な慣習法が契約法にまで関係することはまれであり、契約法は個人的な思いつきによる自由な運用に委ねられている。慣習法は、事件の一般化を追求することもなければ、特殊化を追求することもない。慣習法は裁判官の正しき審判の指針にしかすぎず、現実には契約上の最終的権威者が、裁判を受ける人々に大きな危害を加える。《神が、公正な裁判官から、われわれを保護してくださいますように》という言葉が日常の決まり文句になっていたのも、そのためである。

しかし十二世紀からは、文字文化が発展し、ローマ法が影響力を発揮するなかで、とりわけ南フランスに多かった《法曹家《レジスト》》と呼ばれる人々を養成する学校で、慣習法を文章化する必要性が強く感じとられる。それは膨大な仕事である。慣習法は、やがて《慣習法集《クテユミエール》》と呼ばれる集成のなかに書きとめられていく。たとえば西フランスの慣習法（いくつかのグループがあるが）や、ガスコーニュの慣習法や、アングロノルマンの慣習法集が集成される。そのなかでもっとも有名なのが、ボーヴェとボーヴェ地方の慣習法を編纂した、フランス国王の大法官《バイイ》フィリップ・ド・ボーマノワール[1]の慣習法集である。
慣習法集の解釈は、歴史家のあいだでしばしば問題となる。その理由は、慣習法集が慣例の編纂物でもあれば、ときには法学提要でもあるからであり、またそこに、しばしば識別の困難な形で、過去と現在が混在しているからである。そのうえ編者は、フィリップ・ド・ボーマノワールの場合がそうであるように、自分自身の注釈や解説をもそこに交えているのである。

（1） Philippe de Beaumanoir (v.1250-1296) はフランスの貴族で法律家。フランス各地で国王のバイイやセネシャルを務め、王室の法律顧問としての役割もはたした。有名な『ボーヴェージ慣習法集』のほかに、いくつかの詩作がある。

参考文献

Paul Ourliac et Jean-Louis Gazzaniga, *Histoire du droit privé français*, A.Michel, Paris, 1985.
Jean-Pierre Poly et Eric Bournazel, *La mutation féodale*, Nouvelle Clio, P.U.F., Paris, 1980.

⇩ **〔法〕〔社会階級〕**

危機　Crise

十世紀から十三世紀にかけて、農業革命[1]は、社会のあらゆる領域の発展を《涵養》した。農業生産の増大と農業生産性の向上は、人口の増大に欠かせない、また建設、手工業、工業、商業、聖職者、軍事力、王権など、農業以外の活動の発展に欠かせない、食料の余剰を生み出したのである。

逆に、十三世紀末の農業成長と人口増加の停止、十四世紀なかばの人口の激減とそれに対応した農業の衰退は、社会本体の活動全体に直接的影響をあたえずにはおかなかった。農業危機と食料危機は、必然的に、全体的な危機をひきおこすのである。

ところで、十一、十二、十三世紀の農業の発展は、新しい農業システムの実施に対応したものであった。その生産力は、古代農法の少なくとも二倍に達したが、それでもやはり、かなりはっきりした限界があった（〔農業〕の項目を見よ）。

事実、この新システムによって、その半分以下にしか種がまかれることのない可耕地を約二〇〇〇万ヘクタールに拡大することができたとしても、そして一〇〇〇万ヘクタールの畑に毎年種がまかれたとしても、残りの半分は休耕されたままであった。またこの新システムが、一ヘクタール当たり正味（種をさし引いて）四〜五〇〇キログラム近くの平均穀物収量をもたらしたとしても、消費できる穀物量は四〜五〇〇万トンにすぎなかった。一年に一人二〇〇キログラムの割合で消費する当時の穀物主体の食料体制のもとにおいて、これでは二〇〇〇万の人口を養うのがせいぜいである。さらに、この農業の新システムの発展には、地方によって、開墾地によって、非常にむらがあったことも考えに入れなければならない。すなわち、四〇〇万トンという平均値は、不作の年の二〇〇万トンから大豊作の年の六〇〇万トンに至る非常に大きな隔たりのなかでの数値であり、同時に、ある地方やある豊作年の黒字分は移転がむずかしく、独占的で、すべて転売されてしまうため、理想的には再分配されえなかったのである。そのため、人口二〇〇〇万という理論的限界線に到達する以前に、局地的な食料不足や一時的な食料不足がはじまり、もっとも不運な農民たちや、もっとも貧しい都市住民たちが、まず最初にその犠牲となるのである。

　したがって、さきだつ数世紀間の人口膨張を支えてきた社会的、文化的諸状況は依然優勢なままであったとしても、人口とともに増大していく食料需要と、新しい体系の生産能力に規定されている食料の可処分量とのあいだの軋轢は、重大化しないわけがない。そして事実、食料不足の頻度は増し、程度も重くなり、ついには多数の死者をだす飢饉となり、それもしだいに頻発化し、拡大化していく。数々の飢饉や慢性的な栄養不足は、死亡率の急激な上昇をひきおこす。死亡率は、人口水準を、食料の可処分量の水準に厳密に同調させる。十三世紀末には人口は頭打ちになる。一三〇〇年ころの西欧世界は《満杯の世界《モンド・プラン》》であり、現在人間の住んでいる場所は、すべてこの当時の世界に起源を発しているのである（ギー・フルカン）。したがってまず、当時の状況のもとで、農業システムの限界がどんなに生々しいものであったかを証明する必要がある。

　実際、穀物の可処分量をふやすためには二つの道しかない。収穫率を改善するか、耕作面積を拡大するかである。収穫率の改善は、結局のところ、土地の肥沃さの改善が前提となる。それは、入手できる堆肥の増大をつうじて、すなわち家畜の変更が進み、飼料の可処分量が増えることをつうじて行なわれる。飼料の可処分量は、草刈り用草原や放牧地の広がりにきびしく規定されている。この土地は、穀物畑自体を犠牲にするか、森林*を犠牲にするかしてしか拡大することができない。ところが、十三世紀末の状況はどうであったかといえば、すでに大小の開墾によって、薪や木材を供給するために必要な最低限度にまで森林は減少していた。事態は、逆に、残った森林を保護し、あらゆる放牧権の濫用に対して放牧禁止を求め、森林をより規則正しく利用するための組織立てを必要とする段階にまで達していたのである。

二番目の道は穀物耕作面積を増大させることであったが、この道もまた閉ざされている。一般的な方法からすれば、地表の穀粒を無駄にして収穫率を低下させることなしに耕作面積を拡大するためには、それまで以上の量の堆肥を入手することが必要となる。そうすると前のケースに戻ってしまう。休耕地を犠牲にしたり、森林を犠牲にしたりして穀物畑を拡大しようとしても同じなのであるが、草原や放牧地を犠牲にして穀物畑を拡大し、同時に堆肥の源泉を減少させることになれば、軋轢はさらに重大化するであろう。農業システムが、農耕と牧畜が最高の均衡を保ちつつ、開墾によってそれ自体のもつ領域的限界に達したとき、その均衡と限界は、何らかの支障なしには侵しえなかったのである。

こうした穀物生産拡大の試みは、そのすべてが実行された。もっとも心配な穀物不足を回避するため、人々は、あまりに遠くまで開墾を押し進め、可耕地を拡大し、木材や牧草の不足を引きおこすまでに輪作周期をせばめ、家畜を飢えさせ、ついには堆肥の不足と地味の減退に行きついてしまう。危機は、過剰な環境開発と、環境破壊をまねくのである。こうして危機は拡大していった。寒さに飢饉が追い討ちをかけ、飼料不足と家畜不足に穀物不足が追い討ちをかける。危機は、このシステムの生産能力の衰えによって深刻化する。結局、危機は、累積的過程をへて、さらに危機を生むのである。最初のころの農業や人口や経済の発展が、その上限をすぎると衰退段階に入っていく理由は、ことに人口が減少していく理由は、こうしたことから説明することができる。しかし、だからといって、十四世紀初頭におきたような、食料不足と飢饉が消滅する事態までは説明してくれないのであるが。

たしかにこの危機は、植物学、動物学、そして人体学に反映される。栄養不足は、人々の解剖学的、生理学的状態に反映されているのである。栄養不足は人々の労働力を弱め、そのことによって、このシステムの生産能力に悪影響をおよぼす。またその一方で、栄養不足は病人たちの抵抗力を弱め、しだいに多数の死者をだすようになる疫病の流行に好都合な下地を作り出す。また、一三四七年から一三四八年にかけての黒死病が、人口の激減を引きおこした最大の衝撃であったのかどうかも疑ってみる必要がある。その人たちは、いずれにせよ、飢えで、寒さで、病で、さまざまな暴力で、広い意味ではすでに死にかけていたのである。

実際、もっとも不運な農民たちや都市の貧民たちは、ずっと以前からすでに死にかけていたとしても、その状況は暴力なしには（浮浪者は殺し、殺された）進まなかった。そして困窮や欠乏は、しだいに中流農民や富裕な農民にまで及んでいく。また同様に、労働の成果の配分は、しだいに困難になっていく。支配者は、人口が減少していても自分の収入は維持しようとし、しめつけを強める。農業生態学的《アグロエコロジック》危機は、社会的危機や政治的危機に行きつくのである。十四世紀前半の数々の農民反乱は、なかでも一三二三年から一三二八年にかけてのフランドル海岸地方の反乱は、それ以外の理由ではほとんど説明のしようがないのである。

しかし、さらにその先をみなければならない。というのも、最終的にはこうした原初的な混乱が領主を揺さぶるからである。領主は、組織し命令するという自分の役割をしだいに確保できなくなり、在地の勢力が大きな暴動を鎮圧することは、しだいに困難になる。そして国家が、村落が、領邦が、王権が、その軍事的役割を拡大しなければならなくなり、そのためにより多額の税金を徴収しなければならなくなる。その結果、十四世紀末から十五世紀にかけて、政治の再編成の第二段階の一部始終が生じることになる。あいかわらず脆弱なままの資源状態を前にして、出費もかさみ争点も多いこの政治の再編成の増大する諸要求を前にして、あらたな反乱が勃発する。ジャックリーの乱*（一三五八年）、イギリスの農民の大反乱[2]（一三八一年）、十五世紀のアラゴン地方の農民の狂乱[3]は、そのもっとも際立ったエピソードである。

食料危機は、農業システムに起因するより深刻な危機の最初の徴候であるが、それは経済全体に影響を及ぼす。この危機は、農業生産物の分配にまつわる社会的危機に転嫁され、領主制の危機に転嫁される。そしてそれは、この最初の危機の彼方に、ルネサンスを導き出す新しい社会秩序、政治秩序の再構成のなかにまで伸びていくのである。

（1）　ジャン・ギャンペルやリン・ホワイト・ジュニアなどの技術史家が好んで用いる言葉で、繋駕法の改良や有輪犂の発明により普及した三圃農法が、広範な開墾をともなって当時の農業を革命的に変化させたことをいう。

（2）　その指導者の名から、ワット・タイラーの乱とも呼ばれる。百年戦争の戦費調達のための人頭税徴収に反対した農民たちは蜂起し、ロンドンを占領して、国王側から数々の譲歩を引き出したが、タイラーが殺されて鎮圧され、失敗に終わった。

（3） レメンサと呼ばれるアラゴンの入植農民たちが、既得領主権を制度化しようとする領主層に抵抗して立ち上がった反乱。農民の要求を一部受け入れるフェルナンド二世の裁断によって、一四八六年、終結した。

参考文献

Emmanuel Le Roy Ladurie,*Les paysans du Languedoc*,S.E.V.P.E.N.,Paris,1966.

Guy Fourquin,*Les soulèvements populaires au Moyen Age*,P.U.F.,Paris,1972.

Marcel Mazoyer,*Cours d'agriculture comparée*,*Institut national agromomique*,Paris,1975.

⇩〔農業〕〔輪作〕〔森林〕〔開墾〕〔生態系〕

紀元千年　L'An Mil

恐怖の時代、世界の終末におびえながら生きる民衆。それは、十五世紀の叙述に助けられたロマン主義時代の歴史家たち[1]を介してもたらされた、紀元千年のイメージである。この時代に関する記述史料はごく少ない。なぜなら、文字文化そのものが、まったく惨憺たる状態にあったからである。そのことは、この紀元千年の実像の再現を非常に困難にしている。ここでは、九八〇年から一〇四〇年までの期間を概観するにとどめたい。

ジョルジュ・デュビィは、当時の文書だけではなく、何よりも《紀元千年の最高の歴史家》ラウール・グラベールの証言のような同時代に書かれた証言をつうじ、また《紀元千年の教皇》であり当時のもっとも偉大な学者であったジェルベールの書簡をつうじ、さらに年記《アナール》や年代記《クロニック》をつうじて、この時代の西欧の姿を粗描する。そこは《森の国、部族の国、呪術の国、憎しみあい裏切りあう小王たちの国》であり、十九世紀の中央アフリカにかなり似ていたと。

紀元千年の日常については、ほとんど何もわからない。年代記作家たちが関心を抱いているのは、それとは正反対に、特異で例外的な事件を知ることである。彼らの記述からみてとれるのは、ごく少数の者にしか支配することのできない、ほとんど未開の世界であり、ほとんど未開の自然である。なぜなら、当時の人々は貧弱きわまりない道具しか持っていなかったからである。暮らしには、食べていけるのだろうかという大きな不安が、つねにつきまとっていた。

しかしながら、社会の階層化も、そこから浮かび上がる。階層の下の方には、一文なしの奴隷たちや農民たちがいる。上の方には、自分の館や教会を飾るために略奪や破壊を行なう戦争指導者たちがいる。しかし、年代記作家たちが本当に描きたかったのは、それ以外の人々についてである。紀元千年は、偉大な人物、国王(皇帝、フランス国王)、諸侯の時代なのである。また実際には、この時代は《とりわけ修道士の時代》であり、彼らの文化と、彼らの教育の時代なのである。彼らは、その文化を修道院付属学校で学び、また教えるのである。

ジョルジュ・デュビィの紹介する原典《テクスト》からは、当時の教養あるエリートたちが抱いていた深刻な不安が、かすかに見えてくる。人々は、世界を完全には把握できないことを知っている。そして、聖遺物、死者、奇跡、異常現象など、神秘的なものと親しく交わりながら暮らしている。それゆえ、キリストの死後一千年を記念するこの時代、そこに生きた人々が世界の秩序をゆるがす諸現象を観察したとしても、それは何も不思議なことではない。たとえば天体の運行の異常(一〇一四年の彗星、一〇三三年の日食、一〇二三年の星どうしの戦い)、怪物(とてつもなく大きい鯨)の出現、疫病、飢饉などをである。

こうした現象すべてには、異端者たちの生みだす霊的な不安がつねにつきまとっている。すべての異常現象は、浄化へと導かれるべき悪の力によるものであると感じ取られているのである。その浄化の手段が、悔悛であり、巡礼*であり、聖戦である。儀式的、典礼的な宗教が、活動的な宗教へと変身したのも、この時代である。

---

(1) ジュール・ミシュレは、その著作『フランス史』の第四巻で、「世界がキリスト託身の一千年後に終焉するはずであることは、中世においては広く信じられていた」と語っている。

参考文献

Georges Duby, *L'An Mil*, Collection Archives 30, Gallimard, Paris, 1980, 若杉泰子訳『紀元千年』公論社、一九七五年。

* Henri Focillon, *L'An Mil*, A.Colin, Paris, 1952, 神沢栄三訳『至福千年』みすず書房、一九七一年。

⇩〔歴史〕〔学校〕〔千年至福説〕

騎士修道会　Ordres militaires

騎士修道会(騎士団)は、中世の独創的な所産の一つである。この修道会は、中世社会を特徴づけている二つのもの、すなわち聖職者の、より厳密には修道会の役割と、騎士身分の役割を一つにしたものである。十字軍*への熱狂も、そこにつけ加える必要がある。なぜなら、三大騎士団は、最初は巡礼者たちへの奉仕のために設立されたからである。

エルサレムの聖ヨハネ騎士団《オスピタリエ》は、十一世紀なかごろ、聖都に病院を設置することになる。テンプル騎士団《タンプリエ》は、一一一九年、ユーグ・ド・パイヤン(1)によって創立されたときから、聖ベルナール(2)によって保護されていた。この騎士団がテンプルの名で呼ばれるのは、エルサレム国王ボードワン二世が、ソロモン神殿の跡と信じられていた場所に建っていた城館を彼らにあたえたからである。テンプルの信心会*の会員たちは、清貧、貞潔、服従を誓った。彼らの理想に心を動かされた聖ベルナールは、一一二八年、その会則の大部分を起草した。また彼らは、教皇イノケンティウス三世*の支持をも獲得したのである。

聖ヨハネ騎士団とテンプル騎士団は、やがてヨーロッパ中に広がっていくが、その主体はやはりフランスにあった。彼らの力を生み出したのは、きわめて集権化されたその組織である。総長は、大管区《プロヴァンス》、小管区《プリウレ》、さらに騎士団領《コマンドリー》に区分された所領に対して絶対的ともいえる権力をふるい、参事会総会以外には、何ものにも制約されなかった。十三世紀、テンプル騎士団は裕福で有力な存在となり、フィリップ美男王《ル・ベル》のもとで銀行家の役割をつとめる。しかし一三〇七年、ついに彼らは逮捕されるにいたり（〔呪術〕を見よ）、一三一二年、教皇によってこの騎士団は廃止された。同じ年、教皇の大勅書は、彼らの財産の没収と、聖ヨハネ騎士団へのその授与を宣言した。

ドイツ騎士団は、十二世紀末、シュヴァーベン公フリードリヒ(3)と、サン=ジャン・ダクル（アッコン）の商人たちとによって創立されたが、その起源は病院の信心会にさかのぼる。皇帝フリードリヒ二世は彼らにドイツ内への定住を奨励し、それ以降、彼らはほとんどドイツ内だけで活動するようになった。彼らはプロイセンへの植民に参加し、ハンザ同盟*の東へ向かっての拡張を支援した。ドイツ騎士団は、その組織と、プロイセンに所有していた領土のおかげで、国家内にある真の一国家へと変容した。そして十四世紀、この騎士団の総長は、ヨーロッパでもっとも裕福で、もっとも有力な君主の一人となったのである。彼は、イギリスやフランドルから非常に需要の多い製品を運んでくる船団を所有し、ヴィストゥラ川に臨むマリエンブルクにあった本部の、その豪華な宮殿のなかで暮らしていた。この騎士団は、一四一〇年、ポーランド国王ヴワディスワフ(4)と対決したタンネンベルク、グシュンヴァルト間の戦いに敗北したが、それでも十六世紀まで存続する。

(1) Hugues de Payens (v.1070-1136) はシャンパーニュ地方の城主で、第一回十字軍に参加し、その後も聖地に残って、親友のジョフロワ・ド・サントメールとともに小部隊を率い、巡礼者の保護に尽力した。
(2) Bernard de Clairvaux (1090-1153) はブルゴーニュ地方、ディジョン近郊の騎士の家に生まれ、一族を率いてシトー修道院に入り、のちに同会クレルヴォー修道院の院長となった。その霊的権威、政治的影響力は、修道会内部にとどまらず広く当時の西欧全体に及び、「十二世紀の精神」とまで呼ばれている。
(3) Friedrich von Schwaben はフリードリヒ赤髯帝の次男。父とともに第三回十字軍に従軍し、父の溺死後も聖地にとどまって戦った。
(4) Vladislas II Jagiello (v.1350-1434) は、リトアニア大公ヨガイラが一三八五年、ポーランド王国との合同を宣言し、ポーランド女王ヤドヴィガと結婚して改名した名で、ヤギェウォ朝リトアニア・ポーランド連合王国の開祖となった。

参考文献

Jacques Charpentier, *L'Ordre des Templiers*, Tallandier, Paris, 1977.
Raimond Oursel, *Le procès des Templiers*, Denoël, Paris, 1955.
Alain Demurger, *Vie et mort de l'ordre du Temple*, Seuil, Paris, 1985.
Philippe Dollinger, Les chevaliers teutoniques, *L'Histoire*, Juin, 1983.
＊Régine Pernoud, *Les Templiers*, Que sais-je?, P.U.F., Paris, 1974, 橋口倫介訳『テンプル騎士団』白水社、一九七七年。

⇨**〔呪術〕〔アヴィニョン教皇職〕〔教皇職〕〔開墾〕〔ハンザ同盟〕**

騎士叙任式　Adoubement

若い戦士に騎士となることを認める儀式の経過は、よく知られている。少なくとも十五歳ではある若者が、推薦人である、すでに騎士に叙任されている戦士の前に進み出る。その騎士は、自分の武器、大かぶと(鉄かぶと)、鎖かたびらを若者に手渡し、拍車と肩帯(剣を支えるベルト)をとりつける。つぎに若者は、騎士となるための、剣の平での肩への一打ち、平手での頬への一打ち(平手打ち《ポメー》)、拳での首のつけ根への一撃(頸打ち《コレー》)のいずれかを受けることになる。これらの行為が何を意味するのかについては、さまざまに説明されている。新しい騎士の肉体的頑丈さを試すためであるとか、記憶を焼きつけるためであるとか、新旧両騎士のあいだに呪術的な感応を通わせるためであるとかいうものである。このエピソードこそ、騎士叙任の儀式の核心をなしている。そのあとで新しい騎士は、乗馬の技や槍的などの競技をとおして、自分の実力を証明しなければならない。槍的とは楯で装備を固めた人形のことで、もし突きを入れる箇所が悪ければ、騎士を落馬させかねない回転運動をおこした。

騎士叙任式のもつ意味は、完全には解明されていない。この言葉の語源さえ、ラテン語からとり入れたのか、それとも《たたく》を意味するゲルマン語から来ているのか、はっきりはしない。この行為の起源についても、それを解明してくれる史料にこと欠いている。それは、武器を授与するゲルマンの古い慣習をとり入れたものなのであろうか。たしかなのは、この儀式が、騎馬兵《カヴァリエ》全体の集団である騎士身分《ミリテス》に抜擢されたり、加入したりするための試練だったことである。この試練は、貴族の家系につらなる人々はもとより、農民出身のより多数の人々にまで関係したであろう。騎馬兵は騎士となり、その騎士身分*の者たちによって、貴族身分*の欠くべからざる一部分が形成されるのである。

十一世紀末以降、とくに十二世紀以降、この儀式の権威は高まり、そこへの教会の介入も進む。騎士は祈りのうちに騎士叙任式の前夜をすごし、その武器は祝別される。そして彼は、福音書にかけて誓約を行なう。儀式がこうしたあらたな次元に至ったことにより、生まれながらの貴族たちまでが、騎士に叙任されることを願うようになる。国王たちや王子たちさえ、その例外ではない。彼らは、その儀式が上乗せしてくれる霊的な権威の恩恵に浴すことを期待したのである。ジャン・フロリによれば、十二世紀末、騎士の叙任式は、君主に剣を授与する儀式をそっくりまねた、一種の祝典となったのである。

しかしながら、騎士叙任式は、貴族身分に入るために義務づけられた儀式ではなかったようである。そのうえ貴族のなかには、騎士としての武装を整えるだけの財力をもたない者もいた。そして、この儀式はしだいに行なわれなくなる。それほど、この儀式にともなうお祭り騒ぎ（会食や騎馬試合*）は高くつくようになったのである。十三世紀末、騎士叙任式が挙行されることは少なくなった。その一方で、国王は、貴族でない人々に対する騎士叙任権を、しだいに横取りしていったのである。

参考文献

Jean Flori,*L'Idéologie du glaive*,Droz,Genève,1983.
＊Jean Flori,*L'Essor de la chevalerie*,Droz,Genève,1986.
Robert Fossier,*Enfance de l'Europe*,tom. 1,Nouvelle Clio,P.U.F.,Paris,1982.
Marc Bloch,*La société féodale*,Albin Michel,Paris,1939-1968,新村猛他訳『封建社会』全二巻、みすず書房、一九七三年、一九七七年。

⇩〔**騎士身分**〕〔**貴族身分**〕〔**貴族階級**〕

騎士道物語　Romans de chevalerie

騎士道物語は、古代の物語に由来する叙事詩である（『テーベ物語』は一一五〇年ころ、『エアネス物語』や『トロア物語』は一一六五年ころに書かれた）。たいへん教養豊かな聖職者たちによって、古典古代から着想をえながら、当時の好みに合わせて書きおろされたこの叙事詩は、ゆっくりと発展する。そして、武勲詩*から分化する。アーサー王伝説、聖杯を探索する円卓の騎士、トリスタンとイズーの愛、これらはすべてイマジネールの産物であり、ケルト神話の象徴であるが、やがてコーンウォールやウェールズからノルマンディーやブルターニュに伝えられ、物語化した叙事詩へ浸透していく。これがブルターニュ物と呼ばれる物語群である。その舞台となっているのは《ブルターニュ》、すなわちアルモリカ(1)とイギリスであり、《うまし国《ラ・ドゥース》フランス》の対極にある世界である。

マリー・ド・フランス(2)や、城主の息子であるゴーチエ・ダラス(3)は、こうしたテーマにそった作品を書く。しかし騎士道物語を完成させたのは、シャンパーニュ伯やフランドル伯に仕えた博学な聖職者、クレティアン・ド・トロワである。『ランスロもしくは荷車の騎士』（一一七二年～一一七三年）のなかで、『イヴァン、獅子の騎士』（一一七五年）、『ペルスヴァル』もしくは『聖杯物語』（一一七五年ころ）をつうじて、ブルターニュの伝説は、それ以降、オック語圏*のみやび《クールトワ》の理想とまじりあう。

13世紀の騎士道を体現したウルリッヒ・フォン・リヒテンシュタインの姿。兜をヴィーナス像で飾り、彼女にささげる騎馬試合を行ないながら各地をめぐったという。

これらの物語は、みなさまざまに研究されているが、もっぱら文学的研究であることが多い。こうした物語は、たしかにある一つの発展をみせている。詩は、歌唱から解放され、大声で読まれるのに適したものとなる。しかし、その広がりは武勲詩よりも限定され、その精神も武勲詩とはかなり異なる。というのも、そのテーマが、異教徒たちとの対決から、冒険や恋愛の術策へと変化するからである。歴史家は、こうした物語が、当時の社会に関して、どんな情報をどんな風に提供してくれるのかをより追求するであろう。そのため、社会歴史学的《ソシオ・イストリック》、民族誌的《エトノグラフィック》にこれらを読み解くことが重要となるであろう。そうすることで、この宮廷風騎士道物語《ロマン・クールトワ》と民俗文化との関係を理解し、また学者の文化が大衆的な諸テーマに及ぼした影響を理解することも可能となるであろう。

これらの物語をつうじて研究を進めることは、容易ではない。それらは、他の形式の芸術と同様、社会というものをそのなかに組み込みつつ描き出したり、映し出したりしてはいないのである。エーリッヒ・ケーラーの分析によれば、これらの物語が、ある特定の年齢層の、たいていは土地もなければ妻もない若者の側からの異議申し立ての一形態であり、同時に、自分たちを貧しくさせる経済的、政治的発展に直面した貧しい騎士たちの保守的反動であったことさえ指摘されている。というのも、これらの物語には、君主権の伸長に対する無念が表現されているし、都市やブルジョワ階層の発展を前にしての潜在的不安が表明されているからである。その一方で、農民に対する蔑視も非常に顕著である。またこれらの物語は、一部の騎士たちの心性《マンタリテ》の発展をもあらわしている。その心性は、節欲を勇敢な行為、騎士の美徳とするほどに、教会の理想に同化している。それが『ペルスヴァル』であり、宮廷風恋愛*の《純化》なのであろう。

このジャンルのパロディは、『狐物語』(4)という形で登場する。これは、封建社会のあらゆる階層を風刺する十二、十三世紀の詩群であり、とくに騎士や聖職者や農民がその餌食となる。

---

(1) フランス、ブルターニュ地方の古い呼び名。
(2) Marie de France は十二世紀後半に活躍した北フランスの女流詩人。ケルト伝説にもとづく『短詩(レー)』と呼ばれる短編物語詩の作者として有名である。
(3) Gautier d'Arras は十二世紀後半に活躍した北フランスの貴族出身の詩人。韻文による冒険物語『エラクル』の作者として有名である。
(4) 二六ないしは二八の詩からなる、狐のルナールと狼のイザングランを主人公とする説話物語。当時の社会の諸階層を動物の姿に託して風刺し、揶揄している。作者は不明。

参考文献
Erich Köhler, *L'Aventure chevaleresque, Idéal et réalité dans le roman courtois*, Gallimard, Paris, 1956-1974.
Paule Le Rider, *Le chevalier dans le conte du Graal de Chrétien de Troyes*, SEDES, Paris, 1978.

⇨〔**武勲詩**〕〔**快楽**〕〔**教会**〕

騎士身分　Chevalerie

騎士身分には、中世の歴史書に媒介された伝統的なイメージがつきまとっている。より厳密にいえば、大評判になった中世の歴史書が、数人の騎士がみずから植えつけようとした理念を、われわれのもとに届けてくれるのである。すなわちそれは、虐げられた人々の保護者、キリスト教世界の守り手（異教徒に対する）、勇猛果敢で礼儀正しい戦士などの理念である。騎士身分がしばしば封建制と領主制の両方に関係していたことも、問題を複雑にしている。なぜなら、主君も家臣も騎士だったからである。また、騎士身分が一つの社会階層となり、やがて閉鎖的な特権階級《カースト》へと変化し、貴族身分*と一体化することが確認されている。しかし、この身分の起源は依然不明のままである。

中世初期のあいだ、騎士《シュヴァリエ》という言葉は存在しない。当時のラテン語文献においては、ミリテスという言葉だけが問題となる。それは兵士を意味しているにすぎない。とはいえ、戦場における騎兵の役割はしだいに拡大してくる。しかし、だからといって、ミリテスを≪騎士《シュヴァリエ》≫と訳すことが許されるであろうか。当時のフランスの年代記をつうじてのこの言葉の綿密な研究によれば、そう訳すことは許されないようである。この言葉は、少なくとも多様な身分、多種な階層の人々を指し示しているのである。

とはいえ、騎士という≪職業≫が、だれにでも手の届く仕事ではなかったことも事実である。その装備を整えるためには金持ちの一族に属しているとか（ジョルジュ・デュビィの見積によれば、一人の戦士を養うためには少なくとも一五〇ヘクタールの土地からの収入が必要である）、雇われ兵になるとか戦争で金持ちになるとか、そういうことが必要であった。騎士身分の歴史がはじまったころ、騎兵たちの大多数は、たぶん≪手下の者たち《オム・ド・マン》≫であり、バン権力の所有者であり、≪軍事的≫任務に就いたり、農民からの収奪を行なったりしていたであろう。

では、彼らはどのようにして騎士身分に到達したのであろうか。騎士叙任式*はそこへの加入式であり、その儀式が、騎士を、馬に乗った普通の戦士から分かったのである。さらにたしかなのは、≪騎士身分を発明した≫のが教会だったことである。このことは、ジャン・フロリが、最近の研究のなかで論証したばかりである。彼によれば、この発明が、ただの戦士たちに、あるイデオロギー（戦争を、平和と秩序と正義の維持のための手段とみなすイデオロギー）

を提供することになったという。それまでは国王や君主専用であったイデオロギーを、彼らにも分配させたのである。こうして騎士たちに、本当の地位と、相当の威信があたえられた。十世紀早々のことである。

　こうした介入によって、教会は、戦士たちの行き過ぎた活動の抑制、さらには暴力行為の抑制を試みることもできるようになる。《神の平和》*の強制に努め、異教徒に対する、さらには異端に対する戦い（聖地への十字軍*やカタリ派*に対する十字軍）という目標を定めるのである。

　騎士を際立たせているのは、もはやその戦士らしい生活様式や、《勇敢さや頑強さ》という特質（ジョルジュ・デュビィ）だけではない。騎士は、ある理想をあたえられた人間となるのである。その理想とは、誠実と寛容である。中世文学は、武勲詩*や、ことにクレティアン・ド・トロワが、傑作をものした騎士道物語をつうじ、この理想を伝えた。しかしながら、十三世紀のあいだに騎士の理想は変化する。たとえ、聖戦がその価値を完全に保っているとしても、それ以降の騎士には、《廉直の士《プリュ・ドム》》という資質をつけ加える必要が生じる。それは、教養豊かで思慮深く、知性と徳性を公の利益のために費やす、聖王ルイを典型とするような人のことである。このようにして、騎士の威信はより拡大し、やがて十三世紀末には、よき騎士は社会を支配するにふさわしい、と考えられるようになる。騎士身分はしだいに世襲されるようになり、父親が騎士でなければ、騎士に叙されることは不可能になる。一つの世襲的特権階級が誕生したのである。騎士身分が貴族身分に統合されることも、こうして可能になる。

参考文献
Jean Flori,*L'Idéologie du glaive*,Droz,Genève,1983.
＊Jean Flori,*L'Essor de la chevalerie,XIe-XIIe*,Droz,Genève,1986.
Georges Duby,*Les trois ordres ou l'imaginaire du féodalisme*,Gallimard,1978.
Jacque Le Goff,*L'Apogée de la Chrétienté*,Bordas,Paris,1982.
⇨**〔騎士叙任式〕〔武勲詩〕〔カタリ派〕〔十字軍〕〔貴族身分〕〔神の平和〕〔騎士道物語〕**

貴族階級　Aristocratie

中世社会の上流階層を名指すのに、歴史家たちがこの使いにくい言葉を用いることはまれである。この言葉は、多様で流動的な現実を受けとめるには不適当なのである。それでも、貴族階級《アリストクラシー》という言葉を消極的に定義することは可能かもしれない。すなわち、それは法的身分ではないと。

貴族階級は、まず第一に、《貴族身分《ノブレス》*》に関係している。この社会身分の起源に関して歴史家たちの意見は分かれているが、やがては騎士たちもそこに同化されることになる。十三世紀、貴族と騎士の二つの概念は混じり合ったが、王、公、伯などの上層貴族階級と、下流階層である騎士たちは区別されつづける。この貴族階級=貴族身分は、《経済的》役割も担っている。彼らは、軍事的存在であり、地主的存在でもある。十二世紀なかごろまでには、彼らは軍職を独占し、大半の土地を所有するか、その権威のもとにおく。とはいえ、無一文の成員（貧しい騎士たち）もいないわけではない。この階級の道徳的権威と文化は、彼らに独自のものである。そこで重視されていた習慣、態度、話し語りは、しだいに、洗練された口承文化や文字文化に取ってかわられる。そうした動きは、十二世紀早々、南フランスの宮廷にはじまる。十二世紀末には、ただの騎士さえ教養を身につけはじめる。文字文化は、もはや聖職者だけのものではなくなるのである。その代償として、十三世紀には貴族階級の危機がおとずれたが、軍人貴族階級と土地貴族階級は、その経済的、政治的、法的地位を維持し、また改善することにさえ成功したのである。

《第一の身分》、すなわち祈る人々を対象に考えれば、貴族階級の輪郭は複雑になる。聖職者のメンバーのうちの一部は、まちがいなく貴族階級に属している。彼らは土地を所有し、バン*の権限（バン権力）や土地に対する権限（賦課租*の徴収）を有しているからである。それゆえ、司教たちや諸修道院は、経済的役割や政治的役割を演じる。司教たちは、フランスでは王政に関与し、ドイツでは帝政に関与する。クレルヴォーの聖ベルナールや聖ドミニクスといった大修道院長たちは、当時の世俗的な貴族階級の地位を分配していく。それは少しも不思議なことではない。司教の募集は、そしてクリュニーや、一二〇〇年以降のシトーのような修道会での大修道院長や修道士の募集は、何にもまして貴族階級に属することがらであった。この二つの身分は、利害においては共通していたのである。

残るは新しい貴族階級、すなわち都市の貴族階級についてである。この集団は複合的なものであり、そこには《都市貴族身分《ノブレス・ウルバン》》も含まれている。彼らは司法上、税制上の特典を享受し、やがて都市の軍隊へその活動の場を移す。彼らは、都市の発展期に、そこに身を落ち着けるようになった騎士たちの血を引いている。とくに、イタリアではそうである。彼らと張り合いながら、わずかではあるが、裕福な商人たちも都市貴族《パトリシア》*の一角をしめる。この二つの階層は、しだいに混じり合っていく。富裕な商人が貴族身分に加わる一方で、イタリアでは、一部の貴族たちが商業活動に従事するようになるのである。最初は法的に平等であった都市社会は、裕福な商人に支配されたこの貴族階級によってその権力を独占されるようになる。そしてヨーロッパのあちこちで、徐々に、彼らは閉ざされた存在になっていく。一二九七年のヴェネツィアが、その実例を示してくれる。そこではこの年以降、父方の祖先が議席をもっていた者しか、大評議会に席をえることができなくなるのである。都市貴族階級においては、かくして、同等の地位にある戦士と地主の行動が一つに結び合うことになる。

参考文献
Robert Fossier, *Histoire sociale de l'Occident médiévale*, Collection U.A.Colin, Paris,1970.
Jacque Le Goff, *L'Apogée de la Chrétienté*, Bordas, Paris,1982.
⇩〔騎士身分〕〔聖職者〕〔修道院〕〔貴族身分〕〔都市貴族〕〔貢租〕

貴族身分　Noblesse

貴族身分《ノブレス》は、≪農奴身分《セルヴァージュ》*≫とともに、封建社会を研究する歴史家たちのもっとも≪立派≫な論題の一つである。なぜなら、その起源――たしかにきわめて微妙な問題である――と同時に、その発展過程も問題にされるからである。貴族身分は閉鎖的な社会階層であったのか否か、そして貴族身分はどう変化したのかが問われるのである。

　まず最初に、≪起源についての頭の痛い問題≫（ロベール・フォシエ）がある。それは、十二世紀以前の貴族身分について生じる。なぜなら、一二〇〇年以降は、貴族身分を一つの法的身分として語ることが可能になるからである。では、それ以前には、貴族の条件とは何だったのであろう。君主に直接仕え、君主から委任された職務についていたからなのか、それとも出自によるのか（この場合、系族*の≪開祖≫が必要である）。他人に対する指揮権をもっていたからなのか、それとも、結局は財産や土地によるのか。一一〇〇年以前は高貴な生まれがその条件であったと考える点で、歴史家たちの意見は一致している。しかしその場合、女系と男系、どちらの祖先が優位を占めたのであろうか。意見は分かれている。ジョルジュ・デュビィは、初期の時代については両方の可能性を認めているが、一一五〇年以後になると男系の祖先が重視されるようになるとする。

最初の貴族階層、すなわちメロヴィング時代や、つぎのカロリング時代の貴族階層がどのように形成されていたのかは、いまだにわかっていない。ドイツでの歴史的研究からは、初期の貴族が国王の近くに仕える仲間たちであり、完全に自由で、職務（名誉）をあたえられた者たちであったことが、かすかに見てとれる。かといって、十一世紀の貴族がカロリング王家の系族につらなる子孫たちであると、はたして考えうるであろうか。歴史家たちも、その考えを認めていない。なかには、《最初の貴族身分》と中世初期の貴族身分のあいだには部分的な断絶しか存在しないのではないか、貴族とは十世紀の権力細分化の状況のなかで完全な自由を享受した者たちだったのではないか、と考える者もいる。しかしこの仮説も、十世紀には貴族でない自由人も大勢いたではないか、という反論に出会う。貴族身分の条件は権威の保持であり、その権威はバン権力があたえてくれる、との推論もある。しかし、これらすべての条件は、たがいに相容れなくもないように思えるし、貴族集団の発展のさまざまな段階に対応しているようにも思える。エドモンド・ペロワなどの歴史家たちが指摘しているように、中世という時代には、他人がどう見るかによって、その人の地位が決まったのである。換言するなら、世評と暮らしぶりによって、もとの身分にかかわらず、貴族に納まることができたのである。

十二世紀以降、貴族身分は発展する。そこで問題となるのは、貴族身分と騎士身分*との関係である。歴史家のなかには、貴族身分は十八世紀まで閉ざされた《階級》でありつづけると考えた者もいる。しかし、新しい構成員がこの階級を刷新することがなかったら、自然減や経済的困難によって、貴族は消滅の危機にさらされかねなかったであろう。現実には、地味な家柄の男性たちからなる戦士階層が貴族身分の《下》に形成され、有力者と結びついた。彼らは、土地分配や騎士叙任によって、《社会的上昇》の恩恵に浴することができた。そのため貴族身分に吸収されることもおきた。こうしたことは、けっして裕福ではないが、数人のメンバーが騎士に叙任されている系族から構成される、《中流》貴族身分にかかわっている。他方、上流貴族階層での騎士叙任は、単なる飾りでしかない場合が多い。いずれにせよ、騎士叙任を受けた男性が、すべて貴族になったわけではないことは確かである。

そののちに扉を閉ざしていく貴族身分は、一つの特権階《カース》級《ト》にすぎなくなるのであろうか。十三世紀には、貴族の世襲的分類を作り上げることになる記章、すなわち紋章《アルモワリ》が出現する。事実上の貴族身分は、法と血による貴族身分となる。表面的にはまとまっているようにみえる貴族集団も、その内部では、有力者であり、領土権や富や政治的役割をもつ大貴族と、より金持ちの貴族の慈悲にすがるしかない小貴族とのあいだの差が、ますます鮮明になる。貴族たちは、その成員に対し、いかなる職業をもつことも禁じ、違反者は身分落ちの刑に処す（営利的な仕事をしてはならない）。かくして、彼らは経済的発展との接触を断ち、その滅亡の準備を整えるのである。

　とはいえ十四世紀においても、かつての通説とは違い、貴族身分は閉ざされてはいない。一四〇〇年ころでも、爵位の授与は、依然として活潑に行なわれている。それは、軍務での貢献による場合もあるし（しかしその役目は地味である）、裁判や議会での貢献による場合もある。彼らが、法服貴族《ノブレス・ド・ローブ》と呼ばれるようになる人々である。

参考文献

Robert Fossier, *Enfance de l'Europe*, Nouvelle Clio, P.U.F., Paris, 1982.

Georges Duby, *Hommes et structures du Moyen Age*, Ecole des Hautes Etudes, Paris, 1976.

La noblesse au Moyen Age, dir., Philippe Contamine, P.U.F., Paris, 1976.

Michel Parisse, *Noblesse et chevalerie en Lorraine médiévale*, Publications Université de Nancy II, Nancy, 1982.

⇨**〔系族〕〔バン〕〔騎士身分〕〔騎士叙任式〕〔危機〕〔社会階級〕**

騎馬試合　Tournois

それは、中世軍人貴族階級の最高の娯楽の一つであり、ゲーム*（乱暴な）でもあれば、祝祭*でもあった。ある種の文学作品や映画に媒介されたステレオタイプなイメージとは逆に、たまのこうした活動は、中世軍事社会の発展につれて、さまざまな形をとった。

　まず最初に、騎馬試合と一騎打ちはまったく別のものであることを指摘しておきたい。まるで正反対なのである。というのも、騎馬試合は、二人もしくはそれ以上の騎士たちからなるグループ間での戦いだからである。彼らは馬を全力疾走させ、何度も突進をくりかえし、たがいに攻撃しあう。そこで大切なのは、『円卓の騎士の物語』(1)にも描かれているように、槍を用いて敵の頭目を落馬させることであり、捕虜にした騎士の身代金を入手することである。あまりに激しく衝突したために、同じ一族から数人の死者を出すことさえめずらしくない。その目的は敵を殺すことでは

『トリスタンとイズー』の挿絵に描かれた15世紀初頭の騎馬試合の図。

ないが、騎馬試合は戦争にたいへん似ているし、戦士のストレス解消には最適なのである。しかもその間に、強力になりつづけた武具や戦術がテストされるのである。

　十二世紀、それ以前の時代の諸特徴がまだ維持されているとはいえ、戦争がおきることはよりまれになり、騎馬試合は何よりの力のはけ口となる。年に数度、騎士たちは≪巡業≫に旅立ち、名を上げ、無為を克服し、身代金や戦利品をかき集めて金持ちになるために戦う。立派な結婚式を挙げることを期待しながら。ウィリアム・マーシャル(2)もそうした騎士の一人である。十二世紀のなかごろに生まれた彼は、四十歳までは騎馬試合のチャンピオンであり、その後はプランタジネット家*に忠誠をつくす。彼に≪ストライガイルの乙女≫イザベル(3)との結婚の許可をあたえたのは、リチャード獅子心《ザ・ライオン・ハーテイッド》王である。イザベルは、彼より三十歳も年下の≪うまみのある女相続人≫で、これほど多額の持参金をあたえられた女性は、イギリスには、彼女をおいてほかにいなかった。

　十三世紀、騎士の振舞は、みやび《クールトワ》や高潔さ《ジエネロシテ》の理想に影響され、変容する。騎馬試合は、≪円卓会議《ターブル・ロンド》≫と呼ばれる祭りとなり、競技大会となる。騎士たちは、騎馬試合場のなかで、槍を構えつぎつぎとぶつかり合うが（試合場の端には予備の槍をもった楯持ちがいる）、もはや以前の時代のよ

うな集団戦ではなくなってしまう。正々堂々の戦いは当然の習いとなる。夕方には、容易に勝者を指名することができる。まだ馬上にあるのがその騎士だからである。闘争心はお祭り気分やただの対抗心へと変化し、守るべき規則はますます複雑になる。中世末期には、騎馬試合は一種の儀式におきかえられる。そこでは、演出は複雑で、規則づくめであり、戦士は重装備で、豪華な馬飾りをつけた馬にまたがるのである。

(1) 十二世紀後半から十三世紀はじめにかけて書かれた、アーサー王伝説にまつわる様々な騎士道物語のこと。とくにクレティアン・ド・トロアの諸作品が有名である。

(2) William Marshal(v.1144-1219)はイングランドの一領主の次男として生まれ、各地を放浪しながら騎馬試合に活躍して有名になった。一一八七年に、十字軍から帰国してからは、イギリス国王の重臣となり、ヘンリー二世からヘンリー三世にかけて仕えた。

(3) ウェールズ、スコットランド、アイルランドに広大な領土をもつ大貴族リチャード・クレアの娘で、その居城の地名からこの名で呼ばれた。

参考文献

Georges Duby,*Le Dimanche de Bouvines*,Gallimard,Paris,1973.
Georges Duby,*Guillaume le Maréchal,ou le meilleur chevalier du monde*,Fayard,Paris,1984.
Philippe Contamine,*La guerre au Moyen Age*,Nouvelle Clio,P.U.F.,Paris,1980.

⇨〔ブーヴィーヌの日曜日〕〔戦争〕〔宮廷風恋愛〕

休耕　Jachère

休耕とは、この時代の農耕システムのなかにあって、耕作可能ではあっても、少なくとも一年間は播種されない土地の状態のことをいう。休耕は、一シーズンか二シーズンのあいだ――それ以上のことはまずないが――耕地を占有する穀物栽培と交互に実施される。すなわち、休耕とは、輪作*周期のなかで、耕地の《空の》状態のことをいうのである。その期間は、七月か八月の収穫後に開始し、一年間以上（一五ヶ月くらい）連続する。というのも、そのあとをつぐ冬穀物は、翌年の秋になってやっと播種されるのが一般的だからである。休耕地は《空の》耕地ではあるが、刈り入れ後の最初の数ヶ月間、そこは残滓である穀物の切り株や、雑草の支配する場所となる。そこには、種から生じる一年草や、自然に生え出た頑強な多年草など、自生植物がたえまなく繁殖していく。

とはいえこの《空の》耕地は、一瞬なりとも、打ち捨てられた荒地とはならない。というのも休耕地は、まず最初、家畜用の（共同）牧草地に供されるからである。つまり、運用されているのである。そしてさらに、つぎの種まきに備えての犂耕などの作業がなされる。ガリア語のガスカリア（有輪犂《シャルリュ》*）に由来するジャシェレール（ガスカレル）という言葉は、単に犂耕するというだけの意味なのである。

休耕については、新しい収穫を《もたらす》前に土地の《力》を回復させるための、土地の《休み》の期間であるとする考えが一般化している。しかしこれは、まったくばかげた考えである。土地は《力》をもっていないし、また《休む》こともない。休耕地の野生植物が、作物よりも土地をより《そっと》しておくことなどありえない。本当に重要なのは、雑草を除去し、ときには土をすかし、土地を肥やすことである。休耕期間は、実際には、新しい収穫を生み出す状態に土地を回復させるための一連の農作業を完全に実現するために、体系的に運用されているのである。この作業のまず最初は、休耕地に茂った草を家畜に食べさせることである。少なくともそれによって、種から再び生える一年草はかなり減少していく。つぎに、犂耕によって、地表のすべての植物を地中深く埋め込むことである。芽吹いた一年草だけではなく、再生してくる多年草までもが、この作業を困難なものにする。新しい種から生えた植物の成育を抑制する放牧、そうした植物の発芽を容易にする表面だけの犂入れ、あらゆるものを埋め込む深い犂返し。これらを組み合わせることで、播種される耕地は、はじめて有効に整備されえたのである。さもなければ、つねに侵入してくる雑草は、穀物と張り合い、さらにはその成長を妨げかねないし、また刈り入れを邪魔しかねない。いずれにせよ、収穫は減少してしまうのである。したがって休耕は、より正確にいえば、休耕という耕作は、まぎれもない技術上の一段階であり、農耕システムの構成上、欠くことのできない一要素なのである。

休耕はまた、種をまく耕地に、有機的、無機的養分の豊かさをとり戻す期間でもある。家畜たちは、昼間は共同放牧地で草を食べ、やがて夜になると再び休耕地に集められる。家畜たちは、そこではあまり草を食べないが、その割りには大量の排便を行なう。それにより、森の牧場で獲得された有機物と無機物は、穀物栽培のため、その一部が耕地に注がれることになった。中世のなかごろ（十世紀から十四世紀にかけて）、車輌が発達し、家畜が増加したおかげで、この肥沃化の増進が可能になる。またそれは、牧草の収穫や、冬のあいだに準備された家畜小屋の糞尿まじりの寝藁のおかげでもある。この堆肥は、丸められ、休耕地に散布され、有輪犂で犂込まれた。

休耕はときに、二年、三年、さらにはそれ以上つづくこともある。こうした場合、その土地は、穀物の輪作周期のもと、最初の数年間は牧草地とされる。そこでは家畜が草を食み、また牧草が刈りとられる。その間、休耕地は犂耕されない。種まきの準備は、最後の一年間に行なわれる。数年にわたる休耕地は、そこに草が茂っていることによって、はじめて休耕地の名に値したであろう。もしその上を灌木や木が再びおおうようになれば、そして斧や火による開墾が必要なまでになれば、何年も種をまかれず、もはや犂返すこともできないこの土地は、耕地ではなく、森林*の一部なのである。これは、もはや焼き畑耕作による経営であり、犂耕された休耕地をともなう輪作地の経営ではない。焼き畑による耕作が長期にわたって連続する森林内で荒地を、休耕地と呼ぶことがかなり一般化しているが、それはまったくの誤解なのである。

逆に、春麦の栽培が冬麦の栽培につづくとき（三圃制）、麦の収穫と三月に種をまいた畑のあいだに、刈り株の残る畑と休耕地は六ヶ月間しかつづかない。そのあいだに、土地を準備する時間をみつけなければならないのである。そうした場合、この期間は、不完全休耕《アンコンプレット》、半休耕《ドゥミ》、短期休耕《プティット》の名で呼ばれる。

十八世紀、十九世紀には、飼料作物栽培や、除草を要する植物が、輪作のなかで、休耕地の場を占有するようになる。《少なくとも一年間は播種されない耕作可能な土地》としての（完全な）休耕地は、そうして消え去っていく。それは《耕作された休耕地》というより、むしろ休耕地の廃止、転換、ないしは交替といった方がよいかもしれない。それに対し、この新しい耕作システムでは、休耕地の古い《機能》のはたしてきた役割が、何らかの新しい技術の道程に属す手段によって、取りかわられる必要があるであろう。

参考文献

Marc Bloch, *Les caractères originaux de l'Histoire rurale française*,H.Ashehoug,Oslo,1931, 河野健二、飯沼二郎訳『フランス農村史の基本性格』創文社、一九五九年。

Marcel Mazoyer,*Cours d'agriculture comparée*,Institut national agronomique,Paris,1975.

⇩**〔輪作〕〔農業〕**

宮廷風恋愛　Amour courtois

男女間のまったく新しい関係の発明であるとか、刷新であるとか、革命であるどとか、表出であるとか、さらに端的に《まったく近代的とも思える感情の転換》（ジャック・ル＝ゴフ）であるとか、ありとあらゆる形容句がこの十二世紀の新機軸の登場をたたえる。それが、オック語の詩人たちによって発明された、宮廷風恋愛である。西欧をおいてほかに、恋愛感情を創造した責任を負うことのできる場所はない。しかもそれは、西欧に、社会面、文学面での大きな広がりをあたえたのである。

この愛はどういうものだったのか。とくにその目的は何だったのか。この問いは、その後数世紀にわたって（今世紀をも含む）人々の関心を引きつけた。換言すれば、宮廷風恋愛がプラトニックなものにとどまっていたのか否かを知ることが重視されてきた。この感情を創造したトゥルバドゥール*たちは、この愛のもつ二つの側面を歌っている。ジョフレ・リュデル(1)は、遠くにあって近づきがたい姫君（《というのも、はるかな恋心を抱くことほど、私にとって楽しいことはないからである》）の神話を作り出すが、その一方で、愛の歌のほとんどは、恋する女性への欲望を歌い上げる。とはいえ、これは大きな進歩であった。それまでは男どうしの友情や《不作法《カヴァリエ》》な恋愛に限定されていたこの感情の洗練が、そこに見てとれるからである。大領主であり詩人でもあったアキテーヌ公兼ポワティエ伯のギョーム九世は、つぎのように書いている。《おれには二頭の雌馬（女性のこと）がいる。その一頭は山の出だ。もう一頭はまだ若いうち、ほかのやつにやってしまった。そうはいえどもその馬に、たっぷり権利はとってある。》宮廷風恋愛、それは恋愛感情をかき立てる。ベルナール・ド・ヴァンタドゥール(2)によれば、恋をしない人間は、生きる屍なのである。そして何よりも重要なのは、それが、ひき裂かれた愛であったことである。

そこには、社交の場でも内密な場でも、完璧な愛人は、想いを寄せる貴婦人の単なる奉仕者でしかないことが明記されている。この新しい愛においては、肉体的欲望がすぐに満たされることはない。それでも、その想いを交わすための幕間劇は準備されていた。にもかかわらず、肉欲の充足は強く抑圧されたままであった。愛人は、接吻に加え、想いを寄せる貴婦人の裸体にみとれる権利をもっていたし、ときにはさらに、彼女に身を寄せて眠ることさえ許されていた。しかし、そこまでである。ルネ・ネリは、トゥルバドゥールのエロティシズムに関する論文のなかで、女流詩人でもあるディー伯夫人(3)のある歌を分析している。彼女は、自分の愛していた騎士に捨てられたことを嘆く。なぜなら、彼に身を任せなかったからである。それにもかかわらず彼女は言う。夫のかわりに彼を、その裸の腕に抱きしめ、愛の接吻をあたえ、その胸を彼の《枕にすれば》よかったのにと。しかしこの騎士は、まず最初に、彼女が望むこと以外は何もしないと約束しなければならなかったのである。

　この新しい恋愛感情は、さらに、革命的ともいえる社会的側面をもつようになる。もとよりこの愛は、本質的に姦通恋愛であった。愛の対象は、つねに人妻なのである。何人かの研究者は、そこに、当時の性道徳と、《封建世界》の結婚に対する反逆の一形態をみてとる。《感情の自治を要求し、打算的で順応的で強制的な関係以外の関係も両性間に存在しうることを主張する、そこに真の新しさがあった》(ジャック・ル=ゴフ)。

　かといって、宮廷風恋愛は女性の地位向上に一つの発展段階を画した、とまでいえるであろうか。それまで侮られ、子供を産むという機能しか認められていなかった女性が、この恋愛の仲立ちにより、その威光と愛により、理想化されたイメージにたどりついた――たとえ女性たちがどんなに現実的であろうとも――ことは事実である。しかし《上昇した》のは、ブルジョワや農民の女性ではない。貴族の女性だけである。さらに、この愛を創造したのは、貴族階級*に属しながらも、そこから少々落ちこぼれた人々である。下級の騎士や独身者は、そしてジョングルール(4)は(より強い理由で)、この姦通のゲームから排除されていた。オック語圏*の詩人たちが作り出そうとしたのは、何よりも、引き裂かれた愛であった。彼らの天分は、成り上がり者から大貴族にいたるまでの貴族の全階層に、その理想を普及させたことであろう。女性たちの方はどうかといえば、自分よりも身分の低い騎士の愛を受け入れていくことで、部分的には《上昇》しつづけた。また同じく、若い騎士たちは、より身分の高い女性に愛されることで、貴族の宮廷のなかで《上昇》したのである。オック語圏の貴族階級の女性たちが、男性的、戦士的友情の価値が支配し、女性が蔑視されていた社会のなかに、ともかくもこうした女性のイメージを植えつけたことは間違いない。しかしその彼女たちも、事情をわきまえている亭主殿が優越感を感じることのできるゲームの、その対象にとどまったままだったのである。

　宮廷風恋愛は、あきらかに反カトリック的な側面も備えている。ではそれは、イスラム*の文明と詩に多くを負っていたのであろうか。カタリ派の異端には関係していたのであろうか。騎士道的愛と関係があることは間違いない。ジャック・ル＝ゴフにしたがえば、トゥルバドゥールたちが、北仏の貴族よりは洗練された、カタリ派信仰の流行に染まった南仏の貴族のそばに約束の地をみいだしたとしても、結局は、少しも意外なことではないのである。

十三、十四世紀には、宮廷風恋愛は急速に衰微していく。この間に、反カタリ派十字軍とプロヴァンス文明の崩壊がおきる。にもかかわらず、アリエノール・ダキテーヌ＊の仲介により、この恋愛は北フランスにまで到達する。それは、たとえ最後には形式主義に陥るとしても、非常に重要な文学の流れを生み出したのである。

（1）Jaufre Rudel は十二世紀のなかごろに活躍したトゥルバドゥールで、ブライユの領主。聖地より戻った巡礼者からトリポリ伯夫人の噂を聞いて恋をし、美しい詩を書いた。やがて彼女に逢うために十字軍に参加したが、病にかかり、夫人の腕のなかで死んだ。

（2）Bernard de Ventadour (1145-1180) は最高の評価をえているトゥルバドゥール。卑しい生まれながら、その才能を開花させ、一時はアリエノールの宮廷にも迎えられた。その後も、トゥールーズやナルボンヌの宮廷で活躍した。

（3）Comtesse de Die は十二世紀の女流トゥルバドゥール。その生涯については何も知られていないが、やはりトゥルバドゥールであったランボー・ドランジュに宛てた詩が残されている。

（4）宮廷にも出入りした大道芸人で、トゥルバドゥールの詩を人前で歌ったのは、彼らである。歌手であり、楽師であり、役者であり、曲芸師や動物使いでもあったが、卑しい職業とされていた。

参考文献

René Nelly, *L'Erotique des troubadours*, Privat, Toulouse, 1963.
Jacques Sollé, *L'Amour en Occident à l'époque moderne*, Albin Michel, Paris, 1976. 西川長夫他訳『性愛の社会史――近代西欧における愛』人文書院、一九八五年。
Jacques Le Goff, *La civilisation de l'Occident médiéval*, Arthaud, Paris, 1984.
＊Jeanne Bourin, *Cour d'amour*, Seghers, Paris, 1986, 少佐井伸二訳『愛と歌の中世』白水社、一九八九年。

⇨**〔貴族階級〕〔アリエノール・ダキテーヌ〕〔女性〕〔騎士道物語〕**

教会　Eglise

十、十一世紀のヨーロッパにおいて、教会は、しばしば主要な公権力の役割を演じる。それは、俗人たちにはもはや確保できない（とくに地方で困難な）権力の、恒常性を備えた一形態なのである。十二世紀、とくに十三世紀、教会は輝かしい勝利をおさめる。そのときにはもう、社会のすみずみにまで浸透していたのである。十四、十五世紀、教会は劇的な諸事件を、分離を、異議申し立てを経験することになる。

教会は硬化し、すでに表面化していたなさけ容赦ない全体主義を強化する。その教義は、《恐怖のキリスト教》の同義語となるのである。

この項目では、教会の発展を子細にたどるより、むしろ中世の教会の、政治的、経済的、知的、霊的な影響力の大きさを、その強さや弱さを含め、おおまかに指摘してみたい。

教会は、独自の組織と独自の位階制度をもつ世俗的権力でもあり、その頂点にいるのが教皇である。十三世紀、教皇は、キリスト教世界で最強ではないにせよ、もっとも有力な君主の一人となる。聖職者*は、あらゆる社会階層に彼らが占めている地位によって、社会の重要な一カテゴリーを成している。教養ある聖職者たち（十二世紀までは、たいてい彼らだけが教養人である）は、国王たちや諸侯のまわりに仕えている。彼らは、組織の活動に欠かせない歯車の役割を演じる。とくに、その司教や大修道院長が領主でもあるとき、彼らのおびる権力は強大なものとなる。賦課租を徴収し、人々を支配し、しばしば莫大な面積の土地を開墾させるからである。また、教会が重要な経済的勢力であることも事実である。教会は施しを奨励し、その結果、多数の寄進がそこにもたらされるようになる。とくに大修道院は、たいてい豊かな農地を領有している（シトー会士たちのように）。大修道院は、進歩の最先端を行く方法で土地を開墾する。しかし豊かさは、理想と霊性をおとしめる。托鉢修道会は、真正の清貧にもどることを説き勧め、教会のもつ最大の欠陥の一つであるその豊かさを攻撃するようになる。

教会は、その独自の組織を用いることで、ときには《国家のなかの国家》として行動し、また、他の国家の問題に干渉する勢力となる。教会は、その固有の法廷である教会裁判所や、固有の税制である十分の一税を自由に処分する。農民たちの収入から徴収されるこの税は、理論上では、聖職者に支払う報酬として用いられることになっている。教皇職*は、緊急の金銭の需要に対処するため、それ以外にもさまざまな租税を課していく。

世俗権力と教会権力は、たがいにライバルとして行動する。教皇による覇権の要求、世俗での優越権の要求、破門という武器の使用は、俗人君主の側からの反撃を生じさせる。それは、激しい敵意と、この厄介な権威を追い払おうとする抑え難い欲求からきている。中世という時代は、教皇職との闘争に満ちているのである。

教会は、イデオロギーの面でも中世社会を支配する。この社会を三身分*（祈る人々、戦う人々、働く人々）構成に見せているのも、教会のなせるわざである。教会は、神の平和*を制定し、騎士の理想や騎士叙任式*にその刻印をしるし、この戦士たちを異教徒と戦うよう仕向けることで、彼らの好戦的で破壊的な激しさを制御しようとする。また教会は、可能なかぎり諸制度（たとえば封の授与）にはいりこむ。しかしながら、ときには新しい社会的勢力をとり逃がすこともある。商人たちの場合が、そして、その経済活動の場合がそうである。このとき教会は、制御するまではいかなくとも、少なくともかつて断罪してきたことを正当化しようとする。金利つき貸付が、その一例である。

個人生活もまた、教会の《管轄下》にはいる。教会は小家族の形成を奨励し、キリスト教的結婚を確立し、セクシュアリテを管理しようとする。マルジノーや恵まれない人々に対しては救済の方法を編み出す。一定数の貧者たち（彼らは乞食とみなされてはいない）への寄付、《施療院《オピタル》(1)》の設置、捨子の受け入れなどである。

教会の文化的影響は、もっとも明白に、もっとも大幅に残っている。宗教心や信心*は、芸術に着想をあたえ、影響をおよぼし、浸透する。文学は、宮廷風の詩といくらかの叙事詩によって、十二世紀には独立性を保つことに成功する。この独立性は、中世末期になってやっと際立ってくる。それとは正反対に、大修道院、カテドラル*、彫刻、絵画、ミニアテュール、ステンドグラスなどの中世美術の珠玉は、宗教の真髄と深く結びついている。教会は大学*を管理し、もっとも輝かしい知識人*たちは、たいていは聖職者である。

日常生活についてみれば、それは祝祭*や巡礼*や聖務日課といった、宗教的節目によってそれぞれ区分された期間の上に展開される。信心、信仰、キリスト教起源の迷信などは、そこで大きな役割を演じる。そのことは、人々が完全にはキリスト教化されていなかったことを示している。というのも、聖職者の失敗の一つであるが、宣教にほんのわずかな時間しかさかず、土台となるべき聖職者は一人しかおらず、その聖職者自身もほんの少しか、もしくはまったく教育を受けていなかったのである。十五世紀を支配していたのも、やはりこうした宗教的無知であった。

教会は、内部対立から（〔教会分離〕を見よ）、その権威の内側において異議申し立てを受け、またさらに、俗人社会の諸勢力（王権、ブルジョワジー）や、逸脱的宗教思想である異端*から、異議申し立てを受けずにはいられなかった。自分への脅威と感じられる事象に直面して、教会は、全体主義的になっていく。教会は、何のためらいもなく、カタリ派*に対する説教のために、十字軍*の理念をねじ曲げてしまう。そして暴力*を、拷問*を、異端審問*を用い、もしくは用いさせる。その教説は、教義は、恐怖と脅迫*をめぐるキリスト教教義となり、悪魔と地獄をめぐる教義となるのである。

---

(1) 十一世紀以降、教会や修道院によって設置された施設で、キリスト教の精神にもとづき、病人の治療にとどまらず、貧者の救済、老人や孤児の保護など、広く社会的弱者の保護を実施した。

⇩〔騎士叙任式〕〔アヴィニョン教皇職〕〔騎士身分〕〔聖職者〕〔十字軍〕〔租税〕〔排除された人々〕〔系族〕〔結婚〕〔商人〕〔三身分〕〔神の平和〕〔聖人〕〔知識人〕〔教皇職〕〔世俗化〕

教会分離　Schismes

中世の教皇職*や何人かの皇帝*たちの理想は、ときには内政干渉を行なってでも、せめて威圧的方法を用いてでも、キリスト教世界を統一することであった。十一世紀から十四世紀までの間、二度にわたってこの統一は損なわれた。一度目は、一〇五四年の東方教会との決定的な断絶であり、二度目は、十四世紀に一時的ではあっても長くつづいた教皇職内部での分裂、すなわち一三七八年の教会大分離《グラン・シスム》である。

十一世紀、ローマ教会とビザンツ教会のあいだには、すでに数多くの不和の原因が存在していた。たとえば、司祭の独身制や種なしのパン（ギリシア人たちは、聖体拝領に酵母入りのパンを用いた）にかかわるものや、聖霊問題（ビザンツの人々は、それが聖父からだけ発出するとし、ラテン人たちのように聖父と聖子から発出するとはしない）などである。しかし、断絶を引きおこすより大きな原因となったのは、ローマ、コンスタンティノープル双方の高位聖職者の、性格の不一致である。[1]コンスタンティノープルの総大司教ミカエル・ケルラリオスは、不正にその地位についたとして、またアレキサンドリアとアンティオキアの両司教区をローマの権威のもとから離反させようとしたとして、教皇レオ九世から弾劾される。ミカエル・ケルラリオスは、みずからを教理の保有者であるとする非礼な書簡を、人手を介して教皇に送る。そのときノルマン人の捕虜となっていたレオ九世は、自分では返信が書けない。ミカエル・ケルラリオスに二通の過激な手紙を送りつけたのは、モワイヤンムーティエのフンベルトゥス[2]である。二番目の手紙にはつぎのようにある。すなわち、ビザンツの人々は、≪異端者の秘密集会、離教者の群、悪魔のシナゴーグ》を成していると。一〇五四年七月、ミカエル・ケルラリオスは、フンベルトゥス率いる派遣使節の受け入れを拒み、フンベルトゥスは、破門の大勅書をしつらえる。この分離《シスム》は、外交上の事件ともいえる偶発的な諸事件のために、行きつく所まで行きついてしまうのである。しかし、取り返しがつかないほどではなかったであろう。この分離が決定的になるのは、第四回十字軍以降のことである。

最初の分離は人目にとまることもなく過ぎ去り、《離教した》ビザンツ人に対するラテン人の抜きがたい憎悪を除けば、キリスト教徒の生活に激しい混乱をひきおこすことはなかった。それに対し、一三七八年の大分離は、三九年間の長きにわたって教皇職の荒廃と苦境を人目にさらすことで、聖職者や一部の信者たちに、根深く、かつ劇的に体験されたと思われる。そこには、ときとして競い合う諸党派間での賭金にすぎなかった教皇職の姿が、映し出されている。

この分離は、グレゴリウス十一世の後任者の選挙に起因している。この選挙は、議論の余地などない興奮状態と、ローマかイタリア出身の教皇を押しつけようとするローマの群衆からの圧力のもとにくり広げられた。枢機卿たちは、リモージュ地方出身の教皇を提案したフランス人派閥に対抗して、枢機卿団外部のある大司教を選出する。彼はバリ大司教で、ウルバヌス六世と命名される。新しい教皇の振舞がどんなものであるかが明白になると、枢機卿たちはその選択を再検討することを望んだ。彼らは、自分たちが参加した選挙が無効であると宣言しなければならなかった。一三七八年九月二十日、枢機卿団は全員一致のもと、クレメンス七世という名で、フランス人ではないという利点も備えているジュネーヴの枢機卿を選出する。ウルバヌス六世はその地位を放棄することを拒み、クレメンス七世はアヴィニョンに居を定め、どちらかの教皇のもとに再結集する形で、キリスト教世界は分裂したのである。

問題は、この分離の責任者はだれなのか、ということにつきる。ウルバヌス六世なのか、彼の選挙人たちなのか。ウルバヌス六世の選挙、それはまさしく不正行為で汚されたものであった。それにもかかわらず、史料が膨大なためであろうか、歴史家はほとんど裁断を下せないでいる。問題はそのまま放置され、十四世紀と何らかかわることのない状況のもとにある。教会も、公式にその意見を述べることはけっしてなかった。

教会の歴史においては、たしかに、分離の発生と、対立教皇の誕生が何度もくりかえされた。しかし、教皇の権威が非常にはっきり疑問視されたり、公会議至上主義が発展したり、信者たちのあいだに良心と信頼の苦痛に満ちた危機を誘発するほどに長期にわたって連続することは、けっしてなかったのである。

(1) Michael Kerullarios は一〇四三年から一〇五八年にかけて総大司教を務めた野心的で強引な人物で、その司教座の自治を主張し、ラテン式典礼を否定した。

(2) Humbertus(?-1061)はモワィヤンムーティエ出身で、イタリアのシルヴァ・カンディダの司教で枢機卿。過激な性格で、教皇レオ九世に仕えて急進的な教会改革を推進し、教皇使節としてコンスタンティノープルへおもむき、分離を決定づけた。

参考文献

Francis Rapp, *L'Eglise et la vie religieuse en Occident à la fin du Moyen Age*, Nouvelle Clio, P.U.F., Paris, 1971.

⇩ **〔アヴィニョン教皇職〕〔公会議〕**

教皇職　Papauté

中世全般をつうじ、教皇職は、その世俗権をたえず強化していく。中世の教皇職を特徴づけているのは、少なくとも十三世紀までは、世俗的権力の拡張であるといっても過言ではない。イノケンティウス三世の教皇在位期間中、教皇職は、キリスト教ヨーロッパにおける最強の君主政体《モナルシー》となったのである。

教皇職の神政政治《テオクラシー》的概念は、一〇七五年、グレゴリウス七世によって二十七の命題[1]のなかに体系化される。この命題は、キリスト教世界全体に対する教皇職の至上権を論証する。最高の司教(教皇)は普遍的存在であり、司教や皇帝を罷免することができ、だれにも従属せず、だれからも裁かれず、不可謬(けっして誤りを犯さなかったし、これからも犯すことはない)であるというのである。彼の後任者たち、なかでもイノケンティウス三世、イノケンティウス四世、ボニファティウス八世は、この概念を深化させる。イノケンティウス四世はつぎのように宣言している。すなわち、教皇は、人間のあらゆる行為に対する全般的な立法権を有しており、ゆえに望むときにいつでも命令を下すことができると。彼は、自分が、諸国民や諸王国や諸国王に優越しているとも自負している。ボニファティウス八世はといえば、霊的なものと世俗的なものを分離するのは異端であると確信している。

同じ時代、教皇たちはその領土的支配権を確立しようとする。彼らは、八世紀以来、聖ペテロの世襲領とコンスタンティヌス帝の偽寄進状[2]をつうじ、独自の領土を所有していた。それでも教皇たちは、租税を支払う臣従諸国家、フリードリヒ二世の親政までは教皇が摂政までつとめるシチリア王国、ジョン欠地王《ザ・ラックランド》治世下のイギリスなどに対する聖座の世俗的宗主権を強化する。

当時の君主制諸国家に先んじて、教皇職は入念に組織された行政機構を備えるようになる。尚書院《シャンセルリ》、財務を担当する会計院《シャンブル・アポストリック》、そして諸法廷が、ますます重要になってくる大勢の官僚たちの手に託される。しかし、膨張した財政需要に応えるための税制が発達するにつれ、もっとも多数の人々が従事するようになるのが、教皇税制である。

教皇職の宗教的独自性の強い活動は、ひどく一貫性を欠く結果に終わる。グレゴリウスの名で呼ばれる改革の試みは、まずレオ九世によって、つぎにグレゴリウス七世自身によって実施される。そして教会を俗人の影響力のもとから解放することに、また言語道断の悪弊（聖職売買《シモニア》、ニコ《ニコ》ライ主義《ライズム》(3)）に闘いを挑むことに貢献する。しかし、それ以外の教皇たちは、それほど際立った動きを示さないであろう。十五世紀までは、いかなる内部的改革、抜本的改革も実現することはない。その一方で、教皇職は、キリスト教社会の思想的指導者としてこの社会にいくつかの行動規範を定めることで、ますますそこに干渉するようになる。結婚に関する教会法の諸規則を定め、利息や貸付に関する基準を明確化するのである。教皇はさらに、修道会設立の認否、列聖、いくつかの大罪の赦免、破門などに関する絶対的な権限を留保している。

大学に対する世俗的権利と、霊的権利を強く要求する教皇職は、同じく大学に対する権利を要求するドイツ皇帝とのあいだに、軋轢をひきおこした。ハインリヒ四世、フリードリヒ赤髯帝《バルバロッサ》、フリードリヒ二世などが、これに関係する。十四世紀以降、教皇職は、イギリスで、またフランスで、ナショナリズム*の高揚にも立ち向かわなければならない。フィリップ美男王《ル・ベル》とボニファティウス八世の敵対関係は《アナーニの屈辱(4)》によって一応の結着をみるが、同時に、緊張と分裂（教会大分離《グラン・シスム》）の時代、公会議*によって教皇職が監視下におかれる時代、すなわち教皇権が著しく衰退する時代の扉を開くことにもなる。そこから、教皇権は再び立ち直るのではあるが。

(1)　グレゴリウス七世によって起草された有名な教皇令（ディクタートゥス・パパエ）のことで、それ以前の教令を参照しつつ、簡潔で、包括的で、明快に、教皇の至上権が主張されていた。

(2)　九世紀の『偽イシドルス教令集』に収められている偽書で、コンスタンティヌス帝がキリスト教に改宗後、教皇シルヴェステル一世とその後継者に、帝国の西方諸地域の領土や世俗の支配権を寄進したとする。
（3）聖職者の結婚や蓄妾など、その性的放縦をあらわす起源不詳の言葉。
（4）一三〇三年、フィリップ美男王の顧問官ギョーム・ド・ノガレが、教皇に敵対するコロンナ家と結託してアナーニに滞在中のボニファティウス八世を急襲して捕らえ、そのとき受けた屈辱がもとで教皇が憤死した事件。

参考文献

Marcel Pacaut, *La théocratie*, Aubier, Paris, 1957, 坂口昂吉、鷲見誠一訳『テオクラシー』創文社、一九八五年。
Marcel Pacaut, *Histoire de la papauté de l'origine au concile de Trente*, Fayard, Paris, 1976.

⇩**〔アヴィニョン教皇職〕〔帝国〕〔国家〕〔教会〕〔聖職者〕〔フリードリヒ赤髯帝〕**

行政　Administration

行政《アドミニストラシオン》という言葉は、十三世紀にはまったく用いられていなかった。十四世紀にもそうした状況は変わらないばかりか、国家*の行政や政治にかかわる活動を指し示すにあたり、むしろ《統治《グーヴェルヌマン》》という言葉の方が多く用いられるようになる。しかしシャルル五世は、王国に摂政政治を確立するための王令《オルドナンス》のなかで、この行政という言葉を用いている。

行政は、とくに裁判と財務の二つの分野で、地方行政と中央行政の二つのレベルで、時代と場所によって多少違う速度で発展しながら、ヨーロッパ全土に根づいていく。行政の誕生は、というより復活は、王権の伸長と、十二世紀のローマ法の再発見に助長された公有財産と普通財産の区別に、密接に結びついている。中世の《行政面》での偉大な時代は、多少のずれはあるにせよ、やはり十四、十五世紀である。

イギリスは、地方行政の整備をいちはやく経験した。この国は、十世紀には早くも伯領に分割され、その伯領は、国王官吏であり非常に有能な人物であるシェリフ個人によって統治される。シェリフは、国王の財産を管理し、国王の命令を行使したのである。しかし彼らは、十三世紀のあいだに、治安維持担当者たちのために徐々に権力を失っていく。治安維持は、国王によって設けられた軍隊や警察の役割になる。彼らの司法上や行政上での役割は、一三六〇年、治安判事《ジュージュ・ド・ペ》が登場するとともに拡大する。しかし、シェリフも姿を消したわけではない。国王の命令のすべてを伝達し、実行させるのは、彼らであった。こうして多数の官僚によって実施されていたイギリスの地方行政は、中世末期になると、土地を所有する貴族階級の手に完全に握られてしまう。

　地方行政がとくに複雑なものになっていくのは、フランスである。その発展は、王領の拡大と密接に関連している。カロリング朝の行政機構が長い期間をへて消滅したあと、十二世紀からは発展の歩みがはじまる。国王に直接支配される所領の数を著しく増加させたフィリップ尊厳王《オーギュスト》*は、国王自身によって任命される、バイイとセネシャル（フランス南部では）の職を創設した。彼らは、カペー朝の初期時代からおかれていた、公有財産の管理人というより諸侯の代理人であった代官《プレヴォ》たちを、その配下におく。フィリップ尊厳王が、たぶんイギリスを手本として着想したのであろうこの新しい制度は、国王不在の間の王国の統治に関する一一九〇年の王令に記されている。バイイとセネシャルの任務は漠然として幅広く、そこには≪彼らは王国の公務を監督する≫とある。しかし、彼らに実際に割り当てられた任務は、主として法的なものであったようである。ルイ九世は、彼らの権力を地方にも根づかせる。巡回する代理人であった彼らを、常駐する地方行政官に、一定の区域を監督する個別的な責任者に変えるのである。こうしてバイイ《バイイ》管区《アージュ》が創設される。

　しかしながら、公務が複雑化することにより、新しい官僚が増加していく。たとえば、財務を担当した徴税官《ルスヴール》。法務を担当した、南フランスでの十三世紀なかばのセネシャル補佐《ジュージュ・マージュ》や、北フランスでの十四世紀なかばのバイイ代理《リュートウナン》。軍務を担当する、一三一七年に設置された総大将《キャピタン・ジェネラル》などである。結局のところ、十四世紀初頭には、バイイもセネシャルも地域での権力をほとんど失っている。バイイが王税徴収の責任を負ったとき、バイイ管区の伝統的組織では、もはや充分ではなかった。そのため多数の徴税管区《エレクシオン》が創設され、それらがいくつかの総徴税管区《ジェネラリテ》に再編された。複雑な重なり合いによって構成されたフランスの地方行政は、中央権力にもっとも従順な地方行政ともなったのである。

　同じ時期、西ヨーロッパの他のほとんどの国々でも中央行政機関が発展した。とはいえ、この呼び名を王会（クリア・レギス）にあてはめることは、実は適当ではない。この制度は、流動的かつ断続的で、そのメンバーの大半は、君主の物質生活に責任を負う召使いたちだったからである。たとえばフランスでは、フィリップ尊厳王の治下に消滅していく家令《セネシャル》、ワイン調達の責任を負う酒司《ブーテイエ》や酌人《エシャンソン》、侍従《シャンベラン》や執事《シャンブリエ》（君主の衣服）、主馬の頭《コネターブル》（馬寮では）、そして尚書《シャンス》官《リエ》などである。なかでも、あらゆる公的文書の作成の任を負っていたために当初は聖職者であった尚書官は、王会が分裂してからは、国家における重要な存在となっていく。

国土と国家の公務が発達したことにより、諸制度が改善されていく。まず最初、王会が、王家の維持の任務をおびた王宮《オテル》から分離する。つづいて、宮廷そのもののなかに《諮問会議《コンセイユ》》が創設される。君主たちは、もはや腹心の部下たちに満足できない。彼らには、常時そばに仕える信頼できる人々が必要である。イギリスでは一二五六年以前に、フランスでは一二六九年以前に、ドイツでは十三世紀後半に、多数の人々が、君主たちに、よく奉公することを、彼らの秘密を守ることを、彼らをずっと補佐していくことを誓う。君主たちは彼らに給料を支払う。これが最初の《官僚《フォンクシオネール》》たちである。

さらに進んで、十四、十五世紀は、中央行政の組織化における一つの発展段階を画す。この面では、イギリスがフランスに先んじる。イギリスでは十二世紀早々、評議会《コンセイユ》の登場に先立ち、専門化された部局が創設される。最高法廷《エシキエ》は財務局となっていく。法廷はそこから独立するのである。(王座裁判所《バン・デュ・ロウ》、民事訴訟裁判所《クール・ド・プレ・コミューン》)。フランスでは、こうした発展はより遅くはじまる。専門化された諸機関の一部は、国務諮問会議から生じる。大評定院《グランド・コンセイユ》は、高等法院《パルルマン》と呼ばれる裁判所に隣接している。会計法院《クール・ド・コント》は、尚書局《シャンセルリ》に隣接している。中世末期には、ヨーロッパのほとんどの場所で、評議会が専門化された機関に分裂した。それによって、まだ初歩的な段階にある中央行政機関が誕生する。しかしその恒常化と組織化は、国王個人からは独立したものとしての国家の存在を、確実なものにしていく。たとえ国王が、その《業務》に常に自分のしるしを刻みつけようとするにせよ、行政機関は、それ以降は国王なしでも存続し、機能できるようになる。シャルル六世の精神錯乱の期間が、そのよい例である。たとえ不完全であれ、組織と官僚を備えた一種の公的機関が、こうして設置されるのである。

さまざまな文書*の組織化も、同じような発展の道筋をたどる。はじめのころ国王は、移動するときにはいつも、文書を身近に携えていた。フィリップ尊厳王は、一一九四年に、戦場で自分の文書の一部を失っている。国王と王国のあいだに文書での連絡が増すとともに、文書は統治のために欠かせない一要素となり、その係を定着させる必要が生じてくる。そうして官僚政治が発展していった。フランスでは十四世紀、それぞれの機関が独自の文書を生み出す。国庫《トレゾール》の会計係は、それだけのために七種類のさまざまな帳簿をつけていた。また尚書局は、一年間に数千通もの手紙を送っていた。しかし、文書の書写や記載には誤りが多く、正確さを欠くため、この行政機関は有能さの手本とはなりえない。

数々の機関が、国王の私的な王宮を離れ、ごく自然にもっとも重要な都市の宮殿に定着するようになる。ウェストミンスターの場合がそうである。シャルル五世は一三四八年、シテ島の宮殿に公務用の部屋だけを残し、右岸に住み着く。中央行政機関が常時おかれている場所は、その国の政治的首都となったのである。

フランスではスタッフが揃った。しかし、歳出を抑制し、すでにあった官僚と食客を同一視する世論に応えるため、その数は王令によって固定され、一世紀以上にわたって変わらなかった。中央行政機関では、その数は二五〇人未満であり、各バイイ管区では、その本拠での数は三〇人前後である（フランソワ・オートゥラン）。しかし十五世紀末に平和が復活すると、役人の数は急上昇していく。

国家の理念が強まるとともに公職の概念が生まれ、シャルル六世治下にそれが強化される（フランソワ・オートゥラン）。法律はそれ以降、公僕の私的過失と、職務の執行中に犯された過失を区別する。後者は特権を有している。命令執行中の公僕は、責任のない者とみなされるのである。こうして、役人の免責特権《イレスポンサビリテ》が生まれる。中央行政機関の官僚は、その使用権を獲得し、つづいて免税特権を獲得する。中世末期のフランスでは、それによって公僕が貴族と同一視されるようになり、のちに法服貴族《ノブレス・ド・ローブ》と呼ばれる階層が誕生する。

イギリスの行政は、フランスの行政とくらべてより早熟で、より発達していた。しかしフランス行政は、やがてその優越性を確かなものにした。この違いの原因は、おそらく官僚群の形成に起因しているであろう。フランスの官僚たちの大部分は、言葉の広い意味での《法曹家《レジスト》》であり、ローマ法を吸収し、研究し、考察する人々であった。彼らはそこから、中央集権化国家の観念を、全権を掌握する君主の観念をくみ上げた。あらゆることがカペー朝王政の成功にぴったりと一致した。フィリップ美男王《ル・ベル》のもとにおいては、官僚たちが、しばしば口うるさくて尊大なところを見せるようになる。しかしながら、彼らは、ロベール・ロペツがそう呼んでいるように、《封建制にとりついた真のシロアリたち》だったのである。

中世末期、行政は、いくつかの場合において、あまりに中央集権化されているように思える。役人たちは、自分の担当している地方のことをあまりよく知らない。イギリスでも、ドイツでも、ローマでも、首都の影響力に疑問がもたれることはないが、フランスでは、リヨン、トゥールーズ、ボルドーなどのパリ同様に重要な都市に対するパリからの独占的支配を、各地方が承認するとはかぎらない。国王は、地方《行政機関》を創設することで、一種の地方分権を受け入れる。それが、シャルル七世と、その後継者たちのもとでの、地方高等法院《パルルマン》の設置であった。

参考文献
Lobert Lopez, *Naissance de l'Europe*, Armand Colin, Paris, 1962.
Bernaed Guenée, *L'Occident aux XIV*e *et XV*e *siècles: Les Etats*, P.U.F., Paris, 1981.
Françoise Autrand, dans *La France médiévale*, dir. Jean Favier, Fayard, Paris, 1983.

恐怖　Peurs

中世は、長いあいだ、ことさら恐怖の色濃い時代とみなされてきた。十一世紀の人々を震え上がらせたという千年至福説*の恐怖の観念は、このイメージに信憑性をあたえてきた。恐怖は、たしかにどの社会にも、どの時代にも存在していた。しかし中世の経験した恐怖は、連続的で、波状的で、強烈だったのである。こうした恐怖がもっとも深く刻み込まれたのは、十一、十二世紀の激しい飢饉の時代である。つづく十四、十五世紀には、飢饉とともに、≪自然的≫大災害《カタストロフ》（飢饉、ペスト*）や、さらには危機*や戦争*まで押しよせる。

ブリューゲルの『死の勝利』。プラド美術館蔵。

恐怖は、社会に内在する半永続的な現象であるといえよう。しかしながら、社会の諸階層は、恐怖というものを同じように体験したり感じたりはしない。それゆえ、恐怖の歴史を、その現実性と多様性のなかに描き出すことは容易ではない。それにもかかわらず、ジャン・ドリュモーは、十四世紀から十八世紀までにかけての時代について、それを試みたのである。

中世末期に関して、彼は、恐怖を二つの大きなカテゴリーに区分する。すなわち、一般大衆の恐怖と、エリートたちの、ヘゲモニー文化[1]の恐怖とにである。一般大衆の恐怖の多様性は、ほとんど無限ともいえる。他者への恐怖、海への恐怖、夜への恐怖など、時代を越えて永続するさまざまな態度がそこに顔をみせる。ヘゲモニー文化は、呪術*や永遠の断罪への病的なまでの偏愛によって、こうした形の恐怖を異常なまでに増幅する。サバト[2]は、夜、闇のなかでくりひろげられたのである。

しかしながら、十四、十五世紀の恐怖は、より明確で、より独自な輪郭をもっている。それは、もっとも貧しい人々をおびやかす飢えや欠乏の恐怖であり、もっとも弱い人々による千年至福説に依拠する反逆や、フス派の暴動のような反乱にいたりかねない反逆を部分的には説明してくれる、不安定さの恐怖である。しかし中世末期を《象徴》する恐怖は、やはりペストの恐怖であり、突如急激に襲いかかる、天罰の性格を合わせもつ、その死の恐怖である。ジャン・ドリュモーが書きとめたペストの影響についての最高に説得力のある証言は、十六世紀にいっそう深く関係している。

エリートたちの、なかでも聖職者たちのあいだでは、恐怖は、主知的で幻想化されたものになる。彼らが問題にしたのは、最後の審判の恐怖であり、異端者や、女性や（とくに魔女の）、ユダヤ人*の恐怖である。こうした人々は《悪魔の使い》とみなされ、ついには絶対的な悪とみなされるようになる。そしてジャン・ドリュモーは、これらの恐怖を、ある一つの事象の異なった側面として解釈し、またある機関の側からの恐れとして解釈する。その機関とは、教会である。教会は、みずからを、自分をとりまく脅威に直面する《攻囲されている砦》と信じ込み、またそれを気どる。自分で自分が包囲されていると思い込んでいるのである。教会は、神の望みたもう罰、という側面から諸事件を説明することに専心することもあれば（たとえばペスト）、諸事件を系統的に劇化することに専心することもあった。また教会は、大衆をより上手にコントロールするため、集団的苦悩を神学的恐怖に転換するよう努めたのである。

（1）支配者側の、主導的立場にある人々の文化のこと。その反対側にあるのが、被支配者側の従属文化である。
（2）魔女集会のこと。魔女や呪術師が、サタン崇拝のために催したとされる秘密の祭礼で、キリスト教のミサを裏返しにした形で想像されていた。

参考文献

Jean Delumeau, *La peur en Occident: XIVᵉ-XVIIIᵉ siécle*, Fayard, Paris, 1978.

⇨〔ユダヤ人〕〔千年至福説〕〔呪術〕〔罪〕

銀行　Banque

中世を舞台に銀行を語ることは、まったくの時代錯誤であると思われるかもしれない。しかし、銀行が誕生したのはこの時代である。とはいえその制度は、今日の銀行制度とは性格を異にしている。この制度は、本来の銀行業務の成果というよりも、むしろ商業活動の成果だったのである。しかしながら銀行は、中世の経済と社会のなかに利子つき貸付や信用貸付の観念をもちこみ、商業銀行家《マルシャン・バンキエ》という社会的類型を出現させ、さらには、あるイデオロギーの支配と衰退を明示する。それは、教会のイデオロギーである。

商業の復活、とくに貨幣流通の復活とともに、日常的な買物（パンやワイン）、贅沢品、各種サーヴィスなどを決済するための信用貸付が、経済活動のなかに再登場する。簿記の進歩によって、債権の管理は容易になる。

とはいえ信用貸付は、最初のうちは、プロの高利貸しの仕事にとどまっている。それに携わるユダヤ人*、ロンバルディア人*、カオール人は、教会が利子つきの貸付を禁止しているだけに、なおいっそう社会の周縁に追いやられる。彼らは、担保つき短期消費貸付を営んでいたのである。下層の暮しや、中流の暮しをしている人々は、財布の苦しいときの対策として、身のまわりの品々を抵当にいれる。彼ら高利貸しの経済力も軽視することはできない。彼らはかなりの資本を所有していたのである。

しかし、金利つき貸付を社会の片隅に追いやることは、やはり経済活動の妨げとなる。場当たり的な貸付では、大規模な商取引や工業生産の資金を調達することは不可能である。こうした行き詰まり状態の唯一の原因が、信用貸付の報酬に対する教会の断罪である。高利*は、一一七九年と一二一五年のラテラノ公会議において正式に断罪される。この場合の高利とは、あらゆる形態での金利支払を指し、ゆえに信用貸付による金利をもそこに含む。この禁止をすりぬけるため、商人たちは一連の手管を考案し、それをやりすごすようになる。銀行は、そこから生まれたのである。店頭で行なうだけの両替にはあまり重きをおかない≪為替仲買人《カンビスト》≫たちは、秘密の両替を行なうことで、ある場所から他の場所へと信用貸しを売りさばく商人となる。支払いは、別の貨幣によって、遠く離れた場所で行なわれたのである。利子を隠すことは、いとも簡単であった。

十二世紀に創案された≪預金勘定上での為替取引《シャンジュ・ティレ》≫は、中期信用貸付のもっとも手のこんだ方式である。信用貸しの観念は、それがこの金融操作の第一の目的ではないにせよ、最初からそこに組み込まれる。信用貸付が、それまで結びついていた遠隔地商業から分離されるのは、十四世紀以降のことである。イタリア人たちはとくに、その手段として、この為替を用いている。フランス人たちも、遠方での決済の一手段として、それを利用しつづけていく。

この方式の要点はつぎのとおりである。資金の供給者は、ある人に現金を委託し、委託された人は、この現金の移送をひき受けなければならない。実際には、この人が金の借り手である。この人は、出向かなければならない場所で、定められた日以降に、別の貨幣によってそれを支払うことになる。両替と為替は、その両方が銀行の誕生に寄与したのである。

預金勘定上での為替取引の簡約版であった為替手形《レトル・ド・シャンジュ》も、徐々に登場してくる。この手形は、為替取引のためにいつも用いられていた公証人の前での契約を、過去のものにした。とはいえそれは、イタリア以外の国々の商習慣には、ほとんど浸透しない。

両替はしだいに商取引から分離していくが、それでもなお十五世紀には、各種事業の一部分にとどまっている。銀行業は、あいかわらず事業本来の目的とはならない。預金を行なう事業所はまだ数少ない。ジェノヴァの≪サン=ジョルジョ商会≫[1]は、建前上ではこの国の債権者の勘定を管理することになっているが、実際には、資金投資や、利息を目的とした債権購入にも応じている。こうした利息は受領されるのではなく、債権者の勘定に、ある記帳手段によって集積されるのである。両替商は、預金により、貸付の返却により、貸付金により、商人たちの求める無担保口座開設の受け入れにより、銀行家となる。とはいえ最大級の銀行家たちは、工業、商業（ジェノヴァのベネデット・ザッカリア[2]のミョウバン取引）、銀行など、あらゆる種類の事業を経営しつづけている。その典型的な例が、フィレンツェのメディチ家である。

国王税制による収入に関係する資金の移送や両替（税収の使用される場所への移送）を行なっているときでさえ、銀行家たちは、商人でありつづける。それも、ときには国政に影響をあたえかねないほど重要な次元においてである。

教会は、こうした発展の全過程をつうじ、利子つき貸付を阻止するには無力であった。神学者や教会法学者の手を借りて、教会は、商人たちの現実の業務を正当化することに努めた。教会に可能だったのは、社会のなかで商人がすでに獲得していた地位を、イデオロギー的に受け入れさせるよう努めることだけであった。

---

(1) 一四〇七年に設立された最古の公立銀行で、ジェノヴァ共和国の歳入の一部を保証金として公債を発行したり、銀行券を発行したりした。

(2) Benedetto Zaccaria(?-1307)はジェノヴァに生まれ、最初は貿易やミョウバンの採掘に活躍したが、やがてカスティリア海軍、つづいてフランス海軍の提督となった。

参考文献

Jacque Le Goff, *Marchands et banquiers au Moyen Age*, P.U.F., Paris,1980.

Yves Penouard, *Les hommes d'affaires italiens*, A.Colin, Paris, 1968.

Jean Favier, dans La *France médiévale*, Fayard, Paris,1983.

⇩〔**商人**〕〔**教会**〕

クリュニー　Cluny

この観想修道会《オルドル・モナスティック》は、まず九一〇年に大修道院長ベルノンによって創立され、つづいて聖オドンによって基礎が固められた。聖オドンは、九二六年から九四二年にかけてその大修道院長をつとめ、なみなみならぬ影響力と権力を行使した。ランの司教アダルベロン(1)が名指しで褒めそやすとともに嫌ってもいるこの修道会は、一〇四九年から一一五六年にかけ、注目すべき方法でキリスト教世界を支配したのである。

では、この権勢はどのようにして可能になったのであろうか。この修道院*と修道会は、十世紀に西欧で着手された広範な修道院改革運動の一環をなしていた。クリュニーは、この運動の開始早々から、その特色を発揮し、その利点を顕示した。九一〇年からすでに、クリュニーは完全に独立していた。すなわち、ローマと直結し、それ以外のいかなる世俗権力(領主)にも、教会権力(司教)にも従属していない。修道士たちは、自分たちの大修道院長*を選出する権利を有していたのである。紀元千年以後、この修道会は、

11世紀末〜12世紀前半にかけて建設されたクリュニー修道院附属教会。その偉大な権威を象徴する中世最大の石造建築は、革命後にほとんど破壊され、現在は小塔を一つ残すだけである。

大修道院長聖オディロンのもと、まさしく帝国としての広がりをもつようになる。そして十二世紀までに、フランスのみならず、国王の求めに応じて、スペイン（クリュニーの影響はサンチャゴ・デ・コンポステラへの巡礼路にそって開花した）やイギリスにまで拡大したのである。十一世紀末には、数百の修道院が《改革》され、浄化され、聖ベネディクトゥス会則[2]を厳守するようになり、クリュニーという母修道院と直結するようになる。数人の教皇たちさえ、この修道会から誕生するのである。

ジョルジュ・デュビィによれば、こうしたクリュニーの勝利によって、カロリング朝の基盤の崩壊と新しい世界の勝利が決定的なものとなり、その新世界では、封建制度と農村経済が同時に発展するのである。

クリュニーは、世俗の支配には服していないにもかかわらず、聖ベネディクトゥス会則を彼らなりに脚色しながら、当時の貴族社会の諸習慣を取り入れる。貴族的偏見が、そこでは勝利をおさめる。そうして、クリュニーは豪奢を受け入れる。すなわち、人々から譲渡された豊富な寄進を活用するのに、自分たち以上の対象はいないと判断したのである。聖ベネディクトゥスは、畑に出て自分の手で労働しなければならない、と定めたのではなかっただろうか。クリュニーの修道士たちは、まるで騎士たちのように労働をふさわしからぬ行為とみなし、彼らの生活の維持のために配下の農民たちが働くのを、ただ眺めていたのである。彼らの生活様式も、禁欲主義からはほど遠い。食事は、手が込んでいるし、献立も多彩であった。最高級の僧服にも手入れが行き届いていた。

こうして生まれた無為な時間も、修道士たちを知識人に変えることはない。唯一実施された学習活動は、文法についてのものである(修辞学や弁証法は学ばれない)。むしろ彼らは、さまざまな言葉や象徴からほとばしる直観をもて遊ぶ。聖書の朗読も、そのような形でしか理解されない。

実際、クリュニー修道院での生活様式のすべては、神への奉仕に向けられている。さまざまな儀式、集団での祈り、教会内部の豪華な装飾（豪奢な貴族趣味）、典礼、音楽、そうしたものはすべて神への捧げものなのである。クリュニー修道会によって創造されたロマネスク芸術は、こうした考え方のすべてを、そこに映し出している。

（1）Adalbéron (v.950-v.1030) は名門貴族の家系に生まれ、ゴルツェ修道院、ランス司教座付属学校に学び、ラン司教となった。生涯ランス司教座の獲得をめざして政治的に策動し、三職能論で有名な『ロベール王に捧げる歌』を書いた。そこには、クリュニー修道院長オディロンも登場する。

（2）ヌルシアのベネディクトゥスが、五二九年にイタリアのモンテカッシーノに創立した修道会のために、五三九年に起草した会則。その後の西欧の修道制の基礎となった。そこでは、祈禱と労働が二本の柱をなしていた。

参考文献

Georges Duby, "Le monastère", dans Le Temps des cathédrales, Gallimard, Paris, 1976, 小佐井伸二訳『ロマネスク芸術の時代』白水社、一九八三年。

Marcel Pacaut, *Les ordres monastiques et religieux, 1970*, Nathan, Paris, 1970.

* Marcel Pacaut, *L'Ordre de Cluny*, Fayard, Paris, 1986.

⇨〔シトー〕

軍隊　Armée

組織的かつ恒常的な集団としての軍隊は、中世末期に設立される。この件に関しての先駆であるフランスでは、シャルル七世の治世下に、常備軍が誕生する。とはいえ、そこに到達するまでには、一連の段階をへなければならない。

十世紀以降、職業的な戦士の必要性が感知される。諸侯や国王は、こうした戦士を獲得するため、城砦に住み込んで生活する騎士たちを武装させたり、装備や乗用馬の費用に足る収入をあたえた家臣たちを武装させたりする。彼らも城砦の近くに住んでいる。これらの戦士はみな、軍役義務の枠のなかで、すなわち時間と空間において限定された条件のなかで、軍務についたのである。

しかるべき資力を有する国王、皇帝、諸侯、大修道院などは、やがて戦争のプロである傭兵に頼りはじめる。彼らは十二世紀に登場するが、異邦人であり、傭い主と直接の関係はない。傭兵の使用が可能になるのは、貨幣流通の発達のおかげである。フリードリヒ二世はサラセン人を傭うし、都市フィレンツェは、それ以前の一二七七年にはシエナに仕えていた《プロヴァンス人》、アンゲイルズ・ド・サン＝レミを傭う。またギョーム＝ル・カタランは、一二七七年から一二九二年にかけて、シエナ、ボローニャ、フィレンツェのためにつぎつぎと戦っている。

　これと並行して、軍役をはじめとするさまざまな軍事的義務も変化する。イタリアやフランスでは、諸都市の民兵が無給で軍務についた。たとえばフランスの諸都市は、フィリップ尊厳王《オーギュスト》に対し、王によって承認されたフランシーズ*とひきかえに、歩兵隊、軽騎兵隊、輸送用の二輪馬車などを提供していく。とはいえやがて、諸都市も、諸侯も、しだいに自分たちの軍事的義務を、金を払って買いもどすことの方を好むようになる。それにより国王は、この資金を用いて、戦争のプロや傭兵を募集することができるようになる。傭兵《メルセネール》という言葉が、戦うために金を支払われる兵士たちを意味していることを人々が熟知していてもである。そして事実、報酬が支払われる形をとる軍務は増加していく。

　十四世紀初頭、守備隊《ガルニゾン》、近衛《ガルド・デュ・コール》隊などの恒常的な軍隊が誕生するが、その発展は一三五〇年以降とくに著しい。アヴィニョン教皇は一〇〇〜一五〇〇名の近衛隊を有しているし、フォワ伯ガストン・フェブュスは二〇〇〇名の騎士の《家中戦士《メゾン・ミリテール》》にとりまかれている。フランスでは常備軍の存在が軍事的に不可欠であったが、シャルル五世は、外部からの脅威に強い衝撃を受けた一部貴族の姿勢や民衆の反応に助けられ（フィリップ・コンタミーヌ）、騎兵と歩兵の武装兵と射手とからなる、多少なりとも恒常的な軍勢を整備することができるようになる。この軍隊のなかで十四世紀の末まで残るのは、北フランス、ノルマンディー、西南フランスに設置された守備隊だけである。一四一八年、一四一九年以降でも、戦士の集団は消滅するわけではない。彼らは《はぎとり屋《エコシュール》》へ、戦争の生んだマルジノーへと変身し、国王たちが彼らを雇用しないあいだは、農村を荒しまわったのである。シャルル七世は、こうした集団を制圧し、定住させようとする。一四四五年には、勅令により、フランス騎士たちの中核となる部隊が設立される。その兵力はたえず維持され、フランス王権は、二万から二万五〇〇〇の兵士を常備することになる。その数が、十八歳から四十五歳までの男性人口の一パーセント以下であってもである。常設であることにより、訓練（行進）を実施し、野営を行ない、軍服を着用し、《軍団》を識別するための軍旗などのしるしを利用することが必要となる。しかしながら、十五世紀末に軍隊が国を作ることはないし、ほとんど軍隊をもたない国であっても、だからといってほかの国々より軽んじられることもない。

参考文献

Philippe Contamine, *La guerre au Moyen Age*, Nouvelle Clio, P.U.F., Paris, 1980.

⇩〔フランシーズ〕〔戦争〕〔租税〕

系族　Lignage

中世の家族の絆《きずな》が研究され、その歴史が書かれるようになったのは、最近のことである。系族の問題を、封建社会の研究にはじめて組み込んだのは、マルク・ブロック*であった。しかし、彼のこのパイオニア的な仕事をひきついだ者は、ほとんど誰もいなかった。中世の家族構造の研究があらたな展開をみせはじめるのは、ジョルジュ・デュビィに刺激されてである。しかしながら、そうした研究の大部分は貴族階級に関するものであり、農民の家族については、まだほとんど何も知られていない。

系族とは、血族と姻族とを引っくるめた、血縁共同体のことである。中世社会において系族がたいへんな重要性をおびていたことは、それが武勲詩*のなかで称讃されていることからもわかる。一族のメンバーの団結の固さは、共同体組織が非常に重要な役割を演じる戦争のさなかに、その真価を発揮する。なぜならそれは、一騎打ちでなく、一つの《しとね》から生まれた者たちすべてによって戦われたからである。中世にはフェーデと呼ばれていた仇討《ヴァンデッタ》ちは、こうした系族の結びつきの、別の形での表出である。いくつかの私闘は、一族間のすさまじい怨恨に起因していた。しかし、家族的集団のもつ独自性は、その軍事的な威力や、その威信のなかにだけではなく、その経済的機能のなかにも存在する。それらすべてが一体となって、たいへん暴力的なものになりかねない中世の家族関係を説明する。親子間(リチャード獅子心《ザ・ライオン・ハーテイッド》王と父ヘンリー二世の対立、ルイ十一世の父親に対する反乱)や兄弟間での対立、度重なる結婚やいつも適法であるとはかぎらない子だくさん(庶子)の生み出す緊張なども、そこから来ているのである。

すでになされた数多くの地方研究(たとえばピエール・ボナスィによるカタルニア地方、ピエール・トゥベールによるラチウム地方、ジョルジュ・デュビィによるマコン地方の研究)をとおして、同じ形式をとった一連の説明がなされているにもかかわらず、家族の形成過程やその多様なあり方、またとくに家族の発展の仕方をめぐって、歴史家たちのあいだで意見は分かれている。経済的理由(世襲財産を保っていく必要性）や、≪政治的≫理由（危険から身をまもる必要性）も、しばしば家族構造を強化する。これらの研究者たちによれば、家族の発展は、地方によって多少の時間的ずれがあるにせよ、十世紀末から十二世紀なかばにかけて転機をむかえたようである。また夫婦単位の、狭い意味での家族の形成は、十三世紀をまつことになる。

　これまで行なわれてきた歴史的分析は、本質的に、経済的、法的なものであった。それに対し、ジョルジュ・デュビィは、近著『中世の結婚』のなかで、系族のもつ人類学的な性質を解明しようとした。彼はそこで、紀元千年前後における父系的《アグナティック》（単系出自の、父親と結ばれた系統にもとづく）な親族体系の形成に言及する。それは、それまでの両系的《コグナティック》と呼ばれる、父系と母系を区別しない自然な血族関係にもとづく親族体系と、対比されるものである。ジョルジュ・デュビィによれば、まず最初に、父系の親族関係を最重視することによって、また、一夫多妻が行なわれていたとしても、最初の妻に特権的な地位があたえられることによって、この新しい体系が優勢となっていったという。そして、父系の単系出自集団の構築によって、ごく少数の男子にしか土地などの財産が譲渡されないようになったという。そのため女性の影響力は減じられ、娘たちに対する父親の影響力や、姉妹たちに対する兄弟たちの影響力は、強化されたのである。こうしたことは、封建組織の強化に対応していた。十三世紀以降になると、こうした系族の団結がゆるむ徴候もあらわれてくる。

参考文献

Georges Duby, *Hommes et structures du Moyen Age*, Ecoles Pratique des Hautes Etudes, Paris, 1973, 1984.
Georges Duby, *Le chevalier, la femme et le prêtre*, Hachette, Paris, 1981, 篠田勝英訳『中世の結婚』新評論、一九八四年。
Jacques Le Goff, *La civilisation de l'Occident médiéval*, Arthaud, Paris, 1984.
Georges Duby, Jacques Le Goff, éd. *Famille et parenté dans l'Occident médiévale*, Ecole Française de Rome, Rome, 1977.

ゲーム　Jeux

子供たち、若者たち、さらには大人たちのための肉体の鍛練や室内の遊戯として、各種のゲームは、中世の生活の重要な一部分をなしている。ときには流行しすぎることもあるそうしたゲームを、禁止しようとする国王もいるが、それほど成功してはいない。また各種のゲームは、当時の

『ブルゴーニュ公妃の時禱書』に描かれているラ・クロスゲームのようす。

社会を反映している。その構造や、そこでの暴力や、肉体の鍛錬そのものの否定のなかに、その社会の姿が浮かび上がるのである。

　槍的競技や騎馬試合*がもっぱら貴族階級だけのものであったのに対し、他のあらゆる社会階層においてもっとも人気が高かったのはボール・ゲームである。テニスの原型であるポームは大流行し、やがて規制の対象となる。このゲームは、十五世紀の末になると、トゥリポ（トゥリッペ、ボンディール）と呼ばれる特別の建物のなかで、ネットとラケットを用いて行なわれるようになった。ポームは、テニスの名のもとに、イギリスにも受け入れられる。クリケットの祖先であるクロス・ゲームは、人々をいっきに暴力のなかへと引きずり込む。彼らは、木の球だけでなく、となりの人の頭まで打ったのである。しかし、もっとも人気が高く、もっとも危険であったのは、ほかでもないスールである。これは、現在のアメリカンフットボールに近いゲームで、とくに大きな祝祭*ごとに行なわれ、チームプレーによって勝敗が争われた。このクロスやスールによって、おそらく集団的なストレスの解消が可能になったであろう。

　運だのみのゲームも、当時の社会には蔓延していた。さいころゲームは、民衆たちのあいだではもとより、国王のかたわらに仕える者たちのあいだでも、非常な人気を博していた。十一世紀に東方から伝わったチェスは、《封建化された》王室のゲームとなる。そこでは、国王の権力が貶められていたからである。

王権は、ゲームの実施をたえず規制しようとした。運だのみのゲーム（さいころ）であれ、体を使うゲーム（ポーム、スール、ビリヤードの祖先であるビーユ）であれ、数々のゲームが、一三一九年にはフィリップ五世によって、一三六九年にはシャルル五世によって禁止された。さいころ賭博は、ルイ九世によってすでに禁止されていた。事実、ヴィルと呼ばれるゲームの禁止は大問題となる。このゲームが、人々を怠惰と放縦にひきこみ、仕事からひきはなし、貴族たちの戦争ゲームがもたらす利得の方へと向かわせたからである。他方、聖職者であるジャン・ジェルソンは、肉体の制御をより進展させるため、肉体の鍛練に心を砕くよう説いたのであった。

参考文献

Jean Verdon, *Les loisirs au Moyen Age*, Tallandier, Paris, 1980.
Michel Rouche, *Histoire de l'éducation en France*, tom.1, Promodis, Paris, 1980.

⇩〔祝祭〕

結婚　Mariage

カトリック的結婚観からすれば、結婚は、中世の、より正確には十二世紀の発明である。この時代、一夫一妻制で解消不能であるという教会によって作り出された結婚のモデルが、一夫多妻制で解消可能であるという貴族の夫によって作り出された結婚のモデルに、勝利をおさめはじめる。このことは、ジョルジュ・デュビィによって論証されている。十世紀までは、結婚の慣習はかなり《自由》である。男性は同棲生活をおくっているし、女性もそうすることができる。結婚せずにである。子供をもつのは、もう少し人生経験を積んでからである。こうした内縁関係が頻繁にもたれる一方で、不妊の妻の離婚や、未婚の娘の誘拐も、《よりよい結婚相手》をつかまえようとする男性たちによって頻繁に行なわれる。結婚式が挙げられたとしても、それはまだ、世俗的な行事にとどまっている。女性は、父親によって、嫁資[1]と引きかえに将来の夫にあたえられるのである。司祭は介在しない。司祭は、結婚式に参列することさえ禁じられているのである。

13世紀の『グラティアヌス教令集』にある結婚の祝福を行なう司祭の図。この教令集には、教会の定めた結婚に関する諸規定も編纂されていた。

教会は、徐々に、結婚の理念を練り上げていく。最初、教会は、結婚にまったく否定的であり、それを色欲に対する歯止めとしてしか考えようとしない。九世紀には（八二九年のパリ教会会議において）、結婚の正しい用い方が明確化される。結婚は、ただ子作りのためだけに行なわれるのであると。結婚が秘跡化されるのは、もっと後のことである。教会は、この件に関する法的権限を手中におさめるようになり、俗人たちを、教会の定める規則の違反者たちを、裁くことができるようになる。結婚を秘跡へと変えながら、俗人たちへの抑圧手段を手に入れるのである。

カトリックの結婚式の諸規則が、それにつづく。まず、司祭により結婚が祝福される。この行為は、王族の結婚式ではすでに実施されていたのであるが、それが一般化していく。つぎに、夫婦間で合意の言葉が交わされる（花嫁が語るのはほんの一瞬である）。これは神学上の重要な進歩である。当初、司祭の仲介は、夫婦間での合意の自由を守り、家族たちによって結婚が強制されることを避けるために行なわれたようである。北フランスでは、十一世紀から、指輪の授与の儀式も徐々に実施されるようになる。

しかし俗人たちは、現実には、自分たちの慣習をじゃまするこうした教会の乗っ取り行為を、ほとんど認めようとしない。というのも、結婚は両方の系族*にとっての大事業であり、高度に政治的な戦略行為だからである。結婚の多くは、まわりが整えたものであり、恋愛結婚はほとんど存在しない。婚姻戦略において国王がたいへん重要な役割をはたすことは、『ギョーム・ル・マレシャル』のなかで、ジョルジュ・デュビィが指摘しているとおりである。各系族は、そこに属す息子や娘に、より良い結婚相手を見つけようとする。しかし《有益な》結婚は、長子たちに割り当てられることが多い。結婚を希望する父親や未亡人がいる場合は、そちらの方が優先する。俗人たちは、教会の結婚の掟をねじ曲げる方法を、実際には見つけだしていく。すなわち、近親婚に対する闘いを理由とする七親等(2)までの親族間のあらゆる婚姻の禁止という掟を、自分たちのうまくいかなくなった結婚の絆を断ち切るために利用するようになるのである。

ときには《封建的》有力者たちのかたわらに数人の聖職者たちが並び、その結婚の生み出す系族の賛同者となることもあるのは、ジョルジュ・デュビィによって分析された、フィリップ一世の実例が示すとおりである。一〇九二年、フィリップ一世は、九年間にただ一人の体の弱い息子しか彼にもたらしてくれなかった妻を離婚する。そして王は、跡継ぎを確保するため、すでに結婚していたある女性を、その夫であるアンジュー伯から奪いとって再婚する。高位聖職者のなかにはこの結婚式に参列することを拒否したものもいたが、結局、サンリスの司教が新しい結婚を祝福する。すなわち、結婚が教会の管理のもとにおかれる一方で、教会が世俗の慣習を承認してもいるのである。

ここまで述べてきた事例の大部分は、貴族階層にしかあてはまらない。当時の文献の内容からして、実際に研究が可能なのは、こうした事例だけである。とはいえ、教会の求める結婚式での個人的同意は、他の社会階層においても実行されてはいなかったようである。

---

(1) 結婚にあたり夫の側から妻にあたえられる財産で、妻はそれを自由に処分することができた。しかしこの権利は、父系を重んじる親族体系が固まるにつれ、弱体化した。

(2) 教会法による親等計算法は、民法で用いられているローマ式計算法と違い、一方的に世代をさかのぼっていくものである。そのため、七世代の間に共通の祖先が存在すれば親族とみなされ、その広がりは膨大なものになった。

参考文献

Georges Duby,*Le Chevalier,la Femme et le Prêtre*,Hachette,Paris,1981,篠田勝英訳『中世の結婚』新評論、一九八四年。

Georges Duby,*Guillaume le Maréchal ou le meilleur chevalier du monde*,Fayard,Paris,1984.

Jean-Baptist Moulin,Portais Mutembé,*Le rituel du mariage en France,du XIIe au XVIe siècle*,Bauchesne,Paris,1974.

Jacque Goody,*L'Evolution de la famille et du mariage en Europe*,A.Colin,Paris,1983.（英語の原典からの仏訳）

⇩〔系族〕〔教会〕〔女性〕.

言語　Langue

バベルの塔。それは悪魔に憑かれた人々の高慢と、人類の言語の分化の象徴であり、原罪の報いでもある。この塔の物語をとおして、フィオーレのヨアキム[1]のような聖職者たち、すなわち《普遍的》ラテン語の守り手たちは、キリスト教世界の分化を現実に強調する俗ラテン語の発展を弾劾した。ラテン語はかつて、あらゆる公式文書、文学、教育、宗教を支配していた。それは、ある特権階級の言語、すなわち聖職者たちの言語ともなっていたし、また支配の道具ともなっていた。社会を構成する全メンバー間でのコミュニケーションの問題を除けば、だれもの役に立っていたのである。

しかし、ラテン語の衰退が進むと、当然ながら、言葉の分断からくる不都合が生じた。イタリアでは、話し言葉の多様化が、各地方、各都市、さらには各都市の各街区の段階にまで及んだ。こうした多様化は、最後には、言語ナショナリズムの誕生をも助長していく。話し言葉の発展は、とにかく仮借のないものである。《都会》の学校*でもこの言葉が採用される。学生たちは、ラテン語をないがしろにし、ますます話し言葉を使うようになり、学寮の規約でその使用を禁止しなければならないほどになる。しかし効果は上がらない。

各ロマンス語[2]は、どのようにして形成されたのであろうか。最初、ゲルマン語の影響に抵抗を示していたラテン語も、やがてその影響を受け、ローマ帝国の南部や東部では衰退していく。現在のオーストリア、スイス北部、ネーデルランド、そしてイングランドにあたる地域である。しかしながら、英語は、ある特質を保つことになる。文法面ではゲルマン系言語から、語彙面ではアングロサクソン語から多くを受けつぎながらも、全体としてはラテン語からの派生語が、ゲルマン語からの派生語の数を上回るのである。

つぎに俗ラテン語の歪曲が、ある決定的な役割を演じる。下層民の発音の誤りは、中世初期から、音声全体にどんどん反映されていく。《没落するローマと未熟なゲルマン人との遭遇は、文明の水準を低下させると同時に、新しい諸言語のための地ならしをし、古代の文法が課していた規律を軽減した》（ロベール・ロペツ）。フランス語は、ゲルマン語の一方言をその名称としているにせよ、やはり基本的にはロマンス語であり、フランク族の《言語》からの借用語は五〇〇足らずにすぎないのである。

（1） Joachim de Fiore (v.1132-1202) はイタリアの神秘思想家。シトー会士となったあと、フィオーレにサン=ジョヴァンニ修道院を創立し、多数の預言的な書物を著した。

（2） 俗ラテン語が地域ごとに独自の変化をとげて成立した言語。イタリア語、スペイン語、ポルトガル語、ルーマニア語、フランス語などが代表的である。

参考文献
Robert Lopez, *La naissance de l'Europe*, A.Colin, Paris, 1962.
Philippe Wolff, *Les origines linguistiques de l'Europe occidentale*, Mirail, Toulouse, 1970.
⇩〔文盲〕〔学校〕〔書物〕〔ナショナリズム〕〔オック語圏〕

公会議　Concile

公会議は、教皇によって招集され、司会されるひとつの審議会であり、そこに、すべての司教たちが集められ（普遍公会議《コンシル・エキュメニック》の場合）、宗教教理や教会規則に関する問題の解決がはかられる。したがって教皇は、自分でその《議題》を決めることができるし、さらには司教たちを使って会議を牛耳ることもできる。中世の教皇職は、とくにイノケンティウス三世*の教皇在位期間中に、絶対君主制の様相を呈すようになる。その一方、公会議は十二世紀全体をつうじ、自分の意志を知らしめようとする教皇によって利用される一機関にすぎない。そうした状況のもと、一一七九年の第三回ラテラノ公会議では、アレクサンデル三世が、教皇選出の独占権を枢機卿たちに留保する。十三世紀の第二回リヨン公会議では、グレゴリウス十世が、教皇選挙秘密会議《コンクラーヴ》（教皇を選ぶための会議）の組織を命じる。一世紀あとでも、そのやり方はいつも同じなのである。

とはいえ十二世紀中には、公会議の招集は慣行となる。公会議が、いつもそうあるべきであった姿に、すなわち信者全体の意志を反映する姿になるのは、もしくは戻るのは、皮肉なことに、もっとも君主的な教皇であったイノケンティウス三世の在位期間中である。一二一五年にイノケンティウス三世によって招集された第四回ラテラノ公会議は、入念に準備されている。それに先立つ二年間、数々の報告書が司教たちに要求された。またその開催期間中には、六世紀のビザンツ帝国のローマ法で用いられている箴言が、ことさらに引用されている。《皆にかかわりをもつものは、皆に支持されなければならない》。

実際には、公会議は教皇の権力をおびやかしはしない。イノケンティウス三世以降、その招集は、もっぱら教皇の権限に属すようになる。最高の司教（教皇）は、この会議に、教会の改革の一翼を担うことさえ要求する。たとえば、各キリスト教徒が年に一度告解を行なうことを義務づける決定が、そこでなされるのである（一二一五年）。

しかし、一三七八年の教会分離*がひきおこした重大な危機は、《公会議至上主義《コンシリアリズム》》を大きく躍進させる。この会議だけが、教会を分裂させている、二つの頭をもつ君主政体から、教会を救い出すことができるように思われたのである。公会議の役割についての考察や書物は、その数を増す。最初におとずれた好機は、あきらめるしかない。一四〇九年のピサ公会議は、三人目の教皇[1]を作り出すのに成功しただけである。しかしながら、もう一つの公会議、コンスタンツ公会議は、三年間にわたる討議（一四一四年～一四一七年）ののち、ついにキリスト教世界に統一を回復する。公会議至上主義者たちは、この公会議を自分たちの試金石としながら、その場を利用して教会組織の改革を提案しようとする。しかし実際には、教皇はまもなくその権力を回復し、公会議がコンスタンツ以降獲得した権力を奪回したのである。それにもかかわらず、公会議の理念は生きながらえた。コンスタンツ公会議の成功は、その時代にあって、世俗の政治的議会の発展に大きな影響をあたえたであろう。

（1）　教皇アレクサンデル五世のこと。この会議は、それまでの二人の教皇の廃位を決定し、新しい教皇を選出したが、二人は同意せず、結果的には三人の教皇が鼎立することになった。

参考文献

Francis Rapp, *L'Eglise et la vie religieuse à la fin du Moyen Age*, Nouvelle Clio, P.U.F., Paris, 1971.

⇨**〔教皇職〕〔イノケンティウス三世〕〔教会〕〔アヴィニョン教皇職〕〔教会分離〕**

工業　Industrie

農業*が作物や家畜を利用するのに対し、工業は、広い意味においては、原材料の採掘と加工、生産財（道具や設備）や消費財の仕上げ作業などの経済的諸活動からなっている。しかし厳密な意味での工業という言葉は、家内的、個人的活動である手工業*と対比される、集団的性格をもつ活動としての工業を指して用いられる。

この狭い意味での工業は、中世に誕生したわけではない。古代にも、多数の奴隷を使う鉱山や加工場として存在していたのである。こうした工業は、中世初期をつうじて明らかに衰退するが、それにつづく中世盛期に、進歩や、たしかな発展を経験したのである。とはいえこうした工場（もしくは前工業的仕事場）は、その広がりにおいても、その数においても、その組織においても、その成果においても、依然未発達な性格を具えており、その重要性を過大視してはならない。

まず鉱業についてであるが、そこでは、建築用石材の石切場がとびぬけて高い地位をしめている。石切場は、大聖堂や大修道院の建設現場の近辺に、また新都市や発展中の都市の地下に設けられる。これらの都市は、ときには幾層にも重なり合った坑道の（サント＝ジェヌヴィエーヴの丘、リュクサンブール公園、ビュット・オ・カイユ街などの地下）(1)、その入り組んだ碁盤の目の上に建っていたのである。唯一、水路による運搬だけが、陸路での運搬のコスト高と、その結果としての距離的束縛から免れることを可能にした。そのため、ウィリアム征服王《ザ・コンカー》がバトル大修道院の建設によってカーンの石材の上質さを有名にしてからは、定期的にその石材がイギリスに向けて発送され、ウィンチェスター城、ウェストミンスター大修道院、ロンドン塔、ノリッジ大聖堂などの建設現場に供給されたのである。

　金属を含む鉱石の採掘は、中世初期のあいだ、露天掘りの穴で細々と継続されていたにすぎない。それも、穴に水が流れ込んだり、側壁が崩れ落ちはじめれば、放棄されてしまう。しかし徐々にではあるが、本物の立坑や坑道を掘る危険も冒されるようになる。そのころは、鉱石が、巻上機につながれた革のバケツで引き上げられた。この巻上機は、最初は人力で動かされていたが、やがては動物に引かせるようになり、最後には水車*で駆動されるようになる。

　鉱山活動は、最初は個人で働く鉱夫たちによって営まれていたが、やがて共同体に参集した鉱夫たちによって営まれるようになる。しかし、たとえ団体をなしていたとはいえ、鉱夫にとってはあまりに多額な出資が鉱山設備に必要とされるようになってからは、この活動は、資本をもった企業家の手に委ねられるようになった。貴族や、修道院や、都市や、裕福な商人たちから構成された特殊組合が、鉱山を再開し、その設備を整え、拡張するために設立された。資本をもつ者たちは、管理人に経営を委託していた。かくして、労働と資本の、最初の集中と分離が生じたのである。鉱夫たちの進取の気性と、古い共同体の自由な気質は長く維持され、雇用者側もそれに対してかなり敬意を払っていたにもかかわらず、このころから、労働争議やストライキ*が勃発するようになった。

　三世紀にわたる発展をへた鉱山活動は、十四世紀初頭、農業危機に連動して最初の停滞を経験する。鉱山活動がふたたび活潑化するのは、十五世紀になってからである。ドイツ人の鉱夫たちはたいへんな権威を獲得し、その活動範囲はヨーロッパの大部分の地域に及んだ。彼らは、中部ヨーロッパや東ヨーロッパの君主たちからも招かれたし、その活躍は、スラブ諸国、ハンガリー、トランシルヴァニア(2)、トルコにもみいだされる。またウェールズにおいても、ドイツ人鉱夫の助けが求められている。

ボヘミア地方の銀山のようすを描いた15世紀のミニアテュール。アウグスブルクのフッガー家は、その資本力と技術を用いて、中部ヨーロッパ各地に銀山を開設した。

金属工業では、もっとも利益のあがる貴金属工業がまず進歩した。この進歩は、ついで製鉄業の分野にまで拡大された。鉄という金属の利用は、軍事、農業、手工業、家庭生活のなかで、飛躍的発展をみたのである。製鉄業がその規模を拡大し、生産を高めることができたのは、最終的には水車のもたらすエネルギーのおかげである（〔水車〕を見よ）。水力で動くふいごのおかげで、高炉に空気を送り、その温度を一二〇〇度に保ち、鋳鉄を作ることが現実に可能になったのである。スカンディナヴィアのオスムント炉(3)が、カタルニアの溶鉱炉が、中部ヨーロッパのストッコ炉(4)が、鋳鉄の大量製造をしだいに可能にした。ドロップ・ハンマー、すなわち水車によって駆動されたカム軸によって作動する重いハンマーのおかげで、槌打ちは、そして銑鉄から鋼鉄への変換は、決定的な第一歩を踏み出すことになった。

木材を燃料とする製鉄業があまりに発展したため、その周辺の森林資源は、たちまちのうちに枯渇してしまった。一〇〇キロの鋳鉄を生産するには、五〇立方メートルもの木材が必要であった。そのため、石炭による製鉄がそれにとってかわるまでは、製鉄業の発展はすぐにこの制限要因にぶつかることになった。

シトー会*の修道士たちは、この製鉄術の普及に重要な役割を演じた。その技術は、最初のうちは各修道院内での需要に応じるだけであったが、やがては販売用の生産にも向けられるようになった。彼らは、広大な領域をもつ製鉄王国を形成したのである。

縮絨用の水車は、一〇八六年にノルマンディー地方のある村で確認されている。この水車の木槌で叩かれることにより、ラシャ地の繊維の目が詰まり、絡み合い、結び合い、その生地に厚みと柔かさがあたえられる。十二世紀に広まったこの水車は、繊維工業にあらたな繁栄をもたらす。羊毛の紡績も足踏みの糸車のおかげで進歩し、染色、仕上げ加工、機織りもまた、進歩するのである。

十二世紀末までには、繊維工業は、フランドル地方のイープル、ガン、ブリュージュ、アラス、サン゠トメール、ドゥエなどの都市に集中する。そしてそこには、イギリスの羊毛が輸入される。一二七五年、ウェストミンスターの議会は、イギリスの織物工がフランドルの織物工よりも安く原材料を購入できるようにするため、最初の輸出関税を議決する。一二九六年、エドワード一世は羊毛の輸出を禁止する。この措置は、危機や反乱、戦争を大陸に引きおこす。そのころ、フィレンツェやイギリスの工業が発展する。十五世紀の初頭に三万五〇〇〇梱の羊毛を輸出したイギリスは、十五世紀末には、もはや八〇〇〇梱しか輸出していない。その逆に、一三四七年には四〇〇〇反であったラシャ地の輸出は、十五世紀末には五万四〇〇〇反へと増大する。

中世の繊維工業は、仕事の細分化と、労働者の搾取の様相を示す。十九世紀の状況を先取りしているのである。

鉱業、金属工業、繊維工業、さらには製粉業、製紙業、なめし革業などの加工工業の諸部門は、水車のもたらした新しいエネルギーの利用の結果として生じた、より強力に機械化された手段のおかげで、工業的なまとまりを形成することが可能になりはじめる。

---

(1) いずれもパリのセーヌ川左岸、ソルボンヌ大学の近辺である。
(2) 現在のルーマニア、カルパチア山脈の北西部一帯の歴史的地名である。
(3) スウェーデンで使用されていた炉高の高い錬炉で、釣針や矢じりに用いられるスウェーデン鉄が製造された。
(4) ローマ以来の伝統をもつ高炉で、高さ三〜四メートル。ドイツからハンガリーにかけて普及しており、多量の鉄を生み出した。

参考文献

Jean Gimpel, *La révolution industrielle du Moyen Age*, Seuil, Paris,1975.坂本賢三訳『中世の産業革命』岩波書店、一九七八年。
Philippe Wolf, *Histoire générale du travail*, tom.2, Nouvelle librairie de France, Paris,1960.
Bertrand Gille, *Histoire générale des techniques*, tom.1, P.U.F., Paris,1962.

⇩ **〔水車〕〔手工業〕〔農業〕**

貢租（貢租地）Cens（Censive）

貢租地は、農民保有地の一形態である。現物や現金での賦課租*とひきかえに、はじめは領主から、のちには単なる土地所有者から、農民に譲渡された土地である。それゆえ貢租地は、マンス*と対照をなしている。マンスもまた現物での賦課租とひきかえに譲渡された土地ではあるが、その上には、賦役や重い個人的従属までのしかかっていた。すなわち貢租地は、かなり自由な保有地だったのである。

中世初期には北ヨーロッパにまだほとんど広まっていなかった貢租地は、紀元千年以降、その地に、とくに植民地化した地域に普及する。新しい入植地の開墾*と経営に必要な土地保有農《テナンシエール》を、そこに引き寄せるためである。この地では多数の新しい入植者に対し、定められた貢租の支払いとひきかえに、決められた期間、土地が租借される。その貢租は、租借期間に応じて固定されている場合もあれば、収穫の一部というように変動する場合もある。

貢租地は、やがて少しずつ、古くからの入植地へも広がっていく。その地の領主は、自分のもとで働く人間を逃がさないために、保有地のこの新しい方式に接近せざるをえない。マンスは貢租地へと変化し、農奴制は後退する。南フランスやイタリアでは、かなり早い時代から貢租地が存在している。

貢租は最初、現物によって算定され、その土地の特産品（豚、雌羊、子羊、卵、家禽、ハム、穀物など）によって規定されていた。しかし交易が活潑になり、貨幣が普及するにつれ、やがてそれは現金へと変化する。しかしながら、貨幣価値が低下した時期には、逆の傾向があらわれることもおこりえた。

貢租地は、完全に、また簡単に、小作地《フェルマージュ》（定額貢租）と分益小作地《メティヤージュ》（収穫に応じた貢租で、文字どおりであれば収穫の二分の一であるが、現実には一〇分の一から五分の四までさまざまである）に帰着するわけではない。それでもやはり貢租地が、その《近代的な》運用方法である小作地や分益小作地の、たぶん旧式な、そして古風な、しかし明白な原型をなしていたのは事実であろう。個人的従属や封建的諸賦課が後退していくなかで、こうした新しい関係が広がっていく。この進化がいち早くおきた場所、それは十四、十五世紀の数多くの地方のことであるが、そこでは、もとの土地所有関係はほとんど残っていないのである。

参考文献

Georges Duby, *L'Economie rurale et la vie des campagnes dans l'Occident médiéval*, Aubier, Paris, 1962.
Histoire de la France rurale, tom.1, Seuile, Paris, 1975.
Robert Fossier, *Enfance de l'Europe*, Nouvelle Clio, P.U.F., Paris, 1982.

⇩〔農民〕〔領主制〕〔農業〕

拷問　Torture

中世において拷問を制度化したのは教会である。教皇イノケンティウス四世は、大勅書『アド・エクスティルパンダ』を発布して拷問を制度化するとともに、そこに異端審問*のすべての手続きを要約した。そこで重視されているのは、異端者の自白を、そして呪術師《ソルシエ》の自白を手に入れることであった。教会が実施していた拷問の手口は、やがて世俗の裁判の場へ伝わっていく。それは十四世紀のことであり、以降、ルイ十六世の時代まで廃止されることはなかった。

中世の拷問の技術はよくわかっていない。中世末期、パリのシャトレ(1)の史料は、≪針刺しの拷問≫や≪短い針≫の問題に触れているが、何に関するものなのかはわからない。しかし、唇のなかに注がれる油や、≪赤く燃える炭火で卵を焼き、それを腋の下に押しあてる≫となると、事はより明白となる。

一般に信じられているのとは違って、実際には、中世という時代は長いあいだ拷問を知らなかった。また、やがて用いられるようになった多少野蛮な手口も、神明審判《オルダリ》(2)での手口と同じく、できるだけ適切な判決を導き出すことをめざしたものであり、むりやり自白を引き出すためのものではなかった。

(1) パリのセーヌ川河畔にあった城砦。シテ島の入口の守りを固めるとともに、そのなかに裁判所がおかれていた。現在は、シャトレ広場となっている。

(2) 被告の有罪、無罪を決めるのに、神の裁きの名のもと、火、水、熱湯、決闘などの試練をあたえ、それを無事に切り抜けた者を無罪とした審判。

⇩〔裁判〕〔呪術〕

高利 Usure

通常の利率を上まわる金利だけではなく、金儲けにつながるあらゆる種類の金利が、高利とみなされる。これが、高利に対し教会があたえた定義である。教会は古代以来、聖書の記述と、教父や教皇や公会議の解釈にもとづき、高利を罪とみなし、断罪していた。

それにもかかわらず、十二、十三世紀、高利貸しは広く営まれるようになる。イタリアで実施されていた平均的利率は四〇パーセントである。フィリップ美男王《ル・ベル》のロンバルディア商人*に対する調査によれば、その利率は、三五パーセントから二六六パーセントまでの間のさまざまな数値を示している。ことに経済生活そのものが、利子つき貸付があらたな重要性をおびる方向へと展開していく。商業が発達するとともに、資本の動きは活潑化し、諸国家は公的金融に依存するようになり、十字軍で破産した諸個人は借金をし、そして教皇職自体が、だれよりも銀行家を必要とするようになる。

こうした経済生活の変化の圧力を受けて、一二一五年のラテラノ公会議や一三一一年のヴィエンヌ公会議のときには高利への非難の手をゆるめなかった教会も、十五世紀までの間に、教会自体の利益を考慮しながら、時代の要請に合わせて教義を規定しなおしていく。より正確には、明確化していく。事実、この新しい教義は、根本原則にたち戻ることなく、是認された例外を認めることなく、さまざまな調整を行なうことを可能にする。教会が、貸し手が損をすることもあるとか、利子は労働や奉仕に対する賃金に相当するとか（両替、公営質屋の運営）考えたり、こうした業務の結果が損になるのか得になるのかまったく不確実であると考えたとき、金利は認可されることになる。たとえば終身年金は、その運用を特徴づける不確実性のために、認可されるのである。

法曹家たちは、利子つき貸付を断罪する点では神学者たちと同意見であったし、裁判での判決も無利子での貸付を支持する方向で下されていた。しかしながら教会は、それまで見落してきたある発展の受容を試みることに、また、その発展に追い抜かれることに、時間を費やした。教会の定めた禁止規定については、これを軽視することが一般化していた。

参考文献

Gabriel Le Bras,Article"Usure",*Dictionnaire de Théologie catholique*,tom. 15,Paris,1950.

＊Jacques Le Goff,*La bourse et la vie*,Hachette,Paris,1986,渡辺香根夫訳『中世の高利貸』法政大学出版局、一九八九年。

⇩〔銀行〕〔ロンバルディア人〕〔ユダヤ人〕

国王 Roi

一一五九年、聖職者で、教皇庁の高級官僚であり、のちにはカンタベリー大司教の書記となるソールズベリーのジョン[1]は、政治学に関する最初の論文でもある『ポリクラティクス』のなかで、社会を人間の身体にみたてれば国王はその頭である、というメタファーを呈示している。しかし、フランスとイギリスだけを例にとるなら、こうした地位と役割を国王が獲得したのは、段階的にであった。また国王の権力が築かれるのは、かなり後の時代になってからにすぎないし、それも側近に補佐されてであった。

国王が、その正統性と権力を世に認められるためには、まず自分の国において認知される必要があった。その正統性の根拠となりえたのは、選挙や世襲である。ユーグ・カペーの正統性に関していえば、彼は《合法的》な状況のもとで選挙された。にもかかわらず、カペー朝の正統性をめぐる論議は、カロリング朝の子孫を排斥したあとも絶えなかった。ドイツでは、フリードリヒ二世の歿後、選挙制の原則が勝利をおさめる。フランスでは、長年の実施にもかかわらず、世襲制の原則は充分に確立されない。そのため、フィリップ美男《ル・ベル》王の息子たちが男子の子孫を残さなかったとき(娘たちに相続権がないのは明白である)、王位継承者をふるいにかけるため、すたれていた選挙を利用せざるをえなかった。国王たちは、その威信と特異な権能によって、封建大貴族たちに首長としての地位を認めさせようとした。そして、ヨーロッパ各地に数々の抗争をひきおこした。戦いは、敗北による中断をはさみながら、長期間つづいた。国王たちは、その職務の自立と、ドイツ皇帝に対する優位を確立する過程で、教皇個人とのあいだに荷の重い同盟関係を結んだ。そのため、教会からの干渉に対しても闘わなければならなくなった。

　国王の権威と職務を確実なものにしたのは、徐々にねり上げられた一つの体系である。そしてその最初におかれたのは、国王の神がかり的性格であり、奇跡を生みだす力である。マルク・ブロック*は、フランスとイギリスの国王たちの、奇跡を行なう力について研究している。彼がそこで指摘しているのは、王権の催事や王位の装置の、ある意味での重要性である。聖別式だけが国王を作ったのではけっしてない。その証拠に、ルイ九世の息子は一二七〇年の父の死の直後から国王とみなされていたし、聖別されたのはやっと一二七一年になってからである。しかしその実務は、聖油が君主に注ぐオーラ（霊気）を理由に、それまで留保されている。フランス国王は、天上からもたらされた油によってのみ、真の国王たりえるのである。国王たちに賦与されていた奇跡を生む力に関して、マルク・ブロックは、つぎのように述べている。すなわち、この奇跡において注目すべきは、それを信じることができるようにするべく、内容を限定する気づかいがなされていたこと（フランス国王による瘰癧[2]の治癒、イギリス国王については、癲癇症患者を治癒する指輪の奇跡）、また、その奇跡を信じる必要がもはやなくなったとき、この力に対する信仰も止んでいることである。

　権力とは、刻印されたしるし、外的なしるしである。国王たちは、これらのしるしで、すなわち、王座、黄金の玉、王杖、剣、旗、衣装、とくに王冠で、しだいに身辺を飾るようになる。しかし、こうした外見も、現実の能力も、『君主たちの鏡[3]』の作者たちが思い描くような理想的な君主、すべての支配者はそうあらねばならないとされたような君主を作り上げるまでにはいたらなかった。これらの作品が提示しようとした、その鏡に映る君主像は、この世の現実からすれば、まさに理想にすぎないのである。これらの作品の内容は、ソールズベリーのジョンの『ポリクラティクス』に影響されていたが、やがて政治学の論説へと発展し、真の《政治アカデミー》にとり巻かれていたともいわれる聖王ルイの強いあと押しによって、フランス全土に普及した。この国王のために起草された『鏡』のなかに、一二五九年にジルベール・ド・トゥールネ(4)によって書かれたものがある。この作品を通じて、理想の国王の人物像を明確にする基本的諸要素の定義を知ることができる。それは、自己抑制（フランシスコ会士のジルベール・ド・トゥールネは、けっして露骨にあてこすっているわけではないが、初期のカペー家の人々によってかき乱された結婚の風習と、その一夫多妻制を非難している）、教養豊かな人間である必要性（ソールズベリーのジョンの箴言に、無学な国王は王冠をかぶったロバにすぎないとある）、有力者や役人に対する規律（貧しい者たちに対する国王法廷の職権乱用に反対する働きかけを含め、あらゆる形態の不正に対して戦うこと）などである。国王が追い求めなければならないのは、よい評判だけではなく、大衆から愛されることであり、最大限に平和を保証することだったのである。

国王が公共の福祉をめざして統治することにより、国王と暴君の区別がふたたび明らかにされるようになった。『君主たちの鏡』や、聖トマス・アクィナス(5)やジル・ド・ローム(6)などの政治論は、この区別を力説している。十二世紀、ソールズベリーのジョンは、おそらくトマス・ベケット(7)の暗殺に動揺したあまりであろうが、暴君に反旗をひるがえす権利さえ要求している。しかしながら、王権に対するすべての民衆反乱は失敗する運命にあった。十五世紀、ジャン・ジェルソンなどの人々は、国王には服従しなければならず、国王への反抗は大逆罪であると宣言している。

国王権力が非常に強かった諸王国でも、王権の制限は、やがて免れえなくなる。イギリスでは議会《パーラメント》が、スペインでは身分制議会《コルテス》が、その役割をはたす。またフランスでも、フィリップ美男王に仕える法曹家たちが、その大変な権勢をもって王座の権威を確認するのと同じころ、最初の身分制議会が出現する。

（1）Jean de Salisbury (v.1115-1180) はイギリス出身の哲学者。パリでアベラールに学んだあと、帰国してカンタベリーでベケットに仕え、ヘンリー二世と争った。一一七六年にはシャルトル司教となり、『十二世紀ルネサンス』を指導した。

（2）頸部リンパ腺結核の別名で、数個のリンパ腺がかたまって腫れ上がり、やがて化膿して破れる病気。
(3) 聖王ルイの時代にさかんに書かれた《良風美俗》を広めるための教育的書物。ヴァンサン・ド・ボーヴェの『世界の鏡』、ロベール・ド・ブロワの『帝王学』など。
(4) Gilbert de Tournai (v.1210-1284) はフランスの神学者。トゥールネで生まれ、パリで学んだあと、フランシスコ会士となった。多数の神学的著作の他にも、説教や教授法についての書物も著した。
(5) Thomas d'Aquinas (1224-1274) はイタリアの神学・哲学者。ドミニコ会士で、パリ、ケルンでアルベルトゥス・マグヌスに学んだあと、パリ大学やイタリア各地の大学で教壇に立った。『神学大全』など多数の書物を著し、スコラ学の大成につくした。
(6) Gilles de Rome (v.1243-1316) はイタリア出身の神学者、哲学者。アウグスティノ会士で、トマスに学び、やがてパリ大学の神学教授となった。国王フィリップ四世のために書いた『君主論』をはじめ、多数の書物を残した。
(7) Thomas Becket (1118-1170) はカンタベリーの助祭長から、国王ヘンリー二世の大法官となり、やがてカンタベリー大司教となった。大司教となってからは、王権の拡大をはかるヘンリーと対立し、ついには暗殺された。

参考文献

Marc Bloch, *Les rois thaumaturges*, nouvelle édition, Gallimard, Paris, 1983.
Bernard Guenée, *L'Occident aux XIVe et XVe siècles, Les Etats*, Nouvelle Clio, P.U.F., Paris, 1981.
Jacques Kryner, *Idéal du prince et pouvoir royal à la fin du Moyen Age (1380-1440)*, Gallimard, Paris, 1981.
Jacques Le Goff, "Portrait du roi idéal", *L'Histoire*, septembre, 1985.

⇩**〔王領〕〔プランタジネット家〕〔行政〕〔国家〕〔帝国〕〔租税〕〔ユーグ・カペー〕**

個人 Individu

中世社会においてもっとも重要な地位をしめていたのは、集団であり、個人ではない。個人を単独で放置しておくのは危険であるとの観点から、集団は、ほとんど欠かせないもののように考えられていた。個人になしうるのは悪事だけだとされていたのである。個人主義は断罪され、傲慢は大罪の一つとみなされていた。

肉体面では、個人はある集団に組み込まれる。個人は、その人の特性ではなく、その人の属する集団の特性によって表示される。ジョルジュ・デュビィは、カテドラル*の図像において、ゴシックの人物像が、ある類型に対応していることに注目している。すなわち、年齢や職業や感情を刻むデフォルメがなされていないのである。彼らは、みな大人の姿をしており、その顔は神の光に照らされている。なぜなら、救われた存在だからである。とはいえ、《自分の行動の最終責任者であり、自意識をもった》一人の人物であることにはかわりない。

精神面では、個人の誕生には長い時間がかかる。中世に書かれた自伝において、個人の性格は、遠い過去から借りた長所や短所の手本に、しばしば対応している。十二世紀初頭、キベール・ド・ノジャン(1)は『自伝』を書いたが、それは聖アウグスティヌスの『告白』の模倣にすぎない。ジョアンヴィル(2)によって書かれた聖王ルイの伝記について言えば、それが非常に個性的なものであることは確かである。しかし、この伝記の真の意図は、この国王の事跡をつうじて道徳の手本を示し、その説教を行なうことにあるのである。

結局のところ、中世の個人は、依存と服従と連帯の網の目にとらえられていた。その網の目は、個人どうしを結びつけると同時に、個人を権力者（封建関係）や集団（信心会*、同業組合*、家族）に従属させた。しかしながら、独立した個人が誕生したのは、ユマニスムやルネサンスよりは早い。個人は、十五世紀早々、たいへんはっきりとその姿をあらわすのである。

（1） Guibert de Nogent (1053-v.1124) はフランスのベネディクト会士で歴史家。フラヴィニーの修道院に学び、ノジャンの修道院の修道士から、修道院長になった。『自伝』以外にも、第一回十字軍の記録や、神学的な著作を残した。

（2） Jean de Joinville (1224-1317) はフランスの年代記作家。シャンパーニュ地方のセネシャルであったが、第七回十字軍に聖王ルイの側近として同行し、王の事績を『われらが聖王ルイの聖詞と善行の書』にまとめた。

参考文献

Georges Duby, *Le temps des cathédrales*, Gallimard, Paris, 1976.

Jacque Le Goff, *La civilisation de l'Occident médiévale*, Arthaud, Paris, 1984.

Johan Huizinga, *L'Automne du Moyen Age*, Réédition de 1980, P.B.P., Paris, 1980. 堀越孝一訳『中世の秋』中央公論社、一九七一年。（原典からの翻訳）

⇩ **〔同業組合〕〔信心会〕〔農村共同体〕〔系族〕**

国家　Etat

中世の国家《エタ》について語ることは、はたして可能であろうか。われわれに馴染の深い国家というものは、西欧に、しかも中世に誕生したのであろうか。国家は、この時代に、西ヨーロッパを形作っていた全地域に存在していたのであろうか。こうした数々の疑問に対する答えは、学説により、歴史家により、時代により、さまざまである。それでも、地理的な位置や、国家にあたえられた定義の多様性を充分考慮すれば、中世国家への接近をはかることも不可能ではないであろう。

ジョセフ・ストレイヤーの定義、すなわち、ある権力があるいくつかの制度のおかげで一つの地域の生活に連続性をあたえることができるとき、国家について語ることが可能になる、との定義を受け入れるなら、中世の国家についても効果的に語ることができる。とはいえ、中世国家は、徐々にしか、そして多様な形態のもとでしか構築されなかった。

公権力を示す用語としてのエタは、中世では、徐々にしか用いられるようにならない。十三世紀後半まで、この言葉は、存在のありさま、すなわち状況を意味するにとどまっている。その後やっと、より厳密な意味をもちはじめ、単独で用いられるようになる。とはいえこの言葉は、いまだに一つの形容句をともなっている。諸史料に語られているのは、共和政の、王政の、帝政の国家についてであり、政治体制の視点からである。中世の文書のなかでたいへん日常的に用いられている、国王の国家ないしは王政の国家という表現においても、その指し示すものは、政体の全体（統治機構と被統治者）である。したがって、中世では、現在のような意味で、すなわち同じ法律と同じ政府にしたがう地域住民の意味で、《国家《エタ》》という言葉が用いられたのではないのである。

それにもかかわらず、中世という時代にも、国家の概念は認識されている。十二世紀における法思想と政治思想の再生に際し、またローマ法の復活に際し、この概念は、少なくとも再発見されたのである。他の形式の法も、中世国家の基盤のある部分を固めるのに、同様に貢献した。その部分とは、王国における国王の至上権《スーヴランテ》の概念である。

封建法を例にとってみよう。イギリスでは封建法がさかんに用いられ、公式に放棄されたローマ法から国家の概念が形成されることはない。フランスでは、フィリップ・ド・ボーマノワール[1]のような封建法の理論家の考察により、フランス国王の至上権の概念を明確にすることが可能になった。それには、教会法に造詣の深い教会法学者たちも参加した。彼らは、教会法をイデオロギー的に利用することで、帝国でとられたような方法に頼ることなしに、たとえば自分の国に国王の至上権を確立したのである（フィリップ尊厳王《オーギュスト》*は、イノケンティウス三世によって、その国での皇帝として承認された）。ハンガリー、ボヘミア、アラゴンの国王たちも、自分たちの至上権を示すために、ドイツ皇帝たちの身を飾っていた球を手にする。主権国家の概念も進展をみる。しかし、国王自身が国家と混同されることはない。国家は国王を超越する。王国の領土と法律は譲渡不能なのである。

　国家の理念は、領土の概念をとおしても進展をみる。たとえばフランス人の王であった君主が、フランスの国王となる。領土の境界でしかなかったものが、国境となる。国家形成において民衆が演じた役割については、その形成における国民感情の役割にどの程度の重要度を認めるかが、議論の対象となる。

　住民たちの共同体は、けっして一枚岩をなしてはいなかった。とはいえ、過去を共有し、一つの集団をなしているという感覚が、厳密な意味での国民感情を形成するのに貢献したことは確かであろう。最終的には、国家が自国の住民の裁量に委ねることになる諸機関や諸組織が、この感情をより強化する。そのなかでもっとも重要なのは、最初は裁判に関係した機関であり、つづいて軍隊に関係した機関となる。《行政*》が、官僚政治が、《国税》が、立法権が、中央権力の強化に貢献していく。

　国家は、ヨーロッパ全域に、同じリズムで誕生したわけではない。また、同じ形態をとったわけでもない。フランス、イギリス、スペインは《大国》になるが、イタリアには《都市国家》しか生まれない。帝国はといえば、また違った方向へ進んでいく。一二五〇年以降帝国が没落したため、また皇帝が資金力や財源を欠いていたため、ドイツの歴史家たちは、ドイツの国家が《別の場所に》、都市や領邦のなかにあったと表明せざるをえない。にもかかわらず、帝国理念は生きのび、さらには強化されてさえいる。帝国は、全体として他の国々のような国家ではないのは当然であるとしても、やはり領邦や都市、さらにはボヘミア王国やスイス連邦によりそう、国家の一形態なのである。

　いつ近代国家が誕生したのか、いつ《封建》国家は消滅したのか、その時期の決定は、歴史家たちのあいだに依然論議を呼んでいる重大なテーマである。検討すべきは、たぶん、十三世紀末から十六世紀までつづく《近代的*》諸特質の出現についてであろう。この時代は、家臣制や封*がまだある程度の地位をしめているにせよ、もはや真の封建時代ではないのである。

（1）　Philippe de Beaumanoir (1246-1296) はフランスの法律家、作家。クレルモンのバイイやポワトゥーのセネシャルを務めたが、カペー家の法律顧問でもあった。彼の編纂した『ボーヴェージ慣習法集』については、〔慣習法〕の項目にくわしい。

参考文献

Joseph R.Strayer, *Les origines médiévales de l'Etat moderne*, Payot, Paris, 1979.
鷲見誠一訳『近代国家の起源』岩波書店、一九七四年。（英語の原

典からの翻訳）

Bernard Guenée, *L'Occident aux XIVe et XVe siècles*, Nouvelle Clio, P.U.F., Paris, 1981.

⇨〔フィリップ尊厳王〕〔ルイ九世〕〔帝国〕〔租税〕〔裁判〕〔軍隊〕

子供　Enfant

中世社会において、子供は、完全な権利を有する存在とみなされていたのであろうか、それとも、大人のミニチュアのようにしか見られていなかったのであろうか。子供は、厄介者のように感じとられていたのであろうか、それとも、宝物のように感じとられていたのであろうか。中世の家族のなかでの子供の地位を見極めようにも、歴史家は頼りになる史料をほとんどもっていない。いくつかの年代記に報告されている偉人たちの子供時代は、大人になってからの高名さに影響され、歪曲されてしまっている。それどころか、年代記作家たちは、母親の胎内にいる子供にさえ、大人になってからの美点を認めている。そのためある聖人などは、まだ胎児でしかないときから、すでに聖人なのであ

聖王ルイの誕生と幼児期の奇跡を描く14世紀のミニアテュール。中世の赤子は、生まれるとすぐに産着で包み上げられ、細紐でたすきがけに縛り上げられた。

る。子供を指し示す言葉も、やはり非常に曖昧な場合が多い。画家の描いた子供時代のイエスについてみても、歳もさだかでない赤ん坊の姿である場合がほとんどである。

子供の死は日常茶飯であり、かわりの子供もすぐに生まれた。とはいえ、子供の死には、やはり涙が流されたであろう（ドリス・デクレ・ベルカム）。幼児期、それは悲観的な筆致によって描写されることが一般的である。失われた命を何とかしてよみがえらせようなどと望んではならない、と聖アウグスティヌスは説いている。母子関係は特別あつかいを受けない。子供は、生まれるとすぐに産着《エマイヨテ》で包み上げられる。貴族階層においては、乳母が母親のかわりに乳をあたえる。そのうえ、授乳は一八ヶ月までつづく。当時のただ一人の百科全書編集者バルテレミー・ラングレ(1)は、母親による授乳の心理的波及効果を説き、その実行を強く勧めている。歯の生えはじめた子供にあたえられる食べ物は、母親や乳母によって事前に咀嚼されている。

七歳まで、子供は女性たちのもとにとどまり、かなり自由に行動することができる。十一世紀から十三世紀にかけ、子供のためにしかるべき注意が払われはじめるようであるが、それも、この歳をすぎてからである。しかしながら庶民階層においては、この歳になっても、子供の生存環境はきびしいままである。慣習のキリスト教化は、貧しい女性たちに、子供たちが死ぬにまかせるよりもむしろ捨ててしまうよう仕向ける。その結果、西欧中に孤児が増加するのである。

十一世紀以降、子供は、回復してくる優しさという感情の対象ともなったようである。そのことは、ギベール・ド・ノジャンが彼の母親の態度について書いたあの有名な文章に証言されている。全般的にみても、《教育者たち》や、十四世紀のジャン・ジェルソンが、他の人々以上に、過度の厳格さや体罰を奨励したようすはない。庶民階層においても、貴族階層においても、十二世紀までは、子供の教育が知的目標を欠いていたことは確かである。たとえば若い騎士は、文字を書く訓練が習慣として定着する時代になっても、何よりも先に軍事的訓練を受けている。貴族たちもまた、その子供たちに初歩的な知的教育しかあたえないのが普通である。学校は、たいへんゆっくりとしか、社会に浸透していかないのである。

(1) Barthélémy l'Anglais はイギリス出身のフランシスコ会士。オックスフォードとパリで学び、マクデブルクの神学院で教えた。オックスフォード時代に百科全書『事物の性質について』の編纂をはじめ、その作業は十三世紀なかごろマクデブルクで完成した。

参考文献
L'Enfant au Moyen Age, Colloque Senifiance,8,Champion, Paris,1980.
Doris Desclais Berkvam, *Enfance et maternité dans la littérature française des* XIIᵉet XIIIᵉsiècles,Champion,Paris, 1981.
＊Philippe Ariès,*L'Enfant et la vie familiale sous l'Ancien régime*,Seuil,Paris,1969,1973,杉山光信、杉山恵美子訳『〈子供〉の誕生』みすず書房、一九八〇年。
＊Jean-Louis Flandrin,*Le sex et l'Occident*,Seuil,Paris,1981,宮原信訳『性と歴史』一九八七年、新版藤原書店近刊。
⇩〔文盲〕〔学校〕

コミューン　Commune

コミューンを定義することは、それほど簡単ではない。この言葉に法的釈義をあたえようとするかぎり、その語義はあまりに狭く限定されたものにならざるをえない。コミューン運動がはじまった十一世紀末から十二世紀初頭にかけて、この言葉は、自分たちの領主から譲歩を獲得するために闘おうとした住民たちのあいだに結ばれた、共同誓約を意味していた。しかしながら、特許状をつうじて一度宣誓人たちにコミューンが認可されると、この言葉は、特許状によって統制される都市団体全体をも指し示すようになる。その一方で、こうした《コミューン文書》を授与されることなしに、コミューンの特権と同様の諸特権を獲得する都市共同体もあった。

したがって、コミューンを、広い意味での都市共同体（それは新集落《ヴィル・ヌーヴ》ばかりか旧来のシテ[1]にもかかわりうる）としてとらえるなら、つぎのように定義することができるであろう。すなわちそれは、都市の《ブルジョワ的》住民たちが誓い合った相互誓約に基礎をおく集団であり、《一つの目的に向かって集まった人々の団体》であると。この団体は、一通の特許状をつうじ、コミューンとしての認可と、フランシーズ＊とかリベルテとかいう言葉によって表現される諸特権を獲得したのである。リベルテは、私的自由（個人の自由）だけでなく、集団的自由にもかかわっている。たとえば選挙制の評議会《コンセイユ》の設置、独自の財産（都市は、市庁舎、印璽、鐘などをもつようになる）、下級および中級の裁判所、経済的諸特権（領主に支払うべきいくつかの租税と賦課租の免除）などにである。

ようするに、都市共同体は、住民たちの尽力によって獲得されたものだったのである。しかしその獲得方法については、しばしば歪めて伝えられてきた。コミューン運動は、長年、暴動の同義語とされていた。たしかに、力づくで自由を要求した都市もあるにはあったが。

　都市住民が領主の権力濫用の危険にさらされたとき、≪コミューン、コミューン≫という叫びによってたがいに呼び合ったことも、また確かである。しかしコミューン運動全体とすれば、暴動に発展することはまれであり、その地理的範囲も比較的限定されていた。フランスでは、この運動が最初に出現した一〇七〇年から十二世紀なかばまでにかけて、二〇ほどの町村にその動きが及んだが、それらすべてはロワール・ライン川間にあった。なかでもル＝マン、カンブレ、ノワイヨン、ランでは、領主でもあった、ひどく憎まれていた司教が殺された。各コミューンは、たいてい独自の配役と、固有の性格をもっていたのである。

　こうした暴動のために忘れられがちであるが、ほかにも、別の方法により、別の形態のもとに形成され、暴動で獲得されたのと同様の譲歩を獲得した共同体があった。このことは、たぶんコミューン運動の基本的な特質のうちの一つであろう。新設都市や城塞都市《バスティード》*のような特異なケースをのぞき、住民たちの≪諸特権≫は、彼らの圧力によって獲得されるのが普通であった。すなわちそれは、社会的、政治的闘争の成果だったのである。

　≪ブルジョワたち≫は、カペー朝の国王たち（とくにフィリップ尊厳王《オーギュスト》）の支持を受けながら、比較的容易にフランシーズを獲得していく。国王たちは、その家臣たちとは違い、諸都市との同盟から引き出すことのできる利益を熟知していたのである。

　大部分のコミューンが平和的に出現した理由を説明してくれるのは、都市という環境のなかでの人間の絆（家族関係や隣人関係）の存在や、とくに結社の存在である。いくつかの都市のコミューン運動は、信心会*や、ギルドのような商人たちの組合に（サン＝トメールでは）密接に結びついている。またこの運動は、神の平和*の制度にもある程度は結びついていたであろう。

　ヨーロッパの全都市が、みな同じ程度のフランシーズや自治を獲得したわけではない。個々の事例はあまりにも変化に富み、それを分類すること自体が、不正確というより、不当な行為になりかねない。けれども、おおまかな分類作業を試みることくらいは許されるのではなかろうか。

　もっとも自由であったのは、たぶんイタリアのコムーネであろう。皇帝フリードリヒ赤髯帝《バルバロッサ》*に対する一一七六年のレニャーノでの軍事的勝利のあと、ロンバルディアの諸都市は、ほぼ全面的な独立を勝ち取る（一一八三年のコンスタンツ和約[2]）。これらの諸都市には、授与されたフランシーズ文書は不要であった。彼らは自由を戦い取ったのである。

ドイツの諸都市は、同じような攻勢を実施することなしに、自由を発展させていく。その発展のバックボーンとなったのは、彼らが帝権に対抗して組織した都市同盟である。帝権が衰退すると、この同盟は、領邦諸君主に対抗するものになる。

南フランスでは、北フランスのコミューンとは異なり、貴族たちと衝突することなしに都市共同体が発展した。というのも、自分がそこの領主でなくても、貴族たちの一部は都市に居住していたからである。そのため領主は、都市の諸問題に関して、その都市に意見を求める傾向がより強くなっていく。

北フランスの諸都市は、コミューン運動にもかかわらず、けっして完全に自由になることはない。たとえ領主が仲裁契約を履行し、自分の権利のいくつかを放棄したとしても、その有益な部分（上級裁判権、いくつかの賦課租の徴収）は依然として領主のもとにある。そのうえ都市共同体は、領主の同意なしには、何ら実質的活動を行なうことができない。したがって、全面的な独立などは問題外なのである。もっとも態度がはっきりしないのは、聖職者の領主である。しかし俗人領主は、認可されていたコミューンを廃止するようになる。中部フランスでは、厳密な意味でのコミューンのモデルは、まったくといっていいほど普及しない。この地域の都市共同体は、誓約を知らなかった。逆に、彼らは、私的自由の普及の恩恵に浴していた。

イギリスのコミューンは、それほど自由な存在ではなかったようである。彼らは、年に一度の定められた金額を支払い、諸権利を買い戻すことで、はじめて領主の支配をまぬがれていた。それでもなお、国王権力には支配されていたのである。

自治ないしは監視下の自由のもとで、コミューンは、しばしば波瀾に富んだ政治的歴史を経験した。その原因となったのは、都市間での敵対や、国家権力との衝突や、都市内部での抗争（たいへん頻発した）であった。

やがてコミューン機構の役割それ自体が、都市内部での衝突の舞台となっていく。都市政府は、その行政権だけについていうなら、集団的な（イタリア、ラングドック地方、プロヴァンス地方は執政官《コンシュル》をつうじて）場合もあれば、個人的な（参審人《エシュヴァン》(3)たちに補佐された市長）場合もある。議会が自由な市民たちを集めたのに対し、評議会は上院に似ている。これらの機関を維持している社会関係、すなわちそのメンバーの募集や選任の方法は、相異なる社会集団間の関係に影響をあたえる。それが社会的上昇の可能性を提供することもあれば、逆に、ある社会階級（都市貴族《パトリシア》*）に留保されていることもある。

コミューンは、現実には、けっして平等主義をめざしたり、民主主義を奉じたりするものではなかった。少なくとも、その平等主義が誓約の段階をこえることはなかった。それでもコミューンは、ほかの制度とはまったく比較にならないほど大きな発言の可能性を、非常に多くの人々にあたえるのである。大多数のコミューンでは、生活は不安定で波瀾に満ち、家庭争議や、内部抗争や、社会闘争が絶えなかった。こうした衝突は、ときには地方的広がりを（ドイツでは）、また、ときには国際的広がりを（教皇派《ゲルフ》と皇帝派《ギベリン》）もつものとなった。

（1）ローマ時代以来の歴史をもつ市街地で、ゲルマンの侵入によってその規模を縮小しながらも、とくに司教座を中心として、都市的な機能を保ってきた場所。
（2）ミラノ、ヴェローナ、フェラーラ、クレモナなど、ロンバルディアの多数のコムーネが同盟を結んで皇帝軍と戦い、勝利を収めた。その結果締結されたコンスタンツ和約では、同盟側が大幅な自治権を獲得した。
（3）北ヨーロッパの諸都市で、市長や代官を補佐した行政官。そこに都市参事会員が加わって都市政府を構成した。

参考文献

Charle Petit Dutaille,*Les communes françaises:Caractères et évolution,des origines au XVIIIe siècles*,Albin Michel,Paris,1970.
Robert Lopez,*Naissance de l'Europe*,A.Colin,Paris,1962.
Histoire de la France urbaine,tom. 1,Seuil,Paris,1980.

⇨**〔城塞都市〕〔ブルジョワ〕〔文書〕〔フランシーズ〕〔裁判〕〔神の平和〕〔領主制〕**

古文書　Chartes

法的行為を記載した証書《アクト》であるこの書き物は、数も多く、中世の歴史を知る上での主要な史料の一つとなっている。とはいえ代表的な史料であるとはいえず、その史料価値は、記述史料（年代記や文学作品）に遠く及ばない。

実際には、文書にはいくつかの種類がある。その一つは私的証書であり、そこでは作者が一人称で証言する。この種の証書は、権利移転（贈与、不動産売買、遺言）に関係している場合が多い。私法に関する別の形式の文書である覚え書き《ノティス》は、三人称で記述されている。それは、過去のできごとを報告し、またとくに、過去に口頭で行なわれた法的行為を書きとめたものである。

文書はまた、公的証書でもある。それを発行するのは、教皇や国王の尚書院《シャンセルリ》（尚書局）である。カペー朝の尚書局発行の証書は、その書式や認証法によって、国王命令、特許状、封印状、信書などに分類される。たいていの場合、公的文書は特権を認可している。たとえばフランシーズ*文書は、新旧両ブール*や新設都市（城塞都市《バスティード》*）の住民たちに対し、諸法からの免除を承認する。この特権は有料のときもある（サン＝ジェルマン・デ・プレ修道院の従属民たちに関する一二五〇年の文書の例は、ロベール・ブートルシュの『領主制と封建制』第二巻に引用されている）。またコミューン*に関係する文書もある。しかしながら三番目のタイプはとくに重要である。一二一五年にジョン欠地王《ザ・ラックランド》(1)によって承認された、イギリスの『マグナ・カルタ』がそれである。

古文書は、原本の形（非常にまれである）で残っていることもあれば、写本の形をとることもある。写本は、そのために用意された台帳に記載されている。この記録文書集《カルテュレール》は、個人（俗人領主）や法人（都市や修道院）の権利証書を含む手写本の集成である。記録文書集のほとんどは、教会のなかで、十三世紀から十五世紀にかけて作成された。そこには、土地贈与証書の写しが含まれ、また、土地所有者が強情に反抗する小作人に対しておこすことができる訴訟、荘園のようすや土地の開墾のやり方、そこに課せられていた領主権などが書きとめられている。大修道院のほとんどは（クリュニー大修道院、シャルトルのサン＝ピエール大修道院、またイギリスではラムジー修道院やグロスター修道院）自分たちの記録文書集をもっていた。記録文書集は、農業の歴史を知る上での基本的な史料の一つなのである。

イギリスの修道院の証書は、台帳上にではなく、羊皮紙の巻き物である≪巻子本《ロール》≫上に書写されていた。修道院の証書であれ、大修道院の証書であれそうである（ラムジー大修道院の巻子本もその一例である）。

一つの文書の構成は、厳密な規則に対応していた。それは三つの部分からなっており、その各部分がまたいくつかの部分にわかれている。こうした文書の真正さを証明する手段（書写記号、署名、印璽）は、何のただし書きもない古文書の、その作成された場所と時代の特定を可能にしてくれる。

（1）失政のつづいたジョン王に、一二一五年、貴族たちが圧力をかけて承認させた勅許状で、そこには三九条にわたり、貴族、教会、都市、商人などの諸権利が確認されていた。

参考文献

Robert Delort, *Introduction aux sciences auxiliaires de l'histoire*, Collection U, A.Colin, Paris, 1969.
Exemples de cartulaires dans Georges Duby, *L'Economie rurale*

et la vie des campagnes dans l'Occident médiéval, Aubier, Paris,1962.

⇩〔フランシーズ〕〔コミューン〕〔行政〕

裁判　Justice

あらゆる権力者の特権である裁判の実施は、それが象徴している名誉や虚栄や権威のためだけに追い求められるのではない。裁判は、領主たちにとって、何より重要な収入源でもある。というのも、そこで宣告される刑罰の根幹が、罰金や財産没収だからである。裁判は、事情さえゆるせば、土地からの収入を上回ることはないにせよ、それと同じくらいの収入をもたらしえたのである。

裁判管区の編成と、さまざまな裁判権の管轄範囲は、非常に錯綜している。そのうえ、管轄範囲そのものが曖昧で、有力者たちに認められた権能の軽重もまったく不揃いである。ここで述べなければならないのは、実際には、いわゆる裁判についてではなく、さまざまな裁判についてである。当時の人々でさえ、自分の時代の裁判にまつわる混乱を解きほぐすことはたいへん困難だったのである。ではどうして、このような状況になったのであろう。カロリング時代には、裁判権は、君主と、その代理人である伯のものであった。ところが、《中央》権力が、公権力が崩壊するにともない、裁判はしだいに私的なものとなる。各地方の有力者は、裁判権の一部を私物化したり、分与させたりする。裁判権は、領主のもとへ、バン権力のもとへと滑り落ちていったのである。この移行のもつ意味について、歴史家たちの意見はなかなか一致しない。この現象を、カロリング朝の裁判権の部分的な委譲とみる歴史家もいれば、ジョルジュ・デュビィのように、平和を確立すると同時に教会の不入権に突破口を開くために生まれた、別個の裁判概念の設置とみる歴史家もいる。

さまざまな領主裁判（なかには封*をなしているものもある）のかたわらで、国王とその官僚たちの裁判が発展していく。フランスでは、国王が最高の裁判官の地位にとどまっていた。樫の木の下で裁判を行なった聖王ルイが、その地位を何よりも象徴している。またそこに、教会の諸裁判が加わる。教会裁判は、霊的分野だけにとどまらず、十字軍兵士や、未亡人や、孤児にまで、また結婚*のような法行為や、誓約や、姦通にまでその対象を広げていく。またさらに、異端者を裁く特別法廷もそこに加わる。

領主裁判の権限は、往々にしてかなり漠然としたものにとどまっていた。その管区は判然とせず（裁判権の空間的境界は必ずしもはっきりと定められてはいなかった）、とりあつかわれる事件の性格に関しても、事件がその管轄下にあるのかどうかに関しても、曖昧なままであった。原則としては、領主権の象徴であり、もっとも重大な事件（殺人、放火、誘拐、反逆、偽金作り）をあつかう上級裁判権と、二次的な軽い罪をあつかう下級裁判権は区別される。軽い犯罪は件数が多いため、中間的な裁判も設立され、それが他の二つを浸食することになる。上級裁判権が明確に定義されるのは十二世紀からである。すべての軽罪は、それまであらゆる裁判権を掌握していた領主のもとから、また何人かの裁判権所有者のもとから解放される。ときには、特許状により、都市や農村共同体に、下級裁判権や中級裁判権が付与されている例もみられる。

法廷の構成は、領主の意向しだいであったり、地域の慣習によって統制されていたりする。裁かれる事件の重大性の如何によっては、《封建》裁判が開かれる。そこでは領主が、家臣たちに、ついで領主の官吏たちに、さらにその補佐役たちにとりまかれていたり、また、領主の《廷臣たち》にとりまかれていたりする。実際には、彼ら代官《プレヴォ》や家令《メール》や執達吏《セルジャン》が、富農や商人や職人たちに補佐されながら、また村落の集会に補佐されながら、農民たちを裁いたのである。領主は、自分では判決を下さない場合が多い。法廷で刑に処せられることがもっとも多いケースは、譲渡税の未払、賦課租の滞納、開墾の放棄である。こうした《罪》の観念は、地方によってもさまざまであった。

訴訟の手続きは、検察官も弁護士もいないので、たいへん簡単である。事件の立証は、真実を語ることを誓った証人の証言によってなされる。証拠として書き物が利用されることはまれである。法廷が一つの意見をまとめるにいたらなければ、神明審判《オルダリー》（煮えたぎった熱湯や、灼熱した鉄や、決闘による検証）に訴えることもある。この神明審判という不合理な手段は、フランスでは十二世紀なかばまで、ドイツではそれをすぎても使用されつづけたのである。仇討ち《ヴァンデッタ》は、貴族社会では頻繁に行なわれたが、農民社会ではまれであった。農民たちのあいだでは、教会の影響力のもと、仲裁裁判や和解に頼る方が好まれた。和解は、往々にして示談と化し、そして酒壺へと化けた。

宣告された罰は、必ずしも犯された罪に釣り合うものではなかった。しかし釣り合っているいないにかかわらず、罰金や、体罰や、金銭的賠償によって、またときには、投獄や、絞首台、さらし台によって、その罪は表現されることになった。こうした台は、それぞれよく人目につくよう、市の立つ広場や都市の出口、城館の近くなどに設置されていた。裁判権の細分化はいつまでもつづき、その一方で、抑圧的な裁判が、妥協的な裁判や仲裁的な裁判を押しのけて発展したのである。

参考文献
Robert Boutruche, *Seigneurie et féodalité*, tom. 2, Aubier, Paris, 1970.
Bernard Guenée, *Tribunaux et gens de justice dans le baillage de Senlis à la fin du Moyen Age*, Strasbourg Univ. Presse, Strasbourg, 1963.
Jacques Chiffoleau, *Les Justices du pape, Délinquance et criminalité dans la région d'Avignon au XIVe siècle*, Pub. de la Sorbonne, Paris, 1984.
⇨**〔行政〕〔国王〕〔ルイ九世〕〔排除された人々〕〔拷問〕〔古文書〕〔農民〕〔パン〕〔教会〕**

作物　Plantes cultivées

中世の作物の大半は、中世の家畜ともども、古代ローマの昔からすでに知られていた。その中心をなしていたのは、穀類の小麦と大麦、豆類のエンドウ豆とレンズ豆、そして繊維素材の亜麻であった。そうした作物にいつもつきものの動物たち、牛、馬、ロバ、羊、ヤギ、豚なども、その起源は新石器時代にさかのぼる。

炭水化物の形でエネルギーの大部分を供給する穀類は、なかでも格段に重要なグループを形成している。穀類は、まず何より煮込みの形で消費され、直火で焼いた食物は姿を消す傾向にある。しかし、鉄板の上で焼いたガレット(1)や、ふくらませてかまどで焼いたパンの消費は伸びていく。とはいえ小麦は、たいていの場合、もっとも生活の楽な階層のための食料であった。他方、ビールを醸造するために、穀類に水を加えてかき混ぜることも行なわれていた。

厳密にいえば、小麦は(2)、裸麦（パン用の軟質小麦やイギリス小麦、セモリナ用の硬質小麦）と殻麦（粒のままでのスペルト小麦とエンマ小麦）に大別されていた。そして、その各々の比率は、場所により様々に異なっていた。ライ麦のパンは保存がよくきいた。この麦は、小麦のできがあまりよくない多くの地方において、パンにすることのできる最良の穀類であった。

大麦はたいへん普及しており、その生産高もしばしば小麦を上まわっている。この麦は、煮込みとして、またパンとして食され、ビールの醸造にも用いられる。燕麦はどうかといえば、ライ麦と同じく太古の時代には雑草とされていたこの麦が、重くて湿った土壌の新しく開墾された土地では、重要な地位をしめることになる。燕麦は、人間の食料としても利用されたが、また馬の餌ともなった。メテイユと呼ばれる穀類の混合栽培も行なわれていた。

ソバは、アジア原産であるが、その伝播はムーア人の功績に帰される。この穀物は、十五世紀まではあまり普及しないが、その後はたいへんな人気を集めるようになる。逆に、以前たいへん重要であったキビは、姿を消す傾向にある。

そのほかに、熱帯地方原産の、とくにインド原産でありながら、おそらくアラブ人の侵入に媒介されて地中海沿岸周辺に広まったのであろう作物もある。たとえば、米や砂糖キビがそうである。米は、十三世紀に南イタリアやハンガリー平原に浸透する。砂糖キビは、十三世紀にシチリア島、十四世紀にプロヴァンス地方、十五世紀にスペイン、カナリア諸島、マデイラ島に姿をあらわす。とはいえ、こうした作物の栽培はあまり普及していない。

蛋白質に富んだ豆類のエンドウ豆やレンズ豆は、三年周期で春まきの穀類と一緒に栽培されたり、菜園のなかで栽培されたりしている。脂質としては、クリーム、バター、脂肉、ラードなどの畜産物もある。しかし脂質は、ことに各種の油科植物から採取される。なかでも一番重要なのは、地中海沿岸周辺におけるオリーブである。とはいえ菜種やケシ、亜麻なども欠かすことはできない。これらの植物が食用油や照明用の油を供給する。十二世紀以降、こうした油についての言及が増加する。そしてそのことは、水車の増加にも関連していると思われる。

羊毛以外の繊維素材は、亜麻と大麻の二つの植物から採取される。それらは、輪作の周期の外側におかれている。

パンと一緒に食される補助的な作物（パンのおかず《コンパクティナム》）に関していえば、それらは、家の近くに設けられた庭園、《菜園《オルタージュ》》、小庭、果樹園で栽培される。こうした菜園には輪作地よりも入念に肥料が施され、ときには灌漑も施されている。とくに南フランスではそうである。そこでは、カブ、タマネギ、キャベツ、空豆、ポロネギ、アメリカボウフウ、ニンニクなどが栽培され、そのあとさらにホウレン草、レタスが加わる。

果樹は、庭園のなかに散らばっている場合もあれば、果樹園のなかに集められている場合もある。なかでもリンゴの木と洋ナシの木は、シードル、ポワレといったアルコール飲料の製造に寄与する。栗の木については別途に言及する必要がある。貧しい地方では、この木は何より採集用樹木として守り育てられる。そこでは、この木が穀類の代替物だったのである（コルシカ島、リムーザン地方など）。

最後にブドウの木とワインであるが、小麦とともに、キリスト教世界のシンボルであるこの木は、広く普及し、増加していく。王侯のものであれ、領主のものであれ、ブドウ栽培は、都市の周辺に、そして農村に広がっていく（ロベール・フォシエ）。ブドウの木は、それだけ別個に栽培されることもあれば、他の果樹や野菜に混じって栽培されることもあるが、ブドウが実る場所はどこも、複雑で多角的な栽培と、牧畜のシステムをあわせもつ傾向がある。このシステムは、それぞれの場所において、欠かすことのできない要求を満たすために組み上げられるのである。

しかしながら、海港の周辺や、航行可能な長い河川の流域では、いくらか特殊化された状況もあらわれる。コリウールやオーセールなどの地方では、十三世紀末から、ブドウの木の単一栽培が、穀物を駆逐してしまったのである。

（1）穀物の粉に、バターや卵などを加えて焼き上げた、丸くて平くて固いケーキかビスケットのような食べもの。
（2）硬質小麦の粗びき粉のことで、主としてパスタ類に用いる。
（3）八世紀以降イベリア半島に侵入し、定住してその支配者となった、北アフリカやオリエントの出身のイスラム教徒たちのこと。

参考文献

Robert Fossier, *Enfance de l'Europe*, Nouvelle Clio, P.U.F., Paris, 1982.
Bertrand Gille, *Les origines de la civilisation techinique*, tom.1, P.U.F., Paris, 1962.
Roger Dion, *Histoire de la vigne et du vin en France: des origines au XIXe siècle*, Flammarion, Paris, 1959.

⇩〔農業〕

三身分　Les trois ordres

一七八九年、三部会[1]の場に招集された国王の臣民たちの代表は、三つの身分にわけられていた。社会をこのように区分することは、中世にはじまった。しかしながらこの区分は、最初のうちは≪幻想の≫産物、封建社会の≪空想的な《イマジネール》≫光景でしかなかった。そのことは、ジョルジュ・デュビィが、この神話の誕生に貢献した本のなかで、書き残された証言をもとに、とくに聖職者たちの証言をもとに論証している。

この≪三職能《トウリファオンクシオネル》≫モデルは、ジョルジュ・デュメジルが主張しているように、インド・ヨーロッパ系の人々の原始的な社会機構のモデルを受け継いだものかもしれないが、ただちにそれが受け入れられたわけではない。段階的に押しつけられていくのである。このモデルは、一〇二〇年代から一〇三〇年代にかけて、ランのアダルベロンやカンブレのジェラール(2)によって定式化されたと思われる。この二人は司教であり、フランク貴族の有力な一族の出身であった。

　ところで、彼らが夢見た社会秩序とはどのようなものであろう。それは、まったく不平等なモデルからなっている。それは、宇宙の秩序に調和し、国王によって維持されるはずのものである。その国王は、聖別された人物であり、司祭であると同時に戦士であり、唯一の平和の保証者でもある。祈る人々と戦う人々が身をおくのは国王の側であり、彼らが、大勢の働く人々を支配することになっているのである。

　こうした図式が十一世紀初頭に出現するとしても、それはけっして偶然ではない。その時期は、根本的な変動の時代と一致している。この時代、かの二人の司教たちが代表する社会階級の諸特権は、重大な危機に直面することになる。すなわち、《封建革命》を経験するのである。国王はもはやそれほど強力ではない。それ以降権力は、城砦*に居をかまえ、戦士たちに支援された、領主たちのものとなる。そして、領主制*という新しい枠組みのなかで、自由身分の労働者たちや奴隷たちをとりまく状況は改善されていく。

　またジョルジュ・デュビィは、このモデルが、長いあいだ姿をみせなくなること、約一世紀半にわたって教会の著作に登場しないことを確認している。なぜなら、教会自体が、修道院制度によって獲得された威光に帰すべき、根本的変動を経験するからである。この神話は、一二〇〇年代になってやっと再登場するが、今度は君主制によって回復され、再活性化された一つのイデオロギーに姿を変える。君主制は、それが国王に三身分の調停者としての役割を用意していることから、そこに大変便利なモデルを見いだすのである。

　また、とくに注意しなければならないのは、このモデルが社会全体を視野に入れたものではなく、いくつかの階層はそこから除外されていることである。事実、第三の身分は、働く人々のなかの上流階層、すなわちブルジョワ*たちしか含んでいない。彼らは、商業が発達するにともない、十三世紀にはますます重要な存在になっていく。その一方で、貨幣は、騎士身分の生活様式を損なうようになる。都市と農村の労働者たちは、この三つにわかれた社会機構から、完全に排除されているのである。

　このことこそ、三身分が《空想的な》社会モデルであることの証明である。しかし三身分は、最初からずっとやむことのなかった抗議運動を念入りに排除しながら、一七八九年まで生きのびていく。この抵抗運動は、十二世紀にノルマンディーでおきた《頭巾被りたち《キャプショネ》》の反領主的大暴動、(3) コミューン*運動、そして金儲け本位になった経済と社会に立ち向かった清貧運動など、一連の抵抗運動全体をつうじて展開されていったのである。

(1) フランスの身分制議会で、一三〇二年、国王フィリップ四世が、聖職者、貴族、都市の代表をパリに招集したのがはじまりであり、その後も断続的に招集された。

(2) Gérard de Cambrai(?-1048)はアダルベロンと同時代に活躍したカンブレの司教。皇帝とフランス国王の権力闘争のはざまにあって、教会権力を擁護するため三職能論を説いた。

(3) 聖母の命を受けたと主張するある大工が山賊を一掃するために《平和の十字軍》を形成したが、その活動はやがて万人の平等を唱える貧民たちの革命暴動に変貌し、結局は鎮圧された。

参考文献

Georges Duby, *Les trois ordres ou l'imaginaire du féodalisme*, Gallimard, Paris, 1973.

⇩〔**社会階級**〕

死　Mort

死は中世人にとりついた壮大な強迫観念の一つであった、と一般的には考えられている。しかし、人生の終末が一つの恐怖となったのは、中世も末期、十四世紀なかごろになってからである。そして、死と向かい合う態度も、たえず変化したのである。

死という現象に迫ることはけっして容易ではない。この現象は、まったく異なる二つの領域に、すなわち人口《デモグラフィ》と心性《マンタリテ》にかかわりをもっている。しかも心性は、人口に影響をあたえずにはおかないのである。

死を前にしての態度に捧げられた諸研究の内容は、かなりバラエティーに富んでいる。なぜなら、この現象そのものが変化に富んでいて、その輪郭を定めにくいからであり、また、史料も多岐にわたっているからである。数量化できる史料(ごくわずかである)、個人的史料(遺言書)、宗教的史料(教会への寄進は、死を前にしての態度をよく示している)、典礼に関する史料、考古学的史料(墓地、墓碑、地下墓地)、文学的史料、図像学的史料などが、そこで用い

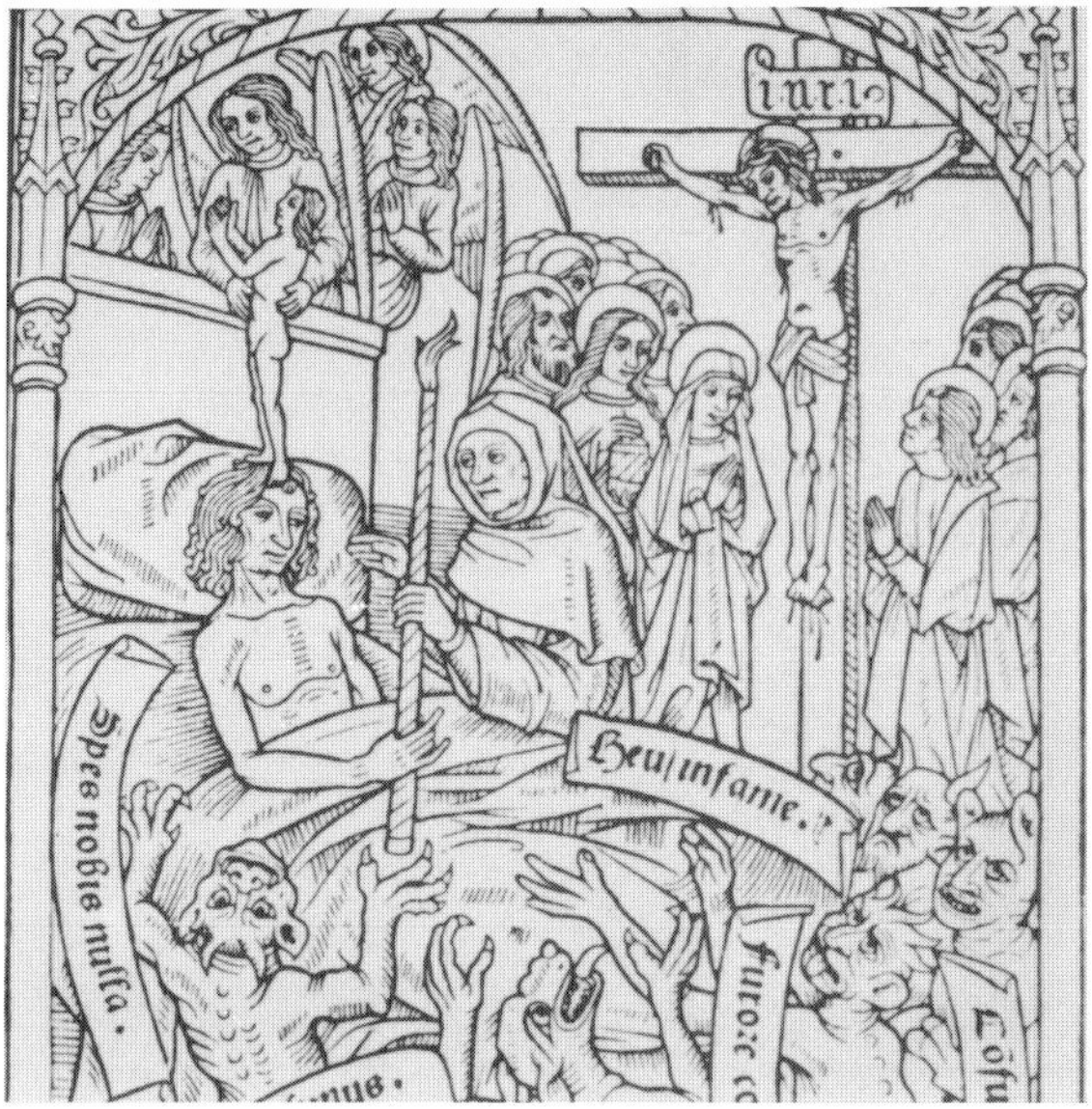

『往生術』の一つであるヴェラール版『善生善死術』の木版挿絵に描かれた、天国に召される死者の魂の図。

られるのである。

　かつてフィリップ・アリエスは、死を前にした人間の態度の変遷を明らかにすることを試みた。彼の考察は、中世全般はもとより、その後の時代にまで及んでいる。彼の意見によれば、十二世紀まで、人々は《飼いならされた死》とともに生きている。墓地は公共の場であり、人々はそこで集い、出会い、見せ物（ジョングルールたち）を楽しむ。一二三一年のルーアン教会会議や、一四〇五年のもう一つの教会会議は、墓地で踊ることを禁じなければならなかったほどである。うまく埋められていなかったり、まるで埋められていなかったりした死者の骨が散乱していても、それが恐怖心をかき立てることはない。生者と死者は《同居》しているのであり、説話の世界と変わりない。死は、日頃なれ親しんでいるものだったのである。村人たちが高い小児死亡率のもたらす印象をくりかえし語るとき、死はさらになじみ深いものとなる（モンタイユー*）。

　十二世紀以降、非常にさまざまな分野に、一つの転換が確実に刻まれる。フィリップ・アリエスによれば、人々は《己れの死》を発見したのである。死は、徐々に個人的な問題となる。そして神学者が煉獄*を認知してからは、何とか地獄を避け、悪くても煉獄に入れるよう、己れの死に備えることが必要となる。中世末期、説教家が突然おとずれる死の強迫観念を信者におしつけ、信者は死に対する考えうるかぎりの避難場所を探そうとする（フランシス・ラップ）のは、そのためである。十五世紀には数種の『往生術《アルス・モリエンディ》』の本が普及する。この手引書は、やがて臨終をむかえるであろう人を手助けするために書かれる。人々は死に備えるのである。それは社会的であるよりも、個人的に内面化された態度である。しかし、このときすでにダンテは、死を、いまわしい瞬間であったり、おぞましい将来であるよりも、存在の消滅であるとした。

十四世紀なかばから、死への恐怖、死への嫌悪は、現実に存在していたのであろうか。その存在を信じさせてくれるのが、病的な表現の増加、なかでも死の舞踏《ダンス・マカブル》を描く絵画の増加である。一四八五年のこの舞踏の図は、パリの商人ギュイヨのもとで出版されている。これが、『死の舞踏』のはじめての印刷された模写である。そこでは、着衣や裸体の死者たちが、たいていは生者たちとペアになって、彼らをつれ去る。フランス語の作品には、≪一番太ったやつが一番はじめに腐る≫というその宣告からして、一種平等主義的な復讐を顕示する絵がおさめられている。

一三四八年のペスト*の大流行と、十四世紀のたびかさなる飢饉は、膨大な数の死者を出すことで、この時代の人々の心理に大きな衝撃をあたえたに違いない。それでもフィリップ・アリエスは、≪死骸趣味《マカブル》に関心をいだく歴史家の解釈≫に逆らって、≪死骸趣味の最盛期においても、人々が死を恐れる度合は以前と少しも変わらなかった≫と考えつづける。人々は、それまで以上に、死は人生全体の総決算であると考えるようになっただけであり、それ以降他界への門出にあたって、≪物質的な、また霊的な己れの富のすべてを用いて≫自分の人生の決算書を作成するようになる、とするのである。また、死の舞踏はあの世での歓喜であり、死ではなく新しい状態に入ることなのである、とする別の解釈もある。

参考文献

Philippe Ariès,*Essais sur l'histoire de la mort en Occident du Moyen Age à nos jours*,Seuil,Paris,1975.伊藤晃、成瀬駒男訳『死と歴史』みすず書房、一九八三年。
Le sentiment de la mort au Moyen Age,France-Amérique, Montréal,1979.(Article Francis Rapp)
Emmanuel Le Roy Ladurie, *Montaillou,village occitan*, Gallimard,Paris,1982.井上幸治他訳『モンタイユー（上）』刀水書房、一九九〇年。
Michel Vovelle,*La mort et l'Occident de 1300 à nos jours*, Gallimard,Paris,1983.邦訳近刊『死と西欧』瓜生洋一訳、藤原書店。
* Philippe Ariès,*Images de l'homme devant la mort*,seuil, paris,1983.福井憲彦訳『図説　死の文化史』日本エディタースクール出版部、一九九〇年。

シトー（シトー会士）　Cîteaux(Cisterciens)

十一世紀はクリュニー*の世紀であったが、十二世紀はシトーの世紀であった。シトーは、一〇九八年に一人のベネディクト派修道士によって創立されたが、それが発展し、実際に新しい修道会になるのは、聖ベルナールの献身によってである。彼は一一一二年にシトーに到着し、一一一五年にはクレルヴォーの大修道院長になっている。十二世紀末、この修道会に属す大修道院は五二五をかぞえ、そのいくつかは、膨大な人員をかかえていた（クレルヴォーには三〇〇人の修道士と四〇〇人の助修士がいた）。十三世紀の末には、その数は七〇〇にも達した。

　シトー会では、ほとんどすべてのことがクリュニーに対する反動として意図され、着想された。《愛の憲章《カリタ・カリタティス》》と呼ばれるこの修道会の会憲を起草したのは、聖ベルナールではないが（それは前任者のエティエンヌ・ハーディング(1)によって作られた）、一一三年から一一二五年にかけて『ギヨームに宛てた護教論(2)』を書き、そのなかでクリュニー修道会に猛烈な非難を浴びせたのは、彼であった。

　この修道会の組織は、クリュニーのそれとは正反対である。クリュニーの組織は非常に中央集権的であり、すべては母修道院から発していた。シトーは一種の連邦主義をとり、各々の修道院は独立していて、各大修道院長はそこの修道士たちによって選挙された。しかし、中央集権機関である修道会総会が年に一度シトーで開催され、その団結が確認された。

ディジョン国立美術館所蔵の15世紀に彫られた聖ベルナールの立像。

　清貧が、さらには禁欲主義が、この修道会の戒律となった。そこには、日に一個の半キロの黒パン、味のついていない野菜少々、寝床用の麦藁一袋、粗末なウールのチュニック（円筒型の上着）の衣一枚などが定められていた。聖ベルナールは、クリュニーの料理人の技術や、その料理法を皮肉って、《卵をかき混ぜて、またかき混ぜて、薄く延ばして、固めて、詰めものをして、油で揚げる》と語り、またワインについては、むしろ《飲まれるより味わわれている》と語っている。

　無為な時間は断罪される。その点では領主の生活様式とかわらない。そのため、肉体労働（畑の耕作や家畜の飼育）の名誉は回復される。《労働に対する十分の一税、土地の貢租*、カマドや水車*の使用強制《バナリテ》、われわれの修道士資格と修道会規約は、われわれの同胞に対し、これらを課することを禁じる≫(愛の憲章)。シトー会士たちは、一つの経済的な勢力となったのである。

彼らは、言われているほどには開墾を行なっていないが、牧畜には熱心にとりくんだ。イギリスのシトー会士たちは羊毛の生産にはげみ、そのため外国との交易も可能になった。各≪グランジュ≫[3]は、農場の中心であると同時に、それ自体が独立した存在であり、これを単位として、領地(修道会所有の耕地、森、放牧地)が組織されていた。一つの広さは、二〇〇〜三〇〇ヘクタールであった。こうした農場は、たいていの場合無償の肉体労働によって、つまり、助修士たちによって経営された。彼らは、この共同体における下級階層であり、農民たちの子息のあいだから募集された。それに対し、他の人々は上級階層を構成しており、貴族階級の一族の出身であった。修道士たちは、まことに巧妙に、その領地をとりしきったのである。

シトー会の芸術は、その清貧の理想の象徴であり、虚飾を排除する。聖ベルナールは、クリュニーの芸術の豪奢を、またその装飾を断罪した。シトー会の教会は、簡素で、飾り気がなく、禁欲的である。シトーは、その建築群の構想においても、それらを結びつけるつながりの着想においても、聖ベネディクトゥス会則の延長線上に位置している。

聖ベルナールをつうじて、シトー会は、キリスト教世界全体に多大な影響を及ぼした。彼は、肉体と霊性の完全な謙遜を主張する偉大な神秘主義者であり、その時代に積極的にかかわった行動の人でもあった。たとえば、都市の学校の学生たちを批判し、異端者たちを非難し、一一四五年には、ヴェズレーで第二回十字軍を勧奨している。

しかしながら、こうしたシトー会の理想も、その経済的事業の成功に対しては抵抗を示さない。その修道士たちは、ますます需要の高まるさまざまな産物(羊毛、皮革、毛皮)を提供し、市場でたいへん高い評価を獲得することで、稼ぎに没頭する商売人になっていく。多くの大修道院が、困窮する農民たちから土地を買いたし、ついには、おかかえの小作人や農奴の労働に頼って生活するまでになる。それは、かつて彼らが断罪してやまなかったことであった。そのうえ修道会の会員のうちの多くが、教区つきの聖職者へと転出していき、司教となる。さらには教皇(エウゲニウス三世)にさえなる。聖ベルナールが歿する一一五三年には、すでに、この修道会に対する非難の声は高まっていたのである。

(1) Etienne Harding (v.1059-1134) はイギリス出身のベネディクト派修道士で、各地を放浪したのち、シトー修道院の創立に参加した。やがて第三代の修道院長となり、『愛の憲章』を起草し、修道会の組織化に尽力した。

(2) 聖ベルナールが、一一二七年ころ、友人であったギヨーム・ド・サン＝ティエリに宛てて書いた著作。そのなかで彼は、クリュニーのロマネスク的彫刻装飾をきびしく非難している。

(3) もともとは穀物庫を意味したが、しだいにその建物を中心とした農場や領地全体を指す言葉となった。

参考文献

Georges Duby, *Saint Bernard:L'Art cistercien*, Flammarion, Paris,1976.

＊ Wolfgang Braunfels,*Abendländische Klosterbaukunst*,Köln, 1969,渡辺鴻訳『西ヨーロッパの修道院建築』鹿島出版会、一九七四年。

⇩〔クリュニー〕

社会階級 Classes sociales

社会階級の概念がはっきり姿をあらわすのは、中世もかなりあとの時代になってからである。十世紀には、この概念を問題にすることはできない。現実にはその逆なのである。十一世紀前半、支配階級をおびやかす危険（とくに農民反乱）をまえにして、祈る人々、戦う人々、働く人々の三つの身分からなる社会の図式が登場する。ランのアダルベロンによって描き出された図式である。ジョルジュ・デュビィが論証しているように、この区分は一つの武器である。この武器によって、当時の社会の上級階層は、自分たちをおびやかす危険から身を守ろうとする。しかしこの区分は、すぐには世に受け入れられない。

三身分*のイメージは、騎士フィリップ・ド・ボーマノワールのヴィジョンによって、あらたな展開をみた。彼は、一二八〇年ころ編纂した『ボーヴェージ慣習法』のなかで、社会に新しい定義をあたえている。彼の描くイメージが依然として階層化されたものであるのは当然としても、その区分基準は、ランのアダルベロンとは異なっている。聖職者が消えているのである。フィリップ・ド・ボーマノワールが描いているのは俗人社会だけである。その理由は、彼ら二人の出自の違いからも説明できるであろうが、社会全体の発展からも、たぶん説明できるであろう。このフランス国王の大法官《バイイ》にとっては、《俗世の人々のあいだ》には三つの身分が存在している。その第一の身分は高貴な人々（貴族）であり、第二の身分は自由な人々であり、第三の身分は農奴たちである。

とはいえ、それぞれの身分の内部に格差が存在しなかったわけではない。この分類法の新しさは何かといえば、聖職者の不在に加え、フィリップ・ド・ボーマノワールが《共通の利益》をあたえようとした、一種の《中産》階級である自由人の階級と、《隷属》状態におかれていた農民階級を区別したことである。たとえ彼が、隷属状態にもいろいろあることを明言していてもである。この分類法では、アダルベロンの分類法と同じく、当時の社会のイデオロギー的ヴィジョンが重視されている。けれどもそこには、同一の法的身分を規定された動的集団、という意味での社会階級の概念も姿を見せはじめている。

一般的にみれば、当時の人々は、服装や慣習、話し方や金の使い方などの外面的な指標にもとづいて、これらの階級を非常におおざっぱに規定していたにすぎない。しかし歴史家は、各階級の経済的、政治的な影響力をつうじ、その輪郭を描くことができる。各階級の内部構造が複雑であることは、しばしば確認されている。

支配階級には、貴族と聖職者の両方が含まれる。彼らはその権力を、バン権力や経済力をつうじて最下層民に行使する。支配階級は土地と軍事力を所有し、その軍事力に支えられて、農民の生産物から収奪を行なうのである。十二世紀なかばからは、その生活様式や《階級意識》が、彼らと農民たちを決定的に引きはなすことになる。

農民階級は、数と労働力の点からみれば、もっとも重要である。彼らは、経済活動の画一さ、生活水準の低さ、家族行動の弱さなどの共通点をもっている。そのことが、経済の発展によってしだいに際立ってくるこの階級の細分化を、覆い隠すのである。

最後に都市の諸階級であるが、これは非常に複雑な構成になっている。なぜなら都市は、《田舎の産物》であり、周辺地域からさまざまな人々を吸い寄せていたからである。また都市が発展するにつれ、つねに競争し、ときに対立する新しい社会階層がそこに生まれたからである。田舎から移り住んだ昔からの貴族たちや、新しい貴族たちは、職人、商人各層、知識人、法律家、労働者などと《同居》していたのである。

都市の諸階級は、都市内部でのはげしい抗争を経験した。封建制の歴史は、氏族《クラン》間の争いに満ちている。都市の内部でも、個人によるものであれ、党派を率いてのものであれ、ブルジョワジーの一族の長くて血みどろの闘争がくりひろげられる。とくにイタリアではそうである（フィレンツェの二家族の闘争から派生した教皇派《ゲルフ》と皇帝派《ギベリン》の抗争）[1]。逆にそのせいで、同じ社会階層に属すメンバーを結びつけるはずであった連帯意識をこえて、異なる階級に属す貧民たちのあいだにも、連帯意識が作用しえたのである。

　聖職者たちが農民たちや貧しい都市住民たちと連帯したり、リエージュの都市貴族《パトリシア》*たちが彼ら自身の社会階級のなかでの闘争に貧民たちを動員したのは、そのためである。

　経済の発展は、ある特定の人々だけを上昇させることで、ときに社会階級の内部に格差や分裂を生じさせ、またしばしばその状況を激化させた。貴族階級《アリストクラシー》*の内部には、十三世紀から分裂が生じる。生活水準を維持するのに必要なもろもろの経費の増大によって、下級貴族は破産することもあった（マコン地方では、一二三〇年以降、貧しい貴族が一片ずつ相続地を売却している）のである。

　この貧困化は、他方で、有力貴族やブルジョワジーの結束を固めさせる。貴族たちは、その軍事力や政治力や経済力がおびやかされるにつれ、自分たちの身を守るため、貴族階級を閉鎖的なものに変えていく方向に動く。十三世紀末以降、とくに十四世紀、軍人貴族や農村貴族たちを苦しめた経済的危機と社会的危機は、封建制そのものを危機に落とし入れていく。

　経済の発展は、農民階層内部での格差をも拡大する。農民のなかには生活状態が悪化する（賦役や借金の増加）者もいれば、生活状態が改善され、余裕のある農民へ、さらには裕福な農民へと変身する者もいる。

　それでも十四世紀初頭までは、相異なる階層間での流動性が、まだ現実に存在している。裕福なブルジョワ*の貴族身分*への加入が、そのことを証明している。そして国王は、爵位を授ける権利を簒奪しはじめている。他方、この世紀の末には、地方によって早い遅いの差はあるものの、貴族身分と都市貴族が殻のなかに閉じこもりはじめる。

　中世社会は、その社会のために設定した枠組みの外に、同じ社会の多数の成員を排除している。その排除は、教会の影響によって、また経済的危機の影響によって実施される。ユダヤ人*、異端者*、異邦人（ロンバルディア人*）は、いち早くその対象となった。癩病患者や身体障害者、また貧者たちもその対象となった。しかし、貧者に対する態度はよりあいまいであった。貧者たちは、貧困は悪徳と同義でしかないとして排斥されることもあれば、彼らへの施しがよきキリスト教徒には欠くことのできない備えであったため、《おもねられたり》もしたのである。

　十四世紀の危機は、社会の諸階級の内部に断層を生じさせ、大量の落伍者を生みだす。破産した農民たちや都市の失業者たちは、エリートを困惑させ、またときには農村や都市を混乱に落とし入れる。

　結局のところ、詩人ヴェルナー・デア・ゲルテナーラ(2)によって語られる物語がよく示しているように、この社会のなかで《上昇する》のは容易なことではなかった。この物語のなかでは、ある農民が、領主のような生活をしたくて父親のもとを去りたがり、結局は木に吊り下げられてしまう。この農民と同じ程度の弱い意志しかもたない人々は、同じ目にあうであろうことを警告しているのである。社会的上昇の欲求は、十三世紀の精神のなかでは排除されざるをえないのである。

（1） 一二一五年にブオンデルモンティ家とドナーティ家のあいだに発生した紛争を契機とみる考えもあれば、十三世紀なかばにフリードリヒ二世治下のフィレンツェで発生した二つの党派の争いに起源をみる考えもある。いずれにせよこの教皇派、皇帝派という色わけはやがて、他のコムーネ内の党派争いにも波及していく。

（2） Werner der Gaertenaere は十三世紀後半のバイエルンの詩人で、有名な田園詩『マイアー・ヘルムブレヒト』の作者である。

参考文献

Georges Duby, *Les trois ordres ou l'imaginaire du féodalisme*, Gallimard, Paris, 1978.

Robert Fossier, *Histoire sociale de l'Occident médiéval*, Collection U, A.Colin, Paris, 1970.

Jacques Le Goff, *La civilisation de l'Occident médiéval*, Arthaud, Paris, 1977-1984.

Jacques Le Goff, *L'Apogée de la chrétienté*, Bordas, Paris, 1982.

⇩〔貴族階級〕〔バン〕〔ブルジョワ〕〔危機〕〔聖職者〕〔排除された人々〕〔貴族身分〕〔三身分〕

ジャックリーの乱　Jacquerie

《というのも、村人たちが、だれに導かれるともなくあちこちに集まったからである。この人々は、王国を辱めたり傷つけたりしているのは高貴な騎士や従者であり、その彼らが打倒されるのは当然の報いであると言いはなつ。だれに導かれるともなく集まったこの人々は、すべてを焼き、すべてを荒らし、貴族や貴族夫人やその子供を殺し、婦人や乙女を犯したのである。》これは、年代記作家ジャン・ル・ベル[1]が報告している、一三五八年の五月末から六月はじめにかけてイル・ド・フランスを襲った非常にはげしい一揆のようすで、ミシェル・モラによって引用されているものである。それはあまりに唐突で、深刻で、広範で（モンモランシィ・ロンジュモー間、ピカルディ、シャンパーニュ、ノルマンディの諸地方にかけて）あり、当時の人々に、長く記憶に刻まれる強い衝撃をあたえた。ジャックリーの名は、ジャン・ル・ベルが反乱の首謀者の名前（ギョ

パリにおける《ジャックたち》の末路を描くフロワッサールの『年代記』の挿絵。

ーム・カルルであり、ジャック・ボノムではなかった）について犯した誤りからきているが、やがては反乱をおこす農民たちの呼び名として用いられることが多くなる。けれども中世末期の数々の農民一揆は、往々にして、それぞれ独自の性格をもっていた。

この反乱は農民たちだけのものではない。農民たちから選ばれた最高指導者は五〇〇〇名を越える村人たちを糾合し、いくつかの農民たちの群れの動きを調整し、パリ代官エティエンヌ・マルセル[2]の一味とも手を結んだのである。この蜂起は、何よりもまず貴族に対するものであった。《ジャックたち》は、証文の破棄に執念を燃やしたのである。

しかしながら、この活動の原因を特定することは容易ではない。たとえ全般的な状況が、すなわち混乱の再発が、公的権力への痛烈な打撃が、とくに一三五六年にポワティエで打ち負かされた騎士たちの権威失墜が、ペストに結びついた精神的ショックが、こうした動きを助長したであろうともである。とはいえギー・フルカンによれば、立ち上がったのがもっとも貧しい一派ではなかったことからして、貧困からの覚醒によってこの蜂起を説明することはできないようである。いずれにせよ、一三五八年のジャックリーの乱もまた、中世末期のヨーロッパ各地に衝撃をあたえた諸反乱《全体》の一環をなしているのである。

（1） Jean Le Bel(v.1290-1370)はリエージュの司教座聖堂参事会員で年代記作家。いきいきとした筆致で『真の年代記』を著した。

（2） Etienne Marcel(v.1315-1358)はパリ代官で、三部会の指導者。王太子シャルルが徴税制限を定めた勅令を施行しなかったため、一三五八年、将軍二人を殺害して反乱をおこしたが、反対派によって殺害された。

参考文献

Michel Mollat et Philippe Wolf, *Ongle Bleus, Jacques et Ciompi: Les révolutions populaire en Europe aux XIVᵉ et XVᵉ siècles*, Calmann-Lévy, Paris, 1970.

Podney Hilton, *Les mouvements paysans du Moyen Age*, Flammarion, Paris, 1979.

Marie-Thérèse de Medeiros, *Jacques et chroniqueurs*, Champion, Paris, 1980.

Michel Mollat, *Genèse de la France moderne*, Arthaud, Paris, 1977.

⇩〔千年至福説〕〔租税〕

ジャンヌ・ダルク　Jeanne d'Arc

ジャンヌ・ダルクは、たぶん稀にしかあらわれることのないであろう非常に特異な女性であり、彼女の国はもとより（後日、彼女は右派や極右派の政策にとり込まれてしまったにもかかわらず、左派からも評価されている）外国においても、だれからも支持されるヒロインである。したがって、当時の女性の地位の典型を彼女に見いだそうとするのは論外であり、むしろその人物像の輪郭を描きだし、その特異な運命を理解するよう努めるべきであろう。

われわれの手元には、とにかく限られた史料しかない。その主要な部分は、ジャンヌ・ダルクの弾劾裁判の報告書の記載と、それから二五年後に開かれた彼女の名誉回復裁判の記録である。難点は、これらの資料が、事件から四〇〇年もあとに出版されたことである。弾劾裁判についていえば、それ自体が誤謬と不正と欺瞞に満ちている。残っている直接の資料は、五通のジャンヌの手紙だけなのである。

彼女の生まれたドンレミ村の人々や、彼女の家族から集められた証言に登場するジャンヌは、毛糸を紡ぎ、ときに犂を操り、羊の番をする、ありふれた若い娘にすぎない。裁判においては、彼女は生来のすぐれた資質をあらわす。聡明さ、鋭敏さ、ユーモア、それらすべてが尋問者たちをひどくいらだたせた。しかしまた、激しい感情の起伏をももちあわせている。彼女は簡単に笑い、そして泣く。戦闘においては、彼女は甲冑を身につけた、勇敢で力強い、しかし慎重でもある女性として登場する。彼女は、自分が正義の戦いを展開していることを知っているのである。

こうしたことのなかに、つぎのことを説明してくれるものは何もない。すなわち、十八歳のありふれた若い娘が、イギリスに占領されていた王国の一部を解放するために軍隊を指揮する力を、どのようにして手に入れることができたのか。天上からの声の命令にしたがって行動していると強弁しながらも、どうして彼女は王太子や兵士たちから信頼され、また王国の世論の支持を獲得したのか。たしかに、ジャンヌ・ダルクは神秘的存在である。彼女はたいへん敬虔であり、しばしば告解を行なっている。

歴史家のなかには、彼女を、シャルル六世の弟、ルイ・

ランス大聖堂に置かれたジャンヌ・ダルクの像。彼女の尽力により、ここで王太子シャルルの戴冠式が挙行された。

ドルレアン[1]の不義の娘とみなすことを提案したものもいる。けれどもジャンヌは自分の素性をこころえており、シャルル王太子にそれを知らせたであろうし、それによって彼の信頼を獲得したのであろう。とはいえ国王シャルルは、彼女を救うために何もしなかった。そのことに対しては、しばしばつぎのように抗弁されている。ある売春婦が彼女とすりかえられ、彼女自身は身を隠して生き長らえたのであると。この異説はほとんど相手にされなかった。

残るは、ジャンヌの伝説をつうじての、彼女の特異な運命の読み解きである。これは、イギリスのある歴史家により、フランスは一人の乙女によって救われるであろうとの予言をもとに、試みられた。一四三一年、裁判のなかで、ジャンヌはこの予言を知っていたことは認めたが、けっして信じてはいなかったと断言した。正確には、彼女がオルレアンの解放について話していたのを聞いたとか、ジャンヌが赴くところはどこでも彼女の通過を事前に知らされたとか、その程度のことだったようである。しかしこの伝説をつうじての説明が、ジャンヌが王太子の心をとらえたという事実に、信頼するに足る根拠をあたえてくれるであろうか。いずれにせよ、彼女の処女性はけっして伝説ではなかった。民間伝承のなかでは、彼女は依然、乙女であり、聖女であり、殉教者でありつづけたのである。

(1) Louis d'Oriéans(1372-1407)は国王シャルル六世の弟でオルレアン公。王が精神を病んでいたため、王妃イザボーとのあいだに不義の子をなし、その子がドンレミ村でひそかに育てられたとの説が、十九世紀の歴史家カーズによって唱えられた。

(2) のちの国王シャルル七世で、ジャンヌの尽力によって王位についた。

参考文献

Pégine Pernoud, *Jeanne d'Arc*, Seuil, Paris, 1959.

Georges et Andrée Duby, *Les procès de Jeanne d'Arc*, Collection Archives, Gallimard, Paris, 1973.

Marina Warner, *Joan of Arc: The Image of Female Héroïsme*, Vintage Books, London, 1982.

*高山一彦編訳『ジャンヌ・ダルク処刑裁判』白水社、一九八四年。

十字軍　Croisade

ここでの課題は、ウルバヌス二世が第一回十字軍を勧説した一〇九五年から、聖王ルイがテュニスを目前に挫折した一二七〇年までのあいだに展開された、八回の主要な十字軍を描き出すことではない。十字軍の現象は、実際にはイスラム教徒に対するスペイン人の戦い（レコンキスタ）*として八世紀にはじまり、たとえそれほど幅広く考えなくても、十六世紀や十八世紀のオスマン人に対する戦いをとおしてつづいたのである。

時代により、歴史家たちは十字軍の讃美者ともなれば、激しい批判者ともなった。ロベール・ロペツは、とりわけ厳しいのではないかと思われる一つの判断を下している。《（信仰深き行為が完成することを確信するこの熱意）のあとに残された結果は、ビザンツのキリスト教世界の崩壊と、イスラム教正統派の硬化と、ヨーロッパでの反ユダヤ主義《アンティ・セミズム》の再燃だけであった。》この総合的判断は、全体とすれば失敗であった十字軍のマイナス面のうちの三つを、たしかな目でとらえている。

その発端において、十字軍は非常に大規模な現象である。なぜならそれは、教会の位階組織や騎士たちだけではなく、社会のあらゆる階層に関係するからである。教会が神の平和を主導し、それをつうじて西欧の外側の戦場へと暴力を誘導したことからすれば、たしかに、教会は十字軍精神の直接の源である（ジョルジュ・デュビィ）。《有力諸侯《バロン》》の十字軍のようなもともと軍事的なタイプの遠征は、何よりもまず宗教的な目的のもとに企てられた。十字軍に参加した騎士たちが期待していたのは、聖地回復と、異教徒との戦闘であった。

《民衆《ポピュレール》》十字軍もまた、子供たちの十字軍であれ、羊飼いたちの十字軍であれ、たいへんな重要性をおびていた。それらは、巡礼の理想と同時に、《道行き《パサージュ》》の理想を、回復の理想を具現している。民衆たちの遠征のほとんどは、けっして目的地に到達することはなかった。その地に到達した者がいたとしても、騎士たちの遠征と同様、十字軍の否定的な結果に加担するのがせいぜいであった。

まず最初に、反ユダヤ主義の再燃というマイナス面をとりあげる（ロベール・ロペツによって指摘されている局面の一つである）。第一回十字軍の開始早々、中世でも最大級のユダヤ人虐殺《ポグロム》が行なわれた。ドイツと中部ヨーロッパのユダヤ人たちを大量に虐殺し、またあらゆる虐待を加えたのは、《民衆の》大群である。同じような行き過ぎは聖地でもおきるであろう（エルサレム占領にともなう、ほとんどすべてのユダヤ人とイスラム教徒の虐殺）。それ以降の十字軍の各勧説は、なかでも第二回十字軍のときの説教は、反ユダヤ主義をあらためてかき立てる。

十字軍参加者たちに活力をあたえるため、中世の神学者たちは、この戦争が聖なるものである可能性を証明することに力を注いだし、そのうえ、異教徒と戦った人々には天国までも約束した。異教徒は異教徒で、それに対抗するため、彼ら独自の聖戦思想を再活性化させたのである。

さらにより重大であったのは、つづいての東方キリスト教世界の崩壊である。十字軍参加者とこの地のキリスト教徒たちの関係は、心温まるものではなかったにせよ、たがいに無関心であるか、逆に、真の接近を試みる交渉への熱意に裏打ちされていた。しかしながら、レバノンのマロン派教会(1)を除いて、オリエント*のキリスト教徒のほとんどは、ローマとの継続的な関係を受け入れはしない。それでも彼らは、やはりイスラム側の信用を決定的に失うことになる。十字軍は、オリエント諸国の良好な状態にあったキリスト教徒たちを、イスラム教徒たちから迫害される少数派にしてしまったのである。

十字軍はまた、一〇五四年におきたビザンツとローマのあいだの教会分離《シスマ》*を完成させ、ビザンツ帝国の人々と西方のキリスト教徒たちとのあいだに癒しがたい憎しみをもたらした。一二〇四年の第四回十字軍と、十三世紀のすべての説教は、この脆弱な一国家に残された抵抗力を最終的に打ち砕いた。こうした遠征がオリエントのキリスト教徒たちを救ったにちがいないと信じさせることなど、もはやまったくの問題外なのである。ビザンツ帝国が蹂躪された一二〇四年は、かくして、十字軍の思想を方向転換させることになるすべての事件の明確な発端となる。一二〇九年には、イノケンティウス三世*の要求によるアルビジョワ十字軍がおきる。教皇職*もまた、機会さえあれば、フリードリヒ二世やアラゴンのペドロ三世に対して行なったように、十字軍を政治的な軍隊に変えていく。

十字軍は、オリエントと西欧のあいだの経済関係や文化関係において、はたして建設的な役割を演じたであろうか。歴史家たちが長いあいだそう信じていた意味においては、いずれにせよ答えは否である。聖地への遠征は、西欧の経済的発展を喚起することはなかったし、この二つの地域のあいだの貿易増大の根本的な原因でもなかった。歴史学の研究の進展は、十字軍が西欧を《経済的離陸《テイクオフ》》に導きはしなかったと断定することを、今日では可能にしている。西欧には西欧独自の発展の要因があるし、東方の影響が西欧に入るのは十字軍以前のことなのである。それにもかかわらず、十字軍は、攻囲され、防御体制にある禁欲者(教会)を、勝ち誇る権力者に変えたのである。

(1) その名を五世紀のシリアの隠修士マロンに由来する、オリエントで中世初期に優勢であったキリスト教の一派で、カトリックとも交流を保っていた。独特の典礼をもち、現在でもレバノン、シリア方面に信者が多い。

参考文献

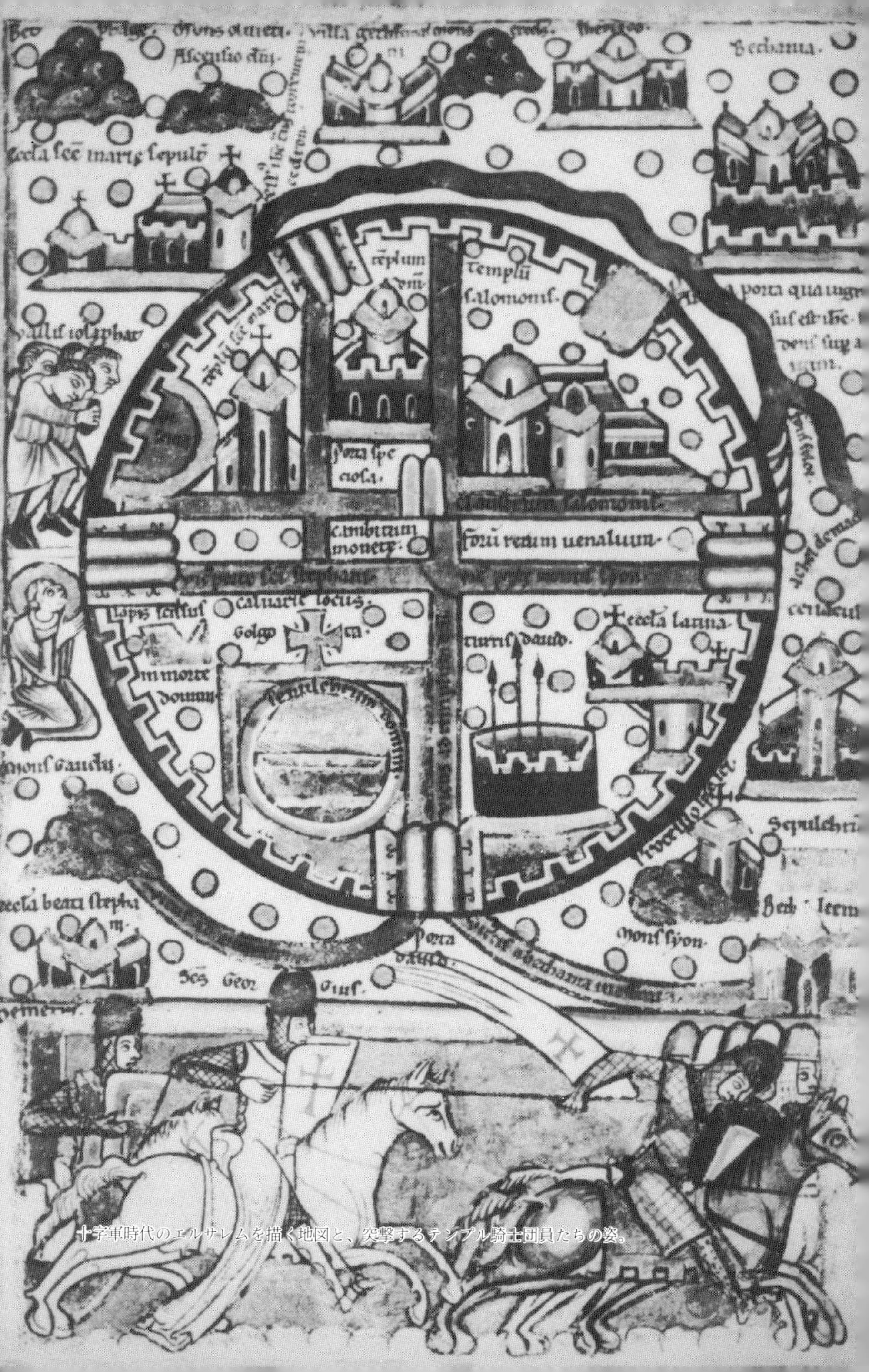

十字軍時代のエルサレムを描く地図と、突撃するテンプル騎士団員たちの姿。

Paul Alphandéry et Alphonse Dupront, *La chrétienté et l'idée de croisade, L'Evolution de l'humanité*, Albin Michel, Paris, 1954—1959.
Cécil Morisson, "La grande rupture avec l'Orient", *L'Histoire*, juillet-août, 1982.
* Cécil Morisson, *Les croisades*, Que sais-je?, P.U.F., Paris, 1969, 橋口倫介訳『十字軍の研究』白水社、一九七一年。
Etienne Delaruelle, *L'idée de croisade au Moyen Age*, Turin, Paris, 1980.
Jean Richard, *L'Esprit de croisade*, Cerf, Paris, 1969.

⇨〔カタリ派〕〔教会〕〔オリエント〕

自由地　Alleu

中世史で用いられる概念のなかには、その意義や重要さについて、歴史家のあいだで意見が分かれているものがかなりある。最近では、自由地も、そうした概念の一つに数えられるようになっている。これは、《封建》社会における封*（封土）の重要性が再検討されていることに対応した動きでもある。

自由地を定義することは簡単ではない。なぜなら自由地は、一様ではなく多様な存在だからである。しかし全体とすれば、自由地とは、何の束縛を受けることもない財産であるといえるであろう。ロベール・ブートルシュは、ボルドー地方の自由地が非常に多様であった事実を指摘している。フォレ地方の証書には、現物での貢租*や賦課租*だけではなく、十分の一税や穀物倉、さらには体僕(1)までも、自由地として記載されている。しかしながら、もっとも頻出するのは《貴族たち》や農民たちの土地であり、ボルドー地方の《貴族たちの館》や城砦などの不動産である。

自由地に関しては、二つの根本的な問題を提起することができる。まず第一に、支配されている土地（とくに封土）にくらべ、自由地はどの程度の比重をしめていたのかという問題である。第二に、自由地はどのように発展し、また消滅したかという問題である。自由地はゲルマン起源だったようである。そもそもこの土地は、家族の財産、系族の財産、農民家族の財産であり、その面積は大小さまざまであった。ドイツやオーストリアのいくつかの地方では、自由地は、集団の所有する、譲渡できない財産にとどまっていた。ローマ法の影響がまだ色濃く残る南ヨーロッパでは、自由地は、個人所有地に似て、分割したり譲渡したりすることができた。

自由地所有者には、地方や地域ごとに、さまざまな名称があたえられている。そのうえ自由地は、多くの場合、それが譲渡されたとき、つまりそれが消滅したときにしか史料上にあらわれない。法律上の身分規定も問題を複雑にする。土地関係の史料で、農民の土地が明確に規定されていることはまずない。土地を経営するのは受けついだ自由地を所有する《封建領主》であり、他方、自由地所有者はバン領主に仕えるために武装することができねばならない。一九四五年ころから進みはじめた地方別研究（ボルドー地方についての一九四七年のロベール・ブートルシュの研究、マコン地方についての一九五三年のジョルジュ・デュビィの研究、ピカルディ地方についての一九六八年のロベール・フォシエの研究）は、そのすべてが、自由地をとりまく諸現象の重要性に言及している。とはいえロベール・フォシエが強調しているように、こうした研究は、確かであったろう事実を、あえて数字を挙げて確認してはいない。その事実とは、もっとも重大な現象が、封ではなく、自由地にまつわる現象だったことである。

　こうした自由地は、当時、どのようにして発展したのであろうか。マルク・ブロック*は、自由地について、カロリング時代末期には消滅してしまったものと考えていた。しかしやがて、そうではないと人々は考えるようになる。さらには、ずっとあとにおきる自由地の消滅が、例外的な現象にすぎなかった《再取得封《フィエフ・ルプリ》》への変化によるのではなく、農民に使用権が譲渡された土地、つまり貢租地*の利益を求めてのものであったとみなすようになる。これが、ロベール・フォシエの下す結論である。これは、封建制に対する当てこすりにほかならない。自由地の消滅について、彼は次のような年表を作成する。九九〇年から一〇〇〇年ころまで、自由地はあらゆる社会階層において優勢である。一〇一五年から一〇七〇年にかけては、最初の後退が生じる。それは人々の隷属化の道程でもある。もっとも有力な土地所有者たちが、自由地を封土とし再取得する。もっとも弱小なものたちは、それを教会に譲渡する。この動きは地方によって時間的なずれがある。一〇七五年から一一五〇年にかけては、経済の上昇が自由地の発展を助長し、農民の強力な集団が誕生する。十二世紀のなかごろ、ピカルディ、シャンパーニュ、マコン、ネーデルランドの各地方で、二回目の自由地の後退が生じる。農民の借金、教会への寄進、喜捨は、封土の拡大以上に自由地を浸食していくのである。

（1）　重い隷属状態におかれた農奴たちのことで、その言葉には、領主に身体的従属を強いられ、法的には人格を認められていないという特質が表現されている。

参考文献

Georges Duby, *L'Economie rurale et la vie des campagnes dans*

l'Occident médiéval,Aubier,Paris,1962.
Robert Boutruche,*Seigneurie et féodalité*,tom. 2.Aubier,Paris, 1970.
Robert Fossier,*Enfance de l'Europe*,2 tomes,Nouvelle Clio,P.U.F.,Paris,1982.

⇨〔バン〕〔貢租〕〔封建制〕〔封〕〔系族〕

修道院　Monastaire

十一世紀以降、キリスト教世界において、教会において、修道院はまったく独自の霊的役割をはたす。教会を活性化し、改革し、浄化する必要性が自覚されたとき、教皇職*は修道院に助けを求める。おそらく、オリエントとビザンツの修道制度に影響されてであろう。ラティウム地方経由で、十一世紀以降、とくに十二世紀、修道院運動は刷新される。この運動をつねに支えつづけるのが、聖ベネディクトゥスによって設けられた制度である。クリュニー*修道会は、多数の修道院を改革し、≪封建的無秩序へのカトリック霊性の反撃≫を組織し、やがては真の帝国となる。十二世紀以降、あらたな霊性の流れが明確化する。そこで問題になるのは、正しい価値観の再発見である。清貧の価値が、さらに苦行の価値が、とくに肉体労働へたちもどることの価値が、再発見される。肉体労働は、会則に貴族的な生活様式をとりいれたクリュニーの修道士たちからは軽蔑の目でみられていた。一〇七六年のエティエンヌ・ド・ミュレによるグランモン修道院の設立[1]、一〇八四年の聖ブルーノによるグランド・シャルトルーズ修道院の設立[2]、一〇九八年のロベール・ド・モレームによるシトー*修道院の設立、一一〇一年のフォントヴロー修道院の設立[3]。反クリュニー的な新修道制度は、あちこちに広まる。シトー会の指導者であり、クレルヴォーの大修道院長であった聖ベルナールも、この動きに大きな役割をはたす。

これらの修道院は、農村空間のなかにしっかりと根をおろし、施設を整えていく。それぞれの修道院は、自分なりの方法で、土地から資源をひきだす。クリュニーでは、農奴たちを働かせたが、シトーでは、少なくともはじめのうちは、修道士たちが直接労働にたずさわる。ただしそれは、修道院に働き場所をもとめた俗人たちに助けられながらであり、しかも彼らは、典礼には参加できなかった。シトー会の耕作技術は、進歩の最先端に立つようになり（しかしその開墾活動は、言われてきたほどではない）、その富も膨大なものとなる。西欧が困窮した時代をつうじてずっと富を蓄えつづけた修道院は、十一世紀からは、金融機関の役割をはたすことで、経済の復活に密接にかかわるのである。

　農村空間に溶け込んだ諸修道院は、十二世紀には、自分たちの殻のなかに閉じこもるようになる。そこに設置されていた学校は、新しい知の流れに対しては扉を閉ざす。経済の発展にともなって、都市から修道上の革新がはじまる。なぜなら、そこには異端*が広がり、教会に危険をもたらしていたからである。清貧と説教（ドミニコ会士の場合は異端者たちを改宗させるための）の信奉者たちである托鉢修道会*は、都市空間に差し向けられたものである。《彼らは、砂漠の修道院を人ごみのなかにひきもどした》。また彼らは、知の革新運動を行ない、大学を発展させた。トマス・アクィナスはドミニコ会士であり、ボナヴェントゥラ(4)はフランシスコ会士であった。しかしながら、こうした修道会は、清貧や托鉢よりも稼ぎを重視するこの時代に、全面的に受容されたわけではない。中世末期、修道院の数は増したにもかかわらず、修道制度は勢いを失い、その時代の改革者を吸収できなくなる。改革者である以上に反抗する修道士であったルターは、ついに宗教改革を呼びおこすことになる。

　しかしながら、中世ほど、修道士たちが社会に大きな影響をあたえた時代はない。経済の分野において、教育において（学校や大学）、貧者や巡礼の受け入れにおいて（各修道院は《宿坊》を備えていた）、芸術において、いうまでもなく霊性と信仰の擁護において、その貢献ははかり知れないのである。

（1）エティエンヌがリモージュ近郊のミュレに設立した修道院で、その修道士たちは、きびしい清貧の掟にしたがいつつ、助修士たちとともに修道生活を送っていた。その影響は、最初はプランタジネット家の領内に広がり、やがてはフランス全土に及んだ。

（2）ランス司教座聖堂付属学校の校長であったブルーノが、数人の仲間たちとともに、グルノーブル近郊のラ・シャルトルーズに設立した修道院。共住生活と隠修生活の融合をはかり、簡素で、観想と労働のバランスのとれた修道生活をめざした。

（3）隠修士であり、説教師であったロベール・ダルブリッセルが、西フランスのフォントヴローに設立した修道院。彼のまわりには悔悛した罪人たちや完徳を求める貴婦人たちが集まり、きびしく解釈された聖ベネディクトゥス会則にしたがう修道生活を送った。

（4）Bonaventura (1217-1274) はイタリアの哲学者、神学者。フランシスコ会士で、のちには同会の総長ともなった。その思想は、アウグスティヌスや新プラトン主義を重視する神秘主義的なものであった。

参考文献

Pierre Roger Gaussin, *L'Europe des Ordres et Congrégations*, St.Etienne,1984.
Marcel Pacaut, *Les ordres monastiques et religieux au Moyen Age*, Nathan,Pasis,1970.

Walter Nigg, *Saint Benoît:Le père des moines de l'Occident*, Centurion,Paris,1980.

Les orders rêligieux,la vie et l'art,Flammarion,Paris,1979.

＊上智大学中世思想研究所編『キリスト教史』三・四巻、講談社、一九八一年。
⇨〔クリュニー〕〔シトー〕〔托鉢修道会〕〔騎士修道会〕

祝祭　Fêtes

年間をつうじて振り分けられた祝祭は、さまざまな形態をとりながら、あらゆる社会階層にかかわりあう。都市と農村のあいだでも違いがある。祝祭は、威信の誇示であり、貧者への慈善の機会であり、ストレス解消の、社会への異議申し立ての機会であり、単に家族の集まる機会でもある。そこには、異教的伝統とキリスト教的革新が混在している。

農村の民衆たちの祭りは、年間をつうじて、多数の期節《シクル》に振り分けられている。ほとんどの祭りは、踊りや会食や酒宴によって、またときにはスールゲーム(1)によって際だてられ、仮装によって彩られる。もっとも長い（一二日間）期節は、一年の終わり、すなわち十二月末から一月はじめにかけて位置している。なかでも一月一日が頂点である。この日が一年のはじまりを画したわけではなかったが、年始の贈り物を配る習慣はすでに存在していた。そして、カーニヴァル、四旬節、聖週間の期節、五月の期節とつづいていく。五月には、若者たちが一本の小枝を娘たちに捧げる伝統がある。そこへさらに、結婚式や葬式がつけ加わる。

都市においては、祭りはより恒常的な姿をとる。芝居小屋がおかれ、路上の見せ物（大道芸人《ジョングルール》、香具師）がくりひろげられる。またより例外的ではあるが、祝祭は政治的な役割を演じ、権力の誇示に利用される。たとえば、フランスにおける国王の都市への入城式、なかでも新国王戴冠のあとの入城式の場合はそうである。また神聖ローマ帝国世界においては、ときとして軍事的勝利を祝うために（一二三七年、フリードリヒ二世はロンバルディアのいくつかの都市に対する勝利を祝うために賑やかな行列を行なう）、都市の勢力を印象づけたり（ヴェネツィアで）試したりするために、祭りが行なわれる。イタリアの敵対する都市のあいだでの騎馬試合＊は、ときに乱闘へ、さらには戦闘へと化すこともあり、またその競技者たちの態度にも、内乱の気風につうじるものがあった。

力を誇示しながらも、祝祭を統制しようとするブルジョワジーの側からの意志は、フランスでは、十三世紀に早くも確認される。それが《慈善《シャリテ》》である。この慈善をつうじ

ブリューゲルの『農民の踊り』ウィーン美術史美術館蔵。

貧者たちに食料が配られたが、それはブルジョワたちの金利所得にもとづく基金によっていた。もっとも盛大であったのは、マルディ・グラの祭り[2]である。こうした形式の《慈善》を行なうことで、有力の一族はその保護者たちの支持を強化することができたのである。

　たとえキリスト教の祝祭が一年を区分していたにせよ、こうした祝祭は、しばしば異教の祭りのあとを受けたものであった。たとえば、キリスト昇天の祝日の三日前の祈願祭《ロガシオン》と呼ばれる祭りは、収穫に対する神の保護を喚起するために行なわれた。この祭りは神酒の奉納と騒々しい行列からなっており、行列では、悪魔払いのために、悪霊を象った藁人形が引きまわされた。

　道化祭り《フェット・デ・フー》もまた、異教的な伝統に由来していた。そしてカーニヴァルは、社会に対する、もしくは少なくとも確立された秩序に対する根本的な異議申し立ての機会であった。道化祭りは、おそらくローマのサトゥルヌス祭り[3]を受け継いだものだったろうが、年末（十二月二十六日か二十七日）に行なわれ、教会の権威に異議を申し立てるのに役立った。聖職者たちは、狂気の大修道院長や狂気の教皇を選出した。そして、聖職に対する辛辣な批判も込められた典礼のパロディ*が、カテドラルのなかや広場においてくりひろげられた。ついでこの典礼は、通りをねり歩く民衆たちの騒々しい行列へと姿を変え、都市の住民たちは狂気の教皇ともども祝宴に招かれた。それは、司教と司教座聖堂参事会のあいだの闘争の一場面だったのであろうか。いずれにせよ、聖と俗の混淆した一つの気晴らしではあった。そして、やがて宗教改革者たちの激しい批判を浴びることになる。

カーニヴァルは、より世俗的でより都会的な、自治体ごとの祝祭であったが、祭りの主題の選択に強制力や影響力を行使する都市の行政官たちによって、より不自由で、より統制されたものになっていく。社会的に害を及ぼさないパロディーや仮面を仲介させることで、カーニヴァルは、よりエリート的な文化を反映するのである。

(1) アメリカンフットボールに似た一種のボールゲームで、二つのチームに分かれて戦われた。〔ゲーム〕の項目を参照。

(2) 四旬節のはじまる灰の水曜日の前日の火曜日で、カーニヴァルの期節の最後を飾る日。金持ちは大勢の人々を招き、酒とご馳走をふるまい、どんちゃん騒ぎをくりひろげた。

(3) 毎年、冬至のころに行なわれていたローマ神話の農耕の神サトゥルヌスを讃える収穫の祭り。

参考文献

Jean Verdon, *Les loisirs au Moyen Age*, Tallandier, Paris, 1980.

Jacques Heers, *Fêtes des Fous et Carnavals*, Fayard, Paris, 1983.

Histoire de la France urbaine, tom.2, dir. Jacques Le Goff, Seuil, Paris, 1980.

＊ Yves-Marie Bercé, *Fête et révolte*, Hachette, Paris, 1978. 井上幸治監訳『祭りと叛乱』一九八〇年、新版藤原書店近刊。

手工業　Artisanat

十一世紀から十五世紀にかけての時代、手工業は飛躍的に発展する。中世末期には、織物や冶金のように、程度の差こそあれ、《工業*》の域に達する分野もでてくる。手工業の発展は、もちろん、都市*の発展に連動している。都市への人口集中は、商業と手工業をそこに引きよせ、あと押ししたが、もとよりこの二つは密接に関連していたのである。とはいえ、すべての手工業が都市に集中するわけではない。手工業は農村に誕生し、その一部は農村にとどまりつづけていく。

近年の考古学的発掘により、中世初期にも手工業が存在したことが証明された。それは、支配者の館や大修道院に結びついた家産的な手工業であった。十一世紀のある期間、手工業者たちの住む場所は、領主の宮廷や宗教施設の近くに限られていた。農民たちはいつも、近隣の市場で、またときにはブール*で、たとえば道具類、布地、ビールなど、自家製の品物を自分で売り歩いていた。しかし、村落*での手工業の役割も明確になってくる。車大工、樽作り職人、大工は、村のなかで、それぞれの作業場を発展させていく。ロベール・フォシエの意見では、こうした《自由な》手工業が根づくことが、村落の成立過程における決定的な段階なのである。またマルセル・マゾワィエの意見では、手工業が《十二、十三世紀の農業革命》の必須条件をなしているのである。

手工業者たちは、しだいに都市に定住するようになり、いくつかの要因に影響されてその数を増していった。その要因とは、しだいに顧客が増加することからくる需要増、住民の集中、全般的な経済動向、すなわち好況（とくに十三世紀の）、貨幣の浸透、そして技術の進歩である。この技術の進歩は、都市だけでなく農村にまで及び、織物加工、金属加工、木材加工などが、その恩恵に浴するのである。

領主であれブルジョワジーであれ、政治的権力や経済的権力を握る者たちは、手工業者の活動を規制はしないまでも、さっそくその監督を試みるようになる。十二、十三世紀、バン権力の所有者である領主たちは、手工業者たちの活動から最大限の利益を引き出すよう努める。十三世紀末には状況が変化した。歳入の危機に直面した領主層が、手工業生産の増大に心を砕くようになるのである。たとえば彼らは、縮絨作業用の水車*の設置に投資している。領主層はまた、農民たちのはげしい異議申し立てに直面することにもなる。農民たちにとっては、こうした状況の変化が、自分の出資を軽減しようとする領主たちによって課せられた、税負担の増大となってはねかえるからである。都市のブルジョワジーはといえば、都市の職人よりも御しやすく安上がりな、農民手工業者の労働力を利用するよう心がける。この危機によって借金を抱えこんだ農民たち——彼らに金を貸していたのはブルジョワ*たちである——は、都市の需要に応じて自分たちの労働力を発揮し、方向づけることによって、生きのびる。たとえば十五世紀、ジェノヴァ周辺地域の労働力は、金属加工やガラス細工、紙加工などに向けられていた。しかし、こうした農村の手工業としてもっとも一般的であったのは、ラシャ製造業である。この業種では、都市の商人たちが農民に機械を貸し出し、徒弟より安い賃金をあたえ、原材料を前渡しするのである。手工業によって、村落には賃金労働者が増加していく。農村手工業のこのような管理統制は、十五世紀に最盛期をむかえる。

手工業者たちは、とくに都市において、しだいに二つのカテゴリーに分離していった。まずは露店職人たち。彼らは自分たちの店や市場で作ったものを自分たちで商う。つぎに製品加工の一工程を分担するだけの手工業者たち。その製品は、すでに田舎で部分的に加工されている。毛織物や革製品がそうである。

こうした手工業者たちのなかでも、道具類を作った金物細工師や鍛冶屋、牽引用動物[1]を生み出した蹄鉄工、犂ベラを製造した犂ベラ製造工、四輪や二輪の荷車、二輪や一輪の手押し車、有輪犂*、馬鍬などを製造した車大工が、新しい農業の発展に必要な機器の増加に決定的な役割を演じる。また、大工や石工が、城砦、修道院、教会、大聖堂などと同時に、穀物小屋や家畜小屋を建築したことも忘れてはならない。

鉄をあつかう手工業者の役割もまた、武器製造において増伸する。そして甲冑が完全に金属製となり、ますます複雑で重くなった中世末期には、その仕事も複雑化していく。

貴金属細工師やガラス職人、樽作り職人は、パン屋、肉屋、魚屋、居酒屋などの食品業に携わる人々よりも少数である。十世紀にはもう、諸都市に専門化した通りが存在する。たとえばウィンチェスターの肉屋通り、ケルンの魚屋通りである。またトロワのように、パン屋会館とか魚屋会館の形をとることもある。

屋台店は、たいていは小さなものである。作業場やお針場は、製品を売りさばく店舗でもある。仕事の内容は、労働者たちのあいだでうまく分担されてはいない。各人が、原材料から最終製品まで、同じ一つの品物を製造しているのである。屋台店は、通りに面して直接開かれている。≪店を閉める≫にはどうするかといえば、日中は水平に広げられていたパネルを、こんどは垂直に立てるだけである。ロレンツェッティ[2]によって一三四〇年に描かれたシエナ市役所のフレスコ画は、こうした店舗のありさまと、在庫の品々を教えてくれる。

---

(1) この時代から馬のひづめに蹄鉄が打たれるようになり、馬が湿気でひづめを痛めることがなくなった。そのために、開墾や農耕や運搬に馬を使用することが可能になった。

(2) Ambrogio Lorenzetti (v.1290-1348) はイタリアの画家で、ピエトロ・ロレンツェッティの弟。大胆なリアリズムとパノラマ的構図を用いてシエナ市役所の壁面に大作『都市における善政の結果』を描いた。

参考文献

Histoire de la urbaine, tom.2, dir. Jacques Le Goff, Seuil, Paris, 1980.

Robert Fossier, *Histoire sociale de l'Occident médiéval*, Collection U.A.Colin, Paris, 1970.

Histoire générale du travail, tom.2, L'Age de l'artisant, Nouvelle histoire de France, Paris, 1960.

ロレンツェッティ『都市における善政の結果』シエナ市庁舎。

Marcel Mazoyer dans *Histoire du travail*,tom. 5,à paraître.
Bronislaw Geremek,*Le salariat dans l'artisanat parisien aux XIIIe-XIVe siècles*,Mouton,Paris,1968.
⇩〔同業組合〕〔バン〕〔都市〕〔村落〕

呪術　Sorcellerie

魔女《ソルシエール》の妄想は、中世のものではない。幾千もの犠牲者を生むことになる大規模な魔女狩りが企てられるのは、十七世紀になってからである。とはいえ呪術師《ソルシエ》の、とくに魔女の伝説が誕生するのは、中世からである。こうした男たちや女たちは、しだいに悪魔と隷属関係で結ばれた存在となり、呪術《マレフィス》を行なう超自然的な存在となり、定期的な集会であるサバトを開くようになった、という。彼らは、空飛ぶ道具に乗り、悪魔《デモン》を礼拝するためにサバトへおもむくのである。

こうしたサバトの実在を信じる歴史家もいないわけではない。しかし、その根拠となった史料は、拷問によって引きだされた自白や、意図的に一部が削除されていることも多いつぎはぎの調書や、むかし捏造された偽文書だけであった。こうした史料の誘惑は、サバトに異教の名残を見いださせるほどに強烈であった。ことにミシュレ[1]はそう考えていた。しかしこうした魔術《マジ》は、たいていはキリスト教と並行して実践されており、それに対抗するものではなかった。というのも、魔術師《マジシアン》たちは、悪魔たちを退治するために神に加護を祈ったからである。

呪術《ソルセルリ》を用いたという告発は、実際は、じゃまになる集団を中傷し、なおかつ（または）排除するために、ときの権力（教皇職や王政）によって好んで用いられた。この名目での告発は、ヴァルド派のような異端者たちに対しても、またテンプル騎士団に対しても発せられた。証拠はあとからでっち上げられたものであり、彼らに対して向けられたすべての告発は、初期のキリスト教徒たちに対してすでに用いられたことのある、紋切型の内容の寄せ集めでしかなかった。教養ある≪エリートたち≫でさえ、呪術師の実在を確信していた（なかにはこの考えを長く否定しつづけた聖職者もいたが）。換言すれば、呪術というものは、少なくとも社会全体の幻想の産物なのである。

（1）　Jules Michelet (1798-1874) は十九世紀のフランスを代表する歴史家。ソルボンヌやコレージュ・ド・フランスで教鞭をとるが、ナポレオン三世に反逆し、公的地位を失った。大著『フランス史』や『魔女』など多数の著作がある。

参考文献

Norman Cohn, *Démonolâtrie et sorcellerie au Moyen Age: Fantasmes et réalités*, Payot, Paris, 1982.（英語原典の仏訳）
＊『魔女とシャリヴァリ』アナール論文選1、一九八二年、新版藤原書店近刊。

⇩〔騎士修道会〕

巡礼　Pèlerinage

せいぜい村や町ていどのせまい地平に委ねられていたとイメージされている中世の生活において、巡礼は、まったく驚嘆すべき現象である。というのも、もっとも盛んだった巡礼は、多くの場合、もっとも遠い旅路だったからである。その行先は、聖地エルサレム（そこには十字軍時代以外の巡礼も含まれる）、ローマ、サンチャゴ・デ・コンポステラであった。巡礼をとおして、中世の人々が比較的活動的であったことがわかるが、そのことはある部分において、民衆の集団的心性《マンタリテ》と結びついている。当時の人々は、しばしばたいへん深い信仰とともに生きているため（キリスト教化されている人々については）、超自然的なものにも親しみを感じ、奇跡を即座に信じる。巡礼者は、魂と肉体の癒しを求めているのである。

しかしながら、巡礼は、いくつかのカテゴリーに分類することができる。まず自発的な巡礼がある。そこでは、巡礼者自身が旅立ちを決意する。つぎに贖罪のための巡礼が問題になる。そこでは、巡礼が、聴罪司祭からにせよ、教会や世俗の法廷からにせよ、重大なあやまちに対して課せられた刑罰の一形態となる。教皇職は、特定の期間に膨大な数の巡礼者を集中させることをつうじ贖罪のための巡礼を組織したが、そこにはさまざまな特別の恩恵が約束されていた。一三〇〇年、ボニファティウス八世は、キリスト教世界全体に向かって、聖年《ジュビレ》(1)を祝うためにローマにつどうよう呼びかける。同じような式典は、一三五〇年、一四〇〇年、一四五〇年にもくりひろげられる。最後に、宗教とはまるで無関係な巡礼がある。それは、道中で、宿場で、巡礼に《つきまとう》、商人、大道芸人《ジョングルール》、盗賊、売春婦の群れである。

フランスには多数の地方巡礼地がある（ロカマドゥール、サント=フォア・ド・コンク、シャルトル）。大巡礼地も、歴史の移り変わりに応じて、一様ではない盛衰を経験する。十、十一世紀、ローマは巡礼者であふれかえるが、つぎに同じ経験をするのは、あらためて十四世紀以降である。エルサレムは、十一世紀以降その再盛期をむかえるが、そこには巡礼と十字軍*が入り混じっていた。中世末期、この聖都は、巡礼者のあいだで、あらたな大流行の場所となる。しかしそれも、巡礼に反対するルターの敵意にみちた説教によって、完全についえてしまうのである。サンチャゴ・デ・コンポステラは、九世紀の《発明》である。この信仰の地は、八一三年に誕生した。それは、ある輝ける星の導きによって聖ヤコブの遺骨が発見された年である。キリストの十二使徒のうちの一人である聖ヤコブは、紀元後四四年、ヘロデ王によって斬首された。その遺体は小船に投げこまれ、やがて奇跡的にガリシアに流れつくことになる。聖ヤコブの《聖遺物《ルリケ》》崇敬は、現実には、勝ち誇るイスラム教徒を前にしてキリスト教世界に再起を自覚する必要が生じた、その時代にまでさかのぼるのである。実際、聖遺物としてコンポステラにあるのは、ありふれた石棺だけである。

オータンのサン=ラザール大聖堂のタンパンに刻まれた巡礼者たちの姿。肩から下げた袋にホタテ貝のしるしをつけているのがサンチャゴにむかう巡礼者、十字のしるしをつけているのがエルサレムにむかう巡礼者である。

殺到する信者たちを前に、巡礼は、団体ツアー旅行の様相を呈していた。聖ヨハネ騎士団《オスピタリエ》のような騎士修道会*は、巡礼者たちを宿泊させたり、収容したりすることを第一の目標としていた。十四世紀、ヴェネツィアはトルコとのあいだに一つの協定を結んでいたが、その内容は、軍の艦隊に護衛されたガレー船の送り出しを承認する、というものであった（ヴェネツィア・ヤッファ間はもっとも早くて二六日間の旅であった）。ガイドブックにはパッケージツアーが提案されているし、現地滞在中も団体旅行のようなもので、おみやげに聖墳墓のかけらを持ち帰ることまで案内されていた。サンチャゴ・デ・コンポステラへの道は、十二世紀以降、修道会（とくにクリュニー*）が発達させた《宿坊《ルレ》》を点と線で結ぶ本格的なネットワークが形成されたため、さびれてしまった。巡礼者たちに提供する食糧の確保のために、修道院は、申し込み窓口ごとに、また施療院《オスピス》[2]ごとに、ときには救護所ごとに、グループ化された。それでもやはり、巡礼とは数多くの危険がひそんでいた。小船で大河をわたるときや、船が向きを変えるときの危険。とくにあぶないのは、人質にとられたり（聖地エルサレムに旅立った人々にとって）、盗賊に襲われて身ぐるみ剝がされたりすることであった。ヤコブス・ア・ヴォラジネ(3)の『黄金伝説』には、襲われ、傷つけられた巡礼者の諸例が報告されている。

　人々は、巡礼のおかげで、当時の家庭や社会の場の束縛からしばし逃れることができたが、その甚大な影響は、彼ら個人に対してだけではなく、当時の経済面にまでおよんでいる。ガスコーニュなどの諸地方は、巡礼者たちの通過によって、かなり潤うことになったのである。

---

(1)　ローマを訪れ、定められた条件にしたがって祈る全信者に、教皇が聖年大赦と呼ばれる特別免償をあたえる一年をさす。ボニファティウス八世がそれを制定したときは一〇〇年ごとに祝うべきものであったが、やがて五〇年ごと、三三年ごと、二五年ごとと、その間隔は縮小していった。

(2)　クリュニーをはじめとする各修道会や、信心会などが、巡礼者たちの宿泊や健康回復のための施設として建設したもので、その後の病院の原形ともなった。また、交通の難所には、巡礼者たちの保護を目的に、より小規模な救護所が設けられた。

(3)　Jacobus a Voragine(1228-1264)はイタリアのドミニコ会士で、のちにはジェノヴァ司教となった。彼の著した『黄金伝説』は十三世紀当時に流布していた聖人伝を集成、編纂したもので、たいへんな人気を博し、現在にいたるまで読みつがれている。

参考文献

Pierre André Sigal,*Les marcheurs de Dieu:Pèlerinages et pèlerins au Moyen Age*,A.Colin,Paris,1974.

Jeanne Vieillard,*Le guide du pèlerin de Saint-Jacques-de-Compostelle*,J.Vrin,Paris,1978.

* Raymond Oursel,*Pèlerin du Moyen Age*,Fayard,1978,田辺保訳『中世の巡礼者たち』みすず書房、一九八七年。

⇩〔**十字軍**〕〔**罪**〕

小教区　Paroisse

　それは、一つのブールや一つの村落をとりまく区域に対応しており、諸秘跡(1)が授与されうるのもこの区域においてであった。小教区の起源は一様ではない。それが創設された時期と範囲は、これまで言われてきたほどには古くもなく、広くもなかったのではなかろうか。ロベール・フォシエは、そのことを証明しようとする。彼にとって、小教区の誕生は、≪十一世紀革命≫（農村での土地の再編と平和の回復）にともなう諸現象全体のなかに置きなおしてみるべきものなのである。とすれば、中世初期から小教区が設置されていたと考えるのは正しくないようである。

小教区は、村人たちの共同生活のなかで、また霊的生活のなかで、たいへん重要な役割を演じる。その役割は、宗教的祝祭、行列、その他の教会に関係するあらゆる文化的デモンストレーションなど、さまざまな形であらわれる。ある小教区への帰属意識は、村落への帰属意識以上に、近隣の人々に対する農民たちの集団的アイデンティティーの確立に役立ったと思われる。それに対し、主任司祭の影響力ははっきりしない。グレゴリウス改革が下級聖職者の水準向上に部分的に貢献したとはいえ、主任司祭は一農民にすぎない場合が多く、信者たちと同様に文盲同然だったからである。小教区民の一生にリズムを刻むのは、自分の教会における、自分の洗礼から死までの、信者としての人生の道程である。すなわちそこで洗礼を受け、そこで結婚するだけではなく、日曜のミサのためにそこへ来るし、一二一五年のラテラノ公会議で規定されてからは、年に一度そこで告解を行ない、そのあとで聖体を拝領しなければならないのである。

十三世紀以降、俗人たちは、とくに小教区の財産運営をつうじ、ますますそこでの活動に参加するようになる。それ以降≪教会財産《ファブリック》≫は、小教区民のあいだから選ばれた教区財産管理委員たちによって管理されるようになる。

都市の小教区は十三世紀、主任司祭たちと托鉢修道会*の対立の場となる。主任司祭たちは、托鉢修道士たちによる説教や秘跡の授与に、一種の競争意識を抱いたのである。中世全般をつうじ、都市においては、宗教的で愛徳にみちた小教区の役割が増大しつづける。十四、十五世紀には、行政的な機能もそこにつけ加わる。小教区は、百年戦争のあいだ、金銭の徴収と軍隊の召集の基盤として機能する。その一方で、日常生活にはほとんど関心が払われず、地区の≪親密さ《アンティミテ》≫の方が優先されるのである。

（1） 神の霊的恩恵を感覚的でとらえることのできる形で表現するしるしで、それによって目にみえない恩恵と内的聖化をえることができるとされる。具体的には、洗礼、堅信、聖体、悔悛、婚姻、叙階、終油の七つである。

参考文献

Histoire de la France rurale,tom.1,Seuil,Paris,1975.
Robert Fossier,*Enfance de l'Europe*,Nouvelle Clio,P.U.F.,Paris,1982.
Histoire de la France urbaine,tom.2,Seuil,Paris,1980.
Paul Adam,*La vie paroissale en France au XIV*e *siècle*,Sirey,Paris,1964.

⇩**〔托鉢修道会〕〔祝祭〕**

城砦　Château fort

中世社会における城砦の役割の如何は、とりわけ、この社会の形成と崩壊のなかに城砦をどう位置づけるかに関係している。現在発展しつつある中世考古学の諸研究は、この問いに答えるための材料を提供し、さらにはこれまで用いられてきた大まかな見解を修正し、洗練することを可能にしている。

まず最初は、城砦の起源についてである。中世に関する歴史記述では、西欧について、長年つぎのように信じられていた。すなわちそこは、十世紀から十一世紀にかけ、たえまのない外敵の侵入や、同族間での私闘のために、また《封建的無政府状態《アナルシー・フェオダル》》、すなわち公権力の崩壊のために、要塞化された建築物で《覆い尽くされてしまった》であろうと。

かつて城砦に認められていた役割は、それだけではないにせよ、主として軍事的、政治的なものであった。現在の諸研究は、問題のこうした側面も、充分そのなかに織り込んでいる。しかしそれ以上に力説しているのは、城砦の社会的、経済的な役割である。この主張は、三種の確認事項に支えられている。まず第一に、城砦建設の波が、十世紀と十一世紀に限られたものではないこと。ヨーロッパは、十二世紀にもう一つの波を経験したのである。第二に、選ばれた建設用地が、かならずしも《軍事的な》地勢ではないこと。最後に、城砦それ自体が、守備隊《ガルニゾン》だけに占有されている場合はまれであること。そうではなく、たいていは住居に用いることが前提となっており、防備を施した館でしかない場合も多かったのである。

バイユーのタペストリー*に描かれているような土塁《モット》、というよりむしろ土塁上の木造の建築物は、城砦の最初の形態をなしている。では、なぜこうしたものが建設されたの

シャンパーニュ地方プロヴァンの町の城壁を監視するセザールの塔。

であろうか。そこにもっぱら軍事的な、すなわち防御的な動機だけを読みとることは往々にして困難であり、土地と人間を支配しようとする建造者側の意図を読みとることも同様に困難である。それどころか、この構造物は、危険が迫った場合に住民が避難する場所としてたいへん有用であった。いくつかの城壁は、数ヘクタールもの土地を囲っていたのである（中部フランス）。

とはいえ土塁の建設は、より正しくは、カロリング的タイプの邸宅から中世的城砦への変化は、突然に生じたのでもなければ、とりわけ軍事的強制のもとで必然的に生じたのでもない。

この変化は十世紀に生じる。そこで重要なことは、既存の社会体制の再編であり、また城砦の立地の変化である。その進展状況は、実際には、ヨーロッパの各地で異なっている。もっとも早く城砦建設がはじまったのは、地中海沿岸地帯である。北イタリアでは、十世紀から早くもこの動きがおこり、一〇五〇年までつづく。プロヴァンスやカタルニアでは、建設の動きはより遅い（プロヴァンスでは九五〇年以降）。ロワール・ライン川間の地域は、地中海沿岸から百年も遅れて、やっと広範な建設活動を経験することになる。しかし、その動きは急激で、規模も大きい。

城砦は、まさに≪人々を基本的構成単位に区分する根本的要素となった。その時期は、南ヨーロッパでは早いが、しかし緩慢であり、北ヨーロッパでは遅いが、しかし急激であった≫（ロベール・フォシエ）。いくつかの地方では、領主が、農民たちに各種の免除や特権を認め、さらにより大きな司法上の保護をあたえることで、彼らをひきよせる。イタリアでもそうである。住民たちは、領主の権威に服し、村落ごとに再編成された、城砦に属す人間となるのである。西ヨーロッパでも、≪城砦ブール≫の形態による力づくでの住民の再編成により、領主は同じことを行なう。領主は、軍事的な理由もないではないが、それ以上に経済的な理由から城砦を本拠地とし、またそこを、自分の支配する人々へのバン権力による管理統制の拠点とするのである。

この建造物の防御的な機能は、十三世紀初頭まで残っている。中世的な戦争はなおもつづいていたが、その大半は、この本拠地の相続権をめぐるものとなる。城砦はますます（多くの場合いつもそうだったようであるが）、領主とその家族の、またその従僕たちの、ときにはその家臣たちの居住場所となっていく。

城砦の一階には、特徴的な部屋がある。≪ホール≫である。領主は、そこで訪問者と会い、会議を催し、裁判を開き、食事を取る。各階には、寝室が設けられている。娘たちの寝室は、夫婦の寝室のすぐ近くにおかれている。彼女たちは、きびしく監視されている。その上には、息子たちや従僕たちの寝室がある。彼らはより自由に行動できる。そのさらに上には、衛兵の宿泊場所がある。住居全体は、主塔《ドンジョン》のなかにおかれている。家具類はたいてい、腰掛け、長持ち、壁掛け、折り畳みの椅子などからなっている。ホールでは、食卓が、暖炉の前におかれた架台の上に≪すえつけられて≫いる。床には、藺草や、花や、香りのよい草がまき散らされている。

城砦はまた、その生活様式と文明によって、ある社会での生活の中心ともなっている。屋外では、狩り*、戦い、騎馬試合*などに時間が費やされる。領主はその城砦のなかで、自分の威信を確かなものにするため、かなり贅沢な生活を送らなければならない。彼は施し、浪費しなければならないのである。食卓には、気前よく、山盛りの料理がならべられている。娯楽はしだいに城内に入り込む。食事は余興によってしばしば中断される。吟遊詩人《ジョングルール》や吟唱詩人《メネストル》が武勲詩*を語ることもあれば、楽士がハープやリュートを奏でたり、熊使いが登場したりもする。十二世紀以降の南フランスでは、城砦での生活が、宮廷風恋愛*の舞台ともなるのである。

建築技術は、時代の流れにそって、城砦の機能上の発展を映し出す。最近のある地域研究の助けをかりれば、技術の細部に立ち入らなくても、この変化におおよその見当をつけることができる。それは、アンドレ・シャトランのイル・ド・フランスの城砦研究である。イル・ド・フランスでは、あわせて二〇〇もの城砦が、一一〇〇年から一四五〇年にかけて建設される。ル・ピュイゼは土塁上に建つ初期の木造城砦の一例であるが、あとからそれは石造の主塔におきかえられる。この城砦は、実際には二つの主塔を備え、堀をめぐらした二重の城壁に囲まれているのである。

十一世紀からは、とくに十二世紀には、厚い石造の壁をもった城砦が出現する。壁の量塊によって、激しい攻撃にも耐えるよう考慮された城砦である。主塔にはさまざまなタイプがある。方形のものもあれば（ラ・マドレーヌ）、円形のものもあり、また変形のものもある。ウーダンの城砦は、主塔に付属する半円筒形の四本の小塔（一一二〇年）をもっている。十二世紀初頭からは、変形のものが増加する。たとえば、プロヴァンの城砦は、四角形の土台に乗った八角形のプランからなっており、またナミュールの城砦は、長方形の中央主要部分と、その角を包む四本の円形の塔からなっている。全体的にみれば、こうした城砦は、快適性と防護性を改善する意図が存在していたことを証言しているが、また同時に、外部の世界がいまだに連想させうる多様な危険の存在をも証明している。というのも、その開口部は非常に切りつめられているからである。十三世紀初頭、そうした状況に変化が生じる。ジゾールの城砦が、そのことを物語っている。その主塔は円筒形であり、各階にボールトが架けられている。一階には二重の扉口が設けられている。その一つは内側の扉であり、もう一つは外側の扉である。このタイプの建造物により、以降、機敏な防御と攻撃が可能になる。ヴァンセンヌの城砦（一三三七年～一三七三年）は、もはや単なる戦争の道具ではない。同時にそれは邸宅としても用いられるし、のちの他の城砦と同様、ゴシック彫刻によって覆われるのである。

参考文献

Robert Fossier, *L'Enfance de l'Europe*, Nouvelle Clio, P.U.F., Paris, 1982.

Robert Delort, *La vie au Moyen Age*, Seuil, Paris, 1972-1982.

Gabriel Fournier, *Le château dans la France médiévale*, Aubier, Paris, 1978.

André Châtelain, *Château fort et féodalité en Ile-de-France*, CREER, Paris, 1984.

⇩〔バン〕〔ブール〕〔狩り〕〔騎士身分〕〔戦争〕〔騎馬試合〕

城塞都市　Bastides

城塞都市《バスティド》は、開墾によって誕生した新しい集落の一群に属している。未開の土地を所有していた領主たちは、市外にある区画の耕作をひき受ける人々にフランシーズ*と特権をあたえることで、こうした新集落に労働力を引きつけることを計画した。レモン七世[1]やアルフォンス・ド・ポワティエ[2]などのトゥールーズ伯たちは、この運動を実行に移した。十三世紀以降の一五〇年間に、五〇〇の城塞都市が建設された。そこには、モントーバン、リブールン、ヴィルヌーヴ・シュル・ロット、ヴィルフランシュ・ド・ルエルグなどの諸都市が含まれている。

アルフォンス・ド・ポワティエは、領主間に共有領主契約《パレアージュ》を実施した。その契約は、土地を提供する領主と、権威や保障をあたえる彼自身とが協力しつつ、彼が都市を建設し、そこに人々を住まわせ、その住人たちにフランシーズと保護（通行税や諸個人に対する租税の免除、森林の開墾や採石場の開発の自由）を授けるというものであった。割り当てられた開墾用地は、均等に分割されていた。

城塞都市がフランス国王の領域とイギリス国王の領域の境界に設置された場合、そこに城壁がめぐらされたが、要塞として計画されたわけではなかった。この新集落のプランはいつも同じで、広場と道路を主要な構成要素とする、碁盤目状のプランであった。広場はつねに中心におかれ、その四方をアーケード付の商店街がとり囲んでいた。道路は、今日では《歩行者専用道路《ピエトニエール》》と呼ばれているにせよ、荷車が通り抜けられるだけの幅はあった。城塞都市は、いち早く、この共同体の代表者であり、行政の責任者である執政官《コンシュル》(3)たちを介して、自治を行なうようになる。

（1） Raimond VII (1197-1249) は南フランス最大の名門貴族であるトゥールーズ伯家の最後の伯。父レモン六世がアルビジョワ十字軍で失った所領の大半を回復したが、一二二九年のパリ和約で、次代でのカペー王家への所領の委譲を約した。

（2） Alphonse de Poitiers (1220-1271) は国王ルイ八世の五男で、パリ和約にもとづいてレモン七世の娘ジャンヌと結婚し、やがてトゥールーズ伯領を相続、統治した。

（3） 南フランスの自治都市における市参事会員の呼び名で、彼らが市政を直接に担当した。

参考文献

Charles Higounet, *Paysages et villages neufs du Moyen Age*, Féd. hist. Sud-Ouest, 1975.

Histoire de la France urbaine, tom.2, Seuil, Paris, 1980.

⇩〔村落〕〔農村共同体〕〔古文書〕〔フランシーズ〕

商人 Marchand

商人は、知識人*とともに、中世社会における偉大な新参者である。十世紀には、その役割はひかえめでとるにたりない。商人は、たいへんな危険と引きかえに、また彼らへの疑念に満ちた空気の支配するなかで、ゆっくりと、苦労しながら、やっと社会のなかに自分の場を獲得する。なぜなら商人は、閉ざされた社会に、輸出入の生みだす混乱をもちこむからである。十二世紀初頭まで敵意の的となり、危険な目にあった（旅はとくに危険である）商人も、やがて徐々に、なくてはならない存在となる。彼らが贅沢品をもたらし、金融活動を行なうからである。商人は、しばしば両替商でもあった。とくに十三世紀にはじまる商人の都市への定住、定着は、彼らの社会的、政治的、文化的役割を確かなものにする。商人は、ブルジョワジーと呼ばれる、非常に重要な役割を担うことになる階層に同化し、そのなかでもっとも裕福な人々は、都市貴族《パトリシア》*や貴族《ノブレス》*身分へと上昇するのである。

クィンテン・マシス『銀行家とその妻』。時禱書から目をそらせて貨幣をみつめる妻の視線に、新しい商人たちのマンタリテが象徴されている。ルーブル美術館蔵。

ここで問題にしたいのは、商人の職業上での活動よりも、むしろ社会のなかでの商人の地位と役割である。それでもやはり、イタリア商人がフランドルや帝国の諸都市の商人とは違うことや、十一、十二世紀のイタリア商人が十三世紀のスカンディナヴィア商人とほとんど共通点をもたないことや、商人の活動が商取引と銀行という二極の周辺に集中するという事実を考慮しながら商人たちを分類する必要があることを、指摘しないわけにはいかない。彼らは質屋であり（ロンバルディア人*やカオール人）[1]、両替商であり（両替と貴金属取引を営む）、さらにその頂点をなすのが、商業銀行家たちである。多彩な活動を行なったこの大商人たちは、資本主義の先駆者であった。そしてまた、その活動によって、当時の封建的で宗教的な社会の構造をゆさぶり、ついには崩壊させることに寄与したのである。

事実、ほかの市民たちと同じ理由で封を獲得した商人は、代償の軍役をともなわない《自由人封《フィエフ・フランク》》によって、ないしは金銭による賦課租*によって、伝統的な封*を衰退させる。中世末期には、毛織物を製造するにあたり、自分の手元に生産手段を集中し、都市周辺の農民や労働者を賃金生活者に変えることで、彼らを疎外する。商人は、金も、仕事も、住居も掌握しているのである。中世末期まで、大事業は、社会の表層に関係するだけである。とはいえ、莫大な扱い金額、利益の概念の発達、使用される取引や金融の手段、また事業の手広さ、種類、地理的広がり（なかでも最大のものは、メディチ家[2]や、フランスのジャック・クール[3]であるが、その事業はヨーロッパ中に、さらには中近東にまで及んでいる）は、まさに中世の商業銀行家によって、資本家によって生み出されたのである。

商人の社会的役割や経済力は、事業の中心地である都市の発展に寄与する。諸都市は、十三世紀にはもう、都市政体の枠組みのなかで、社会的にも政治的にも商人に支配されるようになる。イタリアやドイツの諸都市の評議会《コンセイユ》には、しばしば彼らが紛れ込んでいる。商人たちは貴族に融合、同化し、下層市民を支配する。彼らの利益のためにである。
商人は、その活動を断罪したあとで弁護することになる教会の、その敵意の的となりながらも、世俗精神の普及と発展にとくに根本的な役割を演じる。まず最初、その授業科目が商人たちの影響力のもとにある公立学校が開設される。そこでは、書き方（草書体への復帰はより上手に、より明確に書くことを可能にする）、俗語、算術、地理などによって基礎教育が組織される。それは、≪聖職者の≫学校で行なわれていた教育とはまったく異なっている。しかしこの教育は、考えられているよりもはるかに限られた社会階層を対象とするにすぎない。そして、みずからの社会的地位を顕示したい商人は、早々に、家庭教師を呼んで、ある種の隔離教育を行なうようになる。さらに商人の文化は、彼らの生き方、彼らの生活環境、彼らの時間の単位を、合理化する方向へと導いた。そしたまた、芸術を庇護し、美術作品や文学作品を注文する（彼らに好意的な詩やパンフレットを書かせるため）ことによって、商人たちは民衆をコントロールする強力な手段を自由にする。財貨、豊かさの外見的なしるし、金儲けへの嗜好は、新しい≪心性《マンタリテ》≫に属しているのである。

（1）南フランスの都市カオールの出身とされていた、両替商や質屋や高利貸しなどの小口の金融を営む人々のことで、実際には必ずしもカオール出身ではなかった。

（2）十五世紀にコシモ・デ・メディチが基礎を築いて以来、商業や国際金融で大活躍したフィレンツェの一族で、ヨーロッパ全土に支店網をめぐらせていた。その全盛期にはフィレンツェ市政の実権を握り、ルネサンスの文化活動を支援した。

（3）Jacques Coeur (v.1395-1456) はブールジュ出身の実業家、政治家。レパント貿易の独占で膨大な利益を上げる一方で、シャルル七世の財務官僚として活躍し、貴族身分にまで登った。しかし、その富は嫉妬を呼び、讒言にあって逮捕され、その地位を失った。

参考文献

Yves Renouard, *Les hommes d'affaires italiens au Moyen Age*, A.Colin, Paris, 1968.
Jacques Le Goff, *Marchands et banquiers au Moyen Age*, P.U.F., Paris, 1980.

⇨**〔銀行〕〔定期市〕〔ロンバルディア人〕〔手工業〕〔街道〕〔輸送〕〔文盲〕〔学校〕〔世俗化〕〔ブルジョワ〕**

女性　Femme

社会のなかでの女性の地位についての研究は、その数を増してきた。これは、現代のフェミニスト運動の貢献の一つである。中世に関しても、史料が断片的で、しばしば偏っているにもかかわらず、やはり同様の動きがみられる。しかし問題なのは、視聴者の関心を先どりするという口実のもとに、まったく非《科学的》ないくつかの番組が、いいかげんな見当とばらばらな幻想が入り混じった方法で、《カテドラルの時代の女性》の姿を描いたと得意になっていることである。

レジーヌ・ペルヌーは、こうした中世の女性を、アリエノール・ダキテーヌ*、ブランシュ・ド・カスティーユ*、クリスティーヌ・ド・ピザン[1]などの有名な婦人たちの例をとおして語ることを選んだ。しかし、そこに語られている事例の大半は貴族階級*に属すものであり、当時の女性の地位を代表するものとは言いがたい。ジャンヌ・ダルク*やカテリーナ・ダ・シエナ[2]の例も、貴族的な世界を反映していると非難されることはないにせよ、やはり女性の地位を代表

王妃イザボー・ド・バヴィエールに自著を捧げるクリスティーヌ・ド・ピザン。

『ベリー公のいとも豪華なる時禱書』に描かれた6月の干草刈りの図。

しているとはいえないのである。

そのほかにも、この書物には、女性解放の気運が一般に広まっていたかのように記されている。女性は《思いもかけない場所で》、数多くの職業（散髪屋や理髪師）に散見され、経済生活に積極的な役割を演じ（《人々は通りの角々で彼女たちに出会う》）、ある形での自立性や（彼女たちは、なんと十二歳で一人前になる）、自分たちの財産を守る法的権利を有していたとされている。しかしながら、これらの規準は既婚者にしか関係しないし、こうした状況がかなり局地的なものであったことは、この書物には明言されていない。そのうえ、中世以降の時代の女性たちがかなり権利を制限された状態にあったにせよ、そのことから、中世は女性にとって獲得と独立と自立の時代であったと断言することはできないのである。

とはいえ、中世社会における女性の地位を正確に見定めるには、いくつもの困難がつきまとうことも確かである。われわれの手元にある史料はごく断片的なものにすぎない。最初の問題は、女性の数を知ること、もしくは知ろうと努めることである。十五世紀まではいかなる人口調査も存在しない。それでも、地方で行なわれていたであろう間引きは、十四世紀までは、女性の数のあきらかな不足によって確認することができる。こうした傾向が逆転したのは、何より女性がまだ幼いうちに婚約するよう、とくに気を遣うようになったおかげである。

十二世紀、文学や美術は、女性により重要な地位をあたえる。画家や、とくに彫刻家が、たいへん頻繁に乙女マリアを表現し、またときにはマグダラのマリアを表現する。そこで扱われるのは、いうまでもなく特定のタイプの女性、すなわち母親であり、聖化された女性である。文学も女性について語る。とはいえその見方には、現実から着想したと思われるものだけではなく、理想化されたり、歪曲されたりしていると思われるものも含まれている。

こうした作品の大部分は、男性によって書かれたものである（いくつかの例外、たとえばマリー・ド・シャンパーニュやディー伯夫人を除けば）。また、それらの成立源は、貴族階級や、《さらには》聖職者に源を発している欠点をあらわにする。反フェミニズムはあいかわらずであり、とくに聖職者たちのあいだで、それが顕著である。彼らにとって、女性は、イヴの罪に汚されたままなのである。世俗文学も、ファブリオや(3)『ばら物語』のジャン・ド・マン(4)によって書かれた部分に関していえば、その例外ではない。この物語のあらすじは、全体的にはあまり革新的でなく、女性はおそるべき邪気に満ち、淫らで、移り気で、危険な存在のままにとどまっている。彼女たちは、一度母親になることで、はじめて毒気が抜け、無力化されるのである。

宮廷風恋愛*が、男性の言葉や、うわべの態度を変えたことは確かである。しかしながら、貴族男性のためのこのゲームにおいて、女性はいつも一つのターゲットにすぎない。

女性は、妻や母である場合をのぞき、ほとんど目にとめられることはない。娘がいそいで教育されるのは、できるなら《立派に》結婚*させるためである。その結婚は、領主たちのあいだでは、ときには誘拐にまで及ぶことのある入念に練り上げられた戦略にしたがっていた。

領主たちの妻は、城の内部にしか活躍の場がみいだせない(《家計》の管理)。彼女たちが軍事的な問題に取り組むこともなくはないが、その役割の根本は、やはり子供を生むことである。夫婦の寝室はまさにこの役割を象徴しており、寝室のまわりに城が築かれるのである。したがって、貴族の娘たちの教育は二つの領域に封じ込められている。すなわち、夫につくす術《すべ》であり、歌や踊りや朗読(彼女が成長していれば)によって疲れた騎士たちを楽しませる術《すべ》である。

社会のほかの階層内での女性の役割を見定めることは、たいへん困難である。彼女たちは、商業と手工業のなかに一定の地位をしめている。しかしその地位とは、正確にはどのようなものであろうか。十二世紀以降、彼女たちは図像の上に描かれるようになる。そこには、野良仕事に精出す女性の姿も登場する。とくに草刈りや収穫の最盛期についての図像によく登場するのであるが、牧畜の場面に登場することはまれである。ジャンヌ・ダルクや、王子と結婚する羊飼い娘たちは、その職能を少しも代表していないのである。その一方で、糸を紡ぐ女性たちは数多く登場する。彼女たちは、家のなかを取りしきると同時に、きわめて重い家事労働に就いていたのである。

社会のなかでの女性の地位は、はたして全般的に改善されたであろうか。女性が財産を管理できたことから、その地位の改善がしばしば断言されている。南ヨーロッパでは女性がしっかりと財産を管理していたことが、カタルニア地方についてはピエール・ボナッスィによって、ラティウム地方についてはピエール・トゥベールによって、それぞれ指摘されている。十一世紀のカタルニアでは、女性が自由に自分の財産を売却し、贈与し、また嫁資として持参した財産を管理している。しかしそこで問題にされているのは、既婚女性の固有の財産と、法律が彼女に保障する権利である。そのうえ、北ヨーロッパでの状況は、またかなり違っていたようである。

自由と自立の欠如によって、結婚を規定していた方法によって、家に閉じ込められることによって、女性が抑圧されたままであったことは疑いえない。例外的に認められていたのが、財産と家内の管理者としての役目や、母親としての役目である。しかし、産褥で命を落とす可能性も高かった。

対等にふるまうためには、もしくはただ注目されるためには、女性は肩書を身につけ、男性の役割を演じなければならない。女性たちが城の防衛に参加した際に示した勇気と体力によって、彼女たちは男性からの称讃を浴びることになる。男性にとって唯一本物の価値は、戦士の価値なのである。中世末期、クリスティーヌ・ド・ピザンという一人の女性が、自分の意見を広く問いかけようとして、男性を装って筆をとることを決意する。彼女は、《女から男になり》そして今は《男である》と断言するようになる。

こうした状況にもかかわらず、十二世紀末には、夫婦間の愛が男性と女性を対等な存在に変えうるという理念が、めばえはじめる。しかし、反フェミニズムには何の変化もない。やがてそれは、ジャン・ド・マンによる『ばら物語』続編の刊行により、公的な問題としての広がりをもつことになる。彼はこの作品のなかで、女性の信用を失墜させようとする露骨な意図をもって、その存在を論じている。この出版が、最初の《フェミニストの戦い》の原因となるのである。

クリスティーヌ・ド・ピザンは、その諸作品によって女性の尊厳を擁護する。彼女は、女性の長所（善良さ、信心深さ、やさしさ）を証明しようとする。そして、女性が劣っているのは、その精神の脆弱のためではなく、むしろ教育の不足のためであることをとくに強調する。クリスティーヌ・ド・ピザンの名は、その闘いのさなか、ジャン・ジェルソンの耳にとどき、その支持を受ける。彼は一男性であり、聖職者でもあれば神学者でもあったが、並はずれて開放的な精神も持ち合わせていた。もっとも、当時において女性を擁護したのは、けっして彼だけではなかった。

（1） Christine de Pisan (1364-v.1430) はヴェネツィア生まれでパリで教育を受けた女流作家。夫と死別してから文筆活動をはじめ、恋愛詩や、女性の擁護と教化を意図した『愛の神への書簡詩』『三徳の書』など、多数の作品を著した。

（2） Carterina da Siena (1347-1380) はイタリアのドミニコ会第三会員で神秘思想家。強固な意志と熱烈な信仰をもち、多くの弟子たちをひきつけた。また、アヴィニョン教皇のローマへの帰還にも尽力した。多数の美しい書簡が残されている。

（3） 中世の韻文による笑い話、短い作り話の総称。十二世紀後半から十三世紀にかけて盛んに作られ、赤裸々な人間の姿を、軽い風刺と陽気なユーモアを織り混ぜながら描いた。

（4） Jean de Meung (v.1250-v.1305) はフランスの詩人で、神学にも通じていた。彼はギョーム・ド・ロリスの『ばら物語』を未完と考え、その後編を書き加えた。それは衒学的で道徳的な傾向をもち、女性に対する痛烈な風刺を含んでいる。

参考文献

La femme dans les civilisations des XIe *et XIII*^{e} *siècles*,(Colloque de Poitier,1976),Poitiers,1977.

Georges Duby,*Le chevalier,la femme er le prêtre*,Hachette,Paris,1981.篠田勝英訳『中世の結婚』新評論、一九八四年。

Régine Pernoud,*La femme au temps des cathédrales*,Stock,1980,Paris.福本秀子訳『中世を生きぬく女性たち』白水社、一九八八年。

Michel Parisse.*Les nonnes au Moyen Age*,Christine Bonneton,Le Puy,1983.

⇩**〔結婚〕〔宮廷風恋愛〕**

書物　Livre

中世初期のあいだ、写本は豪華な工芸品であった。修道士たちは、膨大な時間をかけてそれを書き写し、飾り立て、一つの経済的資産へと変質させる。写本は、高価な食器と同様にしかみなされていない（ジャック・ル＝ゴフ）。読まれるために作製されたのではないのである。

十三世紀まで書物は稀少である。教養ある貴族の書架を満たすことはできても、個人読者の手に届くことはまずない。学校*や大学*でも、書物を所有しているのは教師だけであり、教育の根本は、生徒を前にただ一冊の本を読み上げ、それを記憶させることである。十三世紀には、教授たちの講義録が、分冊《ペキア》ごとの、すなわち部分ごとの構成で刊行されるようになる。生徒たちは、試験のときにそれらを参照したに違いなく、したがってある程度の部数も必要であった。こうした分冊（羊の皮で作られた、つまり羊皮紙製の一種のノートで、四つ折にされていた）の集成は、一冊の原本《エクセンプラル》を形作った。写字生たち[1]はつぎつぎと講義録の分冊を借りてくる。そして、四十人ほどの写字生が、同じものを一度に書写したのであろう。講義録を複写することは、どこの大学にとっても非常に重要になる。一二六四年のパドヴァ大学の規約にはこうまで書かれている。≪原本なくして大学なし≫。

書物をめぐる最初の変革がおきたのである。≪知識人*という職業の発展は、概説書の時代を生み出した≫（ジャック・ル＝ゴフ）。書物は増加し、より急速に広まる。そして、すぐに参照できるようますます整備される。その版型もより小さくなり、それまで以上に参照され、持ち運ばれるようになる。迅速に書き写すため、略語も増加するが、アルファベット順の略語リストや目次が書物に添付されること

修道院の書写室で羊皮紙上に書物を書写する修道士。書写のための用具がこまかく描きこまれている。

も多くなる。十三世紀末以降、紙の使用もはじまる。

《道具としての書物》への完全な転換をなしとげるのに欠けているのは、もはや印刷術だけである。金銀細工師のグーテンベルク(2)は、マインツで汎用性のある印刷機を開発し、聖書の初版を印刷する。印刷技術は、一四四四年、早くもフランスに、アヴィニョンに導入されているが、それはグーテンベルクの発明に先立つものだったのであろうか、それとも追従するものだったのであろうか。答えはまだ見つかっていない。いずれにせよフランスにとって決定的であったできごとは、一四七〇年のソルボンヌへの印刷術の導入である。それは、ユマニストのギヨーム・フィッシュ(3)と、ソルボンヌの小修道院長ジャン・エイランに主導されたものであった。彼らのはからいで、学生たちは印刷機を学寮のなかに据えつける。書物は、フランスのあらゆる知的活動の中心地に、また商業都市に(ルーアン、トゥール、アンジェ、ことにリヨン)増加する。フランス以外の国々でも事情は同じである。より安くなり、より多くの人々に手の届くようになった書物は、教育を変革しただけではなく、文化全般の普及をも押し進める。愛読書は一人で読めるようになり、もはや教師も教育も不要となる。ユマニストたちも、そうすることで、権威者たちを否定していくのである。

(1) 十二世紀以前、書写は修道士の仕事であったが、この時代になると大学の近くに写字生の組合の施設が設けられた。彼らの多くは、貧しい学生アルバイトであった。

(2) Johann Gutenberg (v.1400-1468) はマインツの金銀細工師の息子で、当時すでに存在していた印刷術を総合、改良し、はじめての実用的な活版印刷技術を編み出した。

(3) Guillaume Fichet (1433-1480) はフランスの神学者でユマニスト。ソルボンヌ学寮の寮長で論理学の教鞭をとっていた。

参考文献

Lucien Fèbvre et Henri Jean Martin, *L'Apparition du livre*, Albin Michel, Paris, 1958, 関根素子他訳『書物の出現』筑摩書房、一九八五年。

Jacque Le Goff, *Les intellectuels au Moyen Age*, Seuil, Paris, 1985.

M.T.Clanchy, *From Memory to Written Record, England 1066-1307*, Harvard Univ. Press, London, 1979.

Brian Stock, *The Implications of Literacy: Written Language and Models of Interpretantion in the 11th and 12th Century*, Princeton Univ. Press, Princeton, 1983.

Pascal Saenger, "Manières de lire médiévales", dans H.J.Martin et R.Chartier, *Histoire de l'édition française*, tom.1, Promodis, Paris, 1982, pp.131-141.

⇩〔大学〕〔学生〕

信心　Piété

民衆の信心は、比較的最近の研究対象であるが、この言葉を定義するのは容易ではない。この信心を構成する諸要素はキリスト教から受容されたものばかりではないため、その研究を行なう歴史家たちは、民族学《エトノロジー》がもたらした研究法を利用することも必要となった。そうすることで、この信心のなかにある≪民俗《フォルクロール》≫に属する、換言するなら異教に属する要素のすべてを、より明確に把握することが可能になるのである。西欧がキリスト教化された時期はかなり遅かった。十六世紀はじめにおいても、それはまだ不完全であった。普及していない信心業もあったし（ミサをたてることや秘跡を授けることはごくまれであった）、信仰には迷信や魔術の刻印も残されていた。ジャン＝クロード・シュミットは、聖レヴリエへの崇敬を研究している（飼い主によって理由もなく殺された一ぴきの犬は、民衆たちによって殉教者に変身させられ、その墓には、病弱な子供に生きる力をさずけてもらおうとする人々が押しかけた）。しかしこの種の伝統が、民衆のあいだでの信心の発展を妨げることはなかった。

民衆の信心のありようを理解するためには、キリスト教が根をおろした信仰の土台を考えに入れる必要があるし、民衆の関心事からはかけはなれた、抽象的で複雑な教義をもつ、≪学者≫の宗教が存在したことも考慮する必要がある。ドゥラリュエルとラウール・マンセリは、この二つの形態をもつ信仰実践のあいだの関係を検討しようとした。さらには、民衆の宗教は学者の宗教をどのように発展させることができたのか、また、学者の宗教は民衆の宗教の異教的底流を、成功しなかったにせよ、どのように誘導し、制御し、カトリックを信者たちにより親しみやすいものに

アッシジ教会の壁面にジョットの描いた聖フランチェスコ伝より、『小鳥への説教』の図。

しようとしたのか、ということを検討したのである。

十世紀以前、修道士たちの宗教は、神の子の贖罪と称讃について思索をめぐらしてはいたが、一般信徒たちの宗教と同様、これといって目立った動きを見せてはいない。しかし十一世紀以降は、民衆の信心がひきおこす未組織の広汎な運動が出現し、やがてそれはグレゴリウス改革の引き金となる。キリスト教は、十字軍運動のような数々の示威活動のさなかにその最盛期をむかえるが、どのようにしてそこまで発展していったのであろうか。エティエンヌ・ドゥラリュエルは、司教の説く福音とは異なる別の福音が、学者の宗教に対して批判的な隠修士たちに媒介されて広められ、未組織のままに取り残された大衆を引きつけたのであろうと考える。しかし、この民衆の信心は、社会組織に拘束されすぎることを拒否する宗教の形態をとることもあった。そして、教会と絶縁したり、ときには反聖職者的な異端*を引きおこすまでにいたった。

アッシジの聖フランチェスコ[1]は、宗教を民衆に近づけることに貢献する。彼の福音の読み方は、単純さと要求の厳しさ、喜びの入り混じった苦しみ(十字架とまぐさ桶)、社会正義の呼びかけ、純真さと優しさ(子供の再発見)、自然への驚嘆と愛などからなっている。人間的感情に向かって宗教の扉を開くことで、宗教それ自体に血を通わせたのである。フランシスコ会信仰の成功によって、こうした新しい感受性は広く普及し、現代にいたるまでキリスト教を特徴づけることになった。

教会自体も、ある一連の崇敬を発展させることをつうじ、一般大衆の信者たちへの接近の欲求を表明する。それがマリアへの崇敬である。アヴェ・マリアがキリスト教世界に共通した祈りの言葉となる一二二〇年から、また、ドミニコ会士がロザリオの祈り[2]を普及させたときから、マリア崇敬は広まっていく。宗教は、諸聖人と彼らへの崇敬の開花によって、また、信者たちが家庭生活のなかや職業生活(信心会*)のなかに保ちつづける諸聖人との親交によって、民衆にとってより身近なものとなる。数々の儀式やイメージ*の発展も、同様の役割をはたす。その一方で、聖体への崇敬は、一二六四年の教皇勅書によって全キリスト教世界に広まりはしたが、よりあいまいである。ますますその数を増す奇跡が、聖体のパン（ホスチア）にまで及ぶとすれば、聖体のパンとぶどう酒に捧げられた崇敬は、一つの危惧をいだかせる。この件に関しては、信者たちは間違いを犯しているのではなかろうか、という危惧をである。

中世末期、たびかさなる飢饉や、ペスト*による死が居座る当時の情勢と結びつきながら、信心は、よりドラマティックな展開をみせる。磔刑のキリストに対する信心の発展である。それに先だつ数世紀の泰然としたキリストとは違って、人々がそこに見いだしたのは、苦悩に満ちた一人の人間であり、苦しみを共にしてくれる一人の人間である。信心は、何よりもより個人的なものとなる。十五世紀になると、死期のせまった人々を手助けするための書物[3]が用いられるようになり、同じく非常に裕福な信者たちも、神との個人的な面会の約束を規定する『時禱書』[4]のなかに、教えを仰ぐようになる。

---

(1) Francesco(1181-1226)はイタリアのアッシジの商家に生まれたが、やがて回心し、世俗を捨て、キリストにしたがい清貧の愛に生きるようになった。彼の周囲には仲間たちが集まったため簡単な会則を作り、一二〇九年には教皇の承認をえて、フランシスコ会が正式に発足した。〔托鉢修道会〕の項目を参照のこと。
(2) 念禱と口禱によって聖母マリアを讃える信心業の一つ。数珠様の器具を用い、その玉を数えながら特定の祈りを捧げる。
(3) 『往生術』のこと。〔死〕の項目を参照のこと。
(4) 聖務日課における各定時課の祈りを一冊にまとめた個人用の祈禱書。多くの場合、美しいミニアチュールで飾られていた。『ベリー公のいとも豪華なる時禱書』が有名である。

参考文献

Etienne Delaruelle, *La piété populaire au Moyen Age*, Turin, Paris,1974.
Raoul Manselli, *La religion populaire au Moyen Age*, J.Vrin, Paris,1975.
Jean Claude Schmitt, *Le Saint Lévrier:Guinefort,Guérisseur d'enfants depuis le XIIIe siècle*, Flammarion,Paris,1979.
Francis Rapp, *L'Eglise et la vie religieuse en Occident à la fin du Moyen Age*, Nouvelle Clio,P.U.F.,Paris,1971.
* André Vauchez, *Les laïcs au Moyen Age*, Cref,Paris,1987.

⇨〔聖人〕〔托鉢修道会〕

信心会　Confrérie

中世の初頭、安全と保護は生きていくために不可欠であると、だれもが強く感じていた。貴族階級は、彼らなりの手段(系族*、家臣制*)をもっている。しかし社会階層の下の方は、個人的に身を守る手段をもっていない。唯一可能な方法が、集団として連帯することであった。

信心会《コンフレリー》というものは、その起源をたどれば、慈善団体である。北フランスでは、そもそものはじまりからして、カリテ(慈善)という名で呼ばれているのである。

信心によって結ばれ、ある聖人や聖母の保護のもとにおかれたこれらの団体は、最初は貧しい会員や、困っている会員を援助することを目的に設立された。たとえば仲間の埋葬を保証したり、ミサを行なわせたり、巡礼への出発を助けたり、病人に救いの手をさしのべたりすることを引き受けたのである。

　田舎には、聖霊《サン＝テスプリ》のための信心会がたいへん数多い。とくに山岳地帯（プロヴァンス、オーヴェルニュ）ではそうである。イギリスでは、数々の信心会が聖体《コルプス・クリスティ》に献じられている。土地を所有したり、金や、引き馬を貸したりする会もある。ジュラ地方の家畜飼育人たちの諸団体は、十五世紀初頭から強固なものになる。また信心会が、小教区*の会計書を自分たちで監査し、そのうえで通過させている例もある。

　これら諸団体の集団的活動は、典礼暦年の大祝日のときの行列、また保護聖人の祝日のための行列、祭壇や礼拝堂の維持など、さまざまな宗教的催しにくまなく示されている。集会は常設の部屋で開かれ、宴会もそこでくり広げられる。

　こうした信心会は、教会からはほとんど評価されず、それどころか競争相手のように、さらには害毒のように感じとられていた。一三一一年、教会はこの会の廃止を宣言したが、効果はなかった。都市の信心会は、各職業の組合、すなわち同業組合*としだいに一体化していった。

参考文献
Robert Fossier, *Histoire sociale de l'Occident médieval*, Collection U.A.Colin, Paris, 1970.
Gabriel Le Bras, *Les confréries chrétiennes:problèmes et propositions*, RHDFE, 1940-1941.

⇩〔同業組合〕〔教会〕

身体　Corps

　軍人貴族階級においては物理的な力を生む道具であると認識されていた身体《からだ》は、逆に、教会からは軽蔑され、断罪される。肉は、つねに獣性と罪に結びついている。よきキリスト教徒としての務めは、自分の身体を制御し、自分の内側にひそむ獣性に打ち克つことなのである。

　しかし徐々に、身体はその独立性を獲得する。それは、医療思想が宗教的な図式から開放されたときに著しい。フィリップ美男王《ル・ベル》の外科医であったアンリ・ド・モンドヴィル(1)は、きわめて隠喩に富んだ記述によってではあるが、身体の神秘を知ろうとし、また知らそうとする確固たる意志さえ表明している。

　たとえばつぎのようにである。身体は一種の要塞であり、その開口部のすべては人格の完全さを脅かす弱点を象徴している。同じような象徴は、社会集団にもみられる。そこでは貴族が、すなわち、その集団の他の部分に権力をふるう貴族の成員や貴族の男性が弱点となる。しかしそのなかには、情動性と理性を備えたものもいる。

また身体は、手仕事が行なわれる場所ともなる。外科医モンドヴィルは、まるで建築現場で道具を操る人のように、自分の仕事について語る。大工が材木を手に入れるのとまるで同じに、身体を取得しようとする。あきらかに、彼は権威を渇望している。自然の力のはたらいている身体を制御する権威を、そして苦悩する人類に自分の知識を誇示する権威をである。この医者は、自分を一種のデミウルゴス[2]だと感じており、病気に対する宗教的解釈を侮蔑するのである。

(1) Henri de Mondeville(1260-1320)は十三世紀に活躍したフランスの臨床医、外科医。科学的な医学を重んじ、『外科医』を著して、大学でも教鞭をとった。
(2) プラトンの『ティマイオス』に登場する神の別称で、みずからに似せてカオスに秩序をあたえ、イデアを模範に、一つの魂をもつものとして世界を形成する存在である。

参考文献

Marie-Christine Pouchelle, *Corps et chirurgie à l'apogée du Moyen Age, Savoir et imaginaire du corps chez Henri de Mondeville*, Flammarion, Paris, 1983.
Jacques Gelis et Odile Redon, *Les miracles, miroir du corps*, Press Univ. de Vincenne, Paris, 1983.

森林　Forêt

極北のツンドラと、パンノニア[1]、ダニューブ川下流域、南ウクライナから中央アジアの草原地帯やステップに通じる南東部の大草原地帯を除けば、そしてまた、砂丘、泥炭地帯、沼沢地帯、高原の芝地やステップを除けば、森林は、歴史時代の直前まで、ヨーロッパのほぼ全域を覆っていた。森林は、南から北にかけ、四つの大きなタイプに区分することができる。まず第一に地中海性気候地域の常緑広葉樹林。第二に中部ヨーロッパの温帯地域の落葉広葉樹林。第三にスカンディナヴィアおよびロシアの針葉樹（タイガ）からなる北欧林。そして第四に最後の二タイプにはさまれた広葉樹と針葉樹の混合林である。

地中海沿岸の森林は脆弱であった。そこでは、カシ、コルクガシ、アルプスマツ、コウヤマキ、カイガンショウなどが、ピスタチオ、ネズ、ミルテなどからなる下層と、コジアオイ、ラヴェンダー、エリカなどからなる生い茂る下草とを支配していた。しかしこの森林は、鉄の刃、火、動物の歯、集中的な採取などに対し、わずか数世紀しか持ちこたえることができなかった。そのあとを、小灌木や低木からなる副次的で粗末な植物群系がひきつぎ、石英質土壌の上に密生するマキ[2]を作り出す。その一方で、石灰質土壌の上の灌木の茂みは、発育の悪い、無防備な、とぎれとぎれの、なかばステップ化した状態に行きついてしまう。早くも古代において、農耕民や牧畜民は、もはや貴重な遺品のような状態でしか残存していなかった地中海沿岸の森林の、その大半の末端にまで行きついてしまったのである。

それに対し、ナラ、ブナ、クマシデなどが、ハシバミ、ヤマグミ、西洋ヒイラギ、ヤナギなどからなる下層と、生い茂る下草を支配する中部ヨーロッパの広葉樹林は、人間の介入に対しずっとよく持ちこたえる。そしてこの林に衰えが生じても、砂地や石灰質土壌といったひどくやせた土地の上である場合を除いては、すぐにまた再生する。

長髪族の住むガリア、ゲルマニア、ブルターニュ、スラボニア[3]では、農地拡大の長期的展望のなかで森林が単なる残滓とみなされるようになろうとも、中世のなかごろまでは、森林は優勢でありつづけた。九世紀、現在のフランスの領域内において、人口は少なくとも一〇〇〇万人を数え、さらに放牧地や灌木が茂り樹木の点在する荒れ地、未開の原始林や部分的かつ一時的な開墾*のちに再生された二次林は四〇〇〇万から四五〇〇万ヘクタールを数えた。他方、継続的に犂耕され、活用されていた可耕地（農地《アーゲル》）は一〇〇〇万ヘクタールを超えないことも確かである。したがって、完全なものであれ、損なわれたものであれ、森林はたぶんこの領域の二分の一以上にあたるであろう約三〇〇〇万ヘクタールを占めていたと思われる。

十三世紀、すべてが変化する。人口は二〇〇〇万人を超え、可耕地は約二〇〇〇万ヘクタールへと拡がり、荒れ地や森林は三五〇〇万ヘクタールを占めるだけとなる。厳密な意味での森林は、一五〇〇万から二〇〇〇万ヘクタールのあいだで、もはや全体の三分の一をおおうだけとなる。それは、まったく《近代的な》比率なのである。支配的であった森林、どこにでもあった森林は、農耕と牧畜に圧倒され、人間によって支配された少数派に転落する。中世初期の、人が住みつき耕している林間の空き地の作り出してきた森林内の狭い空間は、四世紀間かかって、開放耕地や、小さな林が点在するボカージュや、残りものの森の小島（保護された森林塊から切り離されることもあった）などの形作る、広々とした眺めの空間へと大転換をとげるのである。

とはいえ森林は、当時の人々の生活のなかで重要な役割を演じており、決して消え去ることはなかった。依然として食肉供給の重要な部分をなしていた狩り*を別にしても、漿果、乾果、根菜、蜂蜜などの摘果、採集は、穀物をベースとした変化にとぼしい食品構成を補完し、多彩にする。また森林は、皮をなめすためのカシワの樹皮、松脂、タール、蜜蠟など、あらゆる種類の原材料を提供する。しかし、最大の資源となるのは材木である。材木の大部分は、住宅、開拓地の建造物、城館、城砦などの建設のために、また農器具、樽製造用やワイン醸造用器具などの製造のために用いられる。その一方で、暖炉、台所、カマドなどで燃やす薪も欠かせない。そのほか、冶金にも大量の薪が用いられた。

　さらに森林は、ばらばらに分散した人的支配体制を隔てる広大な国境地帯であったろうし、敗者や無法者にとってはたぶん避難場所や防御施設であったろう。また森林は、恐ろしい場所であったろう。というのも、そこには、オオカミ、クマ、イノシシ、オーロックス[4]（十五世紀まで）などの有害で、ときには危険な動物たちが住み、人食い鬼や狼男などの架空の被造物も住んでいたからである。また森林は、遠い昔から、神聖な性格をもっていたであろう。というのも、そこにはたしかに守り神《ジェニ》や妖精《フェー》*が住んでいたからである。しかし、こうした性格はすべて、十世紀から十四世紀にかけての森林の大幅な後退とともに薄らぎはじめる。

　それ以降、残された森林は、だれにでも利用できる無尽蔵の天然資源ではなく、営まれている生態系*に欠かせない、他の部分と調和したその一部分と考えることが求められるようになり、開墾から守り、倹約しながら利用することが求められるようになる。行きすぎた開墾は、木材の不足と高騰とをもたらす。そして権力者たちは、自分たちのために、この新しい富の源泉の利用を秩序立てるようになる。まず王権が、つづいて領主たちが、みずから特権を留保している森林空間の≪伐採・放牧禁止《デファン》≫を命じることで、木を切ることを禁止し、その計画的利用をすすめる。低林では薪を生産するために、高林では木材を生産するために、高低混合林ではその両方を生産するために計画的に伐採された収益性のある森林は、はっきり個別化される。事実、そこに真の所有権の逆転がおきる。不特定多数の人々に開放され、利用されていた森林は、特定少数のものとなってしまうのである。昔からの権利を強奪された農民たちは、その行使にあくまで固執する。執達吏《セルジャン》や森務官《ギャルド・フォレスティエ》は、彼らを追い払う。反乱はひきもきらず、とくに十四世紀に頻発する。

　頼みにならない残りものの森林のあとをつぐのは、開墾や家畜の群から守られた森林であり、伐採を規制され、倹約をこころがけながら利用される森林なのである。このことこそ、十三世紀末に農耕生態系が過剰開発すればすれのところで完成するという事実の、もっとも明白な証拠である。またこうしたことの結果生じた紛争も、森林開発の縁《ふち》が自然的限界に達すると同時に、その利用法も社会的限界に達することをよく示している。

（1）　ハンガリーを中心に、オーストリアとユーゴスラビアの一部までも含む地域を指す、ローマ帝国時代の呼び名。
（2）　地中海沿岸地帯に発達する硬葉樹林群で、コルシカ島とイシガシの叢林がその典型であり、マキの名もそこから来ている。
（3）　ユーゴスラビアの北部。
（4）　かつてヨーロッパから西アジアや北アフリカにかけて分布した野牛で、すでに絶滅したが、その血は各種の牛にひきつがれている。

参考文献

Henri Elhai, *Biogéographie*, A.Colin, Paris, 1968.
Histoire de la France rurale, tom.1, Seuil, Paris, 1975.
＊ Roland Bechmann, *Des arbres et des hommes*, Flammarion, 1984.

⇩ 〔生態系〕〔開墾〕〔危機〕〔農業〕

水車（風車）　Moulin

十世紀から十五世紀にかけて、西ヨーロッパでは、水車と風車がめざましく発達した。それらは、一連の作業を機械化することで、人間や動物のエネルギーをそれにおきかえ、作業場を拡大し、仕事の能率を向上させることを可能にした。穀粒の粉砕、溶鉱炉の送風装置、銑鉄のハンマー打ち、ラシャの縮絨、カシワの樹皮のタン皮への粉砕、パルプからの紙の製造、水その他の採掘物の引き揚げなどが機械化されたのである。この新しいエネルギーによって、そして機械化によって、作業場の家庭的性格や個人的性格を打破することが可能になり、またときには、その打破を強いられることになった。それとひきかえに、この作業場には集団的性格が、つまり工業的性格が付与されたのである。

水車は古代から知られていた。紀元前一世紀のミトリダテス王(1)の宮殿内には、横回転の水車が存在していた。最初の縦回転の水車は、キリストの生まれる直前にやっと登場する。この水車は、角度のある歯車を介して、垂直の心棒

鍛冶屋での水車を利用したハンマーとふいごの設備の再現図。

をもつ挽臼を駆動することができた。アルル近郊のバルブガルには、水道の水で駆動される一六の挽臼をもつ製粉所が、ローマ帝国末期における最大の工業団地を形作っていたのである。しかしそれがどんなに壮観であっても、これらの設備はやはり例外でしかない。ほとんどの製粉機は、いまだ奴隷の人力エネルギーによって駆動されていたのである。奴隷制度が徐々に衰退し、水車がゆっくりと発展するのは、中世初期のあいだである。

十世紀以降、この発展は加速される。現在のオーブ県にあたる地域では、十一世紀の調査で一四台あった水車が、十二世紀には六〇台、十三世紀には二〇〇台にも達している。十一世紀末のイギリスでは、ウィリアム征服王《ザ・コンカー》によって命じられ、『ドゥムズデイ・ブック』[2]に記された調査が、九二五〇の荘園《マナー》、二八万七〇四五人の保有農、五六二四台の水車を数え上げている。ほぼ五〇世帯に一台の割合である。またさらに、これらの水車の大多数は十八世紀にもまだ稼動しつづけており、十九世紀まで動いているものも少なくない。いくつかの水車は、近代化され、現在でも回りつづけているのである。

中世に設置された水車の大半は、水平におかれた、大きくて丸くて平らな石臼のあいだで穀粒を粉砕するためのものであった。

水車や風車のさまざまな形での利用を可能にしたのが、その輪の回転軸の動きを伝える方法の改良であった。回転部のかわりに、この軸（伝動軸）には平たくて交互に突起した部分が設けられ、ハンマーの柄がこの軸に押しあてられる。このハンマーは、突起部の通過によって持ち上げられ、平らな部分をすぎると自重によって落下する。こうして、この《カム》軸は、ハンマーによる連打の動作を可能にし、それまで手や足で行なわれていた一連の作業の機械化を可能にしていくのである。一〇八六年にはノルマンディー地方にラシャを縮絨する木槌を備えた最初の水車が、一一三八年にはシェルの町にかしわの樹皮をタン皮に粉砕する記録上での最初の水車が登場し、一二七六年にはスカニーのシトー会領に最初の製鉄用水車が、一二七六年にはイタリアのファブリアーノに記録上最初の製紙用水車が出現している。

《水の流れにそった》水車は、川岸や橋脚に係留されたいかだの上に木造で建造され、最小限の設備ですむようになっていた。こうした水車は、トランシルヴァニアにもみいだすことができる。他方、川の流れを迂回させることにより、また堰によって水位をかさ上げすることにより、人工的な滝が作られた。この滝は、その高さや水量によって差こそあれ、やはり非常に大きな力を提供したのである。

アドゥール川（ガスコーニュ）、ディーベン川（サフォーク）、コルヌアイユ地方では、河口の奥への堰を設けることにより、人工湖を造ることも可能になった。満ち潮のときには水門が開かれ、そこに海水が満たされ、引き潮になるとその海水が放出され、水車を回したのである。そのため潮力エネルギーが利用されたのは、幅の広がった川の下流域の、流れのたいへんゆるやかな場所においてであった。

しかし、フランドルのようなまったく平坦な地方や、逆に、地中海沿岸の山岳地帯のような設備を施せるだけの河川をもたない地方では、風車を必要としていた。風車の利用には、その羽を風の吹いてくる方に向けることのできる装置の開発が不可欠であった。この装置の本体と羽は、回転する垂直軸の上に据えつけられた。中心軸をもつこの風車は、十二世紀以降、たいへんな成功をおさめるようになる。

ポルダー[3]の干拓の開始を可能にしたのは、この風車と、堤防、水門、揚水ポンプとの組み合わせである。

水車と、水車による機械化の発展を可能にした社会状況を知ることは、容易ではない。はっきりしているのは、主たる技術革新が、たとえば農業技術の革新のごとく、その拡大された社会的利用に、ときには数世紀先立つという事実である。それに対し、水車の応用分野の拡大を可能にする改良は、水車自体の発展過程において生じたようである。

マルク・ブロック*は、中世に水車が大成功をおさめた理由として、まず第一に、古代奴隷制度を支えていた社会的、政治的条件が歴史的に衰退した結果として、奴隷労働力が不足したことを挙げている。しかしそれにつづいて、領主経営が、領民たちから水車小屋での製粉代を徴収するため、水車の利用をきびしく強制したという事実も挙げている。すなわち、奴隷関係の消滅が水車の利用を促進し、そして、新しい関係がより迅速なその利用の強制を可能にしたというのである。

シャルル・パランはといえば、《封建化の震源地》である北フランスに関して、以下のようなことを指摘している。すなわち、水車と、それに付属した水力で動く設備の建設は重い労働投資をともなったが、しかしこの任務は、高い人口密度によって達成されたのである。またその建設は、手動による粉挽きの長くてつらい労働から人々を解放することを可能にし、それによって獲得された時間は、農耕のために使用され、領主と農民の利益を倍増させた。領主は、この領地内での協同を組織し、そこから利益を引き出す。そしてこうしたことは、当時の生産力の発展と歩調をそろえることではじめて強調されうる、とするのである。

---

(1) Mithridates は小アジアのポントスの国王で、王国の拡大をはかり、東地中海支配をめざしてローマと衝突し、最後にはポンペイウスに敗れて、前六三年、自殺した。

(2) 一〇八六年にウィリアムが実施させた一種の国勢調査で、数組の調査団により、当時のイギリス全土の人口や所領の様子、資産の状況などが子細に調査され、記録された。

(3) オランダやベルギーの北部に広がる、低湿地帯を干拓して造り出した陸地のこと。

参考文献

Jean Gimpel, *La révolution industrielle du Moyen Age*, Seuil, Paris, 1975, 坂本賢三訳『中世の産業革命』岩波書店、一九七八年。

Philippe Wolf, *Histoire générale du travail*, tom.2, Nouvelle librairie de France, Paris, 1960.

Charles Parain, *Outils, ethnies et développement historique*, Editions Sociales, Paris, 1979.

⇩**〔工業〕〔手工業〕〔農業〕**

ストライキ　Grèves

十三世紀のパリ、十四世紀のオルレアンに代表されるいくつかの学生ストライキを除き、他のほとんどのストライキは、手工業《メティエ》*の同業組合に関係している。ストライキは都市において発展していき、社会闘争の展開過程への労働者たちの参入が目立つようになる。その闘争は、何よりも親方と労働者のあいだに生じた亀裂に起因している。

十三世紀後半から、職人たちの最初のストライキが、アリアンス、テイクハンズ、アレルの名のもとに勃発するようになる。一二四四年のエヴルーでの屠殺業者、一二五〇年のパリでの縮絨工のストライキ、またイギリスでは、一二四五年のランカスター、一二四八年のヨークでの染色工のストライキなどである。そこで叫ばれた要求は、都市による羊毛購入の独占の撤廃であり、冬季の一日九時間労働である。こうした運動は、一二七〇年のパリでのもの以降、北フランス諸都市のさまざまな繊維業においてとくに大々的に展開される。いくつかの都市、たとえばドゥエのような都市は、《ストライキ防止法》(ストライキ参加者に対する罰金、追放、拘禁)を練り上げる。

十四世紀後半において要求項目の核心をなしているのは、賃上げ問題、より正確には国王や市当局の命令による給与制限の問題であり、物価上昇問題であり、特定の親方たちが独占する専売権の拒否の問題である。一三三七年と一三四五年にはガンで、一三八一年から一三八二年にかけてはルーアンとサン=カンタンで、ストライキに引きつづき、機械の打ち壊しがおきる。もっとも激しく揺れ動いたのはヨーロッパの北東部、神聖ローマ帝国、パリ盆地、ネーデルランドの諸都市である。

労働者たちの賃上げ要求は失敗におわる。一四二〇年にはじまるストライキの新局面では、むしろ労働時間の制限を獲得するための闘いが目立つようになる。たとえばパリやオーセールで、職人たちは決めておいた合図にあわせて職場を放棄している。十五世紀の後半には、失業の増大にともない、ストライキよりもむしろ暴動や騒乱が広がる。労働者どうしの協調と団結が盛んになるのは、十四世紀も後半のことである。

参考文献

Robert Fossier, *Histoire sociale de l'Occident médieval*, Collection U, A.Colin, Paris, 1970.

Histoire de la France urbaine, tom.2, Seuil, Paris, 1980.

Bronislaw Geremek, *La salariat dans l'artisanat aux XIIIe et XVe siècles*, E.H.E.S.S., Paris, 1968.

⇩〔社会階級〕〔同業組合〕

誠実　Fidélité(Foi)

一一二七年、ガルベール・ド・ブリュージュ[1]が《古式ゆかしく》記述しているごとく、家臣契約の象徴的な展開に固執するのであれば、誠実誓約《セルマン・ド・フィデリテ》や宣誓《フォア》は、二番目に、すなわちオマージュ*と封*の授与のあいだに行なわれる。この誓約は、まずは契約の形をとりつつ口頭で交わされ、つぎに聖書や聖遺物にかけて宣誓される。それによって、この誓いには神聖な性格が付与されるのである。家臣になる儀式でのこの場面では、家臣と主君とのあいだに、口もとへの接吻も交わされる。この行為の分析のなかでジャック・ル=ゴフが強調しているのは、家臣を主君の《唇で結ばれた人》にするこの行ないが、家臣を主君と対等の地位に復帰させる行為でもあったことである。家臣は、オマージュの最中には、へりくだり、自分が主君の下位にあることを認めていたので、この接吻によってバランスをとり戻したのである。誠実誓約は、象徴体系の一部をなしており、強い個人的結びつきを生じさせる。他方、誠実は最高の封建的徳であり、武勲詩*のなかにも描き出されている。少なくとも理想ではある。しかし現実には、誠実誓約は何の役にも立たない場合が多い。南フランスやカタルニアではとくにそうである。《消極的誠実《フィデリテ・パッシフ》》は、ごく直截に誓約のなかに表現されている。主君の財産や事業に損害をあたえないように、またより露骨に、主君に危害をあたえないように、というのがその内容である。結局のところ、忠誠の中身はかなり貧弱なものだったようである。

南ヨーロッパでは、誠実誓約が、封・家臣《フェオド・ヴァサリック》関係の中核をなしていたようである。カタルニアでは封がオマージュと結びついているが、それ以外の場所、たとえばイタリアでは、封の授与は誠実誓約と結びついている。そしてほとんどの場合、文書に残っているのは誠実誓約であり、オマージュの記述ではないのである。

---

(1)　Galbert de Bruges(?-v.1128)はフランドル伯の公証人で年代記作家。一一一九年にフランドル伯シャルル・ル・ボンの暗殺を目撃し『フランドル伯シャルルの殺害について』を著した。

参考文献

Jacques Le Goff,"Le rituel symbolique de la vassalité",dans *Pour un autre Moyen Age*, Gallimard,Paris,1977.

聖職者　Clergé

中世社会の第一《身分》、すなわち祈る人々は、当時の社会においてはもとより、政治においても、たいへん重要な役割を演じた。その重要性は、高位聖職者の叙任権を、教皇職*と世俗権力（フランス国王やドイツ皇帝）が奪い合ったことからもわかる（聖職叙任問題）。聖職者は、律修聖職者《クレルジェ・レギュリエール》（〔修道院〕を見よ）と教区聖職者《クレルジェ・セキュリエール》の二種類に区分されるが、それぞれはたがいに重なり合っていて、修道士たちも司教や教皇になった。

西欧の聖職者は、厳密な聖職位階制《イエラルシー》にしたがって組織されている。その下の方では、主任司祭《キュレ》や担当司祭《レクトゥール》が、小教区*の場で教会での聖務をはたしている。彼らは、原則的には、自分の信者たちに対して大きな権威をもっている。司祭の上では、重要人物である司教が、自分の司教区のキリスト教徒たちに対して数々の権能をふるっている。その権威によって、司教は、教会を聖別したり秘跡を授けたりすることができるし、ある状況のもとでは、裁判を行なったり破門制裁を下したりすることもできる。彼は牧者であらねばならず、聖職者たちや俗人たちを教育せねばならない。また彼は、教会がその司教区に所有する財産を、まるで自分のもののように管理する。その一方で、司教は、司教座聖堂参事会《シャピトゥル・カテドラル》によって周囲から支えられている。この会は、司教をとりまき、司教に助言をあたえ、司教を選挙する司教座聖堂参事会員《シャノワンヌ》によって構成されている。最後に、司教の上には首都大司教《アルシェヴェック・メトロポリタン》がいて、司教の選挙を確認したのちに、その叙階を行なう。そして、このピラミッドの頂点が教皇、すなわちローマ司教である。

カトリック教会の教区関係者たちは、数多くの不正に毒されている。その内容は、聖職位階制のなかでの位置によって異なるが、数々の改革が実施され、また試行されたにもかかわらず、なかには払拭されないままの不正もある。

この制度においては、高位聖職者と下級聖職者とのあいだの格差が、さらには対立が目につく。下級聖職者は貧しく、その財源は弱い。彼らが自由に使えるのは、寄進地からの収入と、十分の一税《ディーム》の四半分である。彼らは、結婚式や葬式に際しては謝礼を支払わせ、寄進を《期待》したりもする。修道院に所属していたり、俗人の《保護者》に服属していれば、境遇はよりみじめである。実際、農村の聖職者は、その出自身分である農民の階層にとどまる場合が多かった。自分の手で犂を操ることもめずらしくない。その貧しさゆえに、彼らは聖職売買《シモニア》（霊的事柄の不正な取引であり、秘跡や聖職禄が金銭や保護とひきかえに売り渡された）の誘惑に弱かったであろう。司祭の任地不在《アブサンティズム》もはびこっている。一三七一年にリヨン大司教は、その管轄地区内の主任司祭の四分の一が自分の小教区内に居住していないことを確認している。なかには不届きにも、わずかな金で募った代役をおいている者もいる。こうした聖職者たちはいかなる教育も受けていなかった、と言っても過言ではなかろう。その大多数は、ラテン語を一言も理解しないという意味において、文盲*だったのである。彼らの神学的基礎知識といえば、たいていは、罪と、非の打ちどころのない行為とを識別できるといった程度のものである。彼らの道徳性も、とくにカトリック的な意味からすれば、少なくとも充分なものであったとは言えない。ニコライ主義《ニコライズム》、すなわち司祭たちの不品行もはびこっている。結婚し、家庭をもっている司祭もいれば、内縁の妻と暮らしている司祭や（十四世紀、いくつかの地域では、その数は全体の三分の一をこえていた）、酒や狩りや賭ごと遊びにうつつを抜かしている司祭もいる。要するに、彼らは俗人たちとほとんど変わらなかったのである。こうした情報を今に伝えているのが、司教たちによる自分の管区の巡察記録であるが、そこで問題にされている不正の数々は、十世紀から十五世紀にかけてほとんど変化していない。それにもかかわらず、イノケンティウス三世*教皇在位期間中の、カタリ派*の異端者狩りが行なわれたあの偉大な時代、主任司祭たちは、托鉢修道士たちの《遊撃隊》に手助けされながら、その弾圧の枢軸となったのである。なかには、《村の小暴君》（ジョルジュ・デュビィ）へと変身していく者たちもいる。

教会の聖職位階の上層部は、世俗の権力と非常に深くからみ合っている。そのため、司教と騎士、司教と貴族を見わけることができない場合も多い。司教はたいてい領主でもあり、その収入もかなりのものである。領主権にもとづく収入に加え、バン権力*による収入、十分の一税の四半分、聖職者生計資産《マンス》（その一部は司教座聖堂参事会に渡る形をとる教会収入）の一部、聖職の継承時に徴収される手数料なども入ってくる。

また司教は、一種の《宮廷》をあたえられている。彼は領主であるがために俗人関係者（貴族、騎士、貴婦人）にとりまかれているし、大勢の聖職者たち（協働司教《コアジュトゥール》、首席司祭《アルシプレートゥル》、司教総代理《ヴィケールジェネラル》、文書局長《シャンスリエ》、助祭長《アルシディアークル》――執事長のようなもの）によっても補佐されている。

こうした状況のもとにあって、司教の職はたいへん高く評価されていた。俗権（国王、皇帝）と教皇は、司教を認可する権利はもとより、有力領主のうちのだれを司教に選ぶかを決める権利までも争った。選出された人物が重要な役割を担うようになる可能性が高かったからである。司教は、理論上では司教座聖堂参事会によって選挙されるはずであった。しかし実際には、十一世紀のランスにおけるエブル・ド・ルースィ(1)の場合のように、俗人たちが選挙なしに司教座に就くこともあった。十、十一世紀は、全体として、教会位階制の上層部に対する俗人支配がたいへん顕著であり、世俗的叙任（司教の領主権を認めるもの）と同時に霊的叙任（十字架と指輪による）に関しても、教皇の同意より以上にフランス国王の同意が求められていた。教皇グレゴリウス七世が帝国内で要求したのは、これら両方であった。そのため、この闘争を表現するとき、叙任《レ・ザンヴェ》という言葉《スティテュール》の複数形が用いられるのである。

司教たちは、ことにその出自身分である騎士たちと、ほとんど区別がつかない。ランス大司教になったマナッセ(2)は、こんなふうに言うのを好んだ。≪ミサを歌わなくてもよいのなら、ランス大司教の椅子の座り心地もよいのだが≫。払った金の力でその座を手に入れ、騎士たちにとりまかれた彼は、聖職者の仕事などそっちのけで戦いを行なったのである。下級聖職者と同様に、ここにも聖職売買やニコライ主義がはびこっていた。十四世紀、聖職者がより自立するようになったとはいえ、こうした状況にさしたる変化はなかった。高位聖職者の多くは、霊的指導者としてよりもむしろ大領主のように振舞い、貴族的な奢侈のなかに日々をすごしていた。そして、彼らの出世は君主の意向しだいであったために、なかには王宮に仕える者もいた。おおよそ彼らは、聖職者である以前に俗人だったのである。

こうした教区聖職者のあまりにひどい状態を前にして、さまざまな改革が試みられた。十一世紀、教皇グレゴリウス七世によって行なわれたいわゆるグレゴリウス改革では、俗人による聖職叙任の問題の解決が試みられ、それと同時に、修道士のなかから司教を選ばせることによる司教職の浄化が試みられる。その結果、この問題は一一二二年のウォルムス協約(3)によってやっと一時的解決をみる。そこでも、世俗的財産の授封は俗権の手に委ねられていたが、十字架と指輪による霊的な叙任は教皇の手に委ねられていた。このような解決は、すでにフランスでは実施されていた。しかし十四世紀、帝国内部では、たしかに自由な司教選挙が行なわれていたにせよ、それに先立って、系族の問題が決定的な役割を演じる取引や策謀も横行したのである。

ここに、たいへん根本的ではないかと思われる一つの改革がある。それは十五世紀のはじめ、ジャン・ジェルソンとピエール・ダイイ(4)が熱心にとり組んだ改革である。ジャン・ジェルソンは、聖性を立派で有効な司牧の条件とすることで、司教の役割を強調し、その教育を強調しようとする。この理念は《書物に閉じこめられた囚人》（フランシス・ラップ）にとどまった。改革は、さらにもう一度行なわれたが、その対象は教会の機構に限定されており、官僚主義を発達させるだけに終わったのである。

（1） Ebles de Roucy（?-1033）はルースィ伯で、結婚して二人の子供までいるまったくの俗人であったが、一〇二一年、弟にその地位をゆずり、ランス司教座を買いとった。

（2） Manassès はシャンパーニュの貴族の出身で、一〇六九年にランス大司教となった。素行の不良と聖職売買の疑いからグレゴリウス七世によって非難されたが、その罪状を認めず、一〇八二年にはついに破門された。

（3） 皇帝ハインリヒ五世と教皇カリストゥス二世とのあいだに結ばれた協約で、俗権と教権の権威の及ぶところをはっきりと区別し、そこに一線を画す決定がなされた。

（4） Pierre d'Ailly（1350-v.1420）はフランスの聖職者で神学者。パリ大学の文書局長をへて、各地の司教をつとめ、最後には枢機卿になった。ピサ、コンスタンツ両公会議に出席し、公会議至上主義を唱えた。

参考文献

Georges Duby, *Guerriers et paysans*, Gallimard, Paris, 1973.
Jean-Pierre Poly et Eric Bournazel, *La mutation féodale*, Nouvelle Clio, P.U.F., Paris, 1980.
Francis Rapp, *L'Eglise et la vie religieuse en Occident à la fin du Moyen Age*, Nouvelle Clio, P.U.F., Paris, 1971.
Robert Delort, *La vie au Moyen Age*, Seuil, Paris, 1982.

⇨〔バン〕〔教会〕〔教皇職〕〔修道院〕〔領主制〕

聖人　Saints

彼らは、中世の信心のなかに特異な地位をしめており、異常なまでの大人気を博した。そのもっともよい証拠が、十三世紀イタリアのドミニコ会士ヤコブス・ア・ヴォラジネによって編纂された『黄金伝説』の、この時代における大流行である。刊行されるやいなやまさに《ベストセラー》となったこの諸聖人の生涯の集成は、一見、何の変哲もない編纂物のようにみえるかもしれない。しかしそれは、聖人伝にまつわる信仰を要約した、民間伝承や説話のジャンルと《文学的》には近い関係にある、教訓的なエピソードや奇跡の集大成なのである。

とはいえ、ヤコブス・ア・ヴォラジネによって紹介されている聖人たちは、彼自身によって慎重に選別されている。彼がとくに関心をもっているのは、一世紀から四世紀にかけての過去の聖人たち（その多くは殉教者である）であり、彼らの受けた責め苦はこと細かに記されている（肢体のばらばら切断、あばら骨のひき抜き、目玉のくり抜き、さそり責め、剣つきの車責め、粉砕刑など）。しかし同時代の聖人については、聖トマス・ベケット、聖ドミニクス、聖フランチェスコ、聖ベルナールを除いて、ごくわずかしか記されていない。こうした伝承は、実際には、《ある時代とある社会の強迫観念の結晶》（ジャック・ル＝ゴフ）なのである。諸聖人の影響力が強まり、彼らへの接近が進み、彼らへの親しみが深まるのは、その職業の守護聖人を崇敬する信心会*の枠内においてであったが、それはまた、これらの聖人たち自身が何らかの職業（たとえば靴屋）についていたとみなされたからでもあった。諸聖人への崇敬（そのための行列、巡礼*、典礼）は、すべての社会階層の信仰生活にたいへん重要な地位をしめていたのである。

　事実、諸聖人の聖性にはだれも疑いを抱かない。彼らの肉体に特有の性質（腐敗しない、重力の法則に左右されない）、彼らの聖遺物に賦与された権能、彼らの永眠する場所に特有の効能などに疑念をはさむ者は一人もいないのである。アンドレ・ヴォシェが指摘しているように、人々が諸聖人に期待してしかるべき効力については、だれもがそれを認めていた。激しい歯痛や重い病気の場合には、国王や神学者さえ、収穫を案じる農民と同じように、守護者たちに加護をもとめた。当時の人々は、神と諸聖人に不可能なことはないと信じていたのである。

　その一方、新しい展開をみせるのが、聖性《サントウテ》の基準である。最初のうち聖人たちは、民衆の伝統や、土地の伝統から生み出されることがほとんどであった。彼らのなかには、村という枠や、ごくせまい地域の枠を出ない聖人もいた。

　現在に伝わる聖人崇敬の分析を行なったアンドレ・ヴォシェが注目しているのは、地中海沿岸以外の西欧の聖人たちに貴族階級や特権階級の出身者が多い[1]（ハンガリーのマルグリット、ボヘミアのアグネス）のに対し、地中海沿岸の諸地方の聖人たちはより庶民的な出自であるという事実である。十五世紀以降の教会は、聖性の管理を企てるようになる。教会は、みずから認可した奇跡だけにその信憑性を認め、証拠だてられたものだけを奇跡と認めるのである。しかし、教会の聖性の概念も変化する。聖性は本質的に霊的な概念となり、民衆の殉教者たちはますます闇のなかに放置され、矮小化され、可能なかぎり無力化されていく。聖人とは、何よりも同時代の道徳に照らして非の打ちどころのない人物となり、模範的な霊的生活をおくった人物となるのである。聖性はそれ以降、列聖式[2]をつうじ、教皇職の認可のもとにおかれるようになる。

(1) Agnes(1205-1282)はボヘミアの王女に生まれ、父王の意志に反して結婚を拒み、信心業と貧者救済に献身した。また修道院を創建してクララ会修道女を招き、みずからそこの修道女となった。

(2) ある人物の死後、教皇の権威のもとにその人の生前の英雄的徳行が詳しく調査され、承認されればまず福者の列に加えられる。その後さらに二つの奇跡がその福者のとりつぎによってなされたとき、教皇はその人物を聖人の列に加えると宣言し、式典が行われる。

参考文献

André Vauchez, *La sainteté en Occident aux derniers siècles du Moyen Age*, Ecole française de Rome, Rome, 1981.

Alain Boureau, *Le système narratif de Jacques de Voragine*, Cerf, Paris, 1984.

Jacques de Voragine, *La Legende Dorée*, Flammarion, Paris, 1967, 前田敬作他訳『黄金伝説』全四巻、人文書院、一九七九年〜一九八八年。

＊ Pierre-André Sigal, *L'Homme et le miracle dans la France médiévale*, Cerf, Paris, 1985.

⇨〔信心〕〔巡礼〕〔イメージ〕

生態系　Ecosystème

十世紀から十四世紀にかけ、農耕に関する生態系は大きな変化を経験する。それには、有輪犂*と車輌の普及が深くかかわっている。牧草の収穫が、冬季の舎内での家畜の飼育が、堆肥の使用の拡大が、それによって可能になったからである。牧草を刈り取る草原は、森のなかの牧場から切りはなされて低い場所へと移動し、独立した存在となる。そこは、たいてい湿気が強く、ときには浸水することもある。春には耕作することも放牧することも困難な土地である。そこに豊富に茂る若枝の伐採は、草刈りまで、またときには二番草の刈り取りまでつづけられる。垣根で囲まれたこうした草刈り用の小牧草地は、個人所有の場合が多い。家畜は、冬に飼料をあたえられたおかげで繁殖が進み、同時に肥料も手に入るようになる。それによって、有輪犂を使って耕作を拡大し、収穫高を増大することも可能になる。こうしたことのおかげで、穀物畑、牧草地、森林*のあいだの境界線を、穀物畑のために移動することも可能になる。またこの三つの分野の関係の、なかでもとくに農耕と牧畜の関係強化のおかげで豊かになった生態系は、それまでの二倍以上の穀物や家畜、そして人間を生み出せるようになる。

耕やしにくかったり痩せていたりして以前の方法では利用することができなかった土地が、あらたに活用されるようになったのも、こうした進歩のおかげである。開墾*を実施し、人間があらたに定住することで、それまでほとんど手つかずで残されていた広大な森林地帯が、日の目をみたのである。

したがって中世には、畑、放牧地、森林という古めかしい三点セットに変化が生じる。四番目の分野として、そこに牧草の刈り取り用の土地が加わるのである。この牧草地は、牧畜が発展し、そのさまざまな利用が進展するにつれ、拡大していく。住居のまわりには、中庭、庭園、果樹園、菜園という四点セットが適当に配分され、バランスをとって配置される。すなわち、基本的には二十世紀初頭までその姿を保っていく《近代的な》農耕生態系と農業景観が設定されたのは、中世のなかごろなのである。こうした配置がえの作業は、かなり早くにはじめられ、十六、十七世紀までつづけられている。とはいえ、一三四八年とその後数年間の黒死病による大量の犠牲者が穿った空白がひとたび埋め合わされると、この変化の影響力は、もはやとどまることを知らない。今日の景観も、この変化の痕跡を刻んでいる。たとえそれがより後の時代の残滓に覆われていたとしても、やはりこの痕跡は、だれの目にも明らかなのである。

したがって、農耕生態系《エコシステム・キュルティヴェ》（響きも悪く適切でもない農業体系《アグロシステム》という用語よりも好ましい用語である）とは、空間のあり方である。植物と動物の空間、野性と飼い馴らしの空間、環境に密着した空間、相互に依存し調和した空間、そしてこの生態系を再生産し活用する、近隣の人間の共同体によって支配された空間の、そのあり方のことなのである。

北方では、スカンディナヴィア地方やロシア地方の広葉樹と針葉樹の混合林までも開墾された。より北方では、針葉樹林である酸性のポドソル[1]上のタイガが、ツンドラと同じく耕作されないにもかかわらず、トナカイを飼育するために、また《毛皮》を追い求めるために切りひらかれた。

南方では、ヨーロッパ温帯大草原が、南ウクライナ地方とクリミア地方のダニューブ渓谷内からはじまり、アジアの草原やステップにつづいている。それは、騎兵でもあり畜産家でもあるモンゴル人にとって、絶好の侵入路であった。モンゴル人は、ヨーロッパの定住農民たちが充分に森林地帯を切りひらくやいなや、彼らを苦しめにやってきたのである。

（1）針葉樹の供給する酸性腐植によって酸性化された土壌で、灰白色をしており、その色を指すロシア語からポドソルの名で呼ばれる。農耕には適さない。

参考文献

Histoire de la France rurale,tom.1,Seuil,Paris,1975.

Marcel Mazoyer,*Cours d'Agriculture comparée*,Institut national agronomique,Paris,1975.

⇩〔森林〕〔農業〕〔有輪犂〕〔危機〕〔輪作〕〔休耕〕

世俗化 Laicisation

教会は、神学者たちや聖職者たちを、なかでもとくに教皇職を仲介役としながら、その制度や心性《マンタリテ》をつうじて、たえず中世社会をコントロールしようとしつづけた。

他方、社会と教会のゆっくりとした精神的分離は、ジョルジュ・ド・ラガルドが《世俗精神の誕生》と呼んだ知的生成を導き出したのである。

国家は、教会*と、教皇職*と、さらには教皇職の世俗的諸要求と闘い、みずからの自治を勝ちとらなければならなかった。最初の対立は、各国家の内部に生じた。それは、聖職者の叙任に関する闘争であり、聖職者の租税徴収に関する闘争であり（十分の一税《ディーム》はしばしば俗人たちに横領されていた）、ボニファティウス八世とフィリップ美男王《ル・ベル》の闘いに行きつくことになる聖職者税《デシーム》(1)の徴収に関する闘争であった。ジョルジュ・ド・ラガルドによれば、コミューン*やコミューン運動は、俗人意識の形成に重要な一段階を画しているという。とくに主権を有するイタリアの諸コムーネやドイツの諸都市――司教や聖職者を追いだし俗人をその役に選ぶ都市（一二四九年のアイヒシュテット）さえ存在する――に関してはそうである。とはいえそれが、たとえば信心会*の枠のなかでおきたような、宗教的情熱の高まりを妨げたわけではけっしてない。逆に、俗人の宗教的霊性が、教会の支配のもとから解放されたのである。ヴァルド派のようないくつかの異端も、同じような俗人の宗教的霊性から生まれたのである。

あらゆる分野において、思考は、教会の軛《くびき》から解き放たれる。法律においても、社会の概念においても（フィリップ・ド・ボーマノワールの社会概念は、ランのアダルベロンのものとはまったく異なる）である。文化面における世俗化は、芸術や時間の観念にまで及んでいる。ジャック・ル＝ゴフは、商人たち*や職人たちが、都市という枠のなかで、経済的、社会的、政治的支配の道具であり、合理化され世俗化された時間の象徴でもある大時計《オロルジュ》の時間を、鐘《クロッシュ》に代表される教会の時間と徐々におきかえていくようすを明らかにしている。商人は、教会と世俗社会の分離に大きく貢献したのである。彼らは、もはや教会には付属していな

ボッティチェリ『ヴィナスの誕生』ウフィツィ美術館蔵。

い学校を創設させ、彼らを教会から遠ざけることになる技法（金利）や生活様式を受け入れる。彼らは、芸術の後援や芸術的趣味においても、同じことを行なうであろう。そのため、フランドル・ルネサンスの絵画、ことにイタリア・ルネサンスの絵画、そして国家自体が教会組織から離反した国での絵画の主題は、伝統的信心に関するテーマから逸脱してしまう。かくして一四八六年、ボッティチェリ[2]のヴィナスが誕生する。

それどころか、中世末期になると聖職者たちの思想さえ非神聖化してしまい、世俗社会にすり寄るようになる（ジョルジュ・デュビィ）。十四世紀、教皇職に反抗して世俗権力の教理を確立するのは、フランシスコ会士ウィリアム・オッカム[3]である。彼によれば、実在するのは、理性をそなえ、意志をあたえられた個としての人間だけである。人間は、神とは別の自立的な存在であり、神自身は、自分の示した道の指導者たることを望むのである。彼は、神の全能を説く神学と、人間性の自立の幅の拡張を共存させることに成功し、人間の権利を神の権威から分離する。人間の権利を世俗化するのである。こうした彼の教理は、十五世紀末までに、パリ大学において輝かしい成功をおさめることになる。

(1) 十字軍その他の緊急の出費に対応するため、教皇が全聖職禄所有者から徴収した税で、たいていは国王に納入された。
(2) Sandro Botticelli(1444-1510)はフィレンツェ生まれの画家。メディチ家に集まるユマニストたちの影響を受け、『春』や『ヴィナスの誕生』など異教的な絵を描いた。
(3) William Occam(v.1280-1347)はイギリスの神学者、哲学者。オックスフォード大学で教え、教皇ヨハネス二十二世と対立。普遍的なものは概念上の存在であり、実在するのではないとする唯名論の立場をとった。

参考文献

Georges de Lagarde, *La naissance de l'esprit laïc au déclin du Moyen Age*, 6 tomes, Vender, Paris, 1956-1963.
Jacques Le Goff, "Temps de l'Eglise et temps du marchand", dans *Pour un autre Moyen Age*, Gallimard, Paris, 1977.（ジャック・ル＝ゴフの来日講演の翻訳である「教会の時間と商人の時間」『思想』六六三号に、ほぼ同様の内容が語られている。）
Georges Duby, *Le Temps des cathédrales*, Gallimard, Paris, 1976.

⇨**〔学校〕〔教会〕〔社会階級〕〔アヴィニョン教皇職〕〔三身分〕〔国家〕〔法〕〔商人〕〔教皇職〕〔聖職者〕**

戦争　Guerre

中世は、破壊者にも等しい暴力的な戦士たちに支配された、戦争のたえまない時代のようにみなされている場合が多い。しかし、その数世紀間に生じた人的損失と物的破壊を見積もることはできないし、地域差が大きかったことからしても、中世の全世紀は、十六世紀や十七世紀ほどには暴力的ではなかったようである。では、戦争が潜在していたようなこの印象は、いったいどこから来るのであろうか。その第一の理由は、西欧の諸地域が多様な発展の段階にあったことにある。第二の理由は、中世社会に多様な軍事的性格が刻み込まれていたことにある。戦士たちは社会的序列に組み込まれていたし(三身分での戦う人々)、権力は戦争やそれに対する防衛を組織できる人物（領主）に結びついていたし、都市においては個人的に武器を備えることが広まっていたのである。

戦争はまた、貴族の生活環境や生活様式のなかで、格別の輝きをはなつ。そこで語られる物語は、軍職を讃美する。騎士の教育や娯楽は、戦争に対する訓練(狩り*、騎馬試合*)

にふりむけられ、彼らの生活の舞台も、長いあいだ軍事的形態（城砦*）をとっている。戦争が、軍役をつうじ、彼らのなすべき本質的な仕事であることはさておいてもである。とはいえ《軍人たち》は、中世社会全体を感化したわけで

中世末期の年代記の挿絵に描かれた当時の戦争の場面。

はない。この社会には、独立した宗教的な価値観が刻みつけられている。その宗教は、戦士たちの行動を、部分的にであれ制御するよう努めるのである。

　合戦が行なわれることはめったにない。それは、ほかに解決法がない場合の最後の手段である。もっとも一般的な戦争のタイプは、略奪や誘拐をともなうどちらかといえば強盗に近いものであり、そしてまた仇討《ヴァンデッタ》ちに近いものである。とはいえ中世は、それらとはまた違った広がりをもつ戦争を経験する。十字軍*がその例であり、征服の企てとしての戦争の典型を示している。

　軍事行動の原因は実にさまざまである。儀礼的な特徴をもつ戦争にはじまり（ある面ではブーヴィーヌの戦い*もそうである）復讐のための戦争にいたるまでのあいだに、宗教的、イデオロギー的戦争（十字軍）、隣接しているがための、気晴らしのための、主権をめぐっての戦争（イタリアでの帝国の戦争）、内戦（百年戦争）、道路を制圧したり戦利品を入手したりするための経済目的の戦争などが存在する。これらの戦争は、わずかな兵員しか投入されないというその限定的な性質にもかかわらず、重大な経済的荒廃を引きおこした。百年戦争はその代表例である。

　戦術は変化していった。城砦への攻撃は、もはや大きな役割を演じることはなかった。騎士たちの身分的優越は、

中世という時代に独創性をあたえた。騎士は費用のかかる武装をする。その装備は自前である。またこの武装はたいへん重い。そのため、たいていは従者に手つだわす必要がある。しかしそのうち、歩兵の占める地位が少しずつ上昇してくる。歩兵は長槍で武装したり、弩《おおゆみ》に矢をつがえて発射したりするが、彼らの活躍のおかげで勝利する戦いはしだいに増えていく。十四世紀の金拍車の合戦[1]での歩兵たちの勝利もその一例である。しかしながらイギリス国王が、弩ほど強力でないにせよ、はるかに扱いやすい大弓を装備した射手たちに賭けることをやっと決心するのは、百年戦争の最中である。その結果、ヨーロッパでもっとも評判の高かったフランス騎士たちは、一三四六年、クレシィ[2]において粉砕される。

中世の軍事紛争にかかわった兵力は、古代において動員された兵力と比較すれば、それほど膨大なものとはいえない。フィリップ・ド・ヴァロワのものと思われる記録によれば、一三四〇年の八月から九月にかけて、彼は一〇万の兵士を指揮下においている。このように多数の戦士を徴集する必要性から、国王たちは、自分が俸給を支払う戦争のプロに、しだいに頼らなければならなくなった。しかし、こうした軍隊を組織するために必要な財政手段が自分たちには欠けていて、その所領からの収入もまったく足りないことが明らかになったため、国王たちは、まずは財政上の一時しのぎの策に、ついでより確実で恒久的な財源である租税*に頼らざるをえなかったのである。

(1) 一三〇二年、フランドルのクールトレー郊外で行なわれた、フランス騎士軍とフランドル諸都市の市民軍との戦い。市民軍側の勝利に終わり、戦いののち、フランス騎士の七百もの金の拍車が戦場で拾い集められ、勝利の記念として教会に飾られた。

(2) 北フランスのピカルディー地方にあり、ここで重装騎兵と弩兵からなるフランス軍が、イギリスの大弓隊に完敗した。

参考文献

Pilippe Contamine, *La guerre au Moyen Age*, Nouvelle Clio, P.U.F., Paris, 1980.

⇨〔バン〕〔ブーヴィーヌの日曜日〕〔軍隊〕〔騎士身分〕〔狩り〕〔神の平和〕〔教会〕

千年至福説　Millenarisme

この言葉は、もともと厳密な意味をもっている。それは、この世の終わりを論ずるキリスト教の終末論の教義に依拠しているのである。キリスト教の千年至福説《ミレナリズム》は、この終末論の一変形にすぎないともいえる。この説は『ヨハネの黙示録』にもとづく信仰に関係している。キリストは再臨してのちに地上にメシア的王国を樹立し、最後の審判までの千年を統治するであろう、という信仰にである。この千年王国の信仰では、千年のあいだ、地上の楽園が、もとの黄金時代が再来するとされる。つまり、千年至福説は一種≪反動的な≫意味合いを内包しているのである。そしてこの回帰に先立ち、反メシア、反キリストのもたらす苦難（飢饉、伝染病、地震）に襲われるかもしれないとされる。

　千年至福説はまた、広い意味での救済信仰の形態をとるようにもなった。その救済は、集団的で、現世的で、切迫した、奇跡的なものであった。そしてこの信仰は、しばしば革命的な意義までも担うことになった。

　貧しい民衆たちは、聖書の諸巻から、またユダヤ教徒や初期のキリスト教徒から受けついだ、千年至福の幻想から霊感をえたにわか仕立ての預言に煽動され、しばしば行動に立ち上がる。フランス西部におけるユード・ド・レトワール[1]（一一四〇年～一一五〇年）や、一二二四年から一二二五年にかけコンスタンティノープル皇帝ボードワンとみなされた乞食隠修士の偽ボードワン[2]も、こうした預言者であり、煽動者である。千年至福説のイデオロギーは、十三世紀初頭、カラブリアのシトー会大修道院長であったフィオーレのヨアキムによってふたたび世に問われる。そしてその思想は、過激派フランシスコ会士たち、すなわち厳格主義者《スピリテュエル》[3]たちによって広められていく。

　ノーマン・コーンは、中世におけるこの運動と、その原因についての研究を行ない、それが当時の社会状況と密接に関連しながら発展することに気づいた。運動の参加者たちは、ほとんどいつも社会からはみ出した貧しい民衆たち（貧しい農民たち、親方になれない職人たち、社会のなかに自分の場を見いだせない人々）であり、それゆえ経済的破局にはことさら弱く、また傷つきやすい。そのため、千年至福説は、伝染病やペスト*が流行したときに（一三四八年、一三四九年、一三九一年、一四〇〇年の鞭打苦行者《フラジエラン》[4]たちの運動）とくに広まった。隠修士ピエールによる貧者の十字軍*は、第一回十字軍の前の飢饉のときに生まれたし、一二一二年の≪少年≫十字軍（実際には貧者の十字軍である）も、同じ状況のもとで生まれた。黒死病の災禍のときには、千年至福説の興奮のうねりは社会のすみずみにまで及んだ。こうした運動は、しばしば暴力や虐殺（たとえばユダヤ人の虐殺《ポグロム》）の形をとって表出したのである。

　カトリック教会への失望は、千年至福説を、ときに反カトリック的、反ローマ的、反教皇的騒乱へと変える。もう一つの超自然的な権威である王権に対する絶望も、やはり暴力的な反発をひきおこす。ルイ九世*の捕囚は、一二五一年の、国王を看守の手からとり戻さねばならないとする牧童《パストゥール》連(5)の最初の一団の、活動のきっかけとなった。フリードリヒ二世もまた、生前には反キリストのようにみなされていたにもかかわらず、最後にはこの希望の担い手となる。中世末期の運動についていえば、とくに一三八一年のイギリスの農民一揆(6)や、一四一九年から一四二一年にかけてのフス派の反乱(7)は、平等主義的な千年至福説の夢を、階級のない社会の夢を追い求めていく。

千年至福説は、まさに社会に対する異議申し立てであり、そのなごりは十六世紀にも、とくに一五二五年の農民戦争(8)の際にも、依然、見いだすことができる。

(1) Eudes de l'Etoile は十二世紀なかば、ブルターニュにあらわれた人物。みずからキリストを名のり、平信徒であったにもかかわらず、野外説教を行なって多数の信奉者を集めた。しかしその集団は略奪の徒と化し、最後には捕らえられ、異端者として火刑に処せられた。

(2) pseudo-Baudoin は第四回十字軍に参加してラテン帝国の皇帝となり、やがて殺されたフランドル伯ボードワンとみなされた隠修士。フランドル地方やエノー地方の人々によって担ぎ出され、最初は熱狂的に迎えられたが、やがて虚偽がばれ、処刑された。

(3) フランシスコ会のなかでも、極度に厳格な清貧を守ろうとする一派で、十三世紀後半に穏健派とのあいだに激しい論争をくり広げた。〔托鉢修道会〕の項目を参照のこと。

(4) 贖罪衣をまとい、祈りと聖歌を唱えつつ、集団をなして町から町へと練り歩き、みずからを鞭打つ人々。そうすることによってキリストの受難に参与し、公的贖罪を行なおうとした。

(5) ヤコブと称する修道士によるピカルディーでの十字軍勧請をきっかけに集まった集団。最初は羊飼いたちが中心であったが、やがてマージナルな人々も合流して暴徒と化し、聖職者を攻撃しながら北フランスの諸都市を荒し、王妃の命令によって鎮圧された。

(6) リチャード三世治下のイングランドで、ワット・タイラーとジョン・ボールに指導されて拡がった農民蜂起。人頭税徴収問題がきっかけとなり、農民たちの不満が爆発した。

(7) ヤン・フス処刑後の国王ジギスムントによるプラハ市やプラハ大学への迫害に対し、フス説の承認をもとめる市民たちが立ち上がった蜂起。教皇の要求で国王は反フス派十字軍を行なったが、成功しなかった。

(8) ドイツでおきた農民の大反乱で、十分の一税や農奴的負担に対する拒否の動きがルターの福音主義と結びついて激化し、ドイツ全土に拡大したもの。諸侯の傭兵軍によって鎮圧された。

参考文献

Norman Cohn,*Les fanatiques de l'apocalypse*,Payot,Paris,réédition,1983.

* Norman Cohn,*The Pursuit of the Millennium*,Paiadin,London,1961,江河徹訳『千年王国の追求』紀伊國屋書店、一九七八年。
* Claud Carozzi et Huguette Taviani-Carozzi,*La fin des*

ベアートゥスによる『ヨハネの黙示録注解』のヘローナ写本に描かれた、地上に災いをもたらす馬たち。千年至福の到来する前の混乱と恐怖を象徴している。ヘローナ大聖堂蔵。

temps,Stack,Paris,1981.

⇨〔異端〕〔十字軍〕〔ペスト〕

租税　Impot

西ヨーロッパのどこでも、国王は《自活》するのが、すなわち王領*のもたらす収入によって生活するのが原則である。ところが、王領が拡大したにもかかわらず、収入は急速に不足してくる。とくに戦争*は、ますます出費のかさむものとなる。なぜなら戦争に、職業兵の召集が必要となるからである。その費用を捻出するため、国王やイタリアのコムーネは、最初はありとあらゆる財政上の便法を講じ、また間接税を発展させていく。

イギリスでは、毛織物への課税が、エドワード三世による対仏戦争の遂行を可能にした。フランス国王は十四世紀末、あいまいであった制度を整備し、輸出税の名のもとに輸出品に対する関税を定着させた。フランス国王は、塩から間接税の大半を、さらには諸財源の大部分を引き出した。フランスにとっての塩税《ガベル》*は、イギリスにとっての毛織物税に相当するものであった。

君主が直接税を徴収できるのは特殊な状況下においてだけであり、それにも人々の同意が必要であった。国王は、人々に対し、まさに援助を仰いだのであった。

こうして近代的な直接税が誕生した。最初は《援助《エード》》と呼ばれていたこの税は、誕生しつつある新国家に結びついていた。各国政府は、その課税基準を定着させるにあたり、たんへんな困難に遭遇した。フランスではフィリップ美男王《ル・ベル》のもとで最初の試みがなされたが、期待はずれの結果に終わった。この国家は一三五六年、ジャン善人王《ル・ボン》がイギリスの捕虜となったのを機に、身代金支払いのための徴税を認めた封建法を利用することで、やっと税制を確立し[1]たのである。フランス人たちは、一三八〇年以降、タイユという名のあらたな直接税を支払わなければならなかった。イギリスでの直接税は《パーセンテイジ》、すなわち動産にかかる累進税であった。その税率は、議会での同意にしたがって変化した。フランスでは、国王は、自分で自由にしたい額の合計を決めてから、それを割り当てることの方を好んだ。これは一種の割当税であったが、それに対し、イギリスの直接税は定率で徴収された。割当税は、たしかに定率で徴収される税にくらべてより不公平であったが、より迅速で効率的な徴税が可能だったのである。それにくわえ、租税は、人々のあいだに著しい格差を生じさせる。というのも、あるいくつかの階層は、すぐにその支払いを免除されるようになるからである。たとえば、イギリスでは聖職者や貧しい人々が、フランスでは聖職者、貧者、貴族、諸都市などが、免除の対象となる。こうした階層にとって、タイユ税は、一般大衆からだけ徴収される恥ずべき税となったのである。

どこにおいても、こうした国王課税はよく理解されておらず、よく思われてもいない。王室の監督官によって決められたその割り当ては、無考えで、農民たちに重くのしかかることが多かっただけに（フランス国王の選択をみよ）、飢饉や戦争のときには禍いの種となる。フランスでは、国王のこうした恣意に反撥する、税にまつわる反乱が頻発した。またフランドルの沿岸地帯でも、一三二三年から一三二八年にかけ、最初は田舎であがった暴動の火の手に、ラシャ職人たちが油を注ぐことになる。イギリスでは、一三八〇年の人頭税《ポルタックス》(2)が、一三八一年の大反乱を直接に誘発したようである。

(1) もともとはバン権力のもと、急な出費が必要になった領主が、領民から徴収した臨時の税のことを指した。しかし中世末期になると、国王や諸侯や都市などの諸権力が、その支配のもとにある住民たちに課したさまざまな直接税を指すようになる。

(2) 負担能力のあるなしとは無関係に、国民全員に一律に同額の負担を要求する租税。

参考文献

Bernard Guenée, *L'Occident aux XIVe et XVe siècles: Les Etats*, Nouvelle Clio, P.U.F., Paris, 1981.

Jacques Heers, *L'Occident aux XIVe et XVe siècles: Aspects économiques et sociaux*, Nouvelle Clio, P.U.F., Paris, 1973.

Jean Favier, *Fiscalité et Finance au Bas Moyen Age*, SEDES, Paris, 1970.

⇩〔行政〕〔軍隊〕〔国家〕〔戦争〕〔塩税〕

村落　Village

村落もまた、中世に出現した社会生活における一つの革新である。不動の一地点をとりまく人々の集まりとしての農村は、開墾*の進展にともなって誕生したものであり、その歴史は十世紀にさかのぼるにすぎない。この事実の発見は、考古学の、歴史学に対する重要な貢献の一つである。考古学は、この時代まで農民*の居住形態が流動的であり、入植も無秩序に行なわれていた事実を証明したのである。村人の定住のありさまは、時代によってさまざまであった。十世紀と十一世紀は、孤立した開墾地に暮らす諸家族の、再結集の段階を画している。他方、十一世紀から十三世紀にかけては、国王や有力領主や大修道院に主導された、自分の意志による入植や村落形成が増加する。ヨーロッパの村落分布図は、十三世紀末におおよそ確定され、十四世紀には部分的にしか変化しない。十四世紀には、ことに疫病や飢饉が猛威をふるったとき、できあがっていた村落が放棄されることもおきたが、それもたいていは一時的現象でしかなかった。

村落は、まさに不動の一地点をとりまく人々の集まりである。その地点なくして、村落は存在しえない。とはいえこの結集には、人間的な動機や、共通の利益への自覚も欠かせない。そうしたものが、人々を結びつけるのである。村落は、分散した居住形態のなかから、徐々にその姿を明確にしてくる。歴史家たちはかねてから、この再結集の源であり、この動きの核となる地点の究明に努めてきた。そこで注目されたのは、共同墓地や小教区*（とはいえ村落は、たとえばポーランドでのごとく、キリスト教化される以前から存在していた）、そして城砦*であった。多くの場合、たとえばプロヴァンスや、とりわけイタリアでのように、高台にある城砦化された地点に、城館（インカステラメント）のまわりに、人々が再結集する。それは力づくで行なわれた場合もあれば、領主の保護に身を委ねにやってきた農民の側から自発的に行なわれた場合もある。しかしながら、こうした場所のいくつかは、やがて放棄されてしまう。手工業者の村落への定住は、なかでもそれまで森のはずれにいた鍛冶屋の定住は、村落形成の重要な一段階を画す。火を自在に操り、領主の剣を修理することからくる鍛冶屋の少々魔術的な外見は別として、村民たちは彼を、自分たちと領主の仲介者と感じとったのである。他方、ロベール・フォシエは、田舎の道路網の改良が、村落の定着により たしかな基礎をあたえたのではないかと考えている。

村落は、それ自体いくつかの形態をとって出現する。地中海沿岸の地方では、それは閉ざされている。家屋はたがいに軒を寄せ合い、険しい地形にしがみついている。十三世紀のラインラントやチューリンゲンでも、村落が分厚い丸太の防御柵で囲まれている。ロレーヌでもそうである。他方、《開かれた》村落もある。そこでは教会や墓地を起点に、耕地を組織だてている農道にそって家屋が散在している。こうした構造は、中世の間も、その後も、ずっと安定していたわけではない。それとは正反対に、流動的だったのである。村落のあった地点の放棄と再編成は、いつまでもつづいたようである。

人家の集合地帯の内側では、いくつかの人の集まる場所を核に、生活が営まれている。そうした場所としては、当然のことながら、まず広場が挙げられる。そこには、人々だけではなく、家畜の群までが集まる。またそこで、子供たちはシラミをとりあう。男たちは居酒屋でおちあい、女たちは水場であう。水車小屋は、村落がそれを設備するようになってからは、皆が再会することのできる場所となる。まるで墓地と同じようにである。墓地は、長いあいだ何よりの集合場所であった。なぜならそこは、教会をとりまくアジール(1)の地域であり、平和の領域だったからである。

農民の家屋の、農民の家庭の研究の歴史はまだ浅い。この件に関しても、もっとも多くの情報を提供してくれるのは、考古学である。十二世紀、さらには十三世紀まで、ヨーロッパの多くの地方では、木材と、生土と、屋根葺き用の植物だけで家屋が建てられている。石材はそのあとに登場してくるにすぎず、ごく最近の時代にやっと登場してくる場合も多い。家屋の内部構造は、家族構造の変化に応じて発展した。最初はがらんとした建物であった家は、しだいに、基本的な家庭生活ための小部屋や≪カマド≫、そして核家族集団のための場所となる。家屋のなかへカマドの火を導き込むことにより、それまでなかった家族の親しみ《コンヴィヴァリテ》が生み出される。カマドの火を守るのは女性であり（家庭の主婦《ラ・ファム・オ・フォワイエ》）、年寄りはいつもそこで暖をとりながら昔話をする。昔話は、団欒のなかで語りつがれていくのである。

長いあいだ、ときには現在にいたるまで、家屋はいくつかの特徴をとどめている。まず≪基本≫家屋であるが、これは基本的要素である二つの部屋からなっている。カマドを備えている大部屋と、もう一つ、カーヴ(2)や食物貯蔵庫の役目をはたす部屋がある（ここで語られているのは十三、十四世紀のフランス家屋である）。つぎに混合家屋であるが、そこでは家畜と人間が同居しており、二階建家屋では、大部屋の上の階が、穀物庫《グルニエ》としても利用することができる小部屋によって占められている。

こうしたことと同時に、村落は、連帯のための組織網の枠組みとしても皆の役に立つ。たとえば信心会*や小教区、村民集会の組織網としてである。小教区と村民集会は、やがて≪諸事業の自主管理≫にむかって発展していく。

(1)　聖なる場所とされ、公権力であっても介入することのできなかった場所で、中世においては、避難所や隠れ場ともなった。
(2)　ふつうは地下に設けられているワインの貯蔵倉。

参考文献

Jean Chapelot et Robert Fossier, *Le village et la maison au Moyen Age*, Hachette, Paris, 1980.
Robert Fossier, *Paysans d'Occident aux XI*^{e} *et XIV*^{e} *siècles*, P.U.

F.Paris,1984.渡辺節夫訳『ヨーロッパ中世社会と農民』杉山書店、一九八七年。
⇩〔農民〕〔小教区〕〔村落共同体〕〔城塞都市〕〔城砦〕

村落共同体　Communauté villageoise

都市*と同様、村落*にもフランシーズ*の獲得運動がおきた。しかしこの問題について、歴史家たちは比較的無関心であった。というのも、村落のフランシーズに関する史料は数少なく、またそれが、都市でのこの運動の色あせた残滓としかみなされなかったからである。村人たちの運動は、最近の歴史的考察によって、ようやく本来の姿を回復する傾向にある。都市のフランシーズの影響があったとしても、それは法的性格にしか関係してこない。いくつかの村落のフランシーズ文書は、何の変更もなしに、そのまま都市の文書に書き写されていく。それどころか、フランシーズの性格とその運用方法は、農村のこの取得物を、独自で独立的な存在に、さらには都市の《コミューン》に先立つ存在にしていく。その数も、かつて考えられていたよりずっと多い。一一九〇年から一二二〇年にかけ国王や伯によってフランシーズを授与された村落の《コミューン》は、北フランスの証書に挙げられた全集落の八パーセントにものぼるのである（ロベール・フォシエ）。

村人たちは、自由といくらかの行政面での自治権を、さまざまな形態のもとに獲得した。それはまず、村人たちへ裁判権の譲与となってあらわれた（もちろん事件の内容によっては裁判権は領主に留保されていたが）。別の場所では、自由人たちの集会が認められていた。自由や自治の性格は、地方ごとに異なっていたのである。

カスティリアでは、村落共同体自身が、どの領主に帰属するかを討議することができた。しかし、これは特殊なケースである。さらに別の場所では、村落が特別な法を受領した。それは領主から授与された形をとる場合もあれば、特別な法律のリストを作成した上で、証人の前で和解することによって獲得される場合もあった（ネーデルランド、ロレーヌ、バイエルンの各地方）。こうした法のいくつかは、税制面で寛大であったために大成功し、いくつかの村落はそれをそのまま採用するほどであった。

村落共同体は、いくつもの段階をへて形成される。この動きは、まず教会や墓地の周囲を中心におきる。けれどもとくに重要なのは、共同体の経済的基盤である。開放耕地制の地方では、輪作*地の画定、森林*や入会地の利用法、耕作や収穫の日取りなどの共同体的規制を実施することが必要になる。

　しかしながら村落共同体は、けっして平等主義にもとづいてはいない。村落の最有力者たちは（たいていはもっとも裕福な者たちでもあったが）、その共同体を支配し、自分たちの利益になる事業を運営する（たとえば個人への貸付、さらには共同体が賦課租を支払えないときの共同体自体への貸付）。なかには領主の要求に抵抗し、ついには勝利をおさめるほどに有力な村落共同体も存在した。

参考文献
Robert Fossier, *Histoire sociale de l'Occident médiéval*, Collection U, A.Colin, Paris, 1970.
Georges Duby, *L'Economie rurale et la vie des campagnes dans l'Occident médiéval*, Aubier, Paris, 1962.
Monique Bourin et Robert Durand, *Vivre au village au Moyen Age*, Messidor, Paris, 1984.

⇩〔輪作〕〔村落〕

大学　Université

その歩みがはじまって以来、まったく独創的で、他に類をみない制度であった大学は、まさに時代の産物であった。フィリップ尊厳王《オーギュスト》の治世のもとで誕生した大学は、同業組合《コルポラシオン》*以外の何ものでもなく、ウニヴェルシタス（全体）の名をもつ一同業者団体、すなわち、ある特定の活動を行なうメンバーからなる集団であった。この同業者団体のメンバーの大部分は剃髪した聖職者たちであり、そこから、彼らが真の仕事と信じていた知的活動の概念が浮かび上がる。

　パリ大学の組織は、同業組合としての諸特徴をそなえている。大学は四学部、すなわち医学部、法学部、トゥールーズ大学の創設まではヨーロッパ中でここにしかなかった神学部、そしてその成員の数からしてもっとも重要であった教養部からなっている。教養部だけは、学生たちの出身地に応じて四つの国民団《ナシオン》に分かれている。ラテン系諸国の学生からなるフランス国民団、イギリス人を含むドイツ人とスラヴ人の国民団、ノルマンディー人を含む王国西部の学生からなる国民団、ピカルディー人を含むフラマン人の国民団である。それぞれの国民団はそれぞれの国民団長《プロキュルール》を選出し、その国民団長たちは教養部の教員の一人を学部長《レクトゥール》として選出する。この教養部長は、ほかの三学部からは選挙されなかったにもかかわらず、しだいにこの大学全体の長になっていく。一二五六年、俗人教師の大部分はこの学部長に対して服従を誓い、また大学の特権擁護を誓うことを受け入れている。とはいえ、この同業組合の首長は三ヶ月の任期で選出されるにすぎず、そのうえ教員総会によって管理され、そこで票決された諸決定を履行させられた。すなわちその機構は、他の同業者団体の機構と非常に似かよったものだったのである。教授免許を取得した者たちが教養部教員となるために挙行される、そしてこの同業組合への加入表明でもある儀式が、そのことを証言している。まず彼らは、学部長と四国民団の団長に先導されてサント=ジュヌヴィエーヴ教会[1]への行列を行ない、つぎに彼らの教授免許《リサンス》取得を証明してくれる文書局長《シャンスリエ》[2]の前にひざまずき、その手から免許状を受けとる。こうして、職人が親方の地位にたどりつくことのできる同業組合においてと同様に、学生は教授になることができる。彼は、親方への昇格作品《シェドゥーヴル》として、就任記念講義を行なわなければならない。この職への就任の儀式の最中に、彼はその職をあらわすしるし(バレットと呼ばれる平らな縁なし帽、金の指輪、書物など)を受けとる。その師からの接吻と祝福のあと、学部長に服従を誓い、この新しい教授の提供する大宴会によってこの儀式は終了する。

　しかしながら、諸特権をあたえられた同業組合としてのパリ大学の組織は、一二〇〇年から一二四六年にかけて闘われたある争いの成果であった。一二〇〇年、パリ大学はやっと最初のいくつかの特権を獲得している。その年、ある騒乱のあげく、学生たちと教授たちはこの都市を去るよう脅迫されていた。フィリップ尊厳王は、ある特許状のなかで、パリ代官《プレヴォ》に逮捕されているすべての学生が、教会の裁判官たちに委ねられることを承認する。それに対し大学は、より遠方にあり、司教の権威ほど重荷にならないのではないかと思われた教皇の権威に頼ろうとする。一二二九年には、あらたな偶発的事件をきっかけに、教授たちと学生たちは授業を放棄してパリを離れ、オックスフォードやケンブリッジへ、またランス、オルレアン、トゥールーズへと向かう。一二四六年はパリ大学が印璽を授けられる年であり、大学の自由と自治は確実なものとなる。学位授与と組合加入認可の独占権、自分の生徒たちに宣誓を行なわせる権利をともなう管理運営上の自治権、司法上の自治権、財政上の自治権などを確認するのである。一二九二年、教皇はパリ大学に、全キリスト教世界において教育を行なう許可を授ける。この大学は、法的には、教皇直属の国際研究機関《ストゥディウム・ジェネラーレ》となるのである。

　とはいえ、各大学間の組織面での差はけっして小さくない。パリでは教師たちがすべての権力を握っているが、ボローニャでは権力は学生たちの手のなかにあり、彼らが教授たちを、目の前にいる自分たちの教育の責任者たちを選ぶ。他方トゥールーズでは、教師たちと学生たちのあいだで権力が分割されている。内部組織の面での差も大きい。学部のわけ方は一定なのであるが、場合によっては、国民団や学寮《コレージュ》のわけ方が学部別になる場合もある。パリ大学の場合のようにである。

大学は、多くの場合《自然発生的》連帯の成果であったが、国王や皇帝や教皇の決定によって創設されることもあった。トゥールーズ大学は、反カタリ派十字軍後の一二二九年、レモン七世にむりやり押しつけられたものである。ナポリ大学は一二二四年、ボローニャ大学の影響力に対抗するため、フリードリヒ二世の要望によって設立される。サラマンカ大学も、国王（レオン王アルフォンソ九世）の要求によるものである。

大学の流行は、都市での各種学校の流行に密接に結びついている。諸思想の交流の進展や、知的好奇心の高まりという十二世紀の大きな流れのなかで、また、ただ単に都市の発展の流れのなかで、これらの学校はしばしば大学へと変身したのである。

しかし十四世紀初頭をすぎると、大学制度はさまざまな困難に出会うことになる。大学は閉鎖的なものとなり、学寮や修道院のために、その教育の独占はしだいに崩れていく。これらの場所では、神学は衰退する。大学は、ユマニスムの流行のもたらす再生の好機をみすみす放置し、徐々にその特権を失い、ますます国家によって管理されるようになるのである。

（1）　セーヌ左岸の現在のパンテオンの場所にあった修道院付属の教会。十二世紀までは、ノートル・ダム大聖堂とともに、学生たちの集まる教育の中心地であった。

（2）　参事会の文書局長は司教に代わる教区内での教育活動の責任者であり、大学の自治が確立してからも、形式上、教授免許授与権を行使していた。

参考文献

Michel Rouche, *Histoire de l'Education en France*,tom.1, Promodis,Paris,1981.

Jacque Verger,*Les universités au Moyen Age*,P.U.F.,Paris,1973, 大高順雄訳『中世の大学』みすず書房、一九七九年。

Jacque Le Goff,*Les Intellectuels au Moyen Age*,Seuil,Paris, 1985.

⇩**〔同業組合〕〔学校〕〔学生〕〔知識人〕〔オリエント〕〔書物〕〔危機〕**

托鉢修道会　Ordres mendiants

中世全体をつらぬく修道院*運動の壮大な流れのなかに、托鉢修道会は一つの根本的な変化をもたらす。これらの修道会は、修道院的伝統にそって、ある規則に従った共同生活を維持した。しかし各托鉢修道会は、おのおの自前の規則を採用した。十三世紀初頭、二つの主要な修道会が創立された。その一つは説教修道者たち《フレール・プレシュール》、すなわち、一二一五年に誕生するドミニコ会である。その名は、創立者で一二三三年に列聖されたスペイン人、カレルエガのドミニクスに由来する。この会は、聖アウグスティヌスの会則(1)と、プレモントレ会(2)の修道服を採用した。もう一つは小さき兄弟たち《フレール・ミヌール》、すなわちフランシスコ会である。彼らはベルトがわりに締めていた太い縄から、中世にはコルドリエとも呼ばれており、一二二八年に列聖されたイタリア人、アッシジのフランチェスコによって創立される。フランシスコ会は、創立者によって定められた独自の会則を採用する。どちらの修道会も、三年ごとに招集される総会によって監督される。しかしもっとも重要なのは、これらの修道会の活動と役割のなかから生まれた数々の革新である。

二人の創立者は、教会の生活様式の流れにさからい、その富裕に反対し、清貧の必要を説き勧めた。聖フランチェスコは、実際に、使徒としてのつとめを完璧にはたした。最初はとても簡素な生活の支持者であったにすぎない聖ドミニクスも、やがて自発的で全般的な清貧の必要性を強調するようになる。つづいて彼らは、現実の世のなかを軽蔑する考えや、祈りに閉じこもることが主流である伝統的な修道生活を、拒絶するのである。

この二つの会の修道士たちは当時の実社会のなかにがっちりと組み込まれている。まず第一に、彼らは隠修修道士《モワンヌ》ではない。人々のなかで生活する托鉢修道士《フレール》である。彼らは都市のなかに根をおろすが、そこには、昔ながらの聖職者たちでは対処できない新しい問題が生じている。都市生活者たちには独自の非キリスト教徒的な態度がある。そしてヴァルド派やカタリ派*などの異端者たちもそこに増殖する。托鉢修道会の都市への定着は、とにかく托鉢修道院の分布図と都市の分布図との見分けがつかないほどに進むのである。

つぎに彼らの活動であるが、それはもはや伝統的な修道生活とは何の関係もない。というのも、その活動は、もはや肉体労働や観想には向けられず、説教や教育や告解に向

シエナの教会の前で説教を行なうフランシスコ会士ベルナルディーノ。

けられるからである。なかでも、一二一五年に《カタリ派地域》の中心地であるトゥールーズに創立されたドミニコ会は、主要な任務として、説教や、異端審問*や、教育を受けもつ。托鉢修道会の影響によって、説教は根本的に変化する。大衆にもわかる言い回しで、たとえ話（日常生活に題材を求めた短かい物語）の助けをかりながら、直接信者たちに語りかけられるのである。彼らの最初の役割は、説教を武器に異端と戦うことであった。フランシスコ会士とドミニコ会士は、諸都市に彼ら独自の学校を設立することで、教育の分野に非常に大きな役割を演じる。また大学での教育や著述活動、彼らの思想の普及などをつうじ、知的な分野でも非常に大きな役割をはたす。フランシスコ会士でパリ大学神学教授であった聖ボナヴェントゥラの著作は非常に重要であるし、ドミニコ会士の聖トマス・アクィナスの著作は膨大な量にのぼる。なかでもとくに有名なのは『大全《スンマ》』（『神学大全』一二六六年〜一二七四年）であろう。托鉢修道会の神学者たちの思想は、ウィリアム・オッカムの思想をつうじ、十四世紀でもなお輝きを放ちつづけている（「世俗化」を見よ）。

この両修道会の修道士たちは、一二一五年の第四ラテラノ公会議で少なくとも年一回は告解を行なうことが義務化されて以降、告解場においても、やはり重要な役割をはたすようになる。彼らは、聴罪司祭の手引書の編纂にもたいへん貢献している。

また彼らは、都市での政治的、社会的生活にもかかわる。たとえば商人や大学の活動を認知したり、諸都市の評議会を意のままに操ったりする。これらの議会は独自の建物をもたず、彼らの修道院の教会で開催されたのである。

托鉢修道会は大成功をおさめる。一二六三年にはすでに一一〇〇以上のフランシスコ会修道院が存在し、十四世紀はじめにはその数は一四〇〇にもなっている。同じころ、ドミニコ会修道院は五〇〇を数えている。またそこには、女子ドミニコ会やクララ会(3)などの女子修道院もつけ加えなければならない。クララ会は、聖フランチェスコの友、聖女クララによって創立されたものである。一二四七年にはカルメル会(4)が、一二五六年にはアウグスティノ隠修士会(5)が、これら托鉢修道会の列に加わる。

しかしながらこうした成功も、最後には彼らを損なうようになる。諸国王に対する彼らの影響力（聖王ルイはフランシスコ会士にとりまかれている）は、司教たちの嫉妬心をかき立てる。教区聖職者は、托鉢修道士たちを自分の小教区*での競争相手とみなす。なぜなら、諸秘跡の授与に、臨終への列席に、彼らが介入するからである。托鉢修道士たちは、とりわけたいへん豊かになる。そして都市生活に組み込まれることで、諸都市の支配者層と親しく交わるようになり、その教会の内部に彼らの墓碑を建てさせるようになる(フィレンツェ、ヴェネツィアでは)。彼らを潤していた施しも、したがってますます贅沢なものとなり、とうとう彼らは大金持になる。結局、彼らは清貧を軽んじるという罠にはまり、かつては救おうとした諸都市のなかで、自分を見失ってしまったようである。そのなかでも、謙遜と清貧の理想にもっとも強く結ばれたフランシスコ会は、内部に巣くう重大な諸問題をともかくも知覚している。フランシスコ会厳格主義者《スピリテュエル》たちは、聖フランチェスコの最初の理想に忠実でありつづけようとする。しかしその彼らも、過激派(フラティチェリ)と穏健派にわかれる。もう一つの、原始会則派《オプセルヴァン》とコンヴェントゥアル派(6)の分裂は、一五一七年のいと小さき兄弟修道会《オルドル・ド・ミニウール》の分離に行きつくことになる。

(1) アウグスティヌスが在俗の聖職者たちにあたえた指針と、修道女たちにあたえた修道生活のあり方を説いた手紙の内容をもとに起草された戒律で、十一世紀から脚光を浴び、数多くの修道会で採用された。

(2) 一一二〇年に聖ノルベルトゥスがランの近くに設立した修道会で、その修道精神にはシトー会の影響が色濃く、白い修道服を身につけたことから《白い修道参事会員》とも呼ばれた。

(3) 一二一五年、聖女クララが聖フランチェスコの指導にしたがって設立した女子修道会で、そのメンバーは非常に厳格な修道生活を送った。クララの存命中に、イタリア、ドイツ、フランスに姉妹修道院ができた。

(4) パレスティナのカルメル山に源を発するとされる修道会で、イスラムの拡大とともに修道士たちは西欧に移り住み、十三世紀のなかごろ、イギリス人のサイモン・ストックによって托鉢修道会に再編された。

(5) 聖アウグスティヌスの修道会則にしたがって修道生活を送る修道会のなかでも、一二五六年にアレクサンデル四世の大勅書によって認可され、形成された、多数の修道会からなるグループ。

(6) 聖フランチェスコの死後、清貧の解釈に緩和的な態度をとった一派で、財産の所有と蓄積を許容し、のちにはコンヴェントゥアル会として分離、独立した。

参考文献

Marcel Pacaut, *Ordres monastiques et religieux*, Nathan, Paris, 1970.

Raoul Manselli, *Saint François d'Assise*, Rome, 1980, Franciscaines, 1981. (イタリア語原典の仏訳)

Marie-Humbert Vicaire, *Histoire de Saint Dominique*, 2 tomes, Cerf, Paris, 1982.

⇨〔開墾〕〔修道院〕〔異端審問〕〔世俗化〕

知識人　Intellectuels

研究者、教師、職業思想家などのいわゆる知識人は、商人とともに、中世の偉大な社会的所産の一つである。彼らは、都市の発展とともに、十二世紀にはっきりとその姿をあらわす。都市なくして知識人は出現しえない。生産経済の視点からすれば、いわばそれは、知識人の第三職能（働く人々）への統合なのである（ジャック・ル＝ゴフ）。

それ以降、知識人であることは一つの完全な職業となる。その仕事で生計をたて、その代価として報酬が支払われることを求める人間の職業となるのである。しかし、教会が教育の無償性の原則を喚起していたことからして、そのことが問題を引きおこさないわけはない。教育が司教座聖堂付属学校のなかで行なわれていたのであれば、教師が自分の生徒から金を取ることもできなかったのであろうが。

十三世紀、大学*は、教師といえども労働者であり、彼らが正当な報酬を受けるのは当然であることを世間に認めさせていく。彼らは聖職者だったので、公権力から支払われる給与や、教会からあたえられる聖職禄と教会禄によって、自分で生計を立てるようになる。そしてまた、彼らは肉体労働者とは区別されることを強く要求するし、最初の大物知識人であるアベラールは、《富と名誉》をその職業のなかに追い求めたことを隠そうとしない。十二世紀には知識人たちが、彼ら固有の思想や彼ら独自の認識によって自己を主張する。しかしこの形での《自己崇拝》は、一二七七年、キリスト教の道徳に反しているとして（とくに恩寵についての無知）(1)、アウグスティヌス主義者たちによって断罪される。

知識人は、スコラ学によって用意された訓練（講義《レクテイオ》、問題《クワエステイオ》、討論《デテイスピユタテイオ》、結論《デテルミナテイオ》）に勤しんでいたにせよ、はじめのうちは創造的である。この枠組みのなかから、彼らは問題をひきだし、自分の立場を決めなければならない。自由討論《クオドリベタ》についていえば、すべての教授は年に二度、どんな主題についてでも即興で論じなければならない。といっても例外もあるので、まったく自由だったわけではないが。その組織の気風によって徐々に剝ぎとられるにせよ、十三世紀、その秩序にはまだ独創性の入り込む余地が残っていた。

この時代の偉大な精神の持ち主たちとは、卓抜した哲学者であるアリストテレスの学習をつうじ、哲学的考察にも専心していた、神学者たちにほかならない。十二世紀にはこうした神学者たちの大半がフランス人である。ピエール・アベラール、聖ベルナール、尊者ピエール[2]、ギョーム・ド・サンティエリ[3]、モーリス・ド・シュリィ[4]らがそうである。十三世紀には情勢が逆転する。もっとも輝かしい知識人は、イギリス人のロバート・グロステート[5]、ロジャー・ベーコン[6]、ゲルマン系のアルベルトゥス・マグヌス[7]、そしてとくにイタリア人のボナヴェントゥラ、トマス・アクィナス、アエギディウス・ロマヌス[8]らとなる。

中世の大学と知識人の創造物は、数々の壮大な総合的著作のなかに姿をみせるが、そこにおいて試みられたのは、当時のあらゆる知識をまとめ上げることである。これらの著作は、ただひたすら分析的な方法で整理されており、著者の真に独創的な貢献はどこにもみられない。すなわちそれは、百科事典なのである。逆に、これらのなかに、創造的で熟考された、総合を行なうだけの資質をもった著作があるとすれば、それは『大全《スンマ》』である。そのなかでもっとも見事なのは、十三世紀に、アルベルトゥス・マグヌスや、とくにトマス・アクィナスによって編纂されたものである。

やがて徐々に、厳密には十三世紀から、知識人は政治に、それも高度な政治に介入するようになる。しかし、いつも成功するとは限らない。パリ大学は、占領敵国の協力者《コラボラトウリス》になり、ジャンヌ・ダルク殺しの責任者になる。イギリスの大学は、十三世紀から国王に対する大貴族たちの闘争に口出しするし、十四、十五世紀には王族内での紛争に介入する。しかし、なかでもとくに目をひくのは、中世末期、大学と大学教授が、知的生産と高等教育への独占をいっそう強化することである。そこで、それまでとは別の学問の諸勢力が、なかでも学寮《コレージュ》が頭角をあらわすようになる。大学は、社会でより直接的に役立つ職業を営むための訓練を受けた《専門家》を、ますます大量に生産する。法律家や医者、学校の先生などをである。学者はそれ以降、教育からは遠ざかっていく。ユマニストは、中世の大学知識人に取りかわることをめざし、彼らに逆らって自己を確立することさえもくろむ、新しいタイプの知識人の典型である。しかしながらフランスでは、大学に足場をおくことを拒否しないジャン・ジェルソンのような人物が、ユマニストとなる。

(1)　エティエンヌ・タンピエやジョン・ペッカムなどのフランシスコ会士たちで、アリストテレス主義に反対し、アウグスティヌス的、保守的な立場を守ろうとする人々。

(2)　Pierre le Vénérable(v.1092-1156)はクリュニーの大修道院長。聖ベルナールと激しく論争し、コーランの翻訳にも尽力し、晩年のアベラールを保護した。

（3） Guillaume de St.Thierry(v.1080-1149)はフランスの神学者。聖ベルナールの友人となりベネディクト会からシトー会へ移る。アベラールやシャルトル学派を論駁した。

（4） Maurice de Sully(1120-1196)はフランスの神学者。アベラールに師事し、のちにパリで神学を講じる。ピエール・ロンバールのあとをついでパリ司教となった。

（5） Robert Grosstete(v.1175-1253)はイギリスのスコラ学者。オックスフォード大学の教授、リンカーン司教をつとめた。『ニコマス倫理学』を翻訳し、アリストテレス学をオックスフォードに導入したが、その神学的立場は意外に保守的であった。

（6） Roger Bacon(v.1212-v.1292)はイギリスのスコラ学者。パリ大学でアリストテレスを学び、フランシスコ会士となる。やがてオックスフォード大学の教授となり、それまでのスコラ学の枠を破り、経験論的手法によって自然科学の道を開拓した。

（7） Albertus Magnus(v.1193-1280)はドイツ出身の神学者。パドゥアでドミニコ会士となり、パリやケルンなど各地で教える。アリストテレスの原理をもって『神学大全』を著し、トマスに大きな影響をあたえた。

（8） Aegidius Romanus(v.1243-1316) はイタリアのアウグスティノ隠修士会員で神学者。パリ大学で神学を教え、アリストテレスの注解を著す。のちに教皇権擁護論者となる。

参考文献

Jacques Le Goff, *Les intellectuels au Moyen·Age*, Seuil, Paris, 1985.

* Jacques Verger, *Les universités au Moyen Age*, P.U.F., Paris, 1973, 大高順雄訳『中世の大学』みすず書房、一九七九年。

⇩ **〔学生〕〔大学〕〔都市〕〔オリエント〕**

中世の没落　Declin du Moyen Age

ヨハン・ホイジンガのこの書物の最初の仏訳は、一九三二年に出版され、古典の一つとなったが、その題名には一種の裏切りともいえる誤りが含まれていた。一九八〇年の再版本において、題名はやっと『中世の秋』になった。この書物は、その題名にもまして、おおらかで、美的で詩的な広がりをもつ点において先駆的であるが、そのことが、ときにこの書物を傷つきやすいものにもしている。いずれにせよ、ヨハン・ホイジンガのもっていた直観や思考の方向性が、この作品を現代的な書物にしていることは確かである。

多少おおざっぱに要約すれば、『中世の秋』に描かれているのは、その時代の本質を生み出すもの、すなわち、生活、愛、死である。とりわけ生活と愛には、大変特権的な地位があたえられている。生活面では、残忍性と、快楽を好む気質が、同時に強調されている。残忍性については二つの判断が示される。拷問や、公開処刑などの見世物への嗜好と、心の乾きとも呼べるものの存在である。また快楽を好む気質とは、芝居仕立ての体裁をとった大げさな食事への嗜好、肉体の感覚、唇や手や鼻の用い方、優しさの役割、祝祭や衣装の芸術などである。十五世紀の愛については、官能的な詩や、騎士的な所作をとおして、象徴主義とエロティシズムの両方が分析されている。禁欲主義や、勇敢な犠牲的精神は、彼にとって、エロティシズムにもとづくものなのである。

ジャック・ル＝ゴフは、この作品の新版に捧げた対談形式の序文のなかで、たとえ脆弱なものであったにせよ、ホイジンガが切りひらいた数々の糸口の重要性を強調する。この著者は、民族学に助けを求める必要性を直観しつつ、《深層の歴史学》を実現しようとした。今日、マンタリテの歴史学と呼ばれているものである。彼は、象徴主義、イメー*ジ、イマジネールのはたす役割を強調し、表現方法や時代感覚をとおして研究を行なったのである。この書物はさらに、これまでそう信じさせられてきたとおりに、一時代の没落を強調するのではなく、逆に、その時代のなみはずれた活力を強調する。またこの作品の非常に重要な貢献の一つは、ルネサンスの概念が間違っていることを、逆に、ルネサンスは中世の魂に密接に組み込まれており、中世の延長にすぎなかったのであることを、間接的ながら立証していることである。

参考文献

Johan Huizinga, *L'Automne du Moyen Age*, Nouvelle Edition, P.B.P., Paris, 1980. ジャック・ル＝ゴフの対談が最初につけ加えられている。邦訳はオランダ語原典からの直接の翻訳で、堀越孝一訳『中世の秋』中央公論社、一九七一年。

罪 Péché

罪に染まらぬ者はなく、罪の潜まぬ所はない。罪の歴史とは、実は、しだいに内在化していく恐怖の歴史である。この恐怖が、個々人に罪を意識させ、自分を低く評価させ、自分を軽蔑させ、自分自身に悪いイメージを投影させるのである。聖職者であれ俗人であれ、すべての人々が、たとえば聖王ルイが、リュトブフが[1]、フランソワ・ヴィヨンが[2]、やがて罪について論じるようになる。教会は十三世紀以降、正真正銘の《恐怖の司牧》に焦点を絞りこむことに成功したのである（ジャン・ドリュモー）。罪の誇張は聖職者の権威強化につながることから、教会は、大衆に罪の意識を植えつけるこの活動にたいへん力を入れる。一二一五年のラテラノ公会議では、年一度の告解を義務づけることが決議

コンクのサント＝フォワ教会のタンパンに描かれた地獄に落ちた罪人たち。暴力を振るった騎士が、姦淫をなした修道士が、貪欲な商人が、虚言を弄した人物が、そこで責め苛まれている。

され、聴罪司祭は欠かせない存在となる。こうして教会は、人々の意識をコントロールする手段を獲得するのである。《罪の体系》は、すなわちその定義と分類は、徐々に整備される。そこで採用されたのは聖アウグスティヌスの概念、すなわち神の掟に反するあらゆる行為、言葉、欲望は罪であるとする考えであった。しだいに罪の分類も確立される。たとえばトマス・アクィナスの『大全《スンマ》』は、その対象によって（人間に関する行為の正しき秩序を乱す殺人は、神に関する行為の正しき秩序を乱す不信仰ほど重大ではない）、もしくはその原因によって（その罪が犯されたのは抑えきれない衝動によってか、無知なるがゆえか、悪魔のせいか）、罪の重さを区別する。一般のキリスト教徒たちについていえば、さまざまのあやまちは、実際には、赦しうる罪《ペッシュ・ベニエル》（小罪）と致命的罪《ペッシュ・モルテル》（大罪）の二つに大きく分類される。とはいえ、何より重い罪が原罪であったことには少しもかわりないが。

　重罪のリストに関して、教会はためらいをみせた。五世紀から修道院において作成されたこのリストは、しだいに変化していく。農村世界に古くから存在した罪である高慢とねたみに、やがて都市の罪がつけ加わる。貪欲（商人たちが金持になることに関係して）が、高慢にかわってリストのトップに据えられるようになる。色欲（肉にまつわるすべての罪の混合）の順位はさまざまであるが、貪食と組み合わされることが多い。説教家たちは、自分自身でその選択を行なう。彼らのうちの何人かの説教を比較すれば、各人が各様の罪の格づけを行なっていたことがわかってくる。

こうして、かつては罪のリストのトップを占めていた高慢は、大部分の説教家たちにとっては二次的な標的となってしまうようである。シエナの聖ベルナルディーノ[3]は十三世紀、何よりもまず高利の問題に腐心していたようである。他方、数多くの説教家たちは、まず金銭への執着を、つぎに色欲を攻撃している。さらに罪というものは、各社会階級とも結びついているようである。それぞれの身分が、それぞれの悪徳をもつのである。

十二世紀以降、徐々にではあるが、教会は贖罪のための儀式と習慣を確立する。十二世紀まで、告解は、罪の赦しをえるための数多い手段のうちの一つにすぎず、施し、祈り、断食と同列におかれていた。それぞれの罪には実際の賠償額が決められていて、それはまず贖罪規定書《ペニタンシエル》のなかに、つづいて告解手引書《マニユエル・デ・コンフエツスール》のなかに定められることになる。この手引書は一種の実用的な案内書であり、そのなかに《料金体系にひそむ矛盾》をみいだすのは簡単である。十二世紀末まで、たとえば巡礼*の形態をとるような公的贖罪がたいへん日常的に実践されつづけるとしても、赦免のプロセスはますます内密なものとなり、罪人たちが特別な衣装をまとうこともなくなる。しかし、免罪や赦免は徐々に濫用されるようになる。すなわち教会は、十四世紀早々、《贖宥状《アンデュルジャンス》》の購入によって自分の罪を贖うことが、少なくともいくつかの罪については可能であると決定するのである。その売却益は、教皇職の不足がちな財政を潤すことになる。免罪符の乱売は、間接的ながら、ルターの宗教改革の原因ともなっていく。

（1） Rutebeuf(v.1230-v.1285) はフランスの詩人。聖人伝から政治的風刺までその作風は幅広く、叙情的で新鮮な感覚をもつ多数の作品を書いた。

（2） François Villon(1432-1463)はフランスの学生詩人。波瀾に富んだ短い人生のあいだに、風刺と修辞を結びつけた絶妙の作風を完成させた。『遺言詩集』が有名である。

（3） Bernardino da Siena(1380-1444)はイタリアのフランシスコ会士で民衆説教家。イタリア各地で力強い説教活動をくりひろげ、人々の信仰と道徳に大きな影響をあたえた。

参考文献

Article,"Péché",*Dictionnaire de théologie catholique*,tom.12, Paris,1932.

Cyrille Vogel,*Le pécheur et la pénitence au Moyen Age*,Cerf, Paris,1982.

Jean Delumeau, *Le péché et la peur: La culpabilisation en Occident du XIIIe au XVIIIe siècle*, Fayard, Paris, 1983.

⇨〔托鉢修道会〕〔あの世〕〔巡礼〕

定期市　Foire

定期市は、中世の大半の期間をつうじて、卓越した商取引の場であった。十三世紀になると、そこでは貿易も活潑になりはじめる。十二、十三世紀にはシャンパーニュに、つづく十四、十五世紀にはリヨン、フランクフルト、ジュネーヴに、国際的定期市が繁栄する。しかしながら、地域的、地方的な定期市の存在も忘れてはならない。半径二〇〜三〇キロの地域に食料や貸付金を供給することを可能にしたのは、こうした定期市であった。しかし、ここではシャンパーニュの大市に注目してみたい。というのも、この大定期市は、イギリスのウィンチェスター、ノーザンプトン、スタンフォード、そしてまた、フランドルのイープル、リール、ブリュージュなどの定期市とおなじ形態の機構を備えていたにもかかわらず、そこから発展していき、西欧のほぼ全域に特別な影響力をもつようになるからである。

シャンパーニュの大市は、ラニー、バール・シュル・オーブ、プロヴァン、トロワの四都市を順々にめぐりながら、年間をつうじて開催されるようになっていく。そうして、各種の商品を取引するためのなかば恒久的な市に姿を変える。そこでは、香辛料（コショウ、シナモン、ショウガ、クローブ）、菓子類(事実、砂糖漬けの果物はそこに含まれている砂糖のために大変高価であった)、シャンパーニュ産はもとより、フランドル産やノルマンディー産の毛織物、そして皮製品（毛皮）、昔ながらの食料品（穀物、ワイン、魚の干物）などが取引される。この大市はとくに両替の場所となり、やがては金融市場へと発展していった。そこで、ヨーロッパ中の貨幣の相場が決定され、各大商社の取引が、なかでもイタリアの大商社の取引が決裁されたのである。

シャンパーニュの大市は、なぜこのような成功をおさめたのであろうか。十二世紀なかば、まずフランドル商人*たちが、つづいてイタリア商人たちが、そこに足繁く通いはじめる。そしてこの市は、シャンパーニュ伯の政策のおかげで、保護された出会いの場所となる。まだ多数の商人たちが強盗や苛酷な税金の犠牲になっていたこの時代、それはたいへん抜け目のない政策であり、歓迎される政策であった。

商人たちの受け入れ態勢はしっかりしていた。たいてい五週間かけて（イタリア商人にとって）シャンパーニュに到着した商人たちは、最初のうちは仮宿泊所のテントの下で寝泊まりしていたが、そのうち借り部屋に宿泊するようになり、ついには彼ら用に特別に建てられた石造の家に落ちつくようになった。商人たちは、何にもまして税金（通行税《ペアージュ》やバナリテ*）の免除、もしくはかなりの減免という、シャンパーニュ伯から認可された大きな特典の恩恵に浴していた。そのうえ、大市の警備についても、伯によって万全が期されていた。こうした政策は、フランス国王がこの地方の支配者となった一二八四年以降も変わることはなかった。大市の期間に関してだけではなく、そこへの行き帰りの旅に関しても、商人たちには特別な認可があたえられていた。一一九三年、フィリップ尊厳王《オーギュスト》は、シャンパーニュの大市におもむくイープルの商人たちに対し、その活動に認可をあたえている。国王は、彼らが万が一借金を作ってしまった場合でも、復讐されないよう保護したのである。こうした保護は、もろもろの商品にまで拡大された。商品には、その品質と産地が確認されたうえで、大市担当の伯の役人、のちには王の印璽が押されたのである。商取引が適法かどうかについても同様に監査された。大市の管理人たちは、契約書の作成と登記の任を負わされており、同時にそれを履行しない商人たちの債務回収の組織化にも力を尽くした。

シャンパーニュの大市は、十三世紀にとくにめだつ金融市場としての役割にもかかわらず（この大市はイタリア商人たちの商取引の技術の発展に貢献した）、十四世紀のはじめには衰退する。この衰退を説明するものとして挙げられるのは、大市へのおもな商品供給者であったフランドルの毛織物商と競合するイタリアの毛織物商の発展、海上交易ルートの利用による陸上ルートの部分的な放棄、そしてとくに商人たちの定住を可能にし、わざわざ出かけて行くことを不要にしてしまった商取引の技術的変化である。しかしながら十五世紀の末になっても、リヨンとジュネーヴの大市は依然その繁栄を謳歌している。

参考文献

La foire,Recueil de Société Jean Bodin,Dessain et Tolra,Paris, 1953.
Jacques Le Goff,*Marchands et banquiers au Moyen Age*,P.U.F., Paris,1980.
Histoire de la France urbaine,tom.1,Seuil,Paris,1980.
Jacques Heers,*L'Occident aux XIVᵉet XVᵉsiécles:Aspects économiques et sociaux*,Nouvelle Clio,P.U.F.,Paris,1973.

⇩〔銀行〕〔バン〕〔商人〕

帝国　Empire

キリスト教世界は、中世西欧世界からなる理論上の統一体を形成している。この世界は、一人の頭、一人の長を戴いてしかるべきであった。にもかかわらず、十三世紀前半までその地位の志願者がこの世界に二人いたことから、一つのドラマが生まれる。その二人とは、教皇と、ドイツ皇帝である。彼らは、たがいに自己の権力の普遍性を主張し、可能なかぎり他方を排除しようとするか、少なくとも従属させようとする。しかも、フランス、イギリス、イタリア、スペインなど、他の諸勢力全体の支配を試みながらである。

　フリードリヒ二世が死去し、帝国が現実に崩壊する年である一二五〇年まで、皇帝たちの最大の関心事は、普遍帝国の建設と、教皇に対する優越権の獲得であった。闘争が、論争が、戦争があいついだ。オットー三世とシルヴェステル二世（元修道士ジェルベール、当時でもっとも偉大な学者）のあいだで実現された協調も長続きしない。一〇六〇年からは六〇年間にわたる叙任権闘争がはじまり、ハインリヒ四世はその最中、カノッサへ屈辱を受けに行く[1]。そうしたなかで皇帝たちは、自分たちの普遍性の主張を覆してしまった。彼らは、金のかかるイタリア遠征で力を使いはたし、イタリアの臣下たちの決起にあい、教皇たちの激しい敵意を喚起してしまったのである。

　一一六〇年三月、教皇と皇帝のあいだの断絶は、ほぼ全面的なものとなる。フリードリヒ赤髯帝《バルバロッサ》*は、自分にとって都合のよい教皇を強引に押しつけようとする。ヴィクトル四世である。それに対し、枢機卿団によって選出されたアレクサンデル三世は、フランスとイギリスの国王たちから支持される。一一七六年のレニャーノでのロンバルディア同盟軍と衝突したフリードリヒ赤髯帝の敗北は、ゲルフ派とギベリン派の闘争のきっかけとなる。フリードリヒは一一七七年、ヴェネツィアにおいてハインリヒ四世と同様に教皇の前に屈伏し、アレクサンデルを唯一の教皇として承認せざるをえない。十二世紀末には、帝国の領域はほとんどイタリアだけに限定されてしまうようになる。フリードリヒ二世の治下、非常に激しい闘争が再燃し、そのため彼は教皇から破門され、一二四五年のリヨン公会議によって廃位されてしまう。

　フリードリヒ二世は、普遍性、神聖なる帝国、神聖なる皇帝、神聖帝国の威光などの諸理念を、みずから採用した。その主張は、帝国を窮地に追い込んでしまう。彼の死によって、諸都市や諸領邦が、ドイツを統治するようになる。しかし、皇帝たちの大部分は非常に慎重であり、名目上の優越権や、ほどほどの精神的権威だけで満足していた。

ヨーロッパの他の国々、とくにフランスとイギリスは、帝国の精神的影響力さえ早々に払拭してしまおうとする。フィリップ尊厳王《オーギュスト》*は、イノケンティウス三世*の支持のもと、それを実行していく。他の国々も同様の行動をとるようになる。それでも、フリードリヒ二世の挫折と死のあとでさえ、帝国理念は生きのびる。ハインリヒ七世は、一三一二年のローマでの戴冠式のために、西欧の諸君主にある文章を送るが、そこで彼は、帝国の普遍的権威を明言している。法律上、この権威は、たしかに間違いなく存在している。というのも、帝国の法はあらゆる場所で有効であるし、公証人の任命は皇帝の特権だからである。庶出の子供たちの認知もまたしかりである。一四五二年、フリードリヒ三世は、普遍的君主政体の象徴である球をその手に受けとった。しかしこの帝国は、現実にはもはやどこにも存在しなかったのである。

(1) 一〇七七年、教皇グレゴリウス七世と対立し破門されたハインリヒは、北イタリアのカノッサ城に教皇をたずね、悔悛を示す服装で三日間立ちつくして赦免を求め、許されて破門を解かれた。

参考文献

Jean Pierre Cuvillier, *L'Allemagne médiévale:Naissance d'un état*, Payot, Paris, 1979.
Bernard Guenée, *L'Occident aux XIVe et XVe siècles:Les Etas*, Nouvelle Clio, P.U.F. Paris, 1981.
Robert Folz, *L'Idée d'Empire en Occident du Ve au XVe siécle*, Aubier, Paris, 1953.

⇩**〔フィリップ尊厳王〕〔学校〕〔国家〕**

同業組合　Corporation

コルポラシオンという言葉が、中世に誕生した同業者組合、同業者団体を意味していることは言うまでもない。しかしこの言葉は、中世には、けっして用いられていない。十八世紀になってはじめて現れるのである。中世には、メティエとかギルドとかいう言葉で表すことの方が好まれていた。ギルドという言葉は、フランス、イギリス、ドイツで用いられていた。他方、イタリアではアルテという言葉が検討の対象となる。

同業組合の内部構造はきわめて階層化されている。その頂上にいるのは、親方《メートル》である。親方になるためには、昇格作品《シェドゥーヴル》を製作して自分の職業上の力量を証明し、自分の財力（ある程度の資本が必要である）を証明し、値上がりしつづける入会金の支払能力や、入会式を催す能力を証明しなければならない。入会の宣誓が行なわれるのは、この式の最中である。親方の下には、コンパニオンとかヴァレとか呼ばれる職人たちがいる。彼らは、すでに職業上の能力は身につけていたが、入会金を支払い、また昇格作品の製作に必要な材料費を支払う経済力を持ち合わせていなかったのである。彼らは、親方から賃金を支払われている。徒弟《アプランティ》たちは、一般的には契約にしばられている。彼らの年齢は十四歳から二十五歳までさまざまである。また彼らの修業期間も、その仕事の習得の困難度により、二年から一二年までさまざまである。徒弟とは、使い走りもすれば子供を散歩させたりもする一種の下男であり、おかみさん《メートレス》にぶたれることもある。彼らは三食つき（徒弟も職人も、朝食は親方と一緒にとる）で住み込み、実地の訓練を受けるが、親方には事前にかなりの金が支払ってある。修業期間の終わりには、その力量を試されたのち、≪合格≫が宣せられる。

同業組合は、けっして平等主義の団体ではなかった。それどころか、逆に、貴族的な性格ばかりが際立っていた。

シャルトルの大聖堂に毛皮商の同業組合が寄進したステンドグラス。その仕事のようすがいきいきと描かれている。

同業組合全体に対し、親方たちだけが大きな権限をもっている。彼らは決定を下し、規則を押しつけ、罰金を課す。同業組合の集会に出席でき、新しい親方を選び、組合長を指名できるのは、親方たちだけである。職人たちは、組合のすべての催しごとから排除されている。しかもその親方たちが、職人階層の出身ではなく、大商人や、裕福なブルジョワ*の出身であることも多い。

　親方の息子は、昇格作品の製作や入会金の支払いをいち早く免除されており、そのため容易に親方の地位にたどりつくことができた。職人たちの側には、組合への加入の権利を拒否し、独自の同業組合を結成する動きも見られた。

　各同業組合は、それぞれに独自の規約をもっている。パリ代官《プレヴォ》のエティエンヌ・ボワロー(1)によって編纂された『同業組合の書《ル・リーブル・ド・メティエ》』は、首都の同業諸組合の規約を詳細に伝えている。その規約には、組合への加入方法に加え、その就業条件（夜間や祝日の労働禁止）や、製品の品質のために遵守すべき指標（一種の消費者保護の先駆）が含まれている。パリの錫器製造業は、粗悪な合金の品物を販売しない約束をしなければならず、違反者は罰金刑に処せられた。またほかの同業組合では、織り上げる反物の寸法や、雇い入れる子弟の人格を重んじることが重視された。やがては品質ラベルが、刻印その他の形で添付されるようになる。組合長は、店舗や仕事場を訪ねることで、同業組合の統制と秩序を確保する責任を負っていた。

　ほとんどの場合、同業組合による販売独占が規約によって確認され、保証されている。同業組合間のものであれ、同業組合内のものであれ、あらゆる競争は排除される。たとえば仲間と競争しないように、競り売りや、通りでの客引きは禁止される。利益は最大限に保証される（原材料の有利な購入価格、最終製品の高い販売価格）。異邦人には、その職業を営むことが禁じられている。

　同業組合の起源については、歴史家のあいだで意見が分かれている。その起源は闇につつまれているにせよ、やはり多様であることには違いない。同業組合を、領主や修道院の作業場の延長上にみる歴史家もいるし、また生産を組織化しようとする王政の意図が、親方に監督された組合の形成に寄与したとみる歴史家もいる。

　最後に、いくつかの史料が証明しているように、信心会*のなかに組合組織の原型をみる歴史家もいる。とはいえ、リヨンをはじめとするいくつかの都市には、十六世紀以前には同業組合がなかったことも事実である。ジャック・ル＝ゴフの意見では、この同業者組合の起源を探求すべき場所は、職人たち自身の身辺である。社会のなかに名誉ある地位をしめるための諸特権をひとたび獲得した職人たちは、それを維持するため、あらゆることを行なうのである。

　フランスでは、十二世紀に最初の整った同業組合が登場する。パリの肉屋は、フィリップ尊厳王《オーギュスト》治下の一一八二年から一一八三年にかけて、彼らにとって最初の身分規定を授かっている。一一四七年にはシャンパーニュ伯ティボー四世[2]が、シャルトルの居酒屋の主人の同業組合の規約を定めている。トゥールーズでは、一一五二年の都市規約によって、ワイン商人と小麦仲買人に対し統制が加えられている。

ヨーロッパのすべての同業組合がみな同じ組織になっていたわけではない。実際には、まず《ジュランド》と呼ばれる《宣誓《ジュレ》》同業組合を識別する必要がある。この組合では、君主に規約の承認を受けてからのち、同業者団体が組織される。メンバーたちは、規約を遵守し、相互扶助をたがいに保証することを誓う。フランドルや中部フランス、またとくに南フランスやイタリアでは、《規制された同業組合》に出会うことがある。そこでは同業者団体の統制が、もはやその団体自体ではなく、都市の権限のもとにおかれている。しかし、中世末期にたいへん広く普及したのは、宣誓同業組合であった。

同業組合は、いくつかの呼び名によって、いたる所で公的権力による承認を獲得する。フランスでは、宗教建築の内部にさえも忍び込んでいる。同業組合は、教会にステンドグラスを寄進し、そこに彼らの仕事中の姿を描かせる。同業組合はそうすることで、彼らに対してそれほど好意的でなかった教会のなかへ各職業や商売を浸透させ、同時に、もはや《中世初期の懲罰や贖罪としての労働》ではない労働を復権させるのである。

都市の労働者たちは、それ以降、社会を三身分にわける分類法にしたがえば、働く人々のカテゴリーに属すようになる。シャルトルのステンドグラスは、十三世紀の職業のまたとない目録である。毛皮加工販売業、がまんして受け入れた両替商、靴屋、指物大工、車大工、樽作り職人、石工、石切工などがそこに登場する。

同業組合の発展は、承認を受けたり経済活動を行なったりする段階から、都市生活や都市政治に活潑に参加する段階へと移行していく。そうした状況のなかで、同業組合の役割と歴史は、政治的なものになっていく。同業組合は、十三世紀にはすでに、イタリア都市国家の政治の欠くべからざる一部分となっている。十四世紀前半のネーデルランドの都市国家でも、状況は同じである。

しかしながら、都市政治における最高実力者である《親方たち》や同業組合は、彼らもその一部をなしていた都市貴族《パトリシア》*を介して独占的支配を行なったため、社会的闘争が発生し、さらには反乱も誘発した。《このうえなく同業組合的な都市》であるフィレンツェでは、ポーポロ・グラッソ、すなわち政治の中枢にいる大ラシャ商人の優位が顕著である。多数の労働者たちは同業組合に参加できない。

チオンピの乱[3]は、こうした労働者たちの反乱なのである。

フランスにも、労働貴族階級が形成される。それはパリの六団体《スィ・コール》のことであるが、商人と労働者からなり、職人(ラシャ商人、毛皮商人、食料品屋、小間物屋、両替商、金銀細工商)の技術や仕事を掌握している。

中世末期には、同業組合の制度はすでにひどく硬直化している。この制度は、人口増加の再来にともなって労働市場にますます増加してくる若年労働者たちに対し、扉を開きはしない。フランスでは、十五世紀末から、定められた≪フランス巡歴《トゥール・ド・フランス》≫[4]に出発することが職人に義務づけられる。訪れた先で、仕事をもらうためにである。

---

(1) Etienne Boileau(?-1270)はルイ九世のもとでパリ代官をつとめた。彼の編纂した『同業組合の書』には、当時のパリの一二一の組合の規約が収録されている。

(2) Thibaud IV de Champagne(1201-1253)はシャンパーニュ伯で一二三四年からはナヴァール国王ともなった。勇敢な武人であるとともに、すぐれたトゥルヴェールでもあった。

(3) 一三七八年から一三八二年にかけ、フィレンツェの毛織物工業の織り元直営工場で働く賃金労働者が、低賃金と、政治的無力と、織り元の搾取に対して立ち上がった蜂起。チオンピとは、こうした労働者たちの蔑称である。

(4) 一通りの修業を終えた職人が、親方昇格の審査を受ける前に、数年間の遍歴の旅に出る制度。通りかかった町の同業の組合の溜まり場に顔を出し、仁義を切って、仕事と宿を求めた。技術の向上を目指す一方で、職人の需給調整の意味もあった。

参考文献

Philippe Wolff, *Histoire générale du travail*, tom.2, Nouvelle histoire de France,, Paris, 1960.
Histoire de la France urbaine, tom.2, Seuil, Paris, 1980.
Emile Coornaert, *Les corporations en France avant 1789*, Gallimard, Paris, 1941.

⇨ **〔社会階級〕〔手工業〕〔ストライキ〕**

動物 Animaux

動物の世界は、想像界《イマジネール》においても、現実においても、中世社会のあらゆる階層に影響をあたえた。たとえば、貴族階級は毛皮をまとう。十二世紀、彼らに流行したのは、紋章の中や楯の上に黒貂や白貂を描くことである。貴族たちは、このうえなく≪高貴な≫気晴らしである狩り*によって、大型の獲物に、またときには、犬や(猟犬を使った騎馬による狩猟のため)鷹に親しむ。農民たちも、狩猟というより密猟をしているし、家畜たちとともに生きている。そして農作業に、食料にと、ますます家畜を活用するようになる。中世には、豚肉とならんで牛肉の消費が栄養補給のトップの座をしめはじめたようである。もちろん漁業も営まれ、養魚法も存在していた。

　数多くの動物誌や図像の複製には、ありふれた動物や、想像上の動物が描かれている。蜜蜂は鳥とみなされ、蟻は哺乳類に分類されている。魚は数えきれないが、イルカは人間を助け、また人間を好むとされている。カバはイノシシの牙をもつ馬の一種であり、ドラゴンは火の中に生きるサラマンダー(1)に隣り合っているし、クサリヘビの雌は雄を殺している。しかし、動物誌にもっとも数多く登場するのは、鳥と陸上の哺乳類である。フェニックス(2)とグリフォン(3)は、禿鷲や、この世でもっとも美しい鳥である雄鶏と隣り合っている。イイズナ(4)は口から妊娠し、耳から出産するとされているが、家畜はたいへん現実的に描かれているのが普通である。ライオンは人間の友のようにみなされている。その白さが純潔と貞潔の象徴であった白貂は、ある伝説を育てる。それによれば、白貂は、汚れるくらいならむしろ死を選ぶのである。

　ロベール・デローは、人間のいない動物の歴史を主張し、どうしてこの歴史の非人間的要素が重要なのかを示すことで、歴史学研究に新しい道を切りひらいたといえる。とはいえ彼は、人間と対峙した動物たちの、たとえば無関心や敵意といった反応を、指摘していないわけではない。中世では狼が人間を襲いはじめることは非常にまれだったようである。中世という時代もまた、西欧文明全体の一部分にすぎない。この文明は、動物を支配することとしか考えず、動物に対しあらゆる秩序の転化を行なうのである。

(1)　火のなかに住み、火を消す力をもち、もっとも強い毒をもつとされる伝説上の動物で、ヘビかトカゲの姿に似る。
(2)　エジプトの伝説に起源を発する不死の霊鳥。
(3)　ギリシア神話に登場するライオンの胴体と足、ワシの頭と翼をもつ怪獣。
(4)　イタチ科の食肉類中で最小の動物。災厄をもたらすとされた。

参考文献

Robert Delort, *Les animaux ont une histoire*, Seuil, Paris, 1984.
Robert Delort, *Le commerce des fourrures en Occident à la fin du Moyen Age*, Ecole français de Rome, Rome, 1978.
＊池上俊一『動物裁判』講談社、一九九〇年。

⇩〔民衆文化〕〔狩り〕

トゥルバドゥール(トゥルヴェール)
Troubadours(Trouveres)

中世にも叙情詩が存在した。それを作ったのはオック語でトゥルバドゥール、オイル語でトゥルヴェールと呼ばれる人々である。この正真正銘の作詩作曲家たちは、やがては俗語での作詩（書き言葉がラテン語に限られていたこの時代にあって、意義深い革新である）や音楽へと発展していく、一つの新しい形の芸術を完成した。一一〇〇年から十三世紀末にかけて、四〇〇人以上ものこうした人々がその詩才を発揮したと思われる。ある者たちについては、その詩の断片しか残っていないし、その人物についてもほとんどわからない。しかしなかには、一貫した作品を残している者たちもいる。そうしたなかでも最も偉大なトゥルバドゥールであるベルナール・ド・ヴァンタドゥールの詩は、叙情に満ち、豊かな言葉に彩られている点で、他に抜きん出ている。彼の人物像について形成された伝説はつぎのように語っている。生まれは卑しく、父親は見まわり番卒、母親はパン焼きのかまど番で、やがてアリエノール・ダキテーヌの宮廷に仕えるようになり、補佐していた人々の結婚によってつぎにヘンリー・プランタジネットの宮廷へ、そしてトゥールーズ伯レモン五世の宮廷へと移ったと。そのほかにも、貴族の家系に生まれ、みずからが貴族であったトゥルバドゥールたちがいる。たとえば、そのなかでも最初の（時代的に）人物であるポワティエ伯ギョーム九世、またプロヴァンスで最初のトゥルバドゥールであるオランジュ伯ランボー[1]、《身分の低い領主》ジョフレ・リュデルなどである。そしてブルジョワだった者たちもいる。富裕な商人であったフーケ・ド・マルセイユ[2]、トゥールーズの毛皮商の息子ピエール・ヴィダル[3]、貧しい家に生まれた書記アルノー・ド・マルセイユなどである。また、ギー・デュセル[4]は司教座聖堂参事会員である。これらすべてのトゥルバドゥールたちは、どんな生まれの者であっても領主の宮廷において活躍したのであり、その芸術的貢献は領主のために捧げられたのである。

しかしながらこうした芸術家、作曲家たちは、その作品の演奏の役をジョングルールたちにまかせることがほとんどであった。ジョングルールは、《何でもござれの旅芸人》のようなもので、演奏家であると同時に喜劇役者、軽業師、曲芸師、人形使い[5]、猛獣使いでもあった。なかには、ピエール・カルドナルのように、おかかえのジョングルールをそばにおいていたトゥルバドゥールもいる。

この新しい形式の芸術を、トゥルバドゥールたちはある新しい観念の形成に役立てた。それが、十二世紀に《発見》された、愛の観念である。かりに彼らの音楽がドイツの詩人たち、ミンネジンガーの霊感を刺激しただけであったとしても、トゥルバドゥールのこの発明が、なみはずれた影響力を発揮したことは疑いえないのである。

もっとも熱心な彼らの支持者の一人、アンリ・イレネ・マルーは、その作品のはかなさを強調している。《トゥルバドゥールたちのもっとも素晴しい仕事は、ダンテに『新生』を書かせることで、彼らを凌駕させたことであろう》。

（1） Raimbaud d'Orange(v.1164-v.1173)はオメラスの領主。非常に凝った、難解な表現を用いた詩を書いた。

（2） Fouquet de Marseille(?-1231)はジェノヴァ商人の家に生まれ、マルセイユの領主やリチャード獅子心王やトゥールーズ伯の宮廷で、巧みな詩を作った。彼らの死後はシトー会士となり、最後にはトゥールーズ司教となって、異端撲滅に尽くした。

（3） Pierre Vidal(v.1150-v.1210)トゥールーズ生まれのトゥルバドゥールで、南ヨーロッパ各地の宮廷に迎えられて、情熱とファンタジーに満ちた作品を残した。

（4） Gui d'Ussel はブリウドとモンフェランの教会参事会員でユセルの領主。兄弟のエブル、ピエール、いとこのエリともにユセルの四トゥルバドゥールとして有名。

（5） Pierre Cardenal はル・ピュイの教会参事会員の家に生まれ、学問を身につけたが、やがてトゥルバドゥールとして各地の宮廷をめぐるようになった。

参考文献

Henri Irénée Marrou, *Les troubadours*, Seuil, Paris, 1971. 新倉俊一訳『トゥルバドゥール』筑摩書房、一九七二年（翻訳は一九六一年の旧版にもとづくため、著者名がペンネームのアンリ・ダヴァンソンになっている）。

⇩**〔宮廷風恋愛〕**

カタルニアのレスタニー修道院の回廊柱頭に刻まれているジョングルールたち。世俗の音楽を断罪したはずの教会に、皮肉にも堂々とその姿が刻まれている。

都市 Ville

都市の誕生は、中世の歴史と社会にとって決定的に重要な現象であった。十世紀から十三世紀にかけて、ヨーロッパは最大規模の都市化の波の一つに洗われた。それ以前にシテが存在していなかったわけではない。しかし中世の都市は、もはや古代都市とあまり共通点のない存在なのである。中世都市の誕生は、数字的には小さな事件にすぎないが（十三世紀に都市に住んでいたのは全人口の一割である）、地理的にはたいへん重大な事件である（南の諸地方、イタリア、南フランスはもとより、フランドルやドイツまでもが著しく都市化された）。都市は、政治的なものであれ、経済的なものであれ、社会的なものであれ、知的なものであれ、そこに導入されたあらゆる新しい価値観によって、とりわけこの時代を特徴づけたのである。

中世都市の地理、構造、分類、起源、経済的地位、政治的役割などは、歴史家たちによって幅広く研究されてきた。ここでとり上げるのは、中世都市の担う根本的に重要な二つの側面だけである。すなわち、封建制*の崩壊にはたした役割の側面と、新しい価値体系や新しい文化の創造への参加の側面である。

諸都市での政治的解放運動が反封建主義的《アンティ・フェオダリズム》なものであったことは疑う余地がない。この運動は、フランシーズ*獲得のため、コミューン*という暴力的で反抗的な形態をとることもあれば、平和的な圧力の形態をとることもある。しかし、領主たちを犠牲にして獲得された自治は、不平等で、たいへん不完全で、さらには無きに等しいものであった。イタリアを除き、諸都市が都市国家の域に達することは決してなかった。都市の自治がかなりの重みをもつドイツでも事情は同じである。フランスでは、諸侯に対抗する国王たちによってあたえられた支援が、真のフランス都市の形成を可能にした。しかし君主たちは、それによって諸都市の権力を制限できなくなったわけではない。

都市の組織の反封建的な要素の本質は、おそらく政治的領域よりも経済的領域のなかに、都市の生産組織と価値体系の領域のなかにある。都市の商業は外に向かって広がり、手工業*は多様化し、十世紀からは職種によって専門化された通りがあらわれる（肉屋通り、魚屋通り）。領主の生産組織をより確実に揺さぶることになるのは、こうした職業の分化である。さらに都市は、農村を自分たちの空間として活用することで、村落に居をかまえる領主たちの役割を、しだいにとりかわる。十二世紀、歴史の流れは逆転しつつあった。

　都市は、騎士道的価値体系においては、『ペルスヴァル』(1)（クレティアン・ド・トロワの）のなかで騎士ゴーヴァンが示しているように、ともかく一つの危険として、堕落した場所として感じとられていた。都市やブルジョワジーが、社会の三職能《トウリフォンクシオネル》(2)《機構》のなかに想定されていなかったことは確かである。商取引や金銭や豪奢に対する嗜好は、伝統的な軍人貴族階級の価値体系に属するものではないし、またこの階級によって、都市内部での人々の混淆や、社会の諸階層の雑居状態や、ブルジョワ*の資質が理解されることもない。騎士たちのイメージのなかでは、都市の住民たちが、いとも簡単に百姓《ヴィラン》*たちや悪魔の手先たちと同化したのである。

　中世の通りでの生活は、とにかく活気にはあふれているが、息が詰まりそうで、悪臭も満ちている。通りは狭く、曲がりくねり、しばしばアーチが覆いかぶさる。そこには、家庭の汚物や職人のごみが堆積し、道の中央の排水溝には悪臭を放つ水がよどんでいる。上部の張り出した家々や、通りにむかってそのまま開け放たれている職人の店々が、通りにそって建ちならぶ。行商人たち、たがいにすれちがうことさえできない二輪馬車や荷車、がむしゃらに人通りをかきわけて進む武装した騎士の一隊、豚や野良犬などが通りを埋めつくす。十五世紀末、諸都市は、より風とおしのよい市街地を設計し、車道を保守管理し、便所や下水渠を整備しようとする。それにもかかわらず、衛生面での向上をみたのはごく一部の都市にすぎなかった。

　都市は、それまでに例のない、革新的で創造的な力をもつ文化的潮流を懐胎した場所であった。大学*は都市の所産であり、スコラ学の知的模範やゴシックのカテドラル*の美学、托鉢修道会*の霊性もまたその所産である。托鉢修道会の諸修道院も、原則的には都市に設置されている。

　とはいえ中世末期には、ブルジョワジーが世に認められることはないし、貴族に支配された古い社会体制をくつがえすこともない。たとえ都市が封建制の敗北に寄与したとしてもである。

(1)　十二世紀後半に書かれた騎士道物語で、ペルスヴァルとゴーヴァンの二人の騎士が聖杯を求めてくりひろげる冒険物語。未完に終わったため、のちに多数の続編を生んだ。

(2)　〔三身分〕の項目を参照のこと。

参考文献

Histoire de la France urbaine.tom.2,dir.Jacques Le Goff,Seuil, Paris,1980.

ルーアンのマトラ通りに第2次大戦前まで残されていた中世そのままの家並み。

Yves Barel, *La ville médiévale, système social, système urbain*, Press Univ. de Grenoble, Grenoble, 1974.
Jean-Pierre Leguay, *La rue au Moyen Age*, Ouest-France, Rennes, 1984.
Pierre Lavendan, *Histoire de l'urbanisme*, tom.1, Laurens, Paris, 1966.

⇨〔学校〕〔知識人〕〔大学〕〔商人〕〔同業組合〕〔カテドラル〕〔ブール〕〔ブルジョワ〕〔托鉢修道会〕〔フランシーズ〕〔手工業〕〔三身分〕〔信心会〕

都市貴族　Patriciat

この社会集団は、都市*の生活が民主主義的ではなかった事実のあらゆる証拠を呈示する。都市貴族《パトリシア》とは、寡頭政治の中世的形態、すなわち、経済力を基礎に社会権力と政治権力を独占する、男性たちや諸家族からなる小集団である。都市貴族は、もっとも裕福で有力なブルジョワ*から構成されており、いわゆるブルジョワジーとは区別される。しかし、彼らがその豊かさのすべてを獲得するのは、商業や工業が高度に発達している都市においてである。彼らに法的な輪郭があたえられることはないにせよ、この社会集団は、手工業者や労働者を主体に構成される《細民《ムニュ・プーブル》》と呼ばれる住民たちの《貧しい》部分と、ともかく非常にはげしく対立する。中世都市の歴史は、この二つの住民集団の闘争の歴史である。とくにイタリアとフランドルの諸都市ではそうである。

この集団は、経済力に恵まれたごく少数の家族のいだく、都市内部での権力の座を維持しようとする熱意から生まれた。都市における政務官《マジストラ》の募集は、議会の選挙によってではなく、複雑な指名制度によって行なわれるのである。

この集団は、実質的には、都市を統治する政治的集会にメンバーを送る唯一の存在となっていく。その集会とは、ドイツの州会議《ラート》であり、フランドルの参審会《エシュヴィナージュ》であり、イタリアの評議会《コンセイユ》である。アラスでは都市貴族たちが、指名制度を利用することで、一一九四年以来絶対的な権力を掌握している。なかには、貴族とブルジョワが都市貴族のなかに融合している都市もある。しかしこの集団が、都市に対する政治的支配を固め、また大商人たちの優位を確かなものにするためには、シエナ、ケルン、フィレンツェでのごとく、ときには反領主的蜂起も必要であった。

都市貴族の数家族が到達するにいたった権勢は、相当のものであった。シエナのブオンシニョーリ(1)や、ジャン・ボワヌブロック(2)の権勢がその例である。ボワヌブロックは、多数の労働者や手工業者すべてに対し、まぎれもない専制君主としてふるまった。たとえば彼から金を借りている人々に対し、支払い期日以前に返済を強要したり、借りている額の三倍も多い額をむりやり差し押さえたりするなど、侮蔑と威力によって人々を圧迫したのである。このような不正がもとで、フランスではときに王政が都市財政に介入することもおきた。都市の財政は、彼ら金持ちたちによって自分たちのために運用され、その租税は細民に重くのしかかったのである。

以前からすでにエリートのための地位であった都市貴族は、徐々に閉鎖的になっていく。ヴェネツィアはその最初の例である。一二九七年には、父方の祖先が大評議会に議席を有していた人々だけがこの議会のメンバーになれる、という決定が下されている。

(1) Buonsignori は十三世紀から十四世紀にかけて活躍したシエナの銀行家。商人団体の頭をつとめ、ギベリン派と結んで莫大な利益を上げた。

(2) Jehan Boinebrocke(? -v.1285) はドゥエの大企業家で参審員。多数の労働者や職人を使って、ラシャの一貫生産を行なった。遺言で、不当に得た利益を返却するよう相続人に命じたため、人々が損害を申し出て、その悪行が記録されることになった。

参考文献

Jean Lestocquoy,*Les villes de Flandres et d'Italie sous le gouvernement des patriciens*,P.U.F.,Paris,1952.

Georges Espinas,*Aux origines du capitalisme*,tom.1,"Sier Jehan Boinebrocke,Patricien et drapier douaisien",Raoust,Lille,1933.

Histoire de la France urbaine,tom.2,Seuil,Paris,1980.

⇨〔社会階級〕〔コミューン〕〔都市〕

奴隷 Esclave

十五世紀まで、中世社会には奴隷がいた。しかし十世紀には、すでにその存在はかなり限定的なものにすぎない。教会は奴隷の存在を非難せず、その逆の行動をとった。教会自体が奴隷の大口利用者だったからである。そして隷属は原罪を償うための一手段であるとか、軽蔑すべき人間への神の断罪であるとかいう名目で、奴隷の存在を正当化しようとした。とはいえ教会は、奴隷にも秘跡にあずかる権利を認め、そうすることで彼らにいくらかの尊厳を認めた。しかし法的には、彼らに何の権利もなかったのである。

中世には二種類の奴隷がいた。その一つは、古代の遺産である農村奴隷である。彼らは五世紀から八世紀にかけて重要な役割を担い、十一世紀ごろまで残存する。

農村奴隷は、サクソン人の領域、なかでもブリテン諸島においては、十世紀でもなお重要なままである。他方、スカンディナヴィア半島では、十二世紀まで農村奴隷が残っている。その他の場所では、経済発展の影響を受けて農村奴隷がしだいに姿を消していく。生産性が低いことの多い奴隷たちの維持は、高くついたのである。八世紀から、奴隷たちは土地を支給され、その土地で働き、そこから自分の生活の糧をえるようになる。すなわち奴隷マンス*が登場するのである。イギリスではノルマン人による征服のあとも農村奴隷が維持されている。十一世紀末、奴隷人口の一〇～一六パーセントが何らかの土地を所有している。一一〇二年、ロンドン教会会議は、最後に残された奴隷たちの解放を命じた。

経済発展のもう一つの局面である技術の進歩は、奴隷に課せられていた賦役労働を不要なものとせずにはおかなかった。賦役労働は現物による賦課租*へと変化し、奴隷身分は農奴身分となり、ときには自由農民《マナン》と一体化するまでになった。

二番目のタイプの奴隷は、おもに地中海沿岸の諸地方に関係している。カタルニア人、ジェノヴァ人、ヴェネツィア人は、本物の奴隷売買を営んでいる。ロシア人、ブルガリア人、コーカサス人、黒人（鎖につながれて売られ、高価で、十五世紀のマルセイユでは馬二頭分の値段であった）、そしてとくにスペインのレコンキスタ*の戦争犠牲者であるムーア人が売買されていた。

こうした奴隷たちは、イタリア、プロヴァンス、カタルニアの諸都市に輸入され、おもに召使、女中、内妻にされた。彼らのおかれた境遇の苛酷さは、逃亡事件の頻繁さからも想像できる。もしつかまれば、スペインでは死刑にされかねなかった。彼らが民衆反乱（一三七八年のフィレンツェでのチオンピの乱）に参加したのもこの苛酷さのせいである。ヨーロッパへの奴隷供給の衰微は、新しいその供給源の探索の、なかでもイベリア人による十六世紀の征服運動の動機を説明してくれる。

参考文献

Robert Fossier, *Histoire sociale de l'Occident médiévale*, Collection U.A.Colin, Paris, 1970.
Jacques Heers, *Esclave et domestiques au Moyen Age dans le monde méditerranéen*, Fayard, Paris, 1981.

ナショナリズム　Nationalisme

中世を舞台にナショナリズムを語るのは時代錯誤ではなかろうか。というのも、そのためにはまず国民《ナシオン》が、そして国民感情《サンティマン・ナシオナル》が存在していなければならないからである。国民感情とは、同じ国民である、共通の祖先をもつ民であるという、国家《エタ》住民の感情である。中世末期には、フランスやイギリスのような最強の諸国において、国民感情が誕生しつつあったようである。とはいえその内容は、現代のそれとは大きく異なり、国家により、社会階層により、人物により、その性格も奥行もさまざまなのである。

中世の国民感情を形成しているものは、何であったろうか。十一、十二世紀には、この感情は国王の人柄への愛着と入りまじっている。しかし、聖職者たちやローマ法の理論家たちにとっては、そうでもないようである。彼らのあいだには、フランスに例をとるなら、《フランスという何らかの観念》がすでに存在していたのである（十二世紀にはサン＝ドニの大修道院長シュジェールに、つづく十三世紀には他の人々にも）。その後、《ナショナリズム》はしだいに国王*の人柄から離れ、それ以外の共通要素から形成される方向へとむかう。共同体に名称がつけられるのもその一例である。あるものは名前の起源を古代にさかのぼる（たとえばゲルマニア）。その反対に、カタルニアやポーランドの名は、すでに存在していた国家を指し示すものとして、中世の初頭にあらわれる。他方、フランキアについては、その名が王国に適用されるのはずっとあとのことであり、最初にフランス王国《レグヌム・フランキア》という表現が登場するのは、一二〇五年である。

住民たちのあらゆる階層に共通する真に《国民的《ナシオナル》》な唯一の特徴、それは言語*である。十三世紀末、君主たちは、自分の国家の言語の土台を築きはじめる。一二九五年、エドワード一世は、フランス国王に抗して、英語を守るよう臣下たちに求めている。その一方で、フランス語に翻訳されたこの王国の大年代記は、はじめて、フランスを一つの国民からなるものとして述べている。とはいえ、フランスをも含め、国民と言語の一致はまだどこにも実現されていない。たとえそれが完全なものではなくてもである。ただし、到達すべき目標とはみなされている。

国民の歴史*をもたない国民、共通の過去をもたない国民は、もはや存在しない。各国は自国民のため、その歴史をまとめ上げるのに腐心するようになる。フランスでは十五世紀に『フランス大年代記』が、イギリスでは一一三五年に『ブリテン王国史《ヒストリア・レグヌム・ブリタニアエ》』が編纂される。十二世紀後半には、最初のデンマーク国民史が編纂されている。

　中世末期になると、法律家、神学者、国王は、しだいに祖国への愛に乗じる動きをみせはじめる（事実、祖国《パトリ》という言葉は十六世紀の、愛国心《パトリオティズム》という言葉は十八世紀のものである）。この祖国愛のために、人々は生き、また死ななければならない。こうした感情は、とくに百年戦争下のフランスで、内戦や対外戦争のさなかに誕生する。十五世紀初頭、クリスティーヌ・ド・ピザンは《フランス王国へのおおいなる信心》について述べているし、ジャン・ジェルソンのような大学人たちは愛国心について講義している。武勲詩のなかで称讃された《うまし国《ラ・ドゥース》フランス》は、ますます称揚され、ついにはエティエンヌ・ド・コンティ(1)の筆のもと、真の楽園《コカーニュ》とされるようになる。

　《国家が国民を創造した》とベルナール・ギュネは言う。中世末期には、国家がともかくも堅固で恒久的であっただけに、その住民たちも、一つの国民をなしているという感情をもつことができたのである。この感情はもはや、漠然とした観念でもなければ、少数の人々の観念でもなかったのである。

（1）Etienne de Conty は十四世紀、シャルル五世時代に活躍した初期ユマニストで、アリストテレスの『問題の書』を翻訳した。

参考文献

Bernard Guenée,*Politique et histoire au Moyen Age*,Publications de la Sorbonne,Paris,1981.
Bernard Guenée,*L'Occident aux XIV*ᵉ *et XV*ᵉ *siècles:Les Etats*,Nouvelle Clio,Paris,1981.
Colette Beaune,*Naissance de la Nation France*,Gallimard,Paris,1985.

⇩〔国王〕〔歴史〕〔言語〕

農業　Agriculture

中世の西欧においては、広い意味での農業、すなわち作物の栽培（農耕）と家畜の飼育（牧畜）が、その社会での生産活動にとびぬけて重要な地位をしめている。農業は、労働人口の十分の九以上に仕事をあたえ、その社会に生活の糧の大半をもたらす。そのうえ、十一世紀から十三世紀にかけて空前の農業革命が展開され、その成果は、最終的には近世初頭まで農村経済を支えることになる。

中世初頭、紀元千年紀の末ごろの農業の生産力は、現実には、古代のそれとほとんど変わりなかった。しかしこの時代以降、新石器時代にはじまり、青銅器時代、鉄器時代と発展してきた焼き畑による森林内での農業を、定期的に耕作される畑(耕地《アーゲル》)、随時的に耕作され長期にわたって放置される荒れ野や荒れ地である放牧地(牧場《サルテュス》)、そして林と森(森林《シルヴァ》)の、いわゆる三点セットが引きついでいく。耕地においてはそれ以降、穀物栽培地と、草の生えた短期未耕地と、休耕地とが順番に交替するようになる。しかしその開墾*には、斧や火とはまた別の手段が必要であった。また中世までは、鍬や鋤による《人力耕作》が主役の地位をしめつづけており、土を反転できないエジプト起源(紀元前二千年紀)の無輪犂では、中途はんぱな犂耕しか行なうことができなかった。

とはいえ、それ以外の生産道具も、ずっと以前から存在していた。たとえば、両手であつかう長柄の大鎌《フォー》(紀元前一世紀)、有輪犂*(紀元後早々)、また二輪馬車(紀元前二千年紀)などである。しかしそれらは、ほとんど普及していなかった。

これらの道具の増加とその普及が、土地の活用方法の決定的な変化を証拠だて、権威づけるのは、中世もなかごろ(十一世紀から十三世紀にかけて)になってからである。長柄の大鎌と四輪荷車《シャリオ》のおかげで、干し草の収穫と保存が可能になり、また麦藁や寝藁などの運搬も可能になった。その結果、何よりも大切な家畜たちは、冬を家畜小屋ですごせるようになる。それまでないほど大量の堆肥を蓄えながらである。そしてこの堆肥は、二輪荷車《シャレット》や放下車《トンブロー》[1]によって犂耕される土地に運ばれ、有輪犂によって深く速く埋め込まれるようになる。

最終的には、農業景観が変化する。牧場として用いられ一般的には囲い込まれていた荒れ地の草原によって、有輪犂の操作を可能にする細長い畑によって、有輪犂、馬鍬、二輪荷車、四輪荷車、放下車など豊富になった農機具によって、より力を発揮できる繋駕法や、より改良された繋駕用装具(牛のための前額部の頸木、馬やロバやラバのための肩当て馬具)によって、新しい作業用の建築物(家畜小屋、干し草置き場、納屋)によって、そして最後に、体系的な犂耕と馬鍬の使用のおかげでより整えられ(よりよく除草され)、家畜の増加と入手可能になった堆肥のおかげでより肥やされ、少なくとも二倍の収穫をもたらすようになった穀物畑のおかげで。その結果、九世紀から十三世紀にかけ、まかれた種に対する穀物の平均収量は、一粒に対して二・五粒から、一粒に対し五粒へと上昇するのである(ジョルジュ・デュビィ)。

開放耕地の広がる場所では、共同放牧権が行使された。

それにより村の住人たちは、収穫が終われば専用の土地で家畜を飼育することができるようになった。しかし、種のまかれた畑を一方へ、休耕地を他方へと再編成することも必要となった。かくして、十三世紀にはすでに確認することのできる、そして共同実施される、規則正しい輪作*が形成される。地中海沿岸には二年輪作が普及し、北部には三年輪作がしだいに普及していく。

しかしこうした原型は、たとえそれらが主体をなしていたとしても、現実には変形を含んでいる。休耕は、一種類、二種類、ときには三種類もの穀物の栽培が交互に反復されながら、それ自体が、二年、三年、さらにそれ以上も継続されることがめずらしくない。こうして、四年輪作、五年輪作などが形成されたのである。ときには休耕があまりにも長くつづいたため、灌木や木の茂みが点在する雑木林が、以前のように、斧や火による開墾を必要とするまでに成長することもおきる。こうした土地は、もはや《耕作可能》ではなく、したがって耕地《アーゲル》でもない。それは、牧場《サルテュス》だったのである。

それとは反対に、可耕地が、休耕されることなく、毎年耕作される地方もあった。というのも、その耕地は、広大な荒れ野から家畜を介して獲得された有機物が集中的につぎ込まれることで肥沃化されたり（ガスコーニュ地方の荒れ野）、また《雑草を根絶されたり》、すなわち開墾されたり（ブルターニュ地方の荒れ野）したからである。

ヨーロッパの北部と南部のあいだにつねに存在する大きなコントラストを、ここで強調しておかなければならない。北ヨーロッパでは、有輪犂、荷車、冬季における家畜の舎内飼育、その舎内の糞尿まみれの寝藁の使用などと強く連結された農耕が、農業革命の堅い核を形成し、この地方の決定的優位を最終的に確定する。それに対し南ヨーロッパでは、無輪犂と荷鞍での運搬に弱く連結された農耕がつづいていく場合が多く、上ったり下ったりの移牧(2)は、飼料の貯蔵とシーズンオフの時期の家畜の舎内飼育の必要性を、かなり軽減することになる。

強力に連結された農耕が十分に発達するためには、少なくとも、新しい車輪つきの機具（前部に車輪をもつ有輪犂を含む）を製造し、修繕することのできる車大工《シャロン》と、それに鉄具をつける鍛冶屋《フォルジュロン》（もしくは蹄鉄工《マレシャル》や犂ベラ工《ソシエ》）と、納屋や家畜小屋を建てる大工《シャルパンテイエ》とが、村落ごとに必要となった。こうした新しい職業を最初に営むようになる人々は、バン的賦課租に反抗する、かつての城の使用人の出であることが多い。彼らは、農民たちから木材を提供された。

領主権は、こうした新しい職業区分の配置に大きな役割を演じる。人手や馬で回される古臭い挽臼を禁止し、新しい風車や水車*を設置したのは、この領主たちであった（十二、十三世紀）。しかし水力は、製粉業にとどまらず、ビール醸造業、製油業、樹皮の粉砕や布地の縮絨、そして冶金などにも使用される。少数の有力領主や、大修道院によって企てられたこれらの事業は、農村経済の発展に決定的役割をはたしたのである。

しかし、こうした発展がおきるためには、さらに、開拓民や自由農民や農奴*が安定した保有地と自前の家畜や農具を所有していることが必要であった。そしてまた、規則正しく安定した搾取関係が、略奪や無秩序で破壊的な課徴金徴収などにとってかわることが、すなわち農民の経営能力に応じた現物地代と労働地代が、家族による生産を可能にすることが必要であった。それは、いわば一つの進歩的制度であった。というのも、この制度が、遅々とした、不平等な、後退することもなくはない、しかし全体とすれば確実でたいへん意義深い農民経済の成長を可能にしたからである。

土地所有に関する個人主義、自主独立の精神、倹約の精神は、またどう考えられていようとも、計算された進取の気性は、領主たちや聖職者たちの直領地でだけではなく、農民たちの保有地でも、同様に発展しつづけていくのである。

その一方で、新しい生産手段の数々は、ほとんど利用できなかった土地まで有効利用することを可能にする。有輪犂のおかげで、かなり骨の折れる土地でも耕作することができるようになるし、また干し草の貯蔵のおかげで、家畜たちも、標高の高い諸地方の、より厳しくより長い冬を無事に過ごすことができるようになる。十二世紀にそれが可能になったジュラ地方奥地は、その一例である。こうしてあらたな植民が可能になり、領主、修道院、農村共同体、独立農民などに主導された大小の開拓地、開墾地が増加していく。

農業生産の増大と、農業生産性の向上は、余剰の食料と労働力を捻出することを可能にした。それは、農業以外の活動の発展にも欠かせないものであった。なかでも顕著なのが、十二世紀と十三世紀の建築にかかわる活動である。城砦、大修道院、教会、大聖堂、市街地の拡大、新集落などが、この時代に建設される。結局のところ、人口の増大、家畜の増加、道具の改良、肥沃さの増進、活用空間の拡大、手工業や工業や商業の発展、建築の飛躍などが、こうした発展を生み出す変動要素であった。西ヨーロッパでは、産業革命の直前まで、この発展が生産力を提供する。産業革命が出現するためには、また別の変化が必要であった。

この発展がどんなに力強いものであったとしても、それにはおのずと限界があった。飼料栽培を欠いていた新農法のもとでは、ひとたび可耕地と牧草地と森林のあいだに最良のバランスが確立されてしまい、活用可能な空間が手もちの方法で満たされてしまえば、生産は頭打ちにならざるをえない。十三世紀末には、もうそこは満杯となる。約二〇〇〇万もの人々を養っているのである。しかしこの数を超過すると、欠乏が、飢饉が、疫病が、そして社会的混乱がはじまるのは必至であった。最初は断続的だが、ついで慢性化し、最後には恒常化してしまうこの悲惨な状況の行きつく先は、一三四八年とそれにつづく、根の深い、多くの死者を出すことになる危機*であった。飢えで、寒さで、ペストで、暴力で、人口の半分近くが失われたのである。かくして、長いあいだ忘れられていた人口減少が、相対的人口過小が、人口の散逸が、人口過剰のあとを追うのである。

十五世紀後半からは農業の再建の動きがはじまり、その成果は、ルネサンスにおいて開花することになった。

---

(1) 後部をかたむけて積荷を一気に下に落とすように造られている両輪の車輛。

(2) アルプスやピレネーなどの山岳地帯に多くみられる家畜を季節によって移動させる牧畜形態。夏には標高の高い場所にある牧場で、冬には平地の牧場や小屋のなかで家畜の飼育を行なう。

参考文献

Georges Duby, *L'Economie rurale et la vie des campagnes dans l'Occident médiéval*, Aubier, Paris, 1962.

Georges Duby, *Guerriers et Paysans: Premier essor de l'économie européenne*, Gallimard, Paris, 1973.

Histoire de la France Rurale, tom.1, Seuil, Paris, 1975.

Robert Fossier, *Enfance de l'Europe*, Nouvelle Clio, P.U.F., Paris, 1982.

⇨**〔農民〕〔輪作〕〔休耕〕〔有輪犂〕〔森林〕〔開墾〕〔水車〕〔危機〕**

農事暦 Calendrier agricole

≪二度犂する《ビネール》≫または≪三度犂する《ルビネール》≫こと、すなわち、休耕地*を年に二度から三度犂耕すること。その時期はまず秋、つぎに春か夏、そして≪小麦≫の播きつけ、すなわち種まきのためにそこを馬鍬でならす前の九月であるが、そうした作業は、はっきり定められた農耕生態系《エコシステム・キュルティヴェ》を再生し活用するための仕事の暦の、その骨組みをなしている。

しかし、厳重な季節的制約を受け、適当な時期にしか実施できない畑仕事の中心をなしているこうした一連の作業の合間には、それほど重要でもなければ厳格でもない他の

『ベリー公のいとも豪華なる時禱書』から。11月の豚にドングリを食べさせる図。

一連の作業が実施される。北部ではまず最初、三年輪作にともなって、《冬》穀物と《春》穀物を隔てる、もしくは《三ヶ月麦《トウレモワ》》の播種とその収穫を隔てる短かい休みの期間が生じる。しかし家畜が増加し、冬のあいだの家畜の舎内飼育が普及するにつれ、北部でも南部でもそうであるが、六月と七月はしだいに草刈りと干し草の取り入れに忙殺されるようになる。それと同時に、冬のあいだは、家畜小屋での動物の世話が重要な仕事となる。家畜小屋を掃除し、動物の糞尿まみれの寝藁を丸め、朝夕動物たちに飼料と水をあたえることが、短い日中の一部をしめるようになる。またさらに、動物の出産に立ち会うため、幾晩かは夜なべをすることになる。

このように中世では、三年輪作、草刈り、家畜の冬季舎内飼育の拡大にともなって、農事暦がしだいに埋まっていく。そしてそれは、農具の改良、有輪犂*の普及、二輪荷車、四輪荷車、放下車、馬鍬の普及、繋駕法の改良、水車*の利用（多くの時間を稼ぎだしてくれる水車は、暦の挿絵に頻繁に登場するようになる）などがあって、はじめて可能となったと思われる。

こうした数々の主要な仕事に加え、気候のよい季節には、家畜の群を共有地や休耕地に連れて行く仕事が、秋には、豚たちを森へ連れて行き、ドングリやブナの実を食べさせて年の暮の祭りまでに太らせておく仕事がある。十二月の豚の犠牲は、ほとんど欠かさず描かれている。

農事暦は、このようにしてほとんど埋めつくされる。とはいえそのすきまには、多少ともバラエティのある仕事を挿入せずにはおかないであろう。たとえば九月には、野外の麦打ち場で収穫した穀物を脱穀したり、風よけの下で棍棒《ペルシュ》や殻竿《フレオー》で脱穀したりする場面、秋と冬には、生垣を刈り込んだり柵囲いを修理したり、薪や材木を作ったり、屋根や建物や農具を修繕したりする場面が挿入される。他方、春や夏には、菜園に手を入れたり、採集や狩猟へ参加したり、密猟を行なったりする場面が、さらには羊毛を梳いてそれを紡いだり、麻の皮を剝いだり、機を織ったり、パンを焼いたり、果物を干したり、肉を燻製にしたり塩漬けにしたり、チーズを凝固させたりする場面が挿入される。こうした数々の仕事を描き出すにあたり、各農事暦は、時代により、地方により、その他の要素により、それぞれ違った選択を行なうのである。

ペリーヌ・マンは、『十二世紀と十三世紀の農事暦と農業技術』という作品のなかで、フランスでの八〇の暦と、イタリアでの四七の暦を詳細に研究している。これらの暦は、おもに彫刻、ステンドグラス、壁画の形で、まれにモザイクの形で、ロマネスクとゴシックの建築を飾るものである。

残念なことに、はるかに数も多く、はるかに豪華なミニアテュールに関しては、そのような研究がなされていない。モニュメントの装飾は、実際には、一人の人物、一つの仕事の場面に単純化されていることがほとんどで、そこには風景もなければ建物もなく、付随的な仕事の場面もない。たとえば草刈り、熊手での掻き集め、その積み上げ、二輪荷車への荷の積み込み、干し草の取り入れ、犂耕、種まき、馬鍬での地ならしなどは描かれていない。また、ピエトロ・ディ・クレスチェンチの暦に登場するような、ある季節における種々雑多な仕事も描かれてはいないのである。

より重要なことは、モニュメンタルな芸術のもつ限界が、有輪犂、馬鍬、四輪荷車といった新しい複雑な装備の描写を排除したように思えることである。こうした装置が農業革命の根本をなしていたにもかかわらずである。それは、時期にかかわる問題ではない。バイユーのタペストリー*にもみられるように、これらの機器はすでに描写されていたのである。また南部の諸地方で作られた暦は、ブドウの木に特別の重きをおいている。たとえば、イタリア人のピエトロ・ディ・クレスチェンチによって編纂された、農学書に挿絵を描き込んだミニアテュールがそうである。ブドウの木の剪定は三月の仕事を象徴している。ブドウの実の収穫と圧搾は十月の仕事を象徴している。ここでもまた、有輪犂が描かれていないことに気づかされるが、それと同時に、鍬による労働（一月）や負籠による運搬（二月）の重要さにも気づかされる。

それとは反対に、より北部の暦は、有輪犂、二輪荷車、四輪荷車、放下車、馬鍬、水車などの新しい生産手段や、新しい繋駕法にたいへん重きをおいている。ランブール兄弟[1]は、『ベリー公のいとも豪華なる時禱書』のなかで、正確さと相当の美意識をもって、一連の仕事を描き出している。たとえば、前部の車輪と撥土板をもつ有輪犂での犂耕（三月）、両手を使った長柄の大鎌《フォー》での草刈り、干し草の山を作るための熊手《ラトゥー》やフォーク《フォルシュ》などがそこに浮かび上がる。七月には、大型の半月鎌を用いて行なわれる収穫や、刈り穂の山を作るために麦穂を御する棍棒《バトン》が、収穫の終わる八月には四輪の大型荷車が、九月には負籠を用いてのブドウの摘み取りのほかに、荷鞍をつけた動物（ロバやラバ）や、酒樽を乗せ牛にひかせた二輪荷車が登場する。十月は種まきである。種の投げまきが行なわれ、人の乗った、肩帯をつけた馬によって馬鍬が引かれている。しかし、この≪貴族的≫な暦は、農作業の場面に、より貴族的な場面を混ぜ合わせている。一月には城への、公の食卓への≪贈り物《エトウレンヌ》≫が、四月には戸外での気晴らしが、五月には騎馬行列が、八月には鷹狩りが、十二月にはヴァンセンヌの森での猪狩りのあとの勝鬨《かちどき》が、それぞれ描かれている。さらに、こうした《農業の現場と畑の手入れ》にまつわる描写のすべては、城から、その塔と城壁から見下ろされているのである。

その反対に、フランドル地方の農民の暦である『聖母の時禱書』のなかでは、五月の祭りのときにしか城や領主は姿をあらわさない。この画家はより写実的であり、美的な観点にとらわれてはいない。かといって素朴なわけでもない。そのため、この農事暦はより完全な表現を備えている。すでに述べてきたさまざまな場面のほかに、そこには、十一月の重い《麻打ち機《エカン》》による麻打ちや、十月の冬前の余分な家畜の屠殺にさきだつ牛の大売り出しなどがとりあげられ、十二月の豚の《虐殺》は、先に述べた暦の狩りの場面にとりかわっている。

しかし、十五世紀末にこの北部地方でもっとも目をひくのは、さまざまな道具（長柄の大鎌、半月鎌、麻打ち機、剪毛バサミ、攪拌機など）、機器（有輪犂、二輪荷車、四輪荷車）、馬具（肩帯、馬勒(2)、馬衣）、また石積み、木組み、農民の家具や服装などに関する豊かな着想と、確かな表現である。十九世紀まで永続していく生活環境、それはこの時点で完全に整っていたのではなかろうか。

（1） Limbourg兄弟は十五世紀のはじめに活躍したフランドル出身のミニアテュール画家で、最初はブルゴーニュ公の宮廷で、つぎにベリー公の宮廷で、書物の装飾絵画にすぐれた作品を残した。

（2） 馬を制御するためにその頭につける道具。

参考文献

Pierre de Crescens, *Italie du Nord:Rurralium commodorum opus.*

Les Très Riches Heures du Duc de Berry,『ベリー公のいとも豪華なる時禱書』中央公論社、一九八八年。

Les Heures de la Vierge,Frandre.

Perrine Mane,*Calendriers et techniques agricoles en France et en Italie aux XII*ᵉ *et XIII*ᵉ *siècles*,Le Sycomore,Paris,1983.

⇩〔農業〕〔有輪犂〕〔農民〕

農奴身分　Servage

農奴身分の問題は、貴族身分*の問題とともに、中世社会史の最大の論点の一つである。この身分の人々を指すために史料上で用いられている言葉は多様で一定せず、そのことが研究を困難にしている。奴隷《セルヴス》という言葉はまれにしか見られないし、その意味もあいまいである。また体僕《オム・ド・コール》や汚れなき人《オム・プロップル》という用語も、その形で用いられること自体がまれであり、そこに含まれている現実もさまざまである。いずれにせよ歴史家たちは、すべての農民は農奴であると考えたマルク・ブロック*の見解と、農奴身分など存在しないと断言する現代の研究者たちの見解のあいだを揺れ動いているのである。

この集団の起源を探ることはたいへん困難であるが、ただ一つ例外が存在する。それはドナトゥスの集団、すなわち、教会に自分の身体も財産も捧げた人々に関してである。農奴のかなりの部分については、古代奴隷の子孫であった可能性を否定できない。しかしより多くの部分が、有力者との隷属関係に陥った祖先たちの、その末裔だったのではなかろうか。有力者たちは、日々の仕事のために彼らを手放そうとせず、保有地をあたえたのではなかろうか。こうした状況は、十世紀から十一世紀にかけて自由農民たちがおかれていた境遇でもあったろう。彼らもまた、隷属状態に陥っていったのである。十三世紀の一部農民の境遇の深刻な悪化について、歴史家たちは農奴制の復活とまで言っている。

しかしながら、農奴制の歴史は、長い没落の歴史である。十一世紀には、すでに農奴の数はたいしたものではない。『ドゥムズデイ・ブック』において、その比率は一〇〜二〇パーセントであり、バイエルン地方でも同様である。ムーズ川やライン川沿岸でも、その比率は三〇か三五パーセント止まりである。ノルマンディー、ブルターニュ、ピカルディの各地方にはまったくみられない。スペインでもごく少数である。とはいえ農奴制は、十八世紀まで消え去ることはない。たとえばルイ十六世の治世下のフランスにおいて、フランシュ・コンテ地方のサン＝クロードでは、農奴は一万二〇〇〇人を数えている。また、とくに東ヨーロッパでは、十九世紀まで農奴制が残存している。

マルク・ブロックによれば、農奴身分を特徴づけている条件や、負担があったという。まず財産遺贈不能《マンモルト》、すなわち財産を完全に所有することができず、そのため租税の支払いなしに財産を遺贈することができないこと。つぎに領外結婚禁止《フォルマリアージュ》、すなわち租税を支払った場合を除き、領主の同意なしに領地外の人と結婚することが禁じられていること。そして人頭税《シュヴァアージュ》、すなわち各不自由人によって支払われる、隷属のしるしである債務を負っていることなどである。最近の研究は、人頭税だけが隷属を真に表示しており、領外結婚禁止などの他の条件は、これまで信じられてきたのとは違い、自由人に対しても課されていたことを認めているようである。意のままに課せられたタイユ税《タイユ・ア・メルシ》と同様にである。法的な特性や経済的な特性以上に隷属を際立たせていたもの、それは屈辱や差別である。農奴たちは、人前でむち打たれ、犬に追われて捕らえられ、法廷からは除外され、結婚は拒絶され、武器を身につける資格もなかった。

　農奴は、何らかの財産をあたえられていることによって、奴隷とは区別される。その土地に兵役義務が課せられていた自由農民とは比較にならないとはいえ、やはり彼らも土地保有農《テナンシエール》である。農奴は、その土地の支配者にではなく、その肉体の支配者に賦役を提供しなければならない。彼らは、直接的にはこの肉体の主人に従属し、ときには屈辱的な仕種によってこの主人と結ばれている（アルザスのマルムーティエでは、農奴の首に一本の綱がかけられた）。またその仕種は、両手を主人の両手のなかにおくという、家臣のオマージュ*とたいへんよく似ていることもある。

参考文献
Robert Fossier, *Enfance de l'Europe*, Nouvelle Clio, P.F.U., Paris, 1982.
Robert Boutruche, *Seigneurie et féodalité*, Aubier, Paris, 1970.
Histoire de la France rurale, tom.1, Seuil, Paris, 1975.

⇩〔奴隷〕〔封建社会〕

農民　Paysans

たとえ中世が都市ブームの出現によって特徴づけられるとしても、農民たちは、遠い昔から二十世紀にいたるまで、数量面だけでなく労働面においても、もっとも重要な人口のカテゴリーでありつづける。商業や手工業、さらには≪工業≫の発展にもかかわらず、経済活動を主導するのは農民たちなのである。

　都市人口の実数がそれほど多くなかったことから考えて（一三〇〇年には、たぶんヨーロッパの六〜七都市が人口五万を超え、三〇都市以上が人口二〜五万を有したであろう）、平均すれば、中世の人口の九〇パーセント以上は農村部に住んでいたはずである。例外的に数値の低いイタリアでも農民は人口の七五パーセントを数え、フランスでも八〇パーセントに達したであろう。こうした人々は、不均等に分布していた。計算が可能な範囲でのその平均密度は、フランスやイタリアで一平方キロ当たり二〇人程度、イギリスで一二人から一五人程度だったようである。しかし、こうした平均値にはほとんど価値がない。当時の史料が示しているような場所ごとの大きな格差こそが、重要な意味をもつのである。

農民の世界は、一九六二年、ジョルジュ・デュビィによって研究の対象とされた。この研究は、徹底的かつ総合的なもので、いまだに乗り越えられていない。農村経済は、学者の研究や博士論文の対象になりつづけているが、地域史研究をつうじてさらに解明されつつある。その一方で、考古学、民俗学、人類学などの領域においても、農村の研究はますます進展している。

農民の《身分《スタテュ》》の問題は、長年にわたり歴史家たちの脳裏を離れることはなかった。農民の多くは自由身分であったのか否か、また農民は領主にどの程度従属していたのかということが、そこでは問題にされてきた。農民身分の統一は、領主制の枠のなかで、隷属状態の希薄化をともないながら、しかし、なおもある種の従属をともないながら、進行したと思われる。この従属は、自由地所有者が封土*や貢租地*の形で自分の土地を再取得することを強いられた事実によって、確認することができる。

領主の権威は、とくに道徳や政治の領域にあらわれる。領主は、自由身分の人々までも管理しようとする。結婚を認可して金を支払わせ、軍役を要求し、裁判にかけるのである。これがバン*権力である。領主はまた、特別な援助《エード》(たとえば四つの状況のもとでの援助金)を強要することができる。家臣の支払うべきこれらの援助金は、現実には、農民たちに押しつけられたのである。農民の従属がもっとも目立つのは、彼らが支払わねばならない賦課租を考えれば、こうした経済的分野である。種麦として保存される収穫の一部まで考えに入れれば、その収入の七五パーセント以上は農民の手元に残らなかった。

このような状況のもとで、農民はどのようにして、ただ命をつなぐだけではなく、身辺を整えるものを入手できるだけの余剰生産物を、残しておくことができたのであろう。それを可能にしていくのが、生産性の向上であり、農業生産の増大である。そうした理由から、農民たちの歴史は、彼らの労働の方法や、その手段の発展と密接に結びついている。

貨幣経済は、農民たちのあいだに非常に大きな変化をもたらす。貨幣経済は、社会的分裂を生じさせるのである。とはいえそれは、一見したところ、とくに農民のおかれている状況を改善するかのようにみえる。余剰の農産物を市場へ出すことは、彼らにいくらかの利益をもたらすようにみえる。しかしながら、農民と領主のあいだに結ばれた新しい土地賃貸契約（本質的には貢租に属す）は領主に有利な場合が多いし、短期間での見直しも可能である。タイユ税や、賦役の買戻しは、農民たちの借金の原因ともなった。そうした借金は、貴族やブルジョワ*によって、ユダヤ人*やロンバルディア人*などの両替商によって、裕福な農民の営む高利貸しによって、ますます膨らまされた。

　十三世紀におきたまったく新しい現象の一つは、事実、富農の階層が出現したことである。彼らは、たぶん最初から裕福だったのであろう。そして、たぶん自分たちの余剰生産物の売却をつうじ、さらに利益を引き出す方法を心得ていたのであろう。村落*を指導するグループを形成し、貧農に対する支配を増大させていくのは、彼ら富農である。農村経済の全般的な発展は、同時に、大部分の農民の貧困化をも指標する。その現象は困難な時代に際立つ。そこで問題になるのが領主制の危機*であり、十四世紀なかばの経済的危機であり、飢饉や疫病や戦争である。この危機は、賦課租をよりきびしく徴収することで自分の財源を再建しようとする、社会の支配者側の《反動》を引きおこすのである。

参考文献

Georges Duby, *L'Economie rurale et la vie des campagnes dans l'Occident médieval*, Aubier, Paris, 1962.
Robert Fossier, *Paysans d'Occident aux* XIe *et* XIVe *siècles*, P.U.F., Paris, 1984, 渡辺節夫訳『ヨーロッパ中世社会と農民』杉山書店、一九八七年。

⇩〔農業〕〔自由地〕〔貢租〕〔村落共同体〕〔バン〕〔民衆文化〕〔村落〕〔農奴身分〕〔危機〕〔賦課租〕

売春　Prostitution

十四世紀、そしてとくに十五世紀、都市の各所において、売春が恒常化、活溌化する。そこには、黙認された売春と、組織された売春が共存している。

　黙認されたものである場合、手工業者や職人《コンパニオン》の女房たちや未亡人たちが経営する私営《売春宿《ボルドラージュ》》が、さらには高級住宅街にある有力者所有の《蒸し風呂《エテューヴ》》が、問題になる。組織化されたものである場合、売春街の形や（パリでは《売春街《リュ・ショード》》が商業地区や宗教地区や王侯地区をとりまいている）、公営《売春宿》の姿をとる。フランス南東部の諸都市はそれぞれ《公営娼館《メゾン・コミューヌ》》をもつ場合も多いが、それは公的生活のモラルを正し、混乱を静めるためであった。

　こうした施設は、マルジノーはもとより、聖職者たちによって設立されることも多く、リヨンでのように織物職人たちが設立する例もあった。そこへ行くのに、とくに人目を忍ぶ必要はなかった。娼婦たちは（食べるために体を売らざるをえない女性たちについていえば、料金は非常に安く、一四一九年には卵四個分の値段でしかなかった）《貞淑な》女性たちを保護することに貢献し、若者たちを今日では非行と呼ばれるものから守ることにもなるという尺度から、売春宿へ足しげく通うことは一種の社会道徳だったのである。

しかし十五世紀になると、売春は徐々にしめだされ、それまでは都市の貧民とみなされて都市の援助を請うことのできた売春婦たちは、特別法の犠牲となる。売春と非行はしだいに同一視されるようになり、売春宿は城壁の外側へ移されたり、壊されたりする。都市の中心部は、社会的に高潔な場所であらねばならなかったのである。

参考文献

Histoire de la France urbaine,tom.2,Seuil,Paris,1980.
Jean Verdon,*Les loisirs au Moyen Age*,Tallandier,Paris,1980.
* Leah Lydia Otis,*Prostitution in Medieval Society*,The University of Chicago Press,Chicago,1984.

排除された人々　Exclus

中世社会においては、《排除された人々《エクスクリュ》》を、いくつかのカテゴリーに区分することができる。たとえば、みずから進んで周縁《マルジュ》に身をおいた人々、つぎに、より多数の排斥された人々、というようにである。排除されるのか受容されるのかの判断基準は、キリスト教に由来する基準である場合がほとんどで、わずかな例外は、血や（屠殺業者）汚れ（青い爪《オングル・ブルー》(1)と呼ばれる染色工）に対するタブーである。中世初期にはそうした怪しい職業も増加していた。

キリスト教徒の共同体に所属していないことを理由とする排除は、ユダヤ人*や異教徒などの非キリスト教徒に関して、きわめて顕著である。しかしそうした場合を除けば、中世社会は、排除された人々に対し、締め出しと引き寄せという相反する態度のあいだを揺れ動く。引き寄せの態度のなかには、真の宗教的感情と自己正当化の必要性とが、たがいに入りまじっている。

清貧、癩病《レプラ》、病気において、この二つの態度が統合される。貧者には、良き貧者と悪しき貧者とがある。清貧は、あらゆる点で福音にかなう美徳の一つであり、教会は、彼らが《神の貧者》と呼んだ貧者たちを援助するよう促す。各托鉢修道会*は、かなり苦労しながらも清貧に重大な保障をあたえる。そうしたなか、十二世紀にシトー会*修道院で清貧の理想が復活してからは、神の意志にかなうことのできる、さまざまな施しを要求する権利をもっている貧者たちが登場するようになる。各托鉢修道会は、そしてアッシジの聖フランチェスコ自身は、彼らに対する型にはまった不信に打ち勝ちつづけ、その清貧は、自発的な富の否定は、一種の傲慢さを感じさせるほどになる。それとは対照的に、農業収入や賃金の不足、もしくは単なる失業による経済的貧窮は、ただちには《真の清貧》とみなされない。逆に、こうした人々の不幸は、彼らのよこしまな精神となまけ癖のせいにちがいないとされる。十二世紀における勤労の理想の復興は、貧困は無為のせいであるとの解釈による断罪に、もとより貢献しているのである。

　病気もまた、同様の矛盾した感情を生じさせる。癩病患者は、最高の慈愛に属する行為（癩病患者たちへの接吻）を象徴しているが、[2]同時に拒絶された人々をも象徴している。彼らはガラガラを使って自分を目立たせることを義務づけられ、一三一五年から一三一八年にかけての大飢饉の直後には、ユダヤ人たちと同じくスケープゴートとして、フランス中で迫害されることになる。病人たちは、全体的にみれば社会から排除された人々であり、とくに病弱者や身体障害者はそうである。罪により罰を受けたかのごとく

ブリューゲル『足なえたち』ルーヴル美術館蔵。

みなされた彼らも、ときには施療院《オピタル》に収容される。しかし彼らのほとんどは、社会から排除された人々すべての宿命を経験することになる。それは放浪《エランス》である。

　事実、排斥された人々は、食べ物や避難所を探し求めつつ、路上を《ねぐら》とする。彼らは、ならずものの集団にも似た、放浪集団、乞食集団をなしている。また別の排除された人々は、ときには監禁されている。癩病患者が急増する十二、十三世紀には、それに応じて、癩施療院《レプロズリー》の数も増加する。この施設は、教皇職から認可をあたえられ、礼拝堂と墓地をそこに設けるようになってからは、徐々に閉ざされた世界へと変化していく。中世にはまた、言い渡された刑罰や、それゆえに宣言された排除を明示することが、人々に好まれる。絞首台は都市の出口によく目につくように常設され、晒し台は宮殿の前庭や教会前の市の立つ広場におかれている。

　異邦人も、中世社会からの排除されるタイプの典型である。彼らはよく理解できないという理由で警戒されている。ユダヤ人や、イタリア出身の金貸しであるロンバルディア人*が、その例である。

　残るは、自分の意志で排除された人々の列に加わった人たちである。そのなかには尊敬を集めている人々もいる。たとえば隠修士たちがそうである。森のなかに引きこもっていても、彼らのところには人々が相談に訪れる。他方、まるで反逆者のようにみなされている人々もいる。追い剝ぎたちや、盗賊たちがそうである。そのため彼らは、森のなかに身を隠し、悪魔としかつきあえない。また、反体制的な知識人*たちもそこに含まれる。十二世紀、学校の教師をしている聖職者たちは、わずかな収入で暮らしている。知識への大きな期待を裏切られた彼らは、階層的な秩序に反抗して決起する。彼らは、騒々しいその徒党を十二世紀のフランスの道ぞいに展開し、社会のありとあらゆる階層を歌と詩によって攻撃する。貴族やブルジョワ*はもとより、農民さえもその餌食にされる。アナーキズムという言葉の生まれる以前の、一種のアナーキズムだったのである。

(1)　フランドル諸都市の毛織物の染色工たちが、いつも染料で爪を青く染めているのでその名で呼ばれていたが、都市反乱が続発した十四世紀には、都市の中下層の危険分子たち全般を指す言葉ともなった。

(2)　癩病患者たちが、その存在を人々に知らせるために持ち歩くことを義務づけられていた一種のカスタネット。

参考文献

Michel Mollat, *Les pauvres au Moyen Age*, Hachette, Paris, 1978.

Aspects de la marginalité au Moyen Age, France-Amérique, Montréal, 1975.

Jacque Le Goff, *La civilisation de l'Occident médiéval*, Arthaud, Paris,1984.
⇨〔異端〕〔ユダヤ人〕〔ロンバルディア人〕〔社会階級〕

バイユーのタペストリー　Tapisserie de Bayeaux

亜麻布で作られたこの壁掛けは、長さ六九・五五メートル、七枚の織物からなり、そこに一〇六四年から一〇六六年にかけてのイギリス征服(1)の物語を描き出す。エドワード懺悔《ザ・コンフェッサー》王の死にはじまり、イギリス王位をノルマンディー公(2)に授けるというハロルド公の誓約、彼の背信、簒奪者ハロルドから王位をとり戻すためのギョームの行動、そしてヘースティングスの戦いにいたる物語が展開されるのである。

十一世紀に刺繍されたこのタペストリー――この呼び方は適切ではないのだが――は、この時代に関する何よりも重要な証言である。そこには、≪大貴族《グラン》≫たちの生活（評議の開催、食事、鷹狩り）だけではなく、農民たちの生活も描かれている。またそれは、≪農業革命≫に関するかけがえのない史料でもある。というのも、一頭の馬に引かせた、犂刃と撥土板つき犂先をもつ有輪犂*の使用が、また馬鍬や肩掛け牽綱の使用が、そこに描写されているからである。

これらの刺繍から、戦士たちの正確な身なりを知ることは多少困難であるにしても、騎士の装備はみてとれる。たとえば、鎖かたびら（頭まで覆うものもあれば、そうでないものもある）、革ひもつきの鉄かぶと、攻撃用や防御用の武器（とくに楯）などである。城砦*はまだ登場したばかりで、木造であり、≪土塁《モット》≫の上にぽつんと建っている。

(1)　いわゆるノルマン・コンクェストと呼ばれる事件で、エドワード懺悔王が死んだあと、イギリス王位をめぐって実力者のエセックス公ハロルドとノルマンディー公ギョームが争った戦い。その事件の経緯については謎も多いが、このタペストリーがギョーム側の王位継承の正当性を主張するために作製されたことは間違いない。

(2)　ノルマンディー公ギョームは、この征服で、イギリスのノルマン朝の初代国王ウィリアム一世となった。

参考文献

Michel Parisse, *La tapisserie de Bayeux*, Denoël, Paris, 1983.
La tapisserie de Bayeaux, Collection Zodiaque, Paris, 1989.

⇨〔城砦〕〔戦争〕〔農業〕

バイユーのタペストリーより。ヘースティングスの戦い。

パリ　Paris

《ヨーロッパのアテネ》であり、しかもエルサレムであり、あらゆる悪徳の母バビロンでもあるパリは、十二世紀早々、最大規模を誇る大都市の一つとなる。当時の人々はパリの権勢をほめちぎり、その悪徳をこきおろす。いずれにせよパリは、十二世紀から、ヨーロッパの威光を担う都市だったのである。

パリは、《フランス的》状況のもとで、また国際的状況のもとで発展していく。それは、文化が栄え、経済活動が盛んであった南フランスの衰退に対応している。パリはそれ以降、商業路の一部をイル・ド・フランスへと《迂回》させるシャンパーニュ大市[1]の成功と、セーヌ川の河川航行の発展の恩恵に浴すことになる。国王は、とくに好んで滞在する王宮を、いくつかの理由から、ここに建設することに決めた。そこで最後の決め手となったのは、近くに適当な狩り場があったことであろう。パリの学校*の成功、とくにパリの教師たちによる教育の成功は、この都市の発展を最終的に決定づけた。

シテ島に中世そのままにそびえ立つノートルダム大聖堂。

十三世紀、パリの人口は二〇万を超え、推定の可能な限りでは、ヨーロッパ最大の人口を誇る都市となる。パリは三つの機能をはたしている。そのことは、各地区の特殊化のなかにもみてとれる。

まずは首都としてのパリ。誕生したばかりの国家が、芽吹いたばかりの《行政*》とともに居を定めた、ヨーロッパ第一の都市としてのパリである。その地区は、王宮、《王室侍従部《オテル・デュ・ロワ》》、ノートル＝ダム大聖堂などのあるシテ島である。

つぎにビジネスの中心としてのパリ。その地区は十二世紀にはまだシテ島にあったが、やがて右岸へ、サン＝ドニへの道筋にある二本の石畳の通りの近辺へと移る。土曜日ごとに市が立つ。シャトレによって閉じられた石造の橋の上には両替商が店をかまえている。しかしもっともにぎやかなのはグレーヴ広場であり、そこはパリの水上商人たちが、穀物、木材、ワインなどを荷揚げする場所でもある。パリ代官エティエンヌ・ボワローが一二六一年に作成した同業組合のリスト(2)は、この首都が、手工業の面でもフランドルの諸都市よりはるかに多彩な活動を行なっており、その一大中心地であったことを物語っている。

しかしパリは、何よりも知識と文化の国際的中心地である。その地位をもたらすのは、まずは学校の教師たちの活躍であり、そして大学*の教員たちと学生たちの国籍の多様さである。文教地区は、左岸のサン=ジェルマン・デ・プレ大修道院とサン=ヴィクトール大修道院のあいだの、サン=ジャック通り沿いに位置している。そしてしだいに、サント=ジェヌヴィエーヴの丘の斜面に広がっていく。ジョルジュ・デュビィは、まったく異なった文化の流れが合流する一つのるつぼとして、パリを描いている。聖職者たちの文化は、宗教芸術をつうじて、伝統的な流れを際立たせる。明敏な人々、金融業者たち、各国の学生たちは、また別の文化の流れを示す。他方、キリスト教思想にはまったく無縁のアリストテレス哲学[3]の思想体系の発見と、フランシスコ会の感受性の導入が、さらに違った貢献をなすのである。最後に、パリはいくつかの《流行《モード》》を世に問う。パリのノートル=ダムを飾った彫刻家たちは、選択する装飾の主題においても、その主題の処理の方法においても、他のゴシックの中心地の同業者たちと比較して二〇年以上先んじている。

　あらゆる《パリ風の》流行は、フランス内だけではなく（スコラ学の普及の中心地はトゥールーズである）、王国の国境のはるか彼方にまでひろがる。神聖ローマ帝国では、聖俗両方の貴族階級が、フランス風の礼儀作法、フランス文学、フランス美術をとりいれる。イタリアは、ゴシック美術の波に翻弄される。十三世紀、パリの影響をとおして、ヨーロッパの文明はたいへんフランス的になるのである。これが中世パリの栄光の絶頂期である。十四、十五世紀、この都市は、その時代の危機*と紛争の傷痕を引きずっていく。

（1）　シャンパーニュ地方の諸都市において、もちまわりで一年中開催されていた国際的大定期市。〔定期市〕の項目を参照のこと。

（2）　『同業組合の書』のこと。〔同業組合〕の項目を参照のこと。

（3）　アリストテレスの著作は、十二世紀なかごろから十三世紀なかごろにかけてつぎつぎと翻訳されるようになり、その思想体系はパリ大学での教育にも大きな影響をあたえた。

参考文献

Georges Duby,*Histoire de la civilisation française*,tom.1,A. Colin,1958-1975, 前川貞次郎、鳴岩宗三訳『フランス文化史』第一巻、人文書院、一九六九年。

Nouvelle Histoire de Paris,3 tomes,ed.Raimond Cazelles et Jean Favier,Hachette,Paris,1972-1976.

⇩〔行政〕〔学生〕〔大学〕〔知識人〕〔学校〕

バン（バナリテ）　Ban(Banalités)

もともとは君主が所有していたバン権力は、命令し、追求し、強制することからなっていた。この権力がもっとも広い地域に適用されたのは、シャルルマーニュの治下である。しかし公権力は、しだいに伯《コント》や辺境伯《マルキ》といった皇帝の代理人たちの手に移るようになり、やがて伯たちがその統制を維持できなくなると、さらには副伯《ヴィコント》や城主《シャトウラン》などの手に移るようになる。その権力は、彼らに委託されたり、彼らに簒奪されたりしたものであった。

十一世紀なかごろ、地方によって形態は異なるにせよ、《農村レベルの集団へのバンの権利移転》（ロベール・フォシエ）という様相が生じる。そこでは、副伯や城主の権限は、軍隊の編成、街道の警備、裁判の実施などの簡単な権利に限定されている。また、ドイツのように、城主たちがほとんど独立している場所もある。これが《バン》領主制の初期段階であり、その頭《シェフ》が、バン権力の所有者なのである。バン領主制の最終段階では、その領地が、農村生活の社会的枠組となる。そうした状況は、地方にもよるが、一〇七五年から一一七〇年にかけて出現する。

この《頭たち》は、自分たちの権力基盤を、その土地資産においていたのであろうか、それとも公権力の行使においていたのであろうか。ジョルジュ・デュビィのいう、公権力を基礎とする権力に主眼をおく《バン領主制《セニュリ・バナル》》の支持者たちと、ロベール・ブートルシュのように《政治的領主制《セニュリ・ポリティック》》の名称を用いる方をより好む人々とのあいだに、大きな論争がある。そこで優位に立っているのは、バン領主制の方である。もっとも新しい研究（地域研究や総合研究のことであるが）によれば、バン権力は、あらゆる権力の象徴であり中心であった、砦や城の所有に由来するとされている。この権力が行使される領域の面積はさまざまであるが、いずれにせよそれほど広くはない。もっとも遠い地点でも、城砦*から騎行で半日を越える場合はまれである。

バン権力は、騎士であれ平民であれ、領主地のあらゆる住民を対象として確立される。住民のこの二つの階層をへだてる大きな違いは、家臣の方が限定された任務しか負っていないことである。

《バン》領主が平民全体に対して課した負担は、彼らに重くのしかかる。まずは兵役義務である。農民たちは、家臣たちと同じく、徒歩や騎行による遠征参加などの軍事的任務を負っている。その重さは不満の種となった。こうした兵役は、イギリスでは実施されつづけたが、他の地域では、十二世紀末に租税や徴用（戦争用資財の運搬、騎士や軍馬のための食料補給）におきかえられる。それでも村人たちは、警備と監視の任務を負いつづける。こうした兵役の義務は、城主がその領地に住む農民たちに約束しているはずの安全保証の、その代償の一形態なのである。

　またマコン地方を例にとれば、特別の保護とひきかえに、《託身料《コマンディーズ》》（人々の全般的保護）や《護送料《コンデュイ》》がバン領主に支払われている。十一世紀から、この領主は保護権の名のもと、バン権力に服する人々にいつも《援助金《エード》》を要求するようになる。その援助金は、家臣たちに課せられた援助金よりもより高額であった。これがタイユ税支払いの起源である。タイユ税は、平民たちからまったく恣意的な方法で不規則に徴収された。宿泊場所を提供し、世話することも、現物でのタイユの一形態となった。農民たちは、移動中の領主に宿と食事を保証しなければならなかったのである。

　領地内での裁判権の行使は、バン権力を何より強く特徴づけているのではなかろうか。領主は、上級（重罪を裁く）、中級、下級の裁判権のなかに、たぶん有利な財源を見いだしたであろう。とくに中級と下級の裁判権に関してはそうである。罰金が徴収され、場合によっては土地が没収される。土地に関係する訴訟は、カタルニアを例にとれば、全訴訟の四分の三にも相当するのである。

　最後には、あらゆる経済生活がバン領主の支配下におかれるようになる。この領主は、市場への出入りに対してだけではなく、そこでくりひろげられる取引（市場税《トンリュー》）や商品流通（通行税《ペアージュ》）に対してまでも課税する。《強制使用料《バナリテ》》は、たぶん最大の利益を生んだであろう。領主は領内の設備を整えるために、パン焼き釜、ブドウ圧搾機、水車を建設する。そして、こうした投資の採算化のために、その使用料や賃貸料を徴収するのである。しかし、それだけでは不当徴収ではない。それが不当なものになるのは、領主が、自分の同意なしに建設され競合する水車を躊躇なしに破壊するときであり、また穀物やブドウを彼のところではなく別のところへもっていく村人たちに課税するときである。

　バン権力は、こうしてすばらしい収入源となり、バン領主によって徴収される諸賦課は、しだいに《不当徴収《エグザクシオン》》とみなされるようになる。ロベール・フォシエは、四つか五つの村にタイユ税を契約していた領主の例を引きながら、タイユ税を不当徴収の名で呼ぶことに異議を唱える。彼は、一年分のタイユ税収入が一〇人あまりの納税催促人《ガルニッセール》の経費にもならなかったことに注意を促すのである。とはいえ、この《租税》は数々の悪弊をひきおこした。それを抑制できるのは、納税者側の不実だけであった。いずれにせよ確実なのは、そもそも領主の権威のもとで暮らす人々に平和と正義を保証するとみなされていたものが、数々の高額の租税に、農民の働きから収奪に、またあらゆる種類の悪弊に、その姿を変えたことである。そしてそれは、貴族階級*にとって、最大の収益となったのである。

　バン権力の行使は、実際、社会的に重大な結果を生んだ。バン権力は、一方において、下層民の経済的上昇にブレーキをかけた。下層民の手元にある余剰生産物の大部分は収奪され、引き下げられた農民の地位は平均化され、領主と農民のあいだの格差が拡大したのである（ジョルジュ・デュビィ）。バン権力は、他方において、貴族身分*自体を二つの階層にたいへんはっきり分化させる。富と権力に恵まれたバン権力の保有者と、それをもたない、ただの土地領主や小家臣のレベルにとどまる者たちにである。

　各地のバン領主制が、すべて同じように発展したわけではなかった。マルク・ブロック以来の年譜は、封建時代を二つにわけ、その最盛期を一〇五〇年から一一五〇年にかけてであるとしてきた。その理由は、この期間、政治的地盤がほぼ自律的な細胞に分裂したからである。しかしドミニク・バルテルミーは、最近の学位論文のなかで、この発展がどんな場合にでも認められるものではないことを証明している。クーシー侯(1)たちは、自分の領地に対し、十三世紀においても《封建時代》のそれと似通った支配形態を維持しているのである。たとえ彼らが表面上は譲歩したようにみえても（フランシーズ文書*）、その支配はより個人的に、より管理された形で行なわれつづけていたのである。

（1）　北フランスの有力諸侯で、巨大な城砦と強大な権力を誇っていたにもかかわらず、そのプライドから、公や伯などのあらゆる称号を拒否したことでも有名である。

参考文献

Georges Duby, *Guerriers et Paysans*, Gallimard, Paris, 1973.
Histoire de la France rurale, tom.1, Seuil, Paris, 1975.
Robert Fossier, *Histoire sociale de l'Occident médiévale*, Collection U, A.Colin, Paris, 1970.
Robert Fossier, *Enfance de l'Europe*, Nouvelle Clio, P.U.F., Paris, 1982.
Dominique Barthélemy, *Les deux âges de la seigneurie banale: Pouvoir et société dans la terre des Sires de Coucy*, Pub.de la Sorbonne, Paris, 1984.

⇩〔城砦〕〔騎士〕〔貴族〕〔家臣制〕〔農民〕〔裁判〕

ハンザ同盟　Hanse

そもそもハンザとは、その同義語であるギルドと同じく、商人たちを中心に構成された相互扶助団体のことである。パリの水上商人たちのハンザのように、比較的小規模なままにとどまったものもあるが、それでもパリ・マント間のセーヌの河川運輸を独占していた。また、たとえばロンドンのハンザのように、強力な団体となったものもある。このハンザは、ロンドン内にフランドルの一四都市の商人たちを集め、羊毛取引の完全な独占を実施したのである。

しかし、≪かの≫ハンザとは、やはりドイツのハンザ同盟のことである。この同盟は、北ドイツとラインラントの七〇都市を結集した。ハンザ同盟の特徴は、何よりその強力さにある。この同盟は国家《エタ》*だったわけではない。しかし帝国の権力の衰えは、ハンザ同盟がドイツ国家の恒久性を保っていると思わせかねないほどの段階に達していた。にもかかわらずハンザ同盟は、依然、商人たちの団体にとどまっていた。けれどもその行動手段（諸都市が同盟の指揮下においた軍事力）と、その事業（諸侯や十字軍*に支えられた植民）は、商取引という限定された枠組みを大きく踏みこえ、真の商業帝国を作り出していく。

ハンザ同盟とイギリスやフランドルの交易は、何より織維や毛織物とバルト海沿岸の一次産品との交換からなっている。しかし東方（ポーランドやロシア）向けの、そしてとくにスカンディナヴィア向けの商取引は、より独自な性格をおびている。スカニア(1)の大市では、ドイツ商人たちが取引をほぼ独占しているし、ノルウェーのベルゲンには、ドイツ商人はもとよりドイツの職人までが定住している。ノヴゴロド(2)に設置されたハンザ都市は、ハンザ同盟の≪居留地≫の典型を示している。それは、保税倉庫、商館、ドイツ人教会などを備える、閉鎖的な小都市なのである。発展するイギリスやオランダとの競合により、ハンザ同盟の影響力は十五世紀には衰微する。

(1)　スカンディナヴィア半島南端の地方で、現在はスウェーデン領である。
(2)　バルト海の近いロシアの交易都市で、現在のレーニングラードの南方。

参考文献
Philippe Dollinger, *La Hanse*, Aubier, Paris, 1964.

⇩〔**領土拡大**〕

百姓 Vilain

《百姓《ヴィラン》はムーア人に似て、大きくて醜いのが常である。ひたいは禿げ上がって一ピエ[1]を遥かにこえる広さ、耳は毛むくじゃらでゾウの耳のように大きく、目はミミズクのようで、口はオオカミのように裂け、あごは胸板にくっついている》(クレティアン・ド・トロワ『イヴァンもしくは獅子の騎士』)。《そのすべてが不快で、そのすべてが耐えがたく、晴れもきらえば雨もきらう。ロバも百姓もかわりない。百姓はまぬけでうす汚い。たとえこの世の黄金の、すべてをその手にいれようと、百姓は百姓にかわりない》(『百姓の悔しさ』)。

《彼は、百姓エルヴィの息子であるリゴールの方へ進もうと考える。リゴールは大勢のメンバーの小姓であり、肩の幅は広く、両目は手のひらの幅ほども離れていた。彼の髪は逆立ち、頬は黒々と日に焼け、半年も洗ってないようであった》(『ガランの幼年時代』ロベール・フォシエによって引用されている)。

もとをただせば、百姓《ヴィラン》は荘園の領地で働く自由身分の農民であった。その言葉が、これらのテキストからもわかるように、しだいに農民全体を指し示すようになると同時に、たいへん軽蔑的な意味をおびるようになる。というのも農民は、ほとんどいつも嫌悪の念をおこさせる容姿で、ひどく知性に欠けた存在として、文章中に登場するからである。農民は、ほとんどいつも愚かで、間抜けで、知能が劣っているのである。農民に対するこうした評価に関しては、貴族たちも、既成の秩序にたてつくマージナルな知識人たちや反逆者たちも、みな同じである。ゴリアルド族[2]や、やはりマージナルな知識人であったリュトブフのような詩人の評価も、みな同じだったのである。

農民の悲惨さを理解している人々の証言はごく少ない(十二世紀のトゥルヴェール、ブノワ・ド・サン=モール)のに対し、十四世紀には、神秘的な農民のイメージが出現する。彼らはまったく自由に生き、新鮮なチーズ、牛乳、バター、プラム、クルミを食べ、よりうまい酒を飲むための、黒パンのクルトンにのせた粗塩添えのエシャロットを食べるのである(フィリップ・ド・ヴィトリの『フラン・ゴンティエの賦』)。

(1) 長さの旧単位で、約三二五ミリメートルに当たる。

（2） 十二世紀のパリを中心に出現した放浪学生たちで、既存の権威や道徳に反撥して都市から都市へと巡り歩いては騒ぎをおこした。辛辣な社会風刺の詩を残している。

参考文献

Robert Fossier, *Histoire sociale de l'Occident médieval*, Collection U.A.Colin, Paris, 1970.

⇩〔農民〕〔社会階級〕

フィリップ尊厳王　Philippe Auguste

フィリップ尊厳王《オーギュスト》（一一六五年〜一二二三年）は、中世フランスにおいてもっとも目覚ましい統治を行なった三人の国王のうちの一人である。とはいえ、歴史家たちをもっとも熱狂させた国王ではない。しかしながら、彼の成功と失敗をつうじて《近代》フランスがその形を整えはじめる。

彼は激しやすく感じやすい、個性の強い男であり、傑出した国王であり、戦術家、政略家、策謀の名人であり、自分の権力——国王権力と封建権力——や統治者としての使命、国家の建設についての鋭い感覚をもちあわせていた。

フィリップ尊厳王の支配は、征服の同義語以外の何ものでもない。彼の伝記を書き残したリゴール(1)によれば、彼が《尊厳王《オーギュスト》》の異名で呼ばれるのは、その王領*や王国を著しく拡大したからである。一二〇〇年までの約二〇年間にもおよぶ戦争や攻囲戦は敗北や失敗の連続であったが、つづいて《統治による建設的》段階にはいる。彼はプランタジネット*家のフランス国内の所領をその手からとり戻すことに心を砕き、非常に手の込んだ計略を用いる。イギリス王家のメンバーたちをたがいに対立させ、操るのである。一二〇二年と一二〇六年、彼はジョン欠地王《ザ・ラックランド》に損害をあたえ、アンジュー家(2)の全封土の併合に成功する。メーヌ、ノルマンディ（シャトー・ガイヤールの攻囲戦は一二〇三年九月から一二〇四年の三月まで）、ブルターニュ、ポワトゥーの各地方を、つぎつぎと併合するのである。一二一〇年から一二一四年にかけて、彼のヨーロッパ政策は大成功をおさめ、ブーヴィーヌの戦いでは大勝利をおさめる。

他方、封建法の運用をよくこころえていた彼は、たとえば死んだ直臣大貴族の未成年の子供たちの監督権や、彼らの残した娘たちを結婚させる権限を要求することで、それまでなかった領地を王領につけ加えることを可能にする。そのため、フランドルに干渉し、シャンパーニュとブルゴーニュに長期にわたる摂政政治を行なうことも可能になる。彼は、どんな身分の家臣《ヴァサル》であれすべて自分の臣下《スジェ》としてあつかった。そして、家臣であるはずのリチャード獅子心王《ザ・ライオンハーティッド》が豪勢さでは自分を凌駕しているありさまにがまんできず、彼と仲たがいしてしまった。フィリップは、直臣の大貴族たちを自分に逆らったとして法廷に召喚し、教会であれ彼ら固有の家臣たちであれ一切かまわず、その封土を没収する判決を下させた。かくして、王太子でもあるオーベルニュ伯のように、その所領の大部分をこの国王のために失うものもでた。ジョン欠地王もまったく同様であった。

その一方で、カタリ派*事件での自分の息子（ルイ八世）の姿勢には、彼は賛同しなかったようである。たぶん一種の《封建法尊重主義《レガリズム・フェオダル》》（ロベール・アンリ・ボーティエ）と、自分の主権を尊重させようとする配慮からであろう。彼は、自分の家臣であるトゥールーズ伯レモン六世(3)が、その所領を自分以外の者によって没収されたことを正当であると認めなかった。たとえそれが教皇であったとしてもである。

下級聖職者、農民、都市、学生、ブルジョワなどに対する彼の政策は、在地の領主を相手どって弱者たちを再結集し、自分の権威を高めることをめざすものであり、つねに主権者であり権威者であることを意識したものであった。

彼は、フランス《ナショナリズム》とはいえないまでも、少なくとも国民意識の形成に大きく貢献した。ドイツ皇帝に対するブーヴィーヌでの勝利により、彼は、民衆から称讃を浴びた。称讃は戦闘からの帰路にそって湧きあがり、パリの学生たちも熱狂した。彼は一二〇二年の教皇イノケンティウス三世*の教皇教令によって、《その王国の皇帝》としてとくに承認された。しかしそれは、彼の《反宗教的》行為によって、教皇とのあいだに、いわば距離がおかれて以後のことであった。その行為とは、二つの婚姻関係と、少なくとも二つの愛人関係である。しかしそうしたことも、彼が正真正銘の信心*を表明することの妨げにはならない。とはいえそれは、残酷な信心業であった。彼は、王国のすべてのユダヤ人を迫害し、異端者を駆逐し（政治的理由から《アルビ派》は除くが）、十字軍*に参加した（何の手柄もなく帰還し、金を注ぎこんだだけであった）のである。こうした行為は、彼の遺言状に表明されることになる何らかの良心の呵責をともなう、信仰への深い理解にもとづくものであった。

フィリップ尊厳王は、その政治のやり方によって歴史に影響をあたえた。《戦場で活躍する人というよりも、むしろ執務室にこもる人》であった彼は、全幅の信頼をよせられて重要な役割を演じる人物たちにとりまかれた最初の国王である。たとえば、家令《シャンブリエ》のゴーティエ、テンプル騎士団員のエマール、ことに修道士のゲランとバルテレミー・ド・ロワは、ルイ八世やブランシュ・ド・カスティーユ*にまでずっと仕えつづけたのである。
しかしその一方で、結局彼は、国王尚書局《シャンセルリ》を設けることはなく、ある意味では自分自身で宰相の役をはたす。フィリップ尊厳王は、社会のピラミッドの底辺との接触を回復し、その権威を行きわたらせるため、とりまきに助けられ、またバイイ(4)を創設することで、中央集権的国王、行政官的国王となるのである。

---

(1) Rigord(v.1150-v.1206) はフランスの修道士で年代記作家。『フィリップ尊厳王の事蹟』を著した。
(2) プランタジネット家の所領は、フランス内のアンジュー伯領、アキテーヌ公領、そしてイギリスからなっていたが、アキテーヌ公領はアリエノールがフィリップの家臣となることによってすでに回復されていた。
(3) Raymond VI de Toulouse(? -1222) は異端の支持者であるとして、教皇イノケンティウス三世から破門された。その後、教皇特使ピエール・ド・カステルノーが彼の手下によって殺害されたため、教皇によってアルビジョワ十字軍の命令が発せられた。
(4) 王領の管理人である代官を監督するために宮廷から派遣された官吏で、会計を監査したり、裁判を正したりしていたが、やがて地方行政の主体となっていく。

参考文献

Robert-Henri Bautier, *Philippe Auguste*, Fayard, Paris, 1980.
La France de Philippe Auguste, Le temps des mutations, Colloque CNRS, Paris, 1980.

⇩〔行政〕〔ユダヤ人〕〔プランタジネット家〕〔国王〕〔王領〕

ブーヴィーヌの日曜日 Le dimanche de Bouvines

一二一四年七月二十七日。それはフィリップ尊厳王《オーギュスト》*が、皇帝オットー・フォン・ブラウンシュヴァイクと三人の諸侯たち(ジョン欠地《ザ・ラックランド》王*の異母兄弟を含む)からなる多勢の連合軍に勝利をおさめた日である。またそれは、ジョルジュ・デュビィの、すでに古典となっている、これまでにない手法によって編まれた書物の題名でもある。

ジョルジュ・デュビィは、この事件それ自体に格別の地位をあたえている。まず最初、彼はこの事件を《演出》する。主人公たち、彼らのとりまき、彼らを結ぶきずな、彼らの装備、彼らの動機、政治的背景、そして場所などをそこに展開する。ギョーム・ル・ブルトン(1)の手になるこの戦いの物語は、原版のまま再録されている。それは十三世紀に、読むよりもむしろ聞かせるために作られたものである。

事件の解説がそれにつづく。この歴史家は、自分の解釈にもとづいて諸事実を分離する方法をとる。戦いの分析は、《十二世紀をつうじ軍事作戦行動の形態を変化させた数々の進歩》の厳密な検討をとおして行なわれる。ブーヴィーヌに集まった戦士たちの大半は外人傭兵、《戦闘請負人》であり（ブラバン人）[2]、金のために剣をとって戦ったのである。こうした騎士たちは、その戦闘技術を騎馬試合*のなかで習得した。この時代の騎馬試合は、一騎打ちではなく《攻撃性をやみくもに発揮すること》を可能にする《集団戦》であり、その目的は、名誉の獲得だけではなく賞金の獲得にもあった。こうした騎馬試合と同じく、戦争の目的は相手を殺すことではない。戦争は一つの《ビジネス》であり、狩りであり、そこで大切なのは、身代金を要求するために敵を生け捕ることであった。こうした視点からみれば、ブーヴィーヌの戦いは非常に収益率が高かった。捕虜の数と戦利品の重要性は、けっして同等ではなかったのである。

　とはいえこの日曜日の戦闘は、戦争*とはまったく違うものであった。そもそも、中世には戦闘さえまれである。戦闘は最後の手段としてはじめて行使された、最高に危険な行為である。《究極の追求》なのである。さらにブーヴィーヌの戦いは、《正義のための作戦行動》、《国際法廷への扉を閉ざされてしまった紛争》とみなされた。そして、この戦いの命令はある儀式に則って下された。フィリップ尊厳王は型通りの訓示を行なったのである。各史料が同じようにその話の展開のすべてを報告しているわけではないが、やはり国王は、皇帝が破門されていることを思い出させたのであろう。そして、本意ではないが、日曜日に戦おうと言うのである。

　この勝利を分析したあとで、ジョルジュ・デュビィはブーヴィーヌの神話の誕生について考察する。この戦いは、当時はそれほど評判にならなかった。当時の物語の三分の二はこの事件にふれていない。ブーヴィーヌの事件は、ロワール河から南では知られていないし、またディジョンやトロワでよりもイギリスでの方がよく知られているのである。十四世紀初頭、ブーヴィーヌの事件は回想録から完全に姿を消した。しかしながら、ブーヴィーヌの神話がギョーム・ル・ブルトンの物語のなかから誕生し、肉づけされていく。すなわちこの物語は、この戦いを悪に対する善の十字軍に変え、神の擁護者である国王の勝利をまるで国民的勝利のように表現するのである。

　ブーヴィーヌを再登場させるのは、十九世紀の歴史学である。ギゾー[3]の《ブーヴィーヌ》万歳という叫びに対し、ミシュレは不満を隠そうとせず、《それが重大な戦闘活動であったとは思われない》と述べている。一九四五年以降、ブーヴィーヌはほとんど忘れ去られていた。しかしジョルジュ・デュビィは、今なお多数の戦争が、ブーヴィーヌの戦いと同様、指導部による神の取り込みの上で戦われることを思い起こさせてくれるのである。

---

(1) Guillaume le Breton はフィリップ尊厳王の側近の一人で年代記作家。この戦いに関するもっともくわしい記述を残した。

(2) 当時の傭兵には人口過剰であったブラバン地方の出身者が多く、その名で呼ばれていたが、やがては盗賊化した傭兵の代名詞ともなった。

(3) François Guizot(1787-1874)はミシュレとともに十九世紀のフランスを代表する歴史家で政治家。保守的王政派の大物政治家として活躍し、七月王政のもとでは首相までつとめたが、二月革命で下野し、以後は歴史の研究に専念した。

参考文献

Georges Duby, *Le dimanche de Bouvines*, Trente journées qui ont fait la France, Gallimard, Paris, 1973.

⇨〔戦争〕〔フィリップ尊厳王〕〔騎馬試合〕

ブール　Bourg

ブールは、十世紀以降ヨーロッパに広まった都市発展の動きに欠かせない要素である。それ以前からあった核となる場所を起点とするさまざまな形でのブールの増加は、都市的な社会構造への移行を可能にする。ブールとは、防備をほどこした丘を指すゲルマン起源の言葉である。そのことは何より、都市発展のさまざまな要素のなかでの、ブールのもつ地勢上の特質を明示している。

ブールのなかには、もとよりシテとは無関係なものがある。そうしたブールは、何の変哲もないただの村落*にとりまかれ、植民の補助的な中心地としての役目をはたしている。こうした現象は、フランス西部に特有のものである。しかしこれらのブールは、どれもけっして都市*の段階に到達することはなかった。そのほかに修道院ブールもある。このブールは人里離れた大修道院に隣接している場合もあれば、そうでない場合もあるが、なかにはその地の高名さによって繁栄する集落へと発展するものもある。クリュニー*修道院はブールをもち、十一世紀には発展をみる。しかしながら、ほかの数多くのブールと同様、都市の段階に達することはなかった。

城に隣接する城砦ブールは、発展の程度にはピンからキリまであるが、ほとんど近よりがたい場所にある場合をのぞき、活気に満ちた集合体を生みだすことが非常に多かった。重要な城は、どれも同じような二つのブールをしたがえていた。その一方は教会のブールである。城主は、自分に仕えてくれる新しい臣下を引きつけるため、また≪霊的飾り≫のため、聖職者を頼ったのである。もう一方は俗人のブールである。この二つともが、それぞれの発展を妨げることのないように建設されていた。カーンではギヨーム征服公《ル・コンケラン》が、もとの公のブールに加えて三つのブールを創設した。現在のフランスの中小都市網の大部分は、こうした城砦ブールによって形成されているのである。

　昔からのシテに隣接して設置され、城砦ブールよりも古い、《郊外《シュビュルバン》》ブールと呼ばれるブールが、中世初期からその数を増していく。これらのブールは、司教座聖堂や修道院に結びついた教会のブール、《交通》の要衝（街道*、船着き場）やシテの門に近い地区に生まれた《新》ブールなどの、いくつかの形態をとっていた。

　十二世紀、ブールは数を増し、規模も大きくなる。新しい都市の発展を独占したのは、ほとんどの場合こうしたブールである。とはいえ郊外地だけが発展をみたわけではない。昔からの市壁の内部にもときには変化が生じた。この空間は建物で埋めつくされていたため、それまで手がつけられていなかったのである。たいていの場合、ブールは、すぐには新しい囲壁のなかに統合されなかった。

　こうした現象は、フランスよりも、イタリアにずっと早く（十一世紀初頭）出現した。イタリアにおいては、軍事的必要性（十二世紀なかごろ、フランスとイギリスとのあいだの紛争のためにルーアンやポワティエに生じたような）よりも、むしろ経済的大発展によって新しい囲壁が誕生した。シテとそのブールは、徐々に都市へと移行するのである。

参考文献

Histoire de la France urbaine,tom.2,Seuil,Paris,1980.
Robert Fossier,*Enfance de l'Europe*,Nouvelle Clio,P.U.F.,Paris, 1982.

⇨**〔村落〕〔都市〕〔ブルジョワ〕**

賦課租　Redevances

賦課租は、農民*たちのおかれている状況を特徴づけるものであるが、ときには、ブルジョワたちや（貢租《サンス》*）、領地内の道や橋を通る人々全員によっても（通行税《ペアージュ》）納入されている。賦課租には、土地にかかわるものもあれば（貢租、分益小作料《シャンパール》、十分の一税《ディーム》）、領主財産にかかわるものや（強制使用料《バナリテ》*）、人間にかかわるものもある（援助金《エード》、賦役《コルヴェ》、通行税、領外婚税《フォルマリアージュ》、タイユ税）。人間にかかわる賦課租は、当初、バン領主権の一環として領主からあたえられた保護の代償として支払われていた。しかしそれが、土地にかかわる賦課租の補完物として、年払いの賦課租へと変化していく。

賦課租は重大な変化を経験した。最初は現物で徴収されていた賦課租は、貨幣経済の回復にともない、その大部分が現金で支払われるようになった。この変化は、《割当課税《アボンヌマン》》による場合もあれば(タイユ税)、契約改定交渉による場合もあり(貢租)、また買い戻しによる場合もあった(賦役)。

もっとも数量の多かった貢租つきの保有地は、農村部だけのものではない。分益小作料や小作料つきの保有地もそうである。シャンパールという言葉が収穫の部分的譲渡を意味したことからもわかるように、最初は現物で徴収されていたこれらの賦課租は、現金支払いの方向へと進化していく。

十分の一税は、農民の側からは領主的賦課租と同一視されていた。しかしながら、本来この税は、小教区*が増加した時期である九世紀初頭から一般化していく、聖職者に捧げられた税である。その十分の一税が、やがて頻繁に、領主によって簒奪されたり、すでに領主権力に掌握されている高位聖職者や大修道院のために徴収されるようになる。この税と領主的諸賦課は、ごく容易に合体したのである。そして負担者たちは、十分の一税のごく一部しか主任司祭の手に渡らないことを承知していたのである。

たびたび反乱をひきおこすほど不評をかったこの現物での賦課租は、収穫や、さらには家畜に対しても課せられる。その割合は一〇パーセント前後であるが、それより低い場合も多い。農業経営者は、自由地所有者《アリユティエール》であろうと、保有地所有者《トゥナンシエール》であろうと、すべてその対象となる。しかし彼らは、支払う義務のあるものをごまかしたり、支払わずにすませたりするための数々の便法を見つけだす。十五世紀については、実際に実施されていた十分の一税の諸形態を究明することも、ある史料のおかげで一部可能である。それによれば、大司教や司教座聖堂参事会が、一般には《大十分の一税》を徴収している。この税は穀物に対して課せられる。他方主任司祭の方は、《緑の十分の一税》や《小十分の一税》の恩恵にしかあずかれない。この税は小牧草地や庭地に課せられ、しかもその徴収はより困難なのである。

賦役に関していえば、十世紀以降の歴史は、遅々とした、しかも一様ではないその減少の歩みを描き出す。労働であれ、輜重（輸送）であれ、賦役が領主に留保された土地や物に対して農民から提供された無償の労役である以上、その変遷の一部は、領主直営地の経営方法の変化を反映している。

賦役の衰退は、それがほぼ消滅してしまうとか、その負担が非常に減少してしまうとか、農民によって買い戻されてしまうとかいう形であらわれる。こうした後退の理由を説明してくれるのが、農民たちによってしだいに激しく表明されるようになる消極的抵抗である。一一一七年のマルムーティエ大修道院（下ライン地方）の証書は、この件についての古典的史料とされている。ここの領地においては、《賦役者たちの無関心、怠惰、無気力、役立たず》のために賦役は廃止され、重い現金での賦課租におきかえられたのである。こうした農民の抵抗も、そこに他の諸要因が働かなかったなら、効果を上げなかったであろう。その諸要因とは、領主の所有地や所有物の減少であり、賦役人の維持費（食料）のあまりの上昇である。そのため、賃金労働者に頼る方がより好まれるようになる。その一方で、賦役の存続や消滅の理由を説明するのがむずかしいこともある。

賦役が変化していく過程は、地方によって異なっていた。ここに、ロベール・フォシエによって作製された地域別の一覧表がある。地中海沿岸地域では賦役はとるにたりなかったようで、地方によっては年三日〜四日にまで減じられている。フランスの中部や大西洋沿岸地域では、十一世紀後半までに賦役がかなり減少するが、多少の例外もみられる。北フランスでは、合計で一ヶ月であった徴用が、十二世紀には二日間での三種類の賦役（耕作、草刈り、葡萄の収穫）に帰着し、一一七五年以降では買い戻されるようになる。それより南のブルゴーニュ地方やマコン地方では、賦役はより軽く、その買い戻しもより早い。そこでの要求のいくつかは家内的なものである（洗濯物を洗ったり、ガチョウの羽をむしったり、イヌの毛を刈りこむ）。マコン司教は重い賦役を要求するが、他方、クリュニー修道院の要求はそれより軽い。十三世紀のパリ盆地では賦役はほとんど消滅してしまうが、ほかの地方でも状況は同じである。ドイツの諸地方では賦役は重いままだったようである。というのも、そのいくつかが毎日欠かさず課せられていたからである。その一方で、賦役の買い戻しも、各地でかなり進んでいたようである。ノルマンディーやイギリスでは、賦役はきびしいままであり（週三日）、そのうえさらに別の義務もつけ加わる。現実には、賦役を買い戻すことのできる農民と、それができずに経済的隷属状態に落ちる農民とのあいだに、一つの裂け目が生じていくのである。

全体とすれば、十三世紀以降、領主が大きな権利を所有している土地を除き、土地保有農はもはや賦役に従事しないのである。

こうした賦課租のすべては、森林や沼沢や養魚池を利用するために支払う税金とともに、農民たちの主要な負担となっている（たぶん彼らの生産物の半分以上に相当した）。それは同時に、領主の主要な収入源でもある。領主は、多少なりとも乱暴なやり方でそれらの徴税を行なう。その点では聖界領主が、そのなかでもシトー会士*たちが一番きびしかったようである。領主の代理人（執達吏《セルジャン》、代官《プレヴォ》）はとくに容赦がない。しかしながら、農民の労働に対して実施された徴税は、全面的な収奪となったわけではなく、たぶん彼らに余剰生産物を残したであろう。そうして、農業の発展も可能となったのであろう。

参考文献
Georges Duby, *L'Economie rurale et la vie des campagnes dans l'Occident médiéval*, Aubier, Paris, 1962.
Histoire de la France rurale, tom.1, Seuil, Paris, 1975.

⇩〔農業〕〔農民〕〔領主制〕〔貢租〕〔バン〕

武勲詩　Chansons de geste

俗語で書かれたこの名で呼ばれる叙事詩は、十一世紀末ごろフランスにあらわれ、十三世紀まで作られつづける。またほかの国々も、たとえばドイツは『ニーベルンゲンの歌』[1]により、スペインは『エル・シッドの詩』[2]により、叙事詩に親しんでいる。これらの作品は、ほとんどいつも、それが書かれた国に文学の夜明けを告げたのである。

フランスについてみれば、武勲詩は十三世紀早々、三つの作品群に分類された。その詩群のそれぞれは、シャルルマーニュとその子孫たちの歴史に対応している。《王の詩群》はシャルルマーニュに関する叙事詩を再編する。彼の生涯、彼の遠征、彼のスペインでの戦争（『ロランの歌』はここにおかれる）、またザクセンやイタリアでの戦争に関する詩がそこにおさめられる。もう一つ別の詩群はガラン一族[3]の武勲を物語るもので、その核となる人物はギョーム・ドランジュ[4]である。最後の《ドーン・ド・マイアンスの詩群》には、もはやこうした統一性はみいだせない。そこでの英雄はラウール・ド・カンブレであり、ゴルモンとイザンバール[5]である。

中世のもっとも完璧な叙事詩であろう『ロランの歌』[6]をつうじて、物語のなかの諸事実の構成、解釈、信憑性に関するあらゆる問題を検出することができる。はたしてそれは、卓抜した文才に恵まれ、十一世紀末にもうヴェルギリウスやルカヌス[7]に通じていた一人の聖職者によって書かれたのか、それとも共同作品なのか。七七八年におきた一事件は、どのように、また誰により変化させられ、伝達され、十一世紀に文章化されるにいたったのか。
最初はもっぱら口誦されていたこれらの詩は、語るというより、むしろ単純な音楽にのせて歌い、身振りで演じる吟遊詩人《ジョングルール》や吟唱詩人《メネストレル》の好みのままに、たえず変化していったようである。もとはといえば、武勲詩は実演されるショーなのである。武勲詩にいくつかの異本があるということは、その相違が部分的なものにすぎないにせよ、やはり口承による伝達と変遷を証明していると思われる。

こうした作品を歴史認識の典拠として用いることについては、慎重を要する。『ロランの歌』には実在した人物たちが描かれている。ロランはブルターニュのマルシュの伯であったし、シャルルマーニュの実在はまぎれもない。それに対し、ほかの人物たちはまったくの創作であり、諸事件は歪曲され、美化され、舞台となる場所も特定できないことが多い。またこれらの諸事件が明瞭な一時期、すなわち八世紀から十世紀にかけて、つねに限定されていることにも注意を向ける必要がある。《同時代》の出来事についての武勲詩は、唯一、第一次十字軍に出発した諸侯たちの武勲を物語っている『アンティオキアの歌』[8]だけなのである。

『ロランの歌』にはおそらく別の意味が込められており、他の多くの叙事詩もその点では変わりない。ロランは英雄であり、一騎士である。異教徒たちと戦うなかで、彼は、

シャルトル大聖堂のステンドグラスに描かれた『ロランの歌』の一場面。イスラム教徒たちと戦うシャルルマーニュの軍勢。

キリスト教信仰の擁護者である勇敢な戦士を象徴する存在となる。ギョーム・ドランジュの詩群にも同タイプの戦いの物語がある。これら諸作品のなかに、スペインでの《イスラム教徒狩り》や、将来の聖地遠征につながる、プロパガンダの一形態を見いだすことができるのである。

こうした叙事詩は、とくに系族*にまつわる伝統や、それが騎士の一生にはたした役割についての、また家臣の《感情》についての、かけがえのない証言である。全体的にみれば、領主貴族階級の文化が、その理想が、聖職者のラテン語とは違うその言語が、そこに映し出されるのである。

十三世紀、武勲詩の諸作品は読むことができるよう変化する。貴族階級のあいだでは識字率が高まる。そのころやっと、身振りで演じられる武勲詩は、大衆の観客を見いだすことになる。

（1） 一二〇〇年前後にドイツ語で書かれた英雄叙事詩で、英雄ジークフリートの死とブルグント族の滅亡の二つの部分からなる復讐悲劇。
（2） 一一四〇年ごろカスティリア語で書かれた英雄叙事詩で、実在した英雄シッドのイスラム教徒との戦いを描く。
（3） イスラム教徒と戦った英雄とされるガラン・ド・モングラン、ジラール・ド・ルシヨン、ギヨーム・ドランジュなどからなる一族。
（4） Guillaume d'Orange はシャルルマーニュの友人で、イスラム教徒と戦ったトゥールーズ伯。やがて武勲詩の英雄となった。
（5） いずれも、ドーン・ド・マイアンス詩群の作品に登場する英雄たちである。
（6） 十一世紀末に成立したフランス最古の英雄叙事詩。シャルルマーニュのスペイン遠征に題材をとり、イスラム教徒との戦いのなかでの英雄ロランの悲劇を歌った。
（7） Vergilius(B.C.79-B.C.19)はローマを代表する詩人で、民族叙事詩『アエネイス』を書いた。Lucanus(39-65)もローマの詩人。セネカの孫で皇帝ネロの寵愛を受けたが、やがて失脚し、叙事詩『内乱記』を著した。
（8） 十二世紀末にリシャール・ル・ペルランによって書かれた武勲詩。

参考文献

Marc Bloch,*La société féodale*,Albin Michel,Paris,1939-1968. 新村猛他訳『封建社会』全二巻、みすず書房、一九七三年、一九七七年。
Histoire littérature de la France,tom.1,Edition Sociale,Paris,1971.
Pierre Le Gentil,*La Chanson de Roland*,Hatier,Paris,1955.
⇨**〔系族〕〔十字軍〕〔民衆文化〕〔文盲〕**

フランシーズ　Franchises

この言葉は、自由という、より正確には中世の諸自由という、より広いコンテクストのなかにおきかえられる必要がある。中世における自由の概念は、現代のそれとはひどく違っていた。完全な意味での自由、すなわち自分の身柄と財産の《フランシーズ》を所有することは（したがってその際には、国王裁判の管理に直接服することになる）、まだほとんど普及していなかった。農村ではとくにそうであった。他方、イデオロギー的にみれば、社会の三身分*への分割は特権としての自由をも出現させた。それは不名誉な束縛をまぬがれる特権であり、聖職者や騎士に対する租税負担をまぬがれる特権であった（ジョルジュ・デュビイ）。

　こうした特権的自由の概念を明示してくれるのは、とくに十二、十三世紀に数多く付与されたフランシーズ文書《シャルト・ド・フランシーズ》である。この文書は、それ自体が多少なりとも重要な特権をなしている。たいていの場合その特権は、領主によって、農村や都市の住民の共同体に対し承認されたものである。またそれは個人を対象とする場合もあったが、そうした事例の記録はほとんど何も残されていない。そしてさらに、自由身分の農民や都市住民に認められたフランシーズと、*農奴の解放と、それぞれ区別する必要がある。

　農奴解放《アフランシスマン》は、領主によって、特定の村や部落のすべての農奴たちに対し実施された。また一二四六年から一二七二年にかけて、イル・ド・フランスの諸修道院では数千人の農奴たちの解放が実施された。そのなかには、農奴の共同体が彼らの側から圧力をかけて認めさせたものもあったし、領主たちが事前に対処し、彼らに解放を提案した場合もあった。フランシーズは、何よりも奴隷的な諸賦課の軽減にかかわるものであった。また別の場合、たとえば一三〇二年から一三一五年にかけて実施されたカペー王家の領地の全農奴の解放や、十三世紀にイタリア諸都市が実施した農奴解放の場合には、全面的解放が問題となった。いずれにせよその動機は、経済的なものであった。領主がそこに見いだしたのは、利益を生まなくなった人手を厄介ばらいする方法であり、フランシーズを買いとる人々から、彼自身がたいへん必要としていた現金を入手する手段であった。

　自由身分の農民に関係するフランシーズは、多少なりとも自由主義的《リベラル》であった。フランシーズによってたいへん骨の折れる諸義務、たとえばすべてのタイユ税などは免除され、司法上、軍事上の特典も付与された。農村の諸集団を*コミューンにまで昇格させることになるフランシーズもあった（〔農村共同体〕の項目を見よ）。

　最後に、都市のフランシーズである。領主たちから勝ちとった特許状のすべては、市民たちの個人的身分に多くの部分をさいている。往来の自由や、いかなる権威からも干渉されずに結婚する自由など、私法に属する諸規定が、ときには大変正確な手法によってそこに編纂されている。軍事費負担の軽減や司法上の諸特権もそこに挿入されている。領主の代官《プレヴォ》は市民を代表する人物たちにとり囲まれていなければならない、というような規定もそこには含まれている。

　都市住民たちに課せられる刑罰は、多くの場合、たいへんはっきりと法規に定められていた。しかし税制は、大きく緩和される場合が多かった。とくにタイユ税に関してはそうであった。フランシーズの性格と内容は、都市ごとにたいへんまちまちであった。それでも、市民に付与されたフランシーズが、同じ自由身分であった農民たちに付与されたフランシーズよりも、はるかに明確に自由というものを定義していたことは事実である。また農民たちのことを、領主への隷属状態に置かれてはいなかったし、法的に無能な状態に貶められてもいなかったことから、自由であったと形容できることも事実なのである。

参考文献

Robert Boutruche, *Seigneurie et féodalité*, tom.2, Aubier, Paris, 1970.
Guy Fourquin, *Les campagnes de la région parisienne à la fin du Moyen Age*, P.U.F., Paris, 1964.
La France médiévale, dir. Jean Favier, Fayard, Paris, 1983.

⇩〔コミューン〕〔農村共同体〕〔古文書〕

ブランシュ・ド・カスティーユ　Blanche de Castille

アリエノール・ダキテーヌ*と同様、ルイ八世の妻でルイ九世の母であったブランシュ・ド・カスティーユ（一一八八年～一二五二年）も、中世の女性*の地位を代表してはいない。アリエノールの孫でカスティリア国王の娘であった彼女は、南フランスや南ヨーロッパの貴族社会で育ったため、個性的で洗練された女性であり、教養面でも夫にまさっていた。彼女は、夫のそばで無視できない政治的影響力を発揮する王妃となり、史料でその時期を確定することはできないが、いつからか摂政の役割をつとめはじめ、一二二六年からは権力を一手に握る摂政となった。また一二四八年からは、彼女の息子が十字軍*に出発したため、再び国内を統治することになった。

当時の人々の証言から彼女の人物像を探り出すのは容易なことではない。ある人々は、彼女にはげしい敵意を抱いている。彼らについては、反抗する大貴族たちの立場を支持するトゥルバドゥール*たちによって書きとめられている。また別の人々については、聖王ルイと親しかったために客観性に乏しくならざるをえなかったジョアンヴィルの記述[1]によって知ることができる。最初のケースでは、反フェミニズムと異邦人への型通りの敵意が入りまじっている。ブランシュ・ド・カスティーユはそこで、王国を犠牲にして自分の一族を助けたと非難されているのである。他方、ジョアンヴィルは、子供を一人じめにしようとする母親として、また王妃マルグリット・ド・プロヴァンスが夫の聖王ルイに会いたいときにそのじゃまをする専横な義母として、彼女を描いている。こうした証言から浮かび上がるのは、彼女がはっきりした性格で、たしかな権威をもつ女性であったことくらいであり、いくつかの機会に示されたその政治的判断力は、それほど立派なものではなかったように思われる。たとえば、夫のルイ八世のイギリス王位要求を、彼女は支持しているし、ジョン欠地王《ザ・ラックランド》に対する大貴族たちの反乱のときにも、根本的な見込み違いを露呈してしまう。

その一方で、ときには困難な状況のもとにあってもその職責に耐え、フィリップ尊厳王《オーギュスト》*の政策を継承するだけの能力を彼女はもっていた。彼女は事実、フィリップの顧問たちの一部をひきつづきそばにおいていた。長いあいだ、いつもすぐに自分に対して叛旗をひるがえす大貴族たちと戦った彼女は、まず最初に、≪アルビジョワ十字軍≫の残したさまざまな後遺症を癒すため、トゥールーズ伯レモン七世*とのあいだに和平を結んだ。そして、王政がブルジョワと手を結ぶ政策を追求し、牧童《パストロー》連の反乱を鎮圧し、さらに彼女の義父が着手した≪組織化≫の仕事、行政管理の仕事を継承したのである。

（1）『聖王ルイの歴史』のこと。

参考文献

Elie Berger, *Histoire de Blanche de Castille*, Paris, 1895, rprt. Slatkine, Genève, 1975.

⇩〔行政〕〔文盲〕〔宮廷風恋愛〕〔フィリップ尊厳王〕〔カタリ派〕〔女性〕〔プランタジネット家〕

プランタジネット家 Plantagenets

イギリスはこの王家（一一五四年～一四八五年）のもとで形成され、大陸の諸国よりもはるかに進んだ政治体制をもつ国家*となる。国王権力と国王行政は、ヘンリー二世の治下において強化される。イギリスは、行政*を広く行きわたらせた最初の国家なのである。しかしながら、王政は、イギリス教会との相剋を経験する。その原因は、教会裁判を国王裁判の管轄下におこうとする国王の政策に、教会が反対したことにある。一一七〇年のカンタベリー大司教トマス・ベケットの暗殺はヘンリー二世のしわざとされ、国王に対する教皇職の敵意は燃え上がる。こうした教会との闘争は、ジョン欠地王《ザ・ラックランド》の治世下にもひきつがれる。彼は、教皇が任命したカンタベリー大司教の承認を拒否したことを理由に破門され、そのあげく、イノケンティウス三世*の前でみずからの非を認めて許しを乞い、そして王国を聖座の監督に委ねなければならなかったのである。

しかし、ジョン欠地王の治世は、イギリス王政にとって重要な一段階をも画している。その段階とは、一二一五年の国王によるマグナ・カルタの受諾である。国王は、イギリスの大貴族たち、すなわち大封建領主たちとの闘争の結果、彼らの利益や教会の特権のためにその実権を制限されてしまう。とはいえ、マグナ・カルタとともに《立憲》政体はその第一歩をふみだす。国王は、《王国顧問会議《コンセイユ・デュ・ロワイヨーム》》の同意なしには税金を引き上げないことを、そこに約束したのである。しかし《議会》王政の実現は、エドワード一世の治世をまたなければならない。一二九五年、国王は、諸都市や諸州の代表によって議会が構成されるのを承認したのである。一三〇〇年、エドワード一世は、マグナ・カルタを刷新し、補完する。王室官僚の活動を強化し、議会の了承のもとに税金を引き上げる。十四世紀中には、議会は特別なものではなく、当然の制度となる。この制度は、文句なく地方の共同体を代表し、単独で税額を議決し、ますます国の立法に参画し、内閣を制御し、ついにはリチャード二世の廃位に決定的な役割を演じ、ヘンリー四世にその制度の尊重を義務づけるほどになる。十五世紀、イギリス議会制度の根本は、すでに明確な形態をなしているのである。

フランスとの関係には、深刻な不和の原因が潜在していた。アリエノール・ダキテーヌ*とヘンリー二世の結婚以来、イギリス国王がその家臣となっていたからである。大陸にあるイギリス領土の重要性は、イギリス王政の統一性を脆弱なものにしていたし、フランス国王もまた、その領土から外国の王朝を払拭することに腐心していた。ヘンリー二世は、二〇年間にわたって危機を回避することに成功したが、その息子であるジョン欠地王は、それに失敗した。巧妙さや、封建的策動や、フィリップ尊厳王《オーギュスト》の軍事的勝利の犠牲となったのである。エドワード三世のフランス王位要求にともない、この封建的な紛争は王朝間での紛争をも兼ねることになる。百年戦争は、ルイ十一世とエドワード四世のあいだでピキュイニにおいて調印された条約(1)により、一四七五年にやっと最終的に終了する。フランスは、かつてのイギリスの封土のすべてを奪回したのである。

（1）この条約では、七年間の休戦、将来の紛争の平和的解決、フランスからイギリスへの撤退金と年金の支払いが定められた。

参考文献

Charles Petit Dutaillis, *La monarchie féodale en France et en Angleterre (Xe-XIIIe siècle)*, Albin Michel, Paris, 1971.

⇩〔フィリップ尊厳王〕〔アリエノール・ダキテーヌ〕〔行政〕〔租税〕〔国家〕〔法〕

フリードリヒ赤髯帝　Frédéric Barberousse

中世におけるもっとも有名なドイツの君主、フリードリヒ赤髯帝《バルバロッサ》（一一二三年〜一一九〇年）は、寛容の理想と確固たるキリスト教信仰に燃える一騎士でありたいと願っていた。一一八八年、彼は何のためらいもなく、イスラム教徒に奪回されたばかりのエルサレムを解放するため、十字軍*に出発したのである。

とはいえ彼の治世には、帝国*の名誉の回復という苦労の種がいつもつきまとっていた。神聖ローマ帝国の支配をめぐるシュタウフェン家とヴェルフ家の対立に起因する内戦は、この国を著しく弱体化させていた。彼が皇帝に選出されることにより、この内戦は一時的な終息をみた。また彼は、顕職とひきかえに大貴族たちの同意をとりつけることにより、国内の平和回復にも努めた。一一五二年にはヴェルフ家とも和解し、ハインリヒ獅子侯《デア・レーヴェ》(1)に、彼の父から奪い取ったバイエルンを返還した。いくつかの地方は、名誉ある公領や伯領の地位に昇格した。しかしながら、一一七九年に皇帝に対するしかるべき軍事的支援を拒んだハインリヒ獅子侯は、あとからその封土を没収された。とはいえ全体的にみれば、帝国の諸侯はこの国王と協調したのであった。

それとは逆に、フリードリヒ赤髯帝は、普遍的帝国の再建という意図においてはほとんど成功しなかった。この皇帝と教皇の闘争では、結局、彼の側が屈伏することになる。その証拠に、一一七七年、ヴェネツィアにおいて、フリードリヒは鐙をおさえ、馬に乗る教皇を助けたのである。しかしながら、彼は十字軍への出発を快諾することで、その権威を回復していく。彼のイタリア支配政策、その実は帝国への併合をめざすものであったが、それも一一七六年のレニャーノの戦い(2)での惨敗によって転換をよぎなくされる。一一八三年のコンスタンツ和約も、彼につかのまの協調を回復しただけであった。総合的にみれば、やはり明白な失敗であった。帝国は、たえまない戦争のあげく、イタリアにその権威を確立できなかったのである。

キリキア(3)の急流での思いがけない彼の溺死は、聖地への途上での事故であった。しかしそのことが、彼が帰ってくるかもしれないとする伝説を生み出した。そしてその伝説は、十九世紀にいたるまで、帝国と西欧の精神を覚醒しつづけるのである。

（1） Heinrich der Löwe(1129-1195)はザクセン公、バイエルン公。東方の開拓に努め、国内で大きな権力をふるったが、非協力を理由にフリードリヒに全知行を没収された。

（2） ロンバルディア同盟軍と皇帝軍とのあいだで北イタリアのレニャーノで戦われた。結果は同盟軍の大勝利で、フリードリヒのイタリア支配の野望は崩れ去った。

（3） 小アジア南東部の地中海沿岸。現在はトルコに属する。

参考文献
Marcel Pacaut, *Frédéric Barberousse*, Fayard, Paris, 1968.

⇨ **〔帝国〕〔教皇職〕〔コミューン〕**

ブルジョワ　Bourgeois

もともとこの言葉は、ブール*の住民と直接に結びついている。しかし十一世紀以降、とくにフランスでは、もはやそれはブールの住民を指すだけではなく、隣接するシテの住民たちをも指し示す言葉となる。ボルドーを例にとれば、一一四五年ころ、キヴェス（シテ住民）とブルゲンセス（ブール住民）の違いはもはや存在しない。十二世紀以降、ブルジョワという言葉は、都市*住民のなかの活動的な人々全員を指し示す言葉となる。それはたぶん、都市を単位とする経済的まとまりが誕生したことの証明であろう。

とくに西ヨーロッパにおいては、都市と農村が徐々にしか分化しないのと同様に、都市の住民と農村の住民も徐々にしか分化しない。都市はあらゆる種類、あらゆる身分の人々を引きつけたが、他方、都市居住者の一部は農村に不動産を所有しつづけたのである。フランスやイタリアで諸都市の証書が市民に要求しているのは、十八歳以上であり、少なくとも年に三ヶ月は市内に居住していることであった。

つづいてブルジョワたちは、諸特権（城塞都市《バステイド》*の例をみよ）だけではなく、都市を保護する免除特権《イミュニテ》や完全性《アンテグラリテ》（フランシーズ）*を獲得してからは、都市の完備した法的身分規定の恩恵にあずかるようになった。この法的身分規定によって、理論上での平等が、そこには存在することになる。

経済面において、そしてとくに政治面において、ブルジョワは新しい社会階層を形成した。この階層の起源はかつて主張されていたよりもはるかに複雑であり、その発展は必ずしも商業活動のなかだけに刻まれたわけではない。ブルジョワジーを構成していたのは、自由の推進者たち、すなわち外国人商人たち[1]ではなかったであろう。なぜなら、アンリ・ピレンヌが考えたとおり、彼らの活動にはブルジヨワが必要だったからである。十二世紀初頭までは、騎士たちも、何らかの形で都市の商業に参加することを恥じてはいない。そして最近の研究は、たとえそのなかに商人がいたとしても、《ブルジョワたち》が成り上がり者ではなかったことを指摘する傾向が強い。

十三世紀、都市社会の骨組みを形成するのは、同業組合《コルポラシオン》*に所属するブルジョワジーである。しかし、身分上はブルジョワである職人たちも、社会的な力や政治的な力はもっていない。そうした権力は、大商人たちだけではないにせよ、彼らをとくに多く含む都市貴族《パトリシア》*のために留保されているのである。

事実、中世のブルジョワジーは都市の枠のなかでしか語られることがなく、定義のしにくい存在である。それでもつぎのことは指摘できる。すなわち、資産という基準がいかに重要であっても、ブルジョワジーは、その経済活動、行動様式、心性《マンタリテ》の諸特質によってもう一つの裕福な（多くの場合）社会階層である貴族身分《ノブレス》*から峻別されるのである。ブルジョワジーの金儲けの才能や豪華趣味は、社会的上昇の気運のもとで発揮される。そこに、貴族の支配者的浪費との共通点はほとんどない（ジャック・ル゠ゴフ）。しかし、中世都市のブルジョワジーは、産業革命の時代のブルジョワジーとなっていく人々の、まさに原形なのである。

（1）Henri Pirenne(1862-1935)はベルギーの歴史家。『マホメットとシャルルマーニュ』が主著であるが、彼の都市論では、一般には遠隔地商人の活動が重視されている。

参考文献

Histoire de la France urbaine,tom.1,Seuil,Paris,1980.
Robert Fossier,*Histoire sociale de l'Occident médiéval*,Collection U,A.Colin,Paris,1970.

⇩〔**社会階級**〕〔**コミューン**〕〔**フランシーズ**〕〔**都市**〕

ペスト　Peste

時代に対し、人口に対し、これほどの衝撃をもたらすような現象はめったにない。黒死病と呼ばれる一三四八年のペストは、まさに破滅的と形容するにふさわしい大災害であり、人口面でも、経済面でも、心理面でも、その被害は甚大であった。またその被害は、ここでの対象である西欧だけではなくイスラム諸国にまで及び、しかもそこでは、この病気のもたらした結果はより一層深刻だったことが確認されている。

ペストは、中世における周期的現象である。その最初の

ギュイヨ・マルシャン版『死の舞踏』より枢機卿と国王。

大流行は、六世紀に出現する。≪ユスティニアヌスのペスト[1]≫と呼ばれているものである。そして、コンスタンティノープルにも、それが≪輸出≫された西欧にも、恐るべき猛威をふるう。一三四七年以降、突如としてペストはヨーロッパに再出現し、それ以降何度も流行をくりかえし（とくに一三六〇年～一三六一年、一四〇〇年、一四八二年）、最後には十八世紀の一七二〇年に姿をあらわしている。それはマルセイユのペストの年である。

ペスト大流行の本当の原因は、何だったのであろうか。それは腺ペストだったのか、それとも肺ペストだったか。腺ペストはネズミのノミに媒介され、おもな症状は耳のうしろの吹出物の急速な腫れ、そのあとの腋の下や足のつけ根のリンパ腺の腫れである。それに対し、肺ペストは人のはく息によって伝染する。ネズミは長いあいだ、これらの伝染病の唯一のとは言わないまでも、主要な責任者であるようにみなされてきた。十四世紀のペストは、おそらくバルハシ湖付近からやってきて、一三四六年にまずアストラハン[2]を襲い、ついでボルガ川をさかのぼり、やがてふたたび黒海へと下っていく。一三四七年にはカッファ[3]を囲攻していたタタール人[4]に被害をあたえるが、この町にはジェノヴァ人が避難していた。タタール人は、ジェノヴァ人に向かってノミの運び手である汚染された死骸を投げこみ、彼らをペストに感染させる。ジェノヴァの船はその年のうちに、コンスタンティノープル、メッシナ、マルセイユへとこの病を伝える。スペインからイギリスまで、そしてノルウェーまで、ヨーロッパ全体が汚染される。とはいえ、ネズミだけにこうした伝染の責任を負わせるわけにはいかないであろう。ネズミは、ペストの及んだ諸地域にずっと以前から生息していたのである。そのうえ、突然の死というようなこの伝染病のいくつかの症状から、肺ペストであることも考えられるのである。事実、たびかさなる飢饉や戦争、資源水準に対する人口過剰などの十四世紀なかごろの西欧の生活状況が、人間の側の抵抗力を弱めることで、ネズミの生息密度以上にペストの流行を助けた可能性がある。

この流行の結果は、人口面では破滅的なものであった。その二分の一から三分の二ちかくが失われてしまったのである。とはいえ、死者の数を厳密に算定することは非常に困難である。なぜなら、当時の人々によって、呈示されている数値は、あまり信用できない場合が多いからである。しかしながら、教区簿冊(5)の調査によって、すべての地方が同じような被害を受けたわけではないことも確認されている。特定の諸都市が、さらには特定の街角が、ほかよりひどい損害を被っている。また死者の数も、各社会階層によって異なっているのである。

心理面からみれば、黒死病は時代そのものに精神的衝撃をあたえた。当時の年代記作家たちはみな、都市の恐るべき光景を描写している。家々のなかに、《施療院《オピタル》》のなかに死骸が折り重なり、あまりの数に埋葬することさえできない。死*はその時代全体を感化する。美術においても（死の舞踏《ダンス・マカブル》）、霊性においても（鞭打苦行者《フラジェラン》たちの諸派は、公衆の面前での苦行や、スケープゴートの必死の探索によって神罰を回避しようとし、ついには大虐殺をたびたび引きおこす）のである。

しかしどんな場合でも、中世末期を揺るがす危機の責任をペストの大流行だけに負わせるわけにはいかない。ペストは、とりわけ重大なものであるとはいえ、やはり多数の要因のなかの一つにすぎないのである。

（1）ビザンツ皇帝ユスティニアヌス一世の在位五年目である五三一年ころから約五〇年にわたって断続的につづいた古代世界最大の流行で、そのようすは歴史家プロコピオスによって書き残されている。

（2）カスピ海岸のボルガ川河口にある都市。

（3）黒海のクリミア半島にあったジェノヴァの植民都市。

（4）南ロシアのトルコ系遊牧民の総称。

（5）小教区の住民の洗礼、結婚、埋葬が、日付別に記録されている帳簿。人口学の貴重な資料である。

参考文献
Jacques Heers, *L'Occident aux XIVe et XVe siècles:Aspects économiques et sociaux*,Nouvelle Clio,P.U.F.,Paris,1973.
Jean-Noël Biraben,*Les hommes et la peste*,2 tomes,Mouton, Paris,1975-76.
Jacques Ruffié,*Les épidémies dans l'histoire*,Flammarion, Paris,1984.
＊二宮宏之他編『医と病い』アナール論文選3、一九八四年、新版藤原書店近刊。

⇩〔危機〕〔死〕〔身体〕

封（封土） Fief

封は、かつて中世をもっとも代表する概念であるとされていたが、たぶんそうではないであろう。かつての評価は、制度史の優越や、ガンスホフの著作[1]のような諸書の成功によるところが大きい。歴史家たちは、近年の地域研究の成果にもかかわらず、中世社会における封の役割の再検討には苦労しているようである。封は、たとえヨーロッパ全土に存在していたとしても、長続きしない、そして意図もはっきりしない形でしかその社会に関係していない。封がもっとも普及した時代であった十一、十二世紀においてもである。

十三世紀初頭、はやくも封の重要性は失われる。不鮮明で不統一なその形態は、移ろいやすかったのである。領邦や王国の構成要素の一部をなしていた封は、やがてはその公権力に養分を食いつくされ、飲みほされてしまう。封に対し過大な重要性が認められてきたことについて、ジャック・ル＝ゴフは、《歴史的誤謬》であると断言してはばからない。

かといって、封が何の役目もはたさなかったわけではないことも確かである。封の描き出す現実は、封の性格や内容によってもさまざまに異なるが、中世社会の変化に応じてもさまざまに移ろうのである。

封の流動的な性格は、その発展のなかに、より正確にはその誕生のなかに姿をあらわす。封という言葉は、土地の譲与や、譲与された土地自体を指し示すようになる以前から、それ自体が長い歴史をもっている。史料のなかに《feo》という形で登場するこの言葉の語源はたぶん《家畜からなる財産》であろうが、それは対価として授与される財産の意味を暗示していたとも思われる。

封となるまえは、feoは恩貸地《ベネフィス》、すなわち贈与された土地であった。南フランスの史料では、feoに最高の地位があたえられるようになる。しかしそれは、公的奉仕の代償として公権力から譲与された土地、という伝統的な恩貸地の意味において、厳密に用いられている。そしてそれは、ほとんどいつも徴税権をともなう土地なのである。

北フランスでこの言葉が用いられるのは、ずっとあとになってからである。諸教会の尚書部《シャンセルリ》（管理運営機関）は、恩貸地という言葉を用いつづけている。一方、ピカルディ、シャンパーニュ、ロレーヌ、パリ近辺では、feoは十一世紀末までしか用いられていない。封は個人財産となったのである。はじめのうち（十世紀のあいだ）、保護とひきかえに有力者に土地をあたえたのは、力のない小土地所有者の方であった（再取得封《フィエフ・ド・ルプリーズ》）。十一世紀、その動きは逆転する。領主は、周囲の人々に支配を拡大したり、守備隊に報いたりすることが必要になってくる。今度は、守備隊が領主を保護する側にまわる。領主は、彼らに利益をあたえるために土地を提供する。当時においては、土地だけが唯一利用可能な富である。封土は、オマージュ*や誠実誓約*以上に主従関係には欠くことのできない要素となり、《義務を課す贈り物》となるのである。

主君の足もとに受領した贈り物を具象化する物（たとえば藁くず）を投げつけることによって行なわれる、主従関係取消契約《デザヴォー》と呼ばれる《儀式》の研究は、誠実宣誓の解消が、当初の契約の物質的側面に対してなされたものであることをはっきり証明している。こうして、それは領主の制度となるのである。一般的には有力者であった領主は、より非力な存在である家臣に封土をあたえる。しかし、家臣も領主と同じく貴族階級*の成員である。家臣は領主に対し、封土の代償としての各種の奉仕や負担を背負い込む。家臣は、自分のものとなった土地のおかげで、それ以降はこうした奉仕や負担に対処できるようになる。

家臣への封土の引き渡しは地方ごとに異なる方法で行なわれたが、その基本的な形式は授封《アンヴェスティテュール》と呼ばれる一つの儀式である。この儀式では、領主が家臣に土の塊に象徴される封土の占有権《セジヌ》をあたえ、また命令権としての封が問題になるときは、その象徴として旗をあたえるのである。

南フランスの諸地域では、授封はオマージュと誠実誓約に先立って行なわれるが、北フランスでは展開が逆である。いくつかの地方ではオマージュが欠落していることもある。この儀式は、封土の引き渡しが家臣の誠実*の如何にかかっていたことを想像させる。裏切りや不誠実がおきた場合には封土が没収されることもありえた。そして、そうしたことは現実に発生したのである。そのなかでももっとも有名な《犠牲者》は、ジョン欠地王《ザ・ラックランド》であった。彼の財産は、フィリップ尊厳王《オーギュスト*》によって没収されたのである。

封は、土地財産の形をとるものばかりではなかった。自由地と同様、さまざまな形態をおびていたのである。ロベール・ブートルシュが《封の具体的形態》と呼んだものは、その規模の順に、つぎのように分類することができる。頂点に立つのは、封臣王国《ロワイヨーム・ヴァサル》である。これは極端な事例であり、たいていの場合、偶然の産物である。リチャード獅子心王《ザ・ライオンハーテイッド》が自分の王国を帝国に服従させるのとひきかえに釈放してもらったのが、その実例である。つぎにくるのは領邦《プランシポーテ》で、これも封として国王により直接保持されている。名誉封《オヌール》もまた、国王によって直接保持され、その支配はアングロ・ノルマンの陪臣《ヴァヴァスール》にまで、すなわちかなり身分の低い従属民の封にまで及んでいる。そこから先では、封はまったく多種多様な形態をとる。たとえば、タイユ税、横領された十分の一税、貨幣貢租、現物貢租、ミツバチ、ハイタカ、領主の館に付属する森、ハヤブサなども封となるし、また裁判権や港の収入、通行税なども封となるのである。

貨幣は、封からなる年金（もしくは貨幣封《フィエフ・ド・ラント》）を介して、主従関係のための重要な道具となる。この場合の封は、土地にまったく基礎をおいていない。国王や貴族は、自分の流動資本にもとづいて、土地をもたない騎士や兵士、さらにはスパイの軍務に報酬を支払う。つまり、あらゆる序列の封が存在しているのである。ところで、このように列挙してくれれば、それが非常に大規模な現象であったような印象をあたえるかもしれない。しかしその影響力は、どこでも同等ではなかった。封というものにほとんど無縁な地方もあれば、フリースランドのように封を無視する地方もあったし、スカンディナヴィアのように封の観念の存在しない地方もあった。その一方で、ノルマンディーのように、《封の》移植が強力に押し進められた地方もあった。

十二世紀末からは、ある程度の成功をおさめていた封の制度が変化しはじめる。代償としての奉仕をともなわない封である自由人封《フランク・フィエフ》が発展していく一方で、ブルジョワたちでさえ、軍事的義務を免除されつつ、それを獲得することができるようになる。また、ますます貢租地《サンシーヴ*》に似てくる封土もある。ブルジョワの封が発展するのである。

最初は、たとえば誠実であることなどの条件つきで譲与されていた封も、最後には、しだいに家臣とその系族の財産となっていく。封の相続については、一〇七五年から言及されている。

封を保つのもとり戻すのも、すべては受けとる側と与える側の実力しだいであり、両者が対峙したときの力関係がことを決する。小領主には、自分の封を効果的に維持できる見込みはほとんどなかったようである。相続人は《譲渡税》を、すなわち領主に対する相続税である《ルリーフ》を支払うだけでよくなる。封は、兵役義務をはたすことができないはずの女性や子供に譲渡できるようになる。さらに、封を他人に譲渡することもできるようになる。家臣は、領主の同意を得て、そしていくらかの税を払った上で、それを売却することができた。しかし一一四〇年にはすでに《封の優先買取権《ルトレ・フェオダル》》の行使についての言及がみられる。領主は、もはや《封の優先買取権》と呼ばれる先買権にたよることでしか、購入者にとりかわることができなかったのである。

---

(1) François Louis Ganshof, *Qu'est-ce que la féodalité?*, S.A., Brussels, 1944, 森岡敬一郎訳『封建制度』慶應通信、一九六八年のこと。

参考文献
Robert Boutruche, *Seigneurie et féodalité*, tom.2, Aubier, Paris, 1970.
Robert Fossier, *Enfance de l'Europe*, Nouvelle Clio, P.U.F., Paris, 1982.
Jean-Pierre Poly et Eric Bournazel, *La mutation féodale*, Nouvelle Clio, P.U.F., Paris, 1980.
⇨**〔自由地〕〔誠実〕〔封建制〕〔オマージュ〕〔系族〕〔貴族身分〕〔家臣制〕**

法　Droit

たとえ中世社会を律する諸規定が徐々にしか定着せず、またその諸規定が不明瞭で、いつも尊重されていたわけでは決してなかったにせよ、この社会は、法や掟への信奉を明言してやむことはなかった。とはいえ、これら諸規定の性格と適用範囲はおのずと限定されていた。世俗の領域を律する規定と、教会の規定、すなわち教会法に属する規定に分かれていたのである。全体として、法というものが、神の定めた秩序のなかに人間社会をはめこむための一手段と感じとられていたであろうことは否めない。トマス・アクィナスもそのように解釈している。いずれにせよ、法は、中世の政治思想に根本的な役目をはたしたのである。

世俗法は、時代と場所により、その時とその場の政治思想の流れにより、さまざまな様相をおびる。十世紀には、こうした法の多様性が、裁判*の実施を多少困難なものにしていた。ゲルマン法とローマ法が、教会法と世俗法が、成文法と慣習法*が、併存し、混淆していたのである。領主の慣習法と都市の慣習法の相違もそれに加わる。十一世紀までは慣習法が、すなわち法規へと昇格した過去の行為の記憶が、広く用いられている。十一世紀末からは、二つの異なった法的領域が世俗法のなかに登場する。慣習法とローマ法である。

ローマ法は、ビザンツ皇帝によって六世紀に編纂された『ユスティニアヌス法典』[1]の発見により、忘却の淵から脱していた。イタリアの注釈者たちはこの法典の研究に努め、イルネリウス[2]はボローニャにどこよりも優れた法学校を設立する。十三世紀前半には、フランシスクス・アックルシウス[3]によって編纂された注釈（定義）が《標準注釈書》となる。しかし十二世紀末には、すでにこの学校は外国にまで枝を伸ばしていた。プラケンティヌス[4]はこの注釈者たちの方法をモンペリエに導入し、ヴァカリウス[5]は『ユスティニアヌス法典』の要約をオックスフォードで書いた。十二世紀以降、その国や地方にローマ法を受け入れるか否かは政治姿勢の問題となり、君主にとっては、臣下を自分のまわりに結集させたり、隣国と一線を画したりするための手段となった。イギリスでの反応ははげしい敵意に満ちていた。それは、ローマ法とは対照的なものとみなされている『コモン・ロー』[6]の側からの反応であった。にもかかわらず、その編者ブラクトン[7]のローマ法からの借用は、けっして訴訟手続の規定だけにはとどまっていない。それでもなお、普通法である国法は、ローマ法と対立していた。フィリップ尊厳王《オーギュスト》のローマ法に対する不信も、この対立を際立たせる。彼は、ローマ法の普及が、ドイツ皇帝の世界的覇権の要求の支えとなることを懸念しているのである。そして一二一九年、パリ大学では、ローマ法の教授が禁じられることになる。それでも、南フランスやオルレアンでの法律学校の増加は、依然止んでいない。ついで一二五一年、フランス国王は王令《オルドナンス》を発布することで、みずからの法的な優越性をはっきりと表明する。この王令は、王国が、大西洋とレマン湖畔のジェクスを結ぶ線にそって、慣習法地域と成文法地域という二つの異なる法的地域に分割されていたことを明示するのである。それでもやはりローマ法が普及したため、フランスの法律家たちは、慣習法そのものを成文化することで、洗練しなければならなかった。十三世紀には、各地方や各国の学説と慣習法集が増加する。他方、ドイツでは、フリードリヒ二世の帝国法典は存続しない。中世末期のドイツにおいて国法同然の存在になっていたのは、ローマ法なのである。

教会法は、その権威をそのまま保ちつづける。この法は、結婚や血族関係のような個々人の私生活に関する諸規定を定める。そしてまた、聖職者の生活を組織立てつづける。しかし、何よりも世俗の法律家たちが、この法から非常に大きな影響を受けていく。

（1） 皇帝ユスティニアヌス一世がトリボニアヌスらに命じて編纂させたローマ法の集成。ハドリアヌス帝以後に発布された皇帝立法を組織的に収集、整理したものである。

（2） Irnerius(v.1055-v.1130) はイタリアの法学者でボローニャの教師。ローマ法の『学説彙纂』の学問的再発見によってローマ法研究を復活させ、その学校の名を高めた。

（3） Franciscus Accursius(1182-1260) はボローニャ大学の法学教授。イルネリウス以降百五十年間の注釈を編纂し、それに彼自身が注釈を加えた『標準注釈書』を著した。

（4） Placentinus(v.1120-1192)はボローニャ大学で法学を講じたあと、モンペリエに法学校を創立し、フランスにボローニャ学派の法学を導入した。

（5） Vacarius(?-1159) はボローニャの法学者で、カンタベリー大司教テオバルドに招かれてイギリスに渡り、カンタベリーとオックスフォードで法学を教えた。

（6） イギリスの法律家が教会法用語から借用した言葉で、制定法ではなく、裁判での判例をもとにした慣習法を意味した。

（7） Branton(?-1268) はイギリスの聖職者で裁判官。国王裁判所の訴訟記録をもとに、中世コモン・ローの集成といわれる『イギリス王国の法律と習慣』を著した。

参考文献

Bernard Guenée, *L'Occident aux XIVe et XVe siècles*, Nouvelle Clio, P.U.F., Paris, 1981.
Marguerite Boulet-Sautel, dans *La France médiévale*, sous la direction de Jean Favier, Fayard, Paris, 1983.

⇨〔**慣習法**〕〔**国家**〕

封建社会　Société féodale

いくつかの問題点（貴族身分*と騎士身分*の起源、農奴身分*の問題）に関してはすでに超越されてしまったとはいえ、一九三九年に出版されたマルク・ブロック*の著作『封建社会』は、著者の独創的な着想、先駆的な視点、幅広い理解に支えられ、いまだに広く規範とされている。

封建社会を、彼はさまざまな従属の絆《きずな》にもとづいて定義する。たとえば、人と人（主君と臣下）の絆、土地領主権の枠のなかで領主と農民を結びつける絆、それらとはまた違う、とくに裁判や平和機構を介して≪中央権力≫（王権、帝権）とまわりの国土とを結びつける絆などにもとづいてである。

こうしたテーマの生みの親であるこの著作は、親族の絆の領域に、≪封建≫関係における系族*の役割という研究領域に、あえて踏み込んだ。そして心性《マンタリテ》に、より正確にはマルク・ブロックがこの著作のなかで≪心の雰囲気≫と呼んでいるものに、特別重要な地位をあたえた。それは、彼にとって社会史と切り離すことのできないものであった。マルク・ブロックは、マルクス主義の影響を受けていたであろうか。ジャン＝クロード・シュミットは、効力は目立たないものであるとはしながらも、その影響を認めている。それを物語るのが、封建社会を紹介するために選ばれた筋立てであり、領主《階級》《クラス》（マルク・ブロックはこの言葉の使用を少しも嫌がらなかった）にあたえられた定義であり、領主たちの活動を搾取であるとするその性格づけである。《畑が、またより例外的ではあるが、商店や工房が貴族たちを富ませたとしても、それはいつも他の人々の労働のおかげである》と述べているのである。
　この著作は、法学、文学、社会学、言語学などと呼ばれる数多くの学問を用いることで、《新しい歴史学》の先駆となったのである。

参考文献

Marc Bloch, *La Société féodale*, Albin Michel, Paris, 1939-1968. 新村猛他訳『封建社会』全二巻、みすず書房、一九七三年、一九七七年。

Jean-Claude Schmitt, 《Marc Bloch》, dans *Dictionnaire de la Nouvelle Histoire*, dir. Jacques Le Goff, Roger Chartier, Retz, Paris, 1978.

⇩**〔マルク・ブロック〕〔貴族身分〕〔系族〕〔農奴身分〕〔封建制〕**

封建制（封建主義）　Féodalité (Féodalisme)

（歴史叙述と定義）

　他の諸概念と同様、封建制という概念は、中世よりずっとあとの時代の産物である。さらに言うなら、よくわからない時代の言葉の基礎を据えるのに貢献した数世紀（十六世紀から十九世紀にかけて）が、この言葉をめぐる諸概念の混乱にも相当関与しているのである。たとえばフランス革命は、一八七九年八月四日の夜に封建的諸特権の廃止を宣言することで、十八世紀にすでに存在していたある混乱を長びかせるのに貢献する。その混乱とは、革命が攻撃した農村領主制や、その制度が農民に課していた諸賦課と、狭義での封建制、すなわち家臣関係との混同である。
　ニューヨークのブルックリン・カレッジのエリザベス・ブラウンらの研究者たちは、十六世紀から十九世紀にかけて用いられている封建制という言葉の研究を試みた。また、ロベール・ブートルシュのような歴史家たちは、封建制に関する歴史叙述の起源を探究した。
　封建制という言葉そのものは、十七世紀に誕生している。

その言葉はイギリスの法律家によって、封*にまつわる制度、それだけを指し示すために用いられている。家臣関係の制度については、そこでは一切触れられていない。この時代にはもう廃れてしまっていたからである。十八世紀、政治思想家たち、なかでもモンテスキューは、封建制《フェオダリテ》という言葉を、王政《ロワイヨテ》と対比させて用いている。そこには軽蔑的な意味が、すなわち無秩序《アナルシー》の意味がこめられていた。こうした観点は、ヒュームやアダム・スミスにも共通している。

十九世紀の歴史家たち、なかでもギゾー、ミシュレ、フュステル・ド・クーランジュ[1]は、領主たちを結びつけていた個人的な絆《きずな》を強調する。ギゾーがとくに強調しているのは、領主と農民の関係である。彼にとってこの関係は、《統治権と所有権の融合物》なのである。

封建制の解釈は、マルクス主義の登場とともに非常に大きな広がりをもつようになる。そこではもはや、十九世紀の他の歴史家たちが提示したような一つの統治形態は問題とされず、生産様式が、生産関係のシステム(階級間での)が問題とされ、それが奴隷制と資本主義を結ぶ歴史的発展のなかに位置づけられていくのである。マルクス主義の歴史家たちは、さらに、封建制《フェオダリテ》よりも封建主義《フェオダリズム》について語ることの方を好む。マルクスによれば、封建経済を特徴づけているのは、農民の独立した小経営地と組み合わされた、土地に対する封建領主の所有権である。それゆえ封建主義の結果の一つは、農村の土地所有のより民主的なシステムの登場であった。またもう一つの特徴に、しだいに増大してくる農民の自由がある。彼らは、個人的従属の絆《きずな》から徐々に解放されると同時に、昔ながらの封建的な諸制度が彼らにあたえてきた生存保証をすべて失うことになる。それによって、資本主義への移行が可能になったのである。

封建制という言葉の誕生時における誤解と、そのあとにつづく誤用は、この言葉の濫用を助長することになった。封建主義は、中世の生活様式や思考様式を一括する言葉となり、フランスのアンシアン・レジームに適用され、ヨーロッパ以外の地域にまで適用されるようになる。日本の封建制もその一例である。

その結果、封建主義や封建制という概念は、二十世紀の歴史家たちのあいだに格好の論争の場を提供することになった。そして、十九世紀の歴史家たちには自由にできなかったさまざまな方法を用いることで、真の封建制の定義が試みられるようになる。

一九四四年、フランソワ・ルイ・ガンスホーフは、書物の題名の形で問題を提起する。『封建制とは何か』がそれである。このことが、封建制の概念を定義することのむずかしさを示している。彼自身も、けっしてこの困難から逃れることができなかったのである。一九八二年には、ロベール・フォシエが、ある総合的作品のなかで、少々挑発的とも感じとれる調子で《封建制など存在しない》と書いている。二十世紀の歴史家たちも、この概念の定義に関してはたがいに対立しつづけている。過去も現在も、彼ら全員が同じことについて述べているわけではない。しかしながら、せめて彼らを隔てているものを分類してみることはできないであろうか。そしてさらに、その立場を比較してみることはできないであろうか。

まず最初の分類のなかに、封建制に狭い意味、すなわち《法的》意味しかあたえようとしない歴史家たちが組み入れられる。その意味するところは、主君と家臣の二人の人間を結びつける従属の絆である。その関係は、相互的義務の確認や財産の譲渡とひきかえに、一定の儀式が完了したのちに生じる。これは、かつてガンスホーフが採用した定義である。そして彼は、このタイプの社会を封建社会《ソシエテ・フェオダル》と命名する。なぜなら、そこでもっとも目立つ単位が、封だったからである。ロベール・ブートルシュもこの立場をとる。彼は、《封なくして、またある特殊な性格をもつ個人的な絆にもとづく社会的、政治的な機構なくして、封建体制《レジーム・フェオダル》はありえない》と言うのである。

事実、ロベール・ブートルシュは、領地と封土を区別するためにこの定義を採用する。ロベール・フォシエもまた、《封建制》という言葉を《厳密に法的な意味》において用いることに固執する。封建制など存在しないという彼の断言も、この狭く限定された概念を用いた研究によって導き出されたものなのである。というのも封建制は、ひとつではなくいくつかの形態をとっているし、それにくわえヨーロッパは、地方ごとに《例外の森》に覆われているからである。彼によれば、とくに狭義での《封建制》は、《西欧中世のほんの表面》にしか関係していなかったのである。そして、厳密に論証されたこの見解は、それまでの歴史記述が立脚していた見地を変化させることになる。

もう一つの分類に組み入れられる歴史家たちは、反対に、封建制の本質を領主制*のなかに位置づける。まずはジョルジュ・デュビィ*であるが、彼はつぎのように断言している。《封建制は、三身分の図式が描き出そうとする社会身分のヒエラルキーであるだけではない。それは同時に、そしてまず何よりも、領主制なのである。》ペリー・アンダーソンは、封建制を《封建的生産様式》の角度から分析している。またギー・ボワは、『封建主義の危機』のなかで、《社会経済的な制度ないしは生産様式の実在》を仮定し、封建主義の諸法則を研究している。その結果、封建主義は次のように定義されることになる。すなわち、《小規模生産（経営規模が小さく、所有権もない）のヘゲモニーと、政治的秩序の強制によって保証された領主的搾取≫であると。

マルク・ブロック*は、『封建社会*』のなかで、封建制の問題を二つの角度から検討した。その一つは、彼が≪人と人の絆≫と呼ぶものであり、またもう一つは、領主制、すなわち彼が≪下層の諸階級における従属の絆≫と呼ぶものである。実際、封建制の定義において問われなければならないのは、封土と領地の区別をどのように説明するか、ということである。なぜなら、封を価値あるものに変えるのは土地であり、土地のもたらすありとあらゆる種類の収入だからである。そして、そのことの論証は、いまだに価値をもっている。たとえ封が、おそらくは、この社会のごく一部分にしか関係していなかったであろうともである。

（1） Fustel de Coulanges(1830-1889)はフランスの歴史家。ミシュレらのロマン主義的歴史観を排し、事実にもとづく客観的方法をとった。『古代フランス政治制度史』などの著作がある。

参考文献

Guy Bois,*La Crise du féodalisme*,FNSP,Paris,1976.
Georges Duby,*Guerriers et Paysans*,Gallimard,Paris,1973.
Robert Fossier,*Enfance de l'Europe*,Nouvelle Clio,P.U.F.,Paris, 1982.
Perry Anderson,*Les passages de l'antiquité au féodalisme*, Maspéro,Paris,1977.
Jacque Le Goff,*La civilisation de l'Occident médiéval*,Arthaud, Paris,1984.
Alain Guerreau,*Le féodalisme:Un horizon théorique*, Le Sycomore,Paris,1980.

⇨〔封〕〔家臣制〕〔封建社会〕

暴力　Violence

中世における暴力の歴史は、まだ書かれたことがない。しかし、中世を平凡で甘ったるい時代に変えてしまいがちな歴史文学もどきが急増している今日、逸話や紋切り型の表現に陥ることなしに、日頃さまざまな形であらゆる社会階層に猛威をふるった暴力というものを、経済的、政治的背景に結びついたその爆発ともども、あらためて思いおこしてみるのもむだではないであろう。

力への信仰が貴族階級*に流行する。報復《ヴァンジャンス》や復讐《ヴァンデッタ》は私闘をひきおこす。年代記の物語には血なまぐさい内容がつまっている。それは、懲罰の執行権を専有する領主たちの、その神明審判や決闘審判などを避けようとしない法廷の、その血への嗜好を物語る。たとえその執行が宣告されることは非常にまれであったとしても、また、本当に課せられたかどうかわからない残酷な刑罰は考慮に入れなくてもである。暴力は、平和時においてさえ、その行使の機会を失った戦士階級のストレス解消に役立つ。十一、十二世紀には、騎馬試合*という枠のなかで、このストレス解消が行なわれる。他方、激しく競われることが多いボールゲームも、がっちり《枠にはめられた》社会では、たぶんそのはけ口となったであろう。

　より問題なのは、経済が不安定なときである。暴力はそのとき激化する。中世の初頭から十一世紀までにかけて、領主間や都市住民間での戦争は絶えることがない。その戦いは略奪や誘拐をともなう。こうした略奪のくりかえしは、貴族階級を富ませたにちがいないし、資本蓄積の一形態をなしたにちがいない。ジョルジュ・デュビィはこのことの重要性を強調し、ヨーロッパ経済の再活性化もそれによって可能になったのではないか、と問いかけている。

　中世末期、百年戦争の最中に略奪は再発する。自分の土地からの収入の激減と領主制の危機*とによって没落した土地領主たちは、今度はほかの手段によって富を入手しなければならない。そのため、戦時には捕虜をとらえて身代金をとりたて、小康時には都市や農村の略奪を、都市住民や農民からの略奪を行なうのである。

　さまざまな農民運動での暴力もあなどりがたい。それは、社会の周縁にいる人々が犠牲となる経済不安に結びついた千年王国運動(1)や民衆十字軍、またジャックリーの乱*のような中世末期の抵抗運動として噴出する。とはいえこうした運動は、貴族たちが行使した暴力の諸形態とくらべれば、まだたかが知れている。

---

(1) 千年至福説にもとづく、民衆たちの社会に対するさまざまな異議申し立て運動。〔千年至福説〕の項目を参照のこと。

⇩**〔ジャックリーの乱〕〔学生〕〔戦争〕〔騎馬試合〕〔ユダヤ人〕〔千年至福説〕**

マルク・ブロック　Marc Bloch

この人物は、そしてこの歴史家は、中世史に、そして歴史学に、はかり知れないほど大きな影響をあたえた。有名文化人《マンダラン》ではなく、ただの大学人であったこの人物は、非常に素朴で、高潔で、誠実で、また格別に勇敢なイメージを残したのである。

自分の時代に対するたいへんな炯眼の持ち主であったマルク・ブロックは、一九三八年から一九三九年にかけ、ヒットラー独裁に直面した民主主義の脆弱さを鋭敏に感じとった数少ない知識人の一人であった。左翼人であったにもかかわらず、その趨勢に反して、彼は平和主義者ではなかった。根本的に反ナチであった彼は、そのイデオロギーを絶対的な悪と考えるようになる。そのために、反ユダヤ主義さえ、ナチ独裁というはるかに広範で重大な問題の一側面にすぎないと考えたのである。ユダヤ人であるがユダヤ教徒ではなかった彼も、ヴィシー政権[1]のもとでは、自分がユダヤ人であることを痛切に感じとる。

ジャック・ル＝ゴフは、『奇跡を行なう王』の新版のために書きおろした序文のなかで、《彼に英雄的な態度をもたらしたのは、その理想である》と述べている。自由フランス[2]にいちはやく志願したマルク・ブロックは、ロンドンの第四部（兵站部）に所属する。彼は、レジスタンスのために途方もない危険を冒したが、この運動が理想的なものであるとは決して思っていなかった。少々失望した彼は、即興的な書き物で自分の見地からの批判を行なったが、けっして酷評ではない。一九四四年、ゲシュタポによる拷問ののち、銃殺された。五十七歳であった。

その死後四〇年以上たった今日でも、この学者に寄せられつづける称讃の声は少しも衰えていない。それは、彼の著作が、他に類を見ないほど革新的だったからである。一九二四年にストラスブールで初版が出版された『奇跡を行なう王』は、祭儀よりもむしろ奇跡の歴史を、奇跡への信仰の歴史をたどる、《全体史《イストワール・トタル》》の書となっている（ジャック・ル＝ゴフ）。マルク・ブロックは、超自然的で聖なる人物であるこの国王たちを研究し、治癒者としての能力（約束は守らねばならないので、その力は限られていた）、すなわち瘰癧[原注1]を癒すその能力を研究することで、心性《マンタリテ》の歴史を、フランスにおける医療の歴史を、歴史人類学（彼はその創始者であった）を、比較史を、そして政治史を研究する機会をえたのである。それは《歴史的政治人類学》となっていく研究の先駆けともなった。

一九三一年にオスローで出版された『フランス農村史の基本的性格』も、あらゆる点において革新的であった。土地景観や農具、また長い時間をかけて刻まれた土地所有形態や家族形態を対象とした彼の分析は、農村や農業の問題の研究に決定的な発展をもたらした。一九三九年に出版された『封建社会』における彼の総合は、ときに乗り越えられたことが確認されるにせよ、まだまだ充分に価値を保っている。その総合は、この歴史家が、人間たちを、そして集団の心理を重視したことを証言しており（彼の第一次世界大戦での記憶がこうした観察に深く結びついている)、彼の理解力がいかに幅広いものであったかを証言している。
　一九二九年、彼は、リュシアン・フェーヴルとともに雑誌《アナール》(3)を創刊し、そこにかずかずの問題を提起し、さまざまな研究方向を提案した。彼は、そうすることで歴史学の方法を刷新しようとしたのであり、そして、のちに《新しい歴史学》と呼ばれるようになる歴史学の創始者となったのである。

原注(1)　結核菌によるリンパ節の炎症。

(1)　第二次大戦中のフランスで、一九四〇年のドイツとの休戦条約締結後、ペタン元帥を首班としてヴィシーにおかれたドイツに協力的な立場をとった政府。
(2)　第二次大戦の緒戦における敗北後、ロンドンに逃れたドゴール将軍が結成したフランス解放をめざす組織。国内のレジスタンスや植民地の勢力と協力して解放運動をすすめ、ノルマンディー上陸後は臨時政府の中心勢力となった。
(3)　それまでの伝統的歴史学の革新をめざして、ストラスブールにおいて二人が創刊した雑誌『経済社会史年報』のこと。そのタイトルは戦後、『アナール――経済・社会・文明』に改められた。

参考文献
* Marc Bloch,*Les rois thaumaturges*,nouvelle édition,Gallimard,Paris,1983.
* Marc Bloch,*Les caractères originaux de l'histoire rurale française*,H.Ashehog, Oslo,1931.河野健二他訳『フランス農村史の基本的性格』創文社、一九五九年。
* Marc Bloch,*La Société féodale*,Albin Michel,Paris,1939-1968.新村猛他訳『封建社会』全二巻、みすず書房、一九七三年、一九七七年。

⇩**〔封建社会〕**

マンス　Manse(Mence)

そもそもマンスとは、屋敷地(留まる場所《マネール》、すなわち住む場所)、およびそれに隣接する小地片を指す言葉であり、これらが主《シェフ》マンスを構成する。そこに、さまざまな付属物、たとえば輪作に付される耕地、未開地や森林や他人の休耕地の用益権などがつけ加わる。主マンスとその付属物は、大《ラージュ》マンスを構成する。またマンスは、自由人《リーブル》マンスと、重い賦役を負わされた上により小規模であることの多い奴隷《セルヴィル》マンスと、ゲルマン法にある解放奴隷のリドゥス・マンスとに分類される。これらのマンスの存在が確認されているのは、七世紀以降のロワール・ライン川間、また十一世紀のプロヴァンス地方とオーヴェルニュ地方においてである。またメーヌなど他の諸地方においても、その存在は疑いえない。

より一般的には、マンスとは、一つの農地、一家族の能力と需要に見合う経営単位を意味する。しかし各マンスは、最近の試算によれば、現実には均等でもなかったし、家族規模に比例してもいなかった。マンスの規模は、その家族の勢力や富に応じて、ピンからキリまでさまざまだったのである。

農民のマンスが領主の支配下におかれていたのに対し、領主直領地は、しばしば非支配《インドミネ》マンスないしは直領地《インドミニカートウス》マンスと呼ばれている。このマンスは、建物、中庭、庭園、そして可耕地、放牧地、森林、その他の付属物から構成されている。非常に広大であったこのマンスは、大農場を形成しており、そこでは奴隷*のように強制動員され、一定の賦役分担を負わされた農奴たちが耕作を行なうのである。

マンス保有農たちには賦役労働が重くのしかかっている。《自由な》と呼ばれたマンスの保有農たちにさえ年に数週間の労役が義務づけられており、収穫、草刈り、犂耕などの農繁期の作業に参加しなければならない。奴隷マンスについては、その保有農たちに、一年をつうじて週に二日から三日、ときには四日にもおよぶ労役が義務づけられ、さらには農道の保守、薪や堆肥などの運搬までも課せられていた。そのため、より賦課の軽い自由人マンスは、奴隷マンスの二倍以上の規模をもちえたのである。他方、マンスの面積は地方によっても非常に異なる。土地の肥沃さ、家族の規模、入植の状況によって、さまざまなのである。

中世初期には大家族が一〇ヘクタール以上のマンスを所有しているが、やがて小家族がより縮小したマンスを所有するようになる。しかしながら土地空間が充分あるあいだは、その面積は保たれていく。十三、十四世紀、人口が満杯状態になると、マンスは細分化されるようになる。二分の一マンス、四分の一マンス、八分の一マンス、そしてついには小地片が、賦課租*を課す基準になっていくのである。

中世末期、賦役は多くの地方で減少する。領主直領地は、分割されたり、賃金労働者たちによって耕作されるようになる。そして、一定額、ないしは一定比率の定額の賦課租をともなう貢租地*が増大する。直領地マンスは貢租地へと変化し、人々は現物や労働での貢納を課せられる。彼らは、土地を譲渡された保有農としての個人的従属状態のもとから、地代の支払いとひきかえに他人の所有する土地を賃借する、自営農の立場へと移っていく。人々は、支配される関係や、武器や地位のもたらした権力の不平等な配分にもとづく貢納の不当徴収関係から脱出し、所有権の不平等な配分にもとづく《商業的》搾取関係に移行するのである。

参考文献
Georges Duby, *L'Economie rurale et la vie des campagnes des l'Occident médieval*,Montagne,Paris,1962.
Histoire de la France rurale,tom.1,Seuil,Paris,1975.
Marc Bloch, *Les caractères originaux de l'Histoire rurale française*,A.Colin,Paris,1931-1964. 河野健二、飯沼二郎訳『フランス農村史の基本的性格』創文社、一九五四年。
⇩〔貢租〕〔農業〕

民衆文化　Culture populaire

文化は、中世においては、長いあいだ民衆階層以外の人々のものであった。一番最初に文化を所有していたのは、もちろん聖職者たちである。読み書きができ、何らかの知的装備を有しているのは、彼らだけである。中世初期以来、聖職者たちは、文化をほとんど独占していたのである。

十一世紀以降、文字文化は、しだいに貴族階級と接触をもつようになる。この階級の教養人は、まず最初に、古代作家をまねて作った詩や年代記をラテン語の文面にしたためる。つぎに、ジョングルールが歌い、演じ、広める俗語によるさまざま詩が、なかでもとくに武勲詩*が、彼ら自身の手で書かれるようになる。けれどもそれらは、大声で朗読されるための韻律によっている。世俗の文化は、書かれるよりも話されるものとして出発したのである。

民衆的な説話に関しては、中世ほど数多くの作品を生み出した時代はないと考える歴史家もいるが、その断片しか残っていないため、その詳細を知ることは容易でない。われわれの手元にあるのは、のちの時代に書かれたものだけである。そのほかにも史料としては、聖人伝、図像、彫刻などが残されている。

民衆文化の最古の基盤は、民俗《フォルクロール》の領域に属している。そのため歴史家たちや民族学者たちは、この文化の伝統をより奥深いところに位置づける。民衆文化の最古の層は、異教の上に形成され、さらにその上にキリスト教が積み重なった。キリスト教は、異教の構造に忍び込みながら、それを制圧し、消滅させようとしたのである。ついに達成されることはなかったとしてもである。

異教の信心業は、若者が初めてひげを剃るときの祈りや、大人の仲間入りをするときの祝いなどに、その痕跡をとどめている。女性の妊娠の有無を焼きごてを使って判定するのも、その痕跡の一つだと言われている。自然の力の懐柔を試みるため、魔術と宗教はたがいに混じり合うのである。数多聖人伝も、異教的役割を担っているように思われる。

くの聖人たちへの崇敬と同様に、さまざまな祝典も《民俗化》されている。教会は、民間伝承が伝える説明に遭遇すると、それに対してキリスト教的な解釈を提示するよう努める。ジャック・ル＝ゴフは、聖マルセル(1)のドラゴンの例をつうじ、そのことを指摘している。また同じことは、聖ゲオルギウス(2)や聖ミカエル(3)の伝記のなかにも見いだされる。民間伝承でのドラゴンは、贖罪のいけにえを捧げねばならない神の被創物であるとされていたのに、教会*は、ドラゴンを悪魔と同一視したのである。説話の多くも、ドラゴンを財宝の守り手として描いている。

メルラン・ランシャントゥール(4)や妖精たちも、民間伝承に属している。《母親的、草分的》（ジャック・ル＝ゴフ）存在である妖精メリュジーヌ(5)の物語は、フランス中に（サヴォア、ドーフィネ、オーヴェルニュ、ブルターニュの各地方）くまなく普及した。

民間伝承は、それを伝え広める説話の作家たちに仲介された、知識の泉であった。というのも、炉端での食後の団欒のひととき、この作家たちが一種の教育を行なったからである。こうした物語には、繰り返し、決まり文句、前置きと結び、話の個性化などがつきものであったが、そのことが評判をとりやすくし、また伝播しやすくしたのである。叙事詩も同じような発展を経験した。ロラン伝説も、他の武勲詩と同様、民間伝承的な基盤をもっている。こうした武勲詩はやがて貴族文化に吸収されてしまうが、それは少しも意外なことではない。騎士たちはそこに、聖職者の文化から逃れる方法を見いだし、やがて彼ら独自の文化を形成していったのである（ジャック・ル＝ゴフ）。それでもなお、教会は、《キリスト教的超自然》を押しつけることで、武勲詩をキリスト教化していく。すなわち、英雄たちの死に際して、ガブリエルやミカエルといった大天使が救援に駆けつけるのである。しかし、ただそれだけのことである。キリスト教は《あの世へのパスポート》でしかなかったのである。

都市には、民衆文化が花開くのに絶好の場所があった。公共広場である。ジョングルールや猿まわしもここから生まれた。ジョングルールたちは、あるときは時事問題の解説者に、またあるときは風刺歌謡《シャンソニエ》作家に姿を変えた。一二五九年、イギリス国王とフランス国王がノルマンディー問題を解決するための条約を締結した直後、あるジョングルールがイギリス国王を嘲笑した風刺詩を歌っているのもその一例である。このエピソードは、エティエンヌ・ボワローの『同業組合の書《リーブル・ド・メティエ》』に記されている。ニュースは、この広場から町中へ、また農村へと広まったのであろう。日常生活でのあらゆる出来事は、しばしばここで話され、もしくは≪公共広場に届けられた≫のである。都市はまた、演劇復活の芽をも育んでいく。最初は教会や典礼を舞台としていた演劇は、やがて公共広場で、俗語で演じられるようになっていく。

（1） St.Marcel は五世紀のパリ司教で、当時パリの人々を苦しめていたドラゴンを、十字架を使って退治したという伝説がある。
（2） St.Georgius は四世紀はじめに殉教したローマ軍人であるが、伝説上では、カッパドキアの貴族出身の軍人で、リビアを荒らしていたドラゴンを退治したとされている。
（3） St.Michael は大天使の一人で、『ヨハネの黙示録』のなかで、災いの象徴であるドラゴンを退治することになっている。
（4） Merlin l'Enchanteur は、ケルト神話から素材を得たブルターニュ物と呼ばれる多数の物語のなかで活躍する魔法使い。アーサー王の誕生にも深くかかわっている。
（5） Mélusine は伝説上の妖精で、フォレーズ伯の嗣子レモンの妻となったが、ある過ちのせいで、土曜日ごとに蛇に変身してしまう。〔妖精〕の項目を参照のこと。

参考文献

Histoire de l'éducation en France,tom.1,Promodis,Paris,1981.
Histoire de la France urbaine,tom.2,Seuil,Paris,1980.
Jacque Le Goff,*Pour un autre Moyen Age*,Gallimard,Paris,1977.
La culture populaire au Moyen Age,éd.Pietro Boglioni,Montréal,1979.

⇩**〔文盲〕〔武勲詩〕〔教会〕**

モンタイユー　Montaillou

十四世紀のアリエージュ川上流域の三〇〇人の住民は、エマニュエル・ル＝ロワ＝ラデュリと、彼がこの本を書くために用いた史料のおかげで、絶大な名声と永遠の生命を獲得した。その史料とは、パミエ司教ジャック・フルニエ*の作成した異端審問*法廷の尋問調書である。そこには、異端（カタリ派*）の被疑者たちであれ、証人として召喚された者たちであれ、その行為行動のすべてが、ほとんど偏執的とも思える詳細さで記録されている。いずれも似たり寄ったりの内容（ある供述は三〇回もくりかえされている）であるこうした口頭での供述を用いながらも、それをさまざまな角度から分析することにより、エマニュエル・ル＝ロワ＝ラデュリは、裁判下にある、山間に孤立したこの村の生活をよみがえらせる。国王の権威からもフォワ伯の権威からも遠く隔たっていたため、この村の相対的自由は、司教への賦課租*の支払いを除いて、ほとんど損なわれていない。

この村は、家屋や住民たちの様子、彼らの日々の仕事、そこでの出来事などが再現されていくにつれ、生きかえる。

12世紀後半、結婚の贈り物である小箱の表に描かれたテンペラ画。婦人に言い寄ろうとする聖職者が登場する。カタルニア地方の画家の手になると思われる。ヴァンヌ大聖堂蔵。

それは≪モンタイユーの生態学《エコロジー》≫である。またこの村は、その≪社会構造≫、心性《マンタリテ》、仕種、神話などをつうじて復元される。それは≪モンタイユーの考古学《アルケオロジー》≫である。村人たちは、生身の人間として今によみがえる。たとえば、主任司祭は村一番の有力者、好色漢、ドン・ファンで、カタリ派《カタリズム》信仰に染まり、一族郎党の長だったことがわかる。村人たちは、不潔だが、愛情深い。炉端や家内でのシラミ取りもその一つの表現である。職人、百姓、羊飼いなど、村人たちの労働も復元される。羊飼いは羊に子を生ませ、家畜たちの世話をし、チーズを製造する。そして何より人々の人物像を浮かび上がらせるのは、その人の恋愛や、その人の属す社会階層の口承文化である。

住民たちの、とりわけ二五人の被告たちの語る話は、女性や若者のおかれていた状況、家族の役割、結婚やリビドーの位置、幼年期の感情などの分析を、この歴史家に可能にする。書物をもたない村人たちの文化は、彼らの民間伝承のなかからよみがえる。人類学的意味での文化、すなわち、時間と空間の概念、昼と夜の知覚、自然と運命、魔術と救済についての感覚、あの世と死への親近感などがよみがえるのである。異教的伝統とキリスト教的伝統がもっとも結び合うのは、こうした場においてである。

モンタイユーのカタリ派信仰は、独自で特異な姿をとる。

それは、救いのための信仰に、すなわち諸聖人や聖母マリアへの崇敬に依存する非常に古風なカトリシズムに結ばれていた。事実、在地のカタリ派信仰には、この二つの信仰が混じり合っていた。モンタイユーの住民たちが実践していたこの信仰は、とにかく単純化された姿で浮かび上がるのである。

参考文献

Emmanuel Le Roy Ladurie, *Montaillou, village occitan*, Gallimard,Paris,1982(nouvelleédition).井上幸治他訳『モンタイユー（上）』刀水書房、一九九〇年。

⇨**〔村落〕〔子供〕〔信心〕〔系族〕〔カタリ派〕〔異端審問〕〔死〕**

文盲　Analphabetisme

中世全体をつうじて、またそれをすぎても、当然ながら文盲は世の常でありつづける。人々の識字化《アルファベティザシオン》が、社会階級*ごとに違った速度で進行したとしてもである。

教養のあるなしの差は、ラテン語の読み書きができるかどうかにかかっている。ラテン語は唯一の教育用言語であり、文字コミュニケーション用言語である。ロマンス語と呼ばれる諸言語は口頭で話されただけであり、法的文書や物語のすべてはラテン語によって書かれたのである。そこに土地の言葉がまぎれ込んでいるとすれば、それは筆者の教養が充分でない証拠である。とはいえ例外もある。それはイギリスである。そこでは、ノルマン・コンケスト(1)のあと、はじめて体系的にラテン語が用いられるようになる。しかも、一二〇〇年ころにはもう俗語による出版物があらわれてくるのである。

教養人の大部分は聖職者であり、大諸侯や国王や皇帝は、公的生活にまつわる文書を作成するために、彼らをそばにおく必要があった。中世初期をつうじて、≪大貴族《グラン》≫さえその大半が文盲であっただけに、こうした聖職者たちの役割はいっそう重要であった。オットー大帝が読むことを習ったのは三十歳のときであったし、コンラート二世は≪自分の名を綴れなかった≫のである。他方、≪教育≫を受けた貴族たちもいた。十世紀初頭、アキテーヌ公ギョーム三世(2)は≪子供のころから教育を受け、かなり聖書に通じていた≫し、ロベール敬虔王《ル・ピウ》は、ランスで、ジェルベールから≪神をよく知る国王≫となるべく教育を受けていた。ジェルベールはクリュニー修道会の修道士で、のちにシルヴェステル二世の名で教皇となった人物である。

十二世紀以後、《学校革命*》が、すなわち学校数の増加と諸都市へのその設置が、どの程度か特定できないにせよ、とにかく文盲を減少させることに貢献する。ギベール・ド・ノジャンによれば、一一〇〇年ころ文法の学習があちこちでさかんとなり、多数の学校をつうじてかなり貧しい人々のあいだにまで普及したという。彼の述べることを信じるなら、村落や城砦ブールのなかにまで学校があったらしい。確認することは困難であるが。

書類が進歩し、流布する写本の数も増加するようになると、人々の識字化を促進するためのよりよい考えも生まれたであろう。とはいえ、写本のうちのどのくらいが本当に読まれたのかを知ることはできない。カロリング朝の写字生たちが草書体を放棄し、明瞭でよく形の整ったカロリング小文字書体を利用するようになってからは、文字を書くことも、そして読むことも、より容易になっていくのである。

しかしながら、十二、十三世紀には書体が多様化する。草書体もあきらかに復活する。国王尚書局《シャンセルリ》は交付する文書にそれらしい立派な書体を用いているし、公証人たちや商人たちも彼ら独自の書体をもっている。

この公証人たちや商人たちは、文盲の減少に決定的な役割を演じた。彼らは職業上の必要から、世俗的で、公立の、独自な学校を設立したのである。そこでの教育は、生徒たちの将来の仕事に見合ったもの、すなわち職業教育であった。

それ以降、社会によって子供たちにあたえられたこうした場所は、それ自体が文盲の減少に決定的な役割を演じる。フランスでは、庶民階層の子供は学校に行かないままである。その点では、都市の貧しい階層さえけっして教育から除外されていなかったイタリアとは異なっている。貴族の子弟たちのなかには、学校で簡単な教育を受ける者もいる。そこで学ばれたのは、詩篇集であり、読み書きの初歩である。また少数ではあるが、社交界での振舞や文学を教える家庭教師の世話になるものもいる。彼らはやがて、教養あるエリートの一員となっていく。

全体的にみて、中世末期までは、文盲がごく一般的であることには変わりない。文字文化や文字教育は、たとえばイタリア商人の職業教育にめだつような《俗語》使用の進展にもかかわらず、一部の者たちの特権でありつづける。しかし、かといって文盲の人が無学だったわけでもない。物語りなどの口承文化や、ときには公衆を前にした朗読や、とりわけ絵画や彫刻やステンド・グラスなどのイメージ*が、彼らの教育に貢献するのである。

(1) イギリスのエドワード懺悔王の歿後、王位継承権を主張するノルマンディー公ギョームが軍勢をともなって海峡をわたり、競争者ハロルドを破ってノルマン朝を開いた一〇六六年の事件。
(2) Guillaume III(?-965) は見事な蔵書をもち、夜おそくまで読書していたという。九六三年、ユーグ・カペーに抵抗して退位した。

参考文献

Marc Bloch,*La société féodale*,Albin Michel,Paris,1939-1968. 新村猛他訳『封建社会』全二巻、一九七三年、一九七七年。
Georges Duby,*Guerriers et paysans*,Gallimard,Paris,1973.
Histoire de l'éducation en France,tom.1,Promodis,Paris,1981.

⇨**〔貴族階級〕〔民衆文化〕〔学校〕〔書物〕〔農民〕〔大学〕〔世俗化〕**

有輪犂（無輪犂） Charrue（Araire）

有輪犂《シャルリュ》は、雌牛、雄牛、馬、ロバ、ラバなどの牽引動物によって駆動された耕作器具である。この犂の起源はキリスト誕生後まもない時代にまでさかのぼるが、その使用が北ヨーロッパ全土で一般化するのは中世においてである。

有輪犂は、古代世界全体に普及していたエジプト起源（紀元前二千年紀）の無輪犂《アレール》とは、形態は似ていても、まったく別の農具なのである。

無輪犂で実際に機能するのは、ただ一つの部位、すなわち犂先《ソック》か棒先《レィユ》だけである。それらは簡単な三角形の切っ先であるが、鉄で補強されていたり、木のままであったりする。この道具が進むにつれ、その犂先が土を切りひらく。犂先の両側には、その切っ先によって引かれた畝すじを広げるため、翼状の木部品がとりつけられていることもある。犂先は、基本的には二つの部分からなる骨組みの上に乗せられている。前部の繋駕用梶棒《ティモン》と、後部の舵取り用ハンドル《マルシュロン》である。

有輪犂は、無輪犂と違って簡単な農具ではなく、三つの基本的な器具、機能部分からなっている。まずは垂直の犂刀《クートゥル》と、水平の犂先《ソック》である。この二つの刃は土を一〇数センチの厚さと幅に細長く切りとる。その土は、斜めに置かれた撥土板《ヴェルソワール》によって傾けられ、さらにはらせん状によじられる。撥土板は、以前からあった畝溝のなかでこの土の帯を反転させる。すなわち有輪犂は、人間が鋤《ベッシュ》をもち、足で支えて力を加え、腕をてこにその柄をひき、腕をまわして反転させながら切り刻まれた土塊を順々にひっくり返していく、それと同じ作業を、犂の前進により《連続》して行なうことを実現するのである。そしてそれは、本当の意味での耕作に深くかかわっている。すなわち、畝溝の底には以前の収穫物の残滓、雑草、事前に散布された家畜小屋の糞尿混じりの寝藁などが犂き込まれ、そうすることで土には入手可能なあらゆる有機物が混入され、その肥沃化がなんなく達成されるのである。また、地面にある草木の根や種も犂き込まれ、耕地には雑草が生えにくくなる。そして、各犂耕によって、土壌の風通しはよくなり、雨水の浸透によってとめどなく流出していく無機物も、数センチ再上昇する。それゆえ犂耕は、農業用地の再生産のための基本作業なのである。そこが雑草の繁るがままになっていても、それさえ、有機物や無機物を豊かにするための効率的な手段だったのである。

　実際の耕作を行なおうとするとき、有輪犂は、無輪犂にくらべ、牽引するのにあまりに《重》すぎる。そのうえ左右が非対称で、大きな撥土板には垂直方向と水平方向に力が働くため、たいへん御しにくく、操りにくい。そのためにこの犂を制御するには、多くの場合、前部に二つの車輪を備えた小さな台車《シャリオ》を必要とする。有輪犂の長柄《アジュ》は、垂直、水平両方向の調節装置を備えたこの台車に支えられている。垂直方向については、長柄を上げたり下げたりすることで、この犂の作業の深さを調節する。水平方向については、その長柄を左か右へ移動することで、前部の車輪の一つがたどる以前の畝すじに対し、犂刃の角度を調節する。もう一つの車輪は休耕地上に乗っている。そして耕作者は、一般的には、この有輪犂を二本のハンドルで《操縦する》のである。

　土壌の軽い場所では、有輪犂に前輪部が欠けている場合がある。また、ブリューゲルの有名な絵画『イカロスの墜落』に描かれているように、前部に小さな車輪を一つだけもち、ハンドルも一本だけの場合もある。その逆に、翼状の部分をもつ重い無輪犂のなかには、前部に二つの車輪を備えているものもある。つまり、この二つの犂の根本的な差はその形態ではない。その機能なのである。左右非対称の有輪犂は、土を切り分け、持ち上げ、裏返して真の耕作を実現するのに対し、無輪犂は、土を反転することなく、掻き均らし、打ち砕くだけで、粗い耕作の実施がせいぜいなのである。それと同様に、古代以来、地中海沿岸地方では、二十世紀までつづいた無輪犂の利用に、《腕による耕作》や、鋤や鍬《ホー》による《深耕《デフォンスマン》》が結合する状況がみられた。しかし、その仕事量はあまりに膨大で、種まき前にその作業を各畑に実施することは不可能であった。この作業は、せいぜい四年から六年に一度しか実施されなかったのである。無輪犂による十字形の耕作は、種まき前だけではなく、種を地中に埋め込むため、その後に行なわれることもあった。こうした耕作方法は、細長い畑でよりも、正方形や、

『ベリー公のいとも豪華なる時禱書』の3月の部分に描かれた有輪犂を引く農民。

それほど長くない長方形の畑での方が実施しやすかった。
　有輪犂は、紀元千年紀の間に、しだいに整備されていったが（真の耕作を行なうために欠かせない部品である撥土板は、六世紀にはじめてその存在が確認されている）、それがヨーロッパ北西部にも普及するのは、十世紀初頭になってからである。有輪犂はこのときはじめて、発展しつつある新しい技術体系のなかにその地位を獲得したであろう。無輪犂は消え去ってしまうが、十二世紀にあらわれる馬鍬《エルス》は、種まき前の地面を完全に掃除し、土塊を砕くために、そしてまた種を地中に埋めるために、使用されつづけていく。すでに常識化している考えとは反対であるが、牽引用動物としての馬の利用が同時代に普及したとしても、それは有輪犂の使用のためにどうしても必要な条件ではない。二十世紀初頭まで、西ヨーロッパ農業における主要な牽引力は、ロバとラバを別とすれば、三つか四つの目的に利用される雌牛であった。雌牛は、食肉を、牛乳を、労力を、肥料をもたらしたのである。より高くつく雄牛（去勢された雄）と馬は、開墾のために、耕作しにくい土地のために、大切にとっておかれた。雄牛や馬は、それだけの力をもっていたのである。

参考文献

André G.Haudricourt et M.Delamarre,*L'Homme à la charrue à travers de monde*,Gallimard,Paris,1955.
Histoire de la France rurale,tom.1,Seuil,Paris,1980.
Marcel Mazoyer,*Histoire générale du travail*,tom.5,Paris,1986.
＊Lynn White,*Medieval Thechnology and Social Change*,Oxford University Press,London,1962,内田星美訳『中世の技術と社会変動』思索社、一九八五年。

⇨〔**農業**〕

ユーグ・カペー　Hugues Capet

ユーグ・カペー（九四一年頃～九九六年）はさほど重要な人物ではないし、その人物像もほとんど知られていない。わかっているのは、彼が信心深く、豪奢を嫌い、修道士を好み、戦士であるよりも外交官であったことぐらいである。彼はとくに輝かしい統治を行なったわけでもない、ただの＊国王にすぎなかったのである。ユーグ・カペーの重要さは別のところにある。すなわち、彼によって、フランス王位の継承における世襲の原則が確立されるのである。彼は、自分の生きているうちに息子を王位に結びつけることで

（ロベール敬虔王《ル・ピウ》は父よりも半年遅れて九八七年一二月に聖別される）、息子への王位継承を確実なものにする知恵をもっていた。以降、世襲制は、聖別式とともに、フランス王政を支える基盤となったのである。

　とはいえ、このカペー王朝の創始者の歴史的評価は、けっして簡単には定まらなかった。とくに中世史においては、ある疑問が投げかけられつづけ、その疑問はときに確信へと変わった。それは、ユーグ・カペーは王位簒奪者であったのかどうか、ということである。彼は選挙されて王位に昇った。こうした選挙は、それ自体は何も新しいものではなかった。フランク的習慣であり、初期カロリング王朝のもとで行なわれていた簡単な形式的手続きであった。しかしながら、シャルル禿頭王《ル・ショーヴ》の治世以降弱体化した王位は、王国の大貴族たちのあいだでの駆け引きの対象になりはてていた。それでは、なぜ王位簒奪者という非難の声が上がったのであろうか。

　ごく手短にいえば、それは彼がロベール一門(1)に属していたからであり、子供を残さずに歿したカロリング朝最後の国王ルイ五世の≪あとを継いだ≫からである。とくに彼は、カロリング家の王位継承権主張者であるシャルル・ド・ロレーヌ(2)を武力によって排除し、ある裏切りのあとを受けて、自分に有利に事をはこぶのである。しかしこうしたことも、彼の選出が≪正当化≫されることの妨げにはならない。大貴族たちがシャルルを王位につかせるべく策動したにもかかわらずである。

　はやくも十世紀、カペー家の絶対的支持者たちは、その誹謗者たちのあとを受けるようになる。ある人々（たとえばランスのリシエ(3)）は、ルイ五世に子供がなかった以上、ユーグ・カペーは王位簒奪者ではないとする。他方、歴史を≪変造≫して彼を反臣にしてしまう人々もいる（十一世紀の初頭(4)）。十一世紀には、ある伝説を、すなわち聖ヴァレリの預言を広める人々もいる。この伝説は、ユーグ・カペーが国王となったのは神の意志によるものであるという考えを広めることをめざすものである。十二世紀にはそれと反対に、国王たちが結婚相手の女性をつうじ、好んでカロリング家の祖先を奉っている。フィリップ尊厳王《オーギュスト》も、みずからシャルルマーニュの後継者をもって任ずることをいとわない。十九世紀には、この問題が、最終的かつ≪単純≫に解決されたようである。ユーグ・カペーは、ドイツ人であるシャルル・ド・ロレーヌに勝利した≪フランス人≫であるとされたのである。このイメージは、簡単には一般に受け入れられなかったが。

（1）九世紀のロベール・ル・フォールを開祖とする豪族で、パリを中心とした地域に勢力をはってパリ伯をつとめ、十世紀をつうじてカロリング家と対立した。

（2）Charles de Lorraine(?-992) はロレーヌ侯で、西フランク王のルイ四世の子。ドイツ皇帝コンラート二世からロレーヌ侯に封じられていた。

（3）Richer は十世紀末のランスのサン＝レミ修道院の修道士。八八二年から九九五年にかけての年代記を書き残した。

（4）聖ヴァレリがユーグ・カペーの夢枕にあらわれ、ユーグと、その七世代後までの祖先に、王位を約束したという話。サン＝ヴァレリ修道院の一修道士が語りはじめたとされている。

参考文献

Laurent Theis, *L'Avènement d'Hugues Capet*, Trente journées qui ont fait la France, Gallimard, Paris, 1984.

輸送　Transport

他の分野においてと同様、技術革命は、輸送手段の分野にまで及んだ。陸上輸送や海上輸送において達成された進歩は、商取引を促進し、やがては都市*の発展や、間接的にではあれ社会の変動をも促進していく。とはいえ、こうした変化に対する認識のしかたは歴史家によって異なっている。ジャック・エールやギー・フルカンなどのように、技術革新によって取引規模が倍増することなど絶対にありえないとする歴史家もいれば、それを一つの革命であったとする歴史家もいる。海上輸送をあつかった歴史家たちのあいだでも同様に意見の隔たりがある。ロベール・ロペツは、この変化は状況をほとんど変えなかったであろうとするが、ミシェル・モラは、それが根本的な影響を及ぼしたとするのである。

網羅的で一貫性のある統計や史料が存在しない状況下で、この問題を解決するのは容易なことではない。とはいえ、少なくともいくつかの点を確認することは可能であろう。

道路網――そう呼べるならであるが、当時の道路はむしろ脇道や獣道に近い――には、あいまいな線引きしかされていない。領主が農民に自分の畑を柵で囲うよう義務づけることもあるが、それは旅人たちに、決められた道筋の通行や、多種多様な通行税《ペアージュ》の支払いを強制するためである。橋や浅瀬を渡ったり、都市を通ったりするたびに支払われる通行税は、輸送コストに重くのしかかった。イタリアからシャンパーニュ大市やフランドルに通じる最大の道筋は、一二三七年にサン＝ゴタール峠を通る道路が開通したおかげで発展する。輸送の量的な面での重要性を判断する材料として、十一世紀については、通行税の税表が残されてい

ブリューゲル『イカロスの墜落』ブリュッセル王立美術館蔵。

る。けれども、それをもとに一般的な結論を導き出すことはできない。

頸環を肩掛けにしたおかげで縦列繫駕法が進歩したことにより、四頭立ての馬車で、四トンの積荷を、時速四キロメートルで引けるようになった。牛では時速二キロでしか引けなかったし、荷鞍をつけた動物では一〇〇キログラム以上の荷物はむりであった。荷車での運送事業は、ときには商品輸送を確実なものとした。たとえば一二九六年、そうした業者の一つにより、ある契約が、ピアツェンツァの商人とのあいだに交わされている。それは、ラングドックの荷車引きに委託された、荷物運搬用の家畜の背による、毛織物や麻布の梱包の運搬に関するものであった。彼らは、トロワからニームまで、二二日間で積荷を運ばなければならなかった。

技術革命は海上交通にも及ぶ。その革新をもたらしたのは、中国から渡来し、十二世紀末から使用されるようになった羅針盤と、船尾舵、すなわちオールで作られた船腹の舵に代わる、船の中心軸上の船尾中央に設けられた近代的な舵である。十三世紀以降、船の操作はより簡単で、より正確になる。とはいえ、航海が冒険的で危険なものであることには変わりない。最初のうちは海岸沿いに行なわれていた航海も、十三世紀には、さらに中世末期には、より大きな空間を征服するようになる。地理上の大発見以前のことである。

主として商品輸送に使用されていた船は、その姿を変えていく。商船タイプの船は、たぶんハンザ同盟*のコッゲ船のままで、それが重量物（穀物）やワイン、贅沢品、またときには聖地への巡礼者たちの輸送に用いられる。まるっこい形をしていたこの船はかなり大きくて、全長二〇数メートル、龍骨がないのに吃水線は八〇センチ、平均積載量は二〇〇トンもあった。

地中海の航海では、三角帆のタリド船の使用が、コック船やカラック船へと移行する。十三世紀では、大型帆船《ネフ》の一種であるタリド船が地中海での最大の商船である。この船は五〇〇トンの積荷を運ぶことができるが、その巨大な帆を操作するには大勢の船員を必要とした。コッカ船はハンザ同盟のコッゲ船を模したものであったが、地中海では一三五〇年ころ、やっとそれまでの大型帆船にとりかわる。この船は、同じトン数を運ぶのに、四角い帆（それを三枚必要とした）を操作するための半数の船員しか必要としなかった。十五世紀の大型帆船は、おそらく帆走航海術におけるもっとも印象深い船であったろう。しかしあまりに重く、しばしば最初の航海の最中に難破してしまうという難点もあった。そのため、十六世紀の造船技師たちは、より控え目な規模の船にたちもどる。それがブリューゲルの『イカロスの墜落』の絵に描かれているガレオン型の船である。とはいえこの型の船も、十五世紀末の大型帆船の特徴を保っているのである。

参考文献

Robert Fossier,*Enfance de l'Europe*,Nouvelle Clio,P.U.F.,Paris, 1982.
Jean-Claude Hocquet,*Le sel et la fortune de Venise*,2 tomes, Presse Univ.de Lille,Lille,1978-79.
Michel Mollat,"Le navire et l'économie du Moyen Age",dans *Le Navire et l'Economie maritime*,SEVPEN,Paris,1958.
Robert Lopez, *La révolution commerciale dans l'Europe médiévale*,Aubier Paris,1974.（英語原典よりの仏訳）

⇩〔街道〕〔商人〕〔都市〕〔ハンザ同盟〕

ユダヤ人　Juif

ユダヤ人は、二重の意味で中世社会から排除された人々《エクスクリュ》である。彼らはキリスト教社会に属していない。また封建的主従関係にも、コミューンや同業組合のような形態をとる都市の共同体にも組み入れてもらえない。そのため、都

15世紀末の木版画に刻まれたケルンでのユダヤ人虐殺の図。

市の片隅にある彼ら独自の共同体のなかで生活せざるをえないのである。

とはいえ、彼らに対するキリスト教徒たちの態度は矛盾に満ちたものであった。たとえば、神学面では対話が存在する。アベラールはユダヤ人の手紙を用いて自分の論議を展開しているし、聖王ルイの時代には、クリュニー修道院で聖職者とユダヤ人の討論も行なわれている。教皇職は、グレゴリウス九世の在位中（一二二七年～一二三九年）にユダヤ人の身分規定を定めた。この教皇の発布した大勅書では、彼らに暴力を振るうことや、彼らの富を糾弾することは禁じられていた。しかしこうした保証には、キリスト教徒の共同体からはっきり分かれて暮らし、一見してそれとわかる目印を身につけることを義務づけるという、苛酷な処置が組み合わされていた。

彼らの生きる権利は、世俗の法によっても承認されていた。君主たちや国王たちは彼らを保護した。とはいえ現実には、そのときの状況に応じて、世俗権力や宗教権力によって利用されたのである。彼らは、経済面や金融面での重要性から保護されたこともあるが、社会的圧力が≪公権力≫にとって過度に危険なものになったときなどは、民衆の制裁に委ねられたこともある。

反ユダヤ主義《アンティ・セミティズム》が猛威をふるうのは、十一世紀末である。

紀元千年ころにもユダヤ人虐殺《ポグロム》は存在した。しかし第一回十字軍にともない、その頻度は増す（一〇九六年のライン川流域で大虐殺）。図像上にも、キリスト教徒からユダヤ人に押しつけられた、背が低く、色が浅黒く、髯をたくわえているという、《身体的》特徴があらわれはじめる。彼らは国王の命令により、徐々にゲットー（ほとんどすべての都市にあったユダヤ人街）のなかへ押し込められていく。こうした環境のもとで彼らが発達させていく文化は、彼らの一部を滅亡の淵から救い出すことになる。十五世紀までには、さまざまな形をとって、いろいろな口実のもとに、迫害が頻繁化する。イギリスから（一二九〇年）、フランスから（一一八二年、一二五四年、フィリップ美男王《ル・ベル》治下の一三〇六年）、スペインから、彼らは追放される。キリストを十字架にかけたとか毒を盛ったとかいう非難のもとに、彼らは、スケープゴートの役目を担いつづける。困難な時代においては、とくにそうである。ユダヤ人の虐殺は、ライン渓谷への黒死病の拡大の指標ともなっている。宗教的諸権威は、彼らへの虐待や迫害を支持はしないにせよ、その現実に目を閉ざし、あいまいな反応しか示さない。その法が、ユダヤ人への攻撃を禁じているにもかかわらずである。

　社会の枠内で彼らに許されている場所や活動は、ますます限定されていった。たしかに、プロヴァンス、スペイン、ポルトガルでは、ユダヤ人たちは、金銀細工屋、毛皮屋、靴屋、仕立屋、肉屋など、あらゆる種類の職業を営んでいた。しかしほかの地方では、多くの職業が禁じられていた。とくに薬屋と医者はそうであった。彼らには、質屋や高利貸ししか残されていなかったのである。この分野で著しく重要な役割を彼らが演じたのは、フランスやイタリアの諸都市においてであった。そこでは、彼らの貸付けた金が、キリスト教徒たちに支払われた保証金ともなったのである。

参考文献

Léon Poliakov, *Histoire de l'antisémitisme*,tom.1,Calmann-Lévy,Paris,1953.
Salo Wittmayer Baron, *Histoire d'Israël : vie sociale et religieuse*,P.U.F.,Paris,1957.
Bernhard Blumenkranz,*Le Juif médiévale au miroir de l'art chrétien*,Mouton,Paris,1966.

⇩〔銀行〕〔排除された人々〕

妖精　Fées

妖精たちは、十二、十三世紀の文学上での創作である。中世初期、ケルトの母なる神《デース・メール》や豊饒信仰につながりをもつ、水の妖精があらわれる。十二世紀には、貴族文化のなかにケルトの民間伝承が浸透するにともない、同じく妖精と呼ばれるもう一人別の女性があらわれる。魔　女《アマン・シュルナチュレル》である。中世の物語のなかで、この二つのタイプは結び合い混ざり合い、妖精が誕生する。

中世のイマジネールのなかで、妖精たちは、女性の二つの原型にしだいに一致していく。まずは征服者としての女性、男性をその欲望の支配下におき、あの世へと永遠に連れ去る女性である。つぎに力や愛によって征服された女性、ひどい夫の支配下におかれた女性である。文学のなかでは、この二人の女性にある名称があたえられる。モルガンとメリュジーヌである。それはまた、この二人の関係をまったく対照的に組みなおすことにもなる。モルガンは男を破滅させる女性で、災いをなす女らしさを体現しており、やさしい顔だちであらわれる場合もあれば、おぞましい姿であらわれる場合もある。彼女は、つねに死の前ぶれなのである。メリュジーヌは手なずけられたモルガンである。彼女のなかに、実り豊かで母性に満ち、安堵感をあたえるという、女性のもつ不思議な恵みが花開く。なぜなら、彼女は人間の掟に支配されているからである。

妖精の不思議な世界は、キリスト教的な世界観を妖精の世界へとり入れようとする聖職者たちの、さらには最初期の説話《コント》作家たちの努力なしには、キリスト教徒と共存しえない。妖精たちはキリスト教化される。恩情は神の端女であり、災禍は悪魔の手先なのである。彼らの調停の試みは、同時に合理化の形をとる。超自然的な妖精は、黒魔術や白魔術を行なうだけの、ただの人間になってしまう。かくして妖精は、もう一つ別の文学上の類型である魔　女《アンシャントゥレス》と、見分けがつかなくなる。妖精は、もはや驚異をなすことなく、ただ魔法を行なうだけとなる。もはや、思いのままに現実を形作ることはできなくなるのである。

参考文献

Laurence Harf-Lancner, *Les Fées au Moyen Age, Morgane et Mélusine, La naissance des Fées*, Champion, Paris, 1984.

⇩〔民衆文化〕

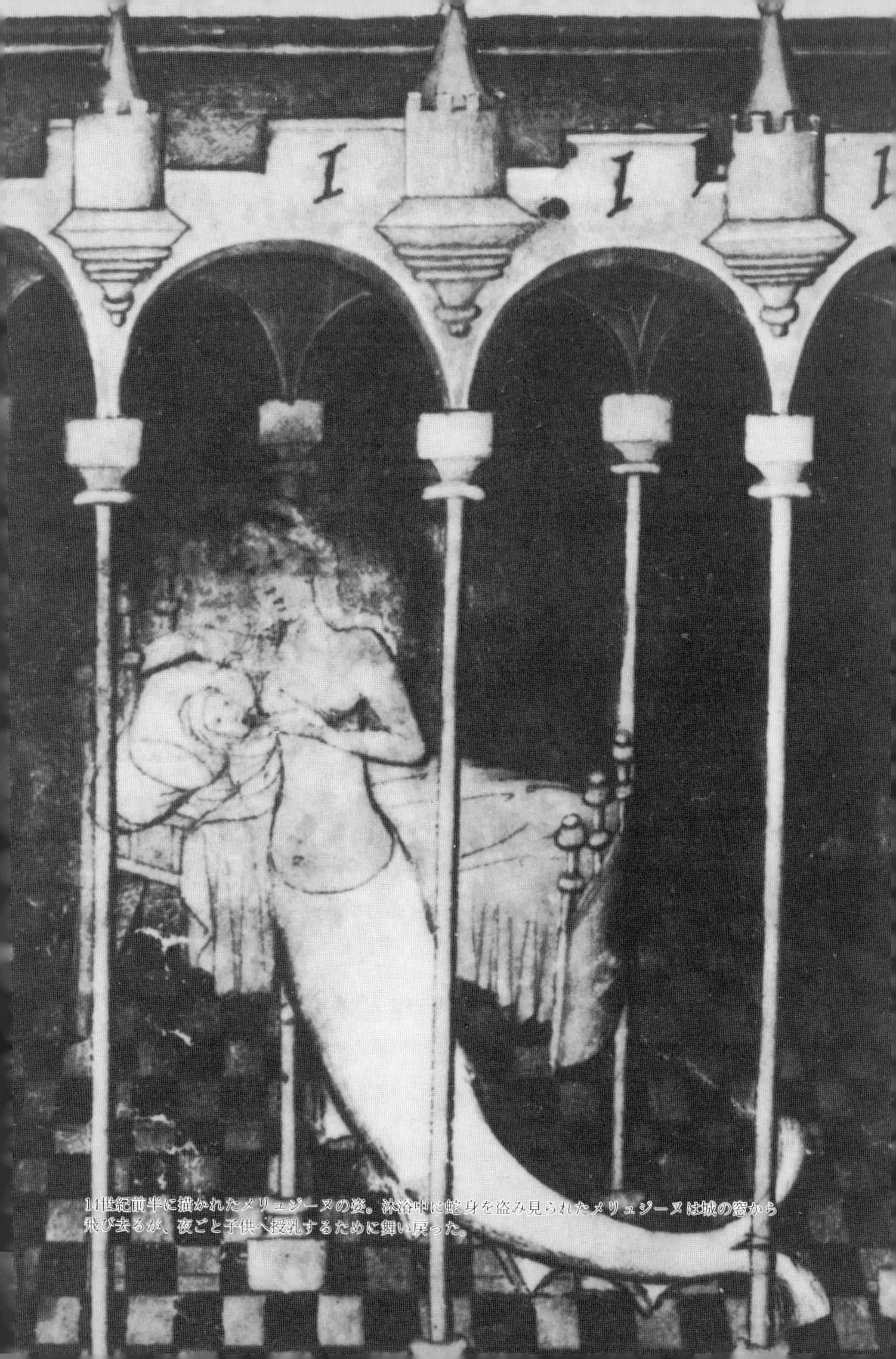

14世紀前半に描かれたメリュジーヌの姿。沐浴中に蛇身を盗み見られたメリュジーヌは城の窓から飛び去るが、夜ごと子供へ授乳するために舞い戻った。

領域拡大（探検家たち）　Expantion（Explorateurs）

十一世紀まで、西欧は外の世界に対して守勢に立っているようにみえる。西欧は、むしろ侵入者を駆逐することに専念している。それは、スペインでのレコンキスタ*の進展と、ヨーロッパでのイスラムへの決定的勝利により、十一世紀に達成されるのである。

十一世紀なかばから、西欧は守勢から攻勢へと転じる。とはいえそれは、一貫した征服政策に則ったものではない。十字軍*やオリエントのラテン帝国設立[1]は、ヨーロッパの拡大過程での一時的局面にすぎないのである。この拡大の進展は、たしかに戦争と無縁ではない。しかし最大の貢献をなしたのは、商業と外交である。この拡大の立役者は、実際には商人と宣教師であり、その行先は極東や中国、北ヨーロッパや東ヨーロッパ、また重要さでは劣るアフリカであった。おもに一二五〇年から一三五〇年にかけてのことである。

十三世紀初頭まで、商人*たちが頻繁に訪れていたおもな地域は、北海、バルト海、大西洋、黒海、地中海の沿岸であったが、そのうちの四つの内海のあいだでは、充分な交流がなされていなかった。これらの地域の交流は、何よりも陸路をつうじて行なわれていたのである。商人たちが大西洋をより頻繁に訪れるようになるのは、十三世紀も後半のことである。一二九一年、ジブラルタル海峡が、やっとモロッコ艦隊の支配を脱する。かつてはカスティリア王に仕えていたジェノヴァ人、ベネデット・ザッカリアが、この艦隊を打ち破ったからである。それまでも地中海沿岸には通っていた商人たちも、その先までは足をのばしていなかった。アジアからの商品は、エジプトやスエズ半島を支配するアラブ人や、ダーダネルス海峡（黒海）を支配するビザンツ人の仲介なしには、地中海沿岸に届くことはなかったのである。

ヨーロッパ人がアジア方面に歩みを進めるには、特殊な事情が必要であった。それは、チンギス＝ハンとその後継者たちに指揮されたモンゴル軍による、中国からヨーロッパにかけての地域の征服と、それにつづく≪モンゴルの平和≫の確立である。モンゴル人の征服の生み出した危険と恐怖に直面して、教皇たちは、彼らと外交的な接触を計ろうとする。イノケンティウス四世は、一二四五年のリヨン公会議において、この方針を決議させる。宣教師たちは、オリエント全域において、教皇職の使節としての役目をはたす。こうした接近の試みは、最初はドミニコ会士たちに託されていたが、やがてフランシスコ会士たちに委ねられるようになる。なかでも、一二四五年に出発したジョヴァンニ・デ・プラノ・カルピニ[2]は有名である。彼は、タタール人の歴史をとおして彼本来の動機を物語る。すなわち、信仰である。

こうした接触は、あまり成果の上がらない期間をおいて、今度は使節団の形をとって再開される。しかしながら最大の成功をおさめたのは、商人たち、とくにマルコ・ポーロである。彼はフビライ・ハン（モンゴル皇帝）に現実につかえ、行政官としてよりも商人として活躍した。マルコ・ポーロは、少なくともかなり長期にわたって中国との接触を保ち、この国のことを知らしめるのに貢献した。しかし彼は、一二九五年、それほど金持にはならずに帰国した。極東に出発してから二五年もあとのことである。彼の≪足跡≫にもとづいて、イタリア商人たちは北京に根をおろした。そのほかにもインド、デリーに根をおろした商人たちがいた。こうした接触は、十四世紀なかごろまでつづいたのである。

アフリカへの侵入は十三世紀以降、宣教師たちや商人たちによって、マグレブ地方[3]の海岸から陸路をつうじて試みられた。一二二〇年には、彼らはマラケッシュに達している。一二八三年には、あるキャラバンが砂漠に足を踏み入れる。一三二〇年には、あるジェノヴァ人がタフィラルを占領する。一二九一年には、ヴィヴァルディ兄弟[4]がアフリカを迂回してインド占領をめざし、失敗する。十四世紀初頭には、アゾレス諸島やカナリア諸島への遠征が活潑化する。ジェノヴァ人たちは、セネガル占領の企てに失敗している。

西欧人たちの世界認識は飛躍的に進歩する。しかしながらアジアへの、さらにはアフリカへの領域拡大は、どちらかといえば失敗におわる。ヨーロッパは、そのために必要な技術的手段をもっていなかったのである。そのうえ、アジアではイスラムが勝利をおさめる。しかし征服の夢は消えない。どんなに遠い夢であってもである。インドへの道の発見を熱望するだけであったヨーロッパは、十四世紀の企てにより、その欲望を呼び覚まされたのである。

北方への領域拡大は、逆に、たいへんな成功をおさめる。ドイツ人は、スカンディナヴィアの諸国王やスラブの諸侯の保護のもとに、北方や東方へ定住する。スウェーデンにおいては、リューベック商人たちが、十二世紀末から関税を免除されている。エルベ川とオーデル川のあいだでは、ドイツ人入植者たちが、スラブ人住民たちに対してのさばっている。この流れの向こうで、ポーランド人たちだけが抵抗をつづけている。他方、バルト海沿岸の東部の諸地方はチュートン騎士団(3)によって植民地化され、支配されている。彼らはそれで、エジプトでの失敗の埋め合わせをしようとするのである。この地方は、土地、農奴、奴隷、商品などの資源に恵まれている。十三世紀末には、もはや異教徒はリトアニア人だけであり、彼らだけが独立を保っている。フィンランドはもう、スウェーデンに征服されていたのである。

(1) 第四回十字軍のコンスタンティノープル占領によって成立した国家で、フランドル伯が帝位につき、西欧の封建制が移植された。一二〇四年から一二六一年まで存続した。
(2) Giovanni de Plano Carpini(v.1182-1252)はイタリアのフランシスコ会士。教皇イノケンティウス四世の命を受けて、モンゴル帝国の首都カラコルムを訪れた。
(3) アフリカの北西部。モロッコ、アルジェリア、チュニジアのこと。
(4) Ugolino et Vadino Vivaldi はジェノヴァを出帆してアジアをめざしたが、その首尾は不明である。
(5) ドイツ騎士団とも呼ばれる。〔騎士修道会〕の項目を参照のこと。

参考文献

Pierre Chaunu, *L'Expansion européenne du XIIIe au XVe siècle*, Nouvelle Clio, P.U.F., Paris, 1969.
Jean Paul Roux, *Les explorateurs au Moyen Age*, Seuil, Paris, 1967.
Jacques Heers, *Marco Polo*, Fayard, Paris, 1981.

⇨**〔商人〕〔十字軍〕〔ハンザ同盟〕**

領主制　Seigneurie

社会組織の基盤をなす領主制は、いくつもの形態をとる。その一つは《政治的》な形態で、これがバン*領主制である。その支配者は、領民たちに対して権力をふるい、建前上でその保護とひきかえに、彼らから豊かな収入を引きだす（裁判権の行使、強制使用料《バナリテ》や通行税《ペアージュ》の徴収）。他方、土地所有にもとづく形態もあり、これが土地領主制である。この二つの領主制のいずれにおいても、領主は、彼らの支配する領民たちの行なう労働から、自分の収入を先取する手段を、実際に所有しているのである。

土地領主の領地は、一人の土地所有者である領主の領有している大所領の一形態であり、直領地と農民保有地の二つの部分から構成されている。直領地《レゼルヴ》（領主保留地）は、その名前の示すとおり領主のために保留されているが、農民*たちの労働のおかげで価値を生む。農民保有地《テヌール》は、賦課租《ルドヴァンス》*や奉仕《セルヴィス》とひきかえに、農民たちに譲渡された土地である。領主地のこれら二つの《部分》は、たいへん明快な展開をみせる。十二世紀以降、直領地は衰退の方向へとむかう。とはいえ、その動きは急激なものではなく、その変化も地方ごとに異なる。つづいてマンス*が、その細分化によって姿を変え、やがて消えていく。そのマンスのかわりとして登場するのが、貢租《サンス》*つき保有地、すなわち貢租地《サンシーヴ》である。直領地においても、領主は、しばしばその一部を貢租地に変更している。

くりかえして言えば、こうした変化は、なぜ地方的偏差や相違をともなった形で現れるのであろうか（イギリスなどいくつかの地域では賦役《コルヴェ》の利用がつづいている）。数多くの歴史家たちは、ことにロベール・フォシエは、社会経済的要因に決定的な役割をあたえている。道具類の改良によって新しい土地の開墾が可能になると同時に、耕作の集約化によって粗放的営農の放棄までもが正当化され、その結果、賦課租の同一性がマンスと同じくらい拡大することになった、とするのである。

貨幣経済の発展と貨幣の普及は、こうした展開のもう一つの決定要因を構成している。領主は、保有農の労働力の先取りの一種である現物での賦課租よりも、むしろ現金による賦課租の制度を好んで設ける。それにより、賦課租の割合を引き上げることが可能になる。そして領主は、賦役に代表される強制労働よりも、むしろ賃金労働者を利用する方を好むようになるのである。

この制度の領主にとってのメリットが、その領地から引きだされる利潤であったことはいうまでもない。それは、農民たちの働きに対して課せられた諸賦課から生みだされる。歴史家たちは、バン領主制に関係する諸要求も考えに入れながら、その総計の推定を試みている。収穫の一〇パーセントは、十分の一税の名目で徴収され、地代としても同じだけのものが徴収される。タイユ税は二〇パーセントにも達することがある。他方、裁判での罰金、買戻し税、その他の一時的な出費は、一〇～一五パーセントにも及ぶことがある。それらを合計すれば、場所や時代によって差はあるにせよ、農民収入の五〇パーセント以上が領主のふところに入ったと思われる。

領主制の展開は、十三世紀以降、複雑化の方向へむかうとともに、十四世紀以降は崩壊の方向へもむかう。複雑化の理由は、バン権力と土地に関係する権力との密接な絡み合いにある。崩壊の理由は、領主制が、経済にも封建制にも関係している当時の危機の影響をこうむることにある。

中世末期、バン権力の数と種類は増したが、かつて領主が自分の領地に住む領民たちに負っていた安全保証の意味は、もはやそこから失われている。それにもかかわらず、バン権力の象徴的、屈辱的な意味は保たれつづけていき、それに対する農民たちの抗議はアンシャン・レジーム期をつうじて止むことはない。領主と土地保有民の関係は、領地が管理人によって運営されることがそのころから多くなっただけに、また、多数の領地が長年にわたる戦争の嵐のなかでその所有者を変えただけに、ますます弛緩してしまう。その変動があまりにはげしいため、バン領主、裁判領主、土地領主の三者が、別人になってしまうこともある。百年戦争[1]後のフランスでは、彼らが破産し、追放され、没収にあったのち、外国人や、勝利者側によって据えられた人物が、その後釜に座った。さらには、領主地がばらばらに分割されてしまい、同じ一つの徴収権（たとえば貢租やタイユ税）に属する部分が、複数の異なった人々に分与されることさえおきた。

　中世末期の領主制の歴史は、全般的で根本的な経済危機の、その犠牲の歴史でもある。戦争*やペスト*などの災禍が、この危機に追い討ちをかける。十四世紀早々、こうした困難が出現する。世襲財産は、譲渡や、かんばしくない土地資本の収益性のせいで弱体化し、持てる者たちは、自分の直領地のますます多くの部分を貢租地の形で譲与していく。貨幣の必要性は、最初の通貨改ざんや国税負担の増大、裁判権の所有者から実のある収入を奪いとる国王裁判権の濫用などによって、際立ってくる。そのあとさらに農産物価格の下落も加わり、それによってフランスの領主収入は、ドイツやイギリスの領主収入ともども、減少してしまうのである。

　《封建反動》も一般化してくる。はじめのうち、すなわち十四世紀初頭、領主による自作農からの土地の奪回によって、定額小作地《フェルマージュ》[2]の設置によって、さらには罰金の上昇によって、この動きは明示される。十五世紀後半、打ちつづいた戦争が終結したあとでは、アンシャン・レジーム期をつうじて継続していく所領の再構築によって、この反動が表示される。

---

(1)　一三三九年から一四五三年にかけ、主として北フランスを舞台に、イギリスとフランスのあいだで断続的に戦われた戦争。経済的な利害の対立にフランス王位の継承問題がからんで長期化したが、ジャンヌ・ダルクの活躍によってフランス側の勝利に帰した。

(2)　一定の年数のあいだ、現金もしくは現物での一定額の小作料の支払いとひきかえに、農民たちに貸し出された領主の土地。

参考文献

Robert Fossier, *Enfance de l'Europe*, Nouvelle Clio, P.U.F., Paris,

1982.
Robert Fossier, *Paysans d'Occident*, P.U.F., Paris, 1984. 渡辺節夫訳『ヨーロッパ中世社会の農民』杉山書店、一九八七年。
Guy Bois, *La crise du féodalisme*, F.N.S.P., Paris, 1976.
⇨〔農業〕〔バン〕〔貢租〕〔賦課租〕〔マンス〕〔裁判〕〔農民〕

輪作（農耕システム）　Assolement (système de culture)

輪作は一つの農耕システムであり、農作物と農作業の独特な組み合わせである。中世には、犂耕された休耕地《ジャシエール》*をともなうこの穀物栽培法が幅をきかせている。この組み合わせは、同じ場所、同じ地片上での耕作の《連続》となってあらわれる。一年をつうじ、ある一定期間、同じ耕作、同じ農作業を負うべく定められた地片《パルセル》が、輪作地《ソル》を構成する。それは、休耕地、冬麦の耕地、春麦の耕地からなっている。地片の輪作地への再編によって、輪作が形作られていく。

ある同一の区画上で、農作物と農作業が年を追って継続的に規則正しく反復されるとき、それは輪作となる。たとえば、二年ごとの休耕（刈り入れから翌年の種まきまでの一五ヶ月間）と冬麦栽培（同じ畑での秋の種まきから翌年の刈り入れまでの九ヶ月間）の継続的な反復は、地中海周辺の典型的な二圃制を構成する。他方、三年ごとの、一五ヶ月間の長期休耕、九ヶ月間の冬麦栽培、九ヶ月間の短期休耕（刈り入れから三月の種まきまでの間）、三ヶ月間の春麦栽培の継続的な反復は、ヨーロッパの北西部の典型的な三圃制を構成する。

中世も初期のあいだは、まだどこでも二圃制が支配的であったが、中世のなかごろ（十世紀から十四世紀にかけて）になると、それまでほとんど普及していなかった三圃制が、農業革命と時を同じくして北ヨーロッパ全体に普及する。三圃制は、冬麦栽培が終わってその畑を休耕地にもどす前、春に播種された三ヶ月間で育つ穀物（三ヶ月麦《トゥレモワ》）を栽培することで成り立つ。この輪作を成功させるためには、少なくとも三つの条件がそろう必要がある。それまでは五〇パーセントだけであった播種された耕地が、六六・六パーセントを占めるようになるということは、一七パーセントの上積みである。そうすると、種まきに備える仕事の量がそれだけ増えることになる。しかも、その仕事の半分は、刈り入れと三月の種まきのあいだに行なわれる必要がある。たとえそれが、一五ヶ月間ではなく九ヶ月間であったとしてもである。三圃制の普及が、有輪犂と馬鍬の使用の普及と時を同じくしているのは、そのためである。有輪犂*と馬

バイユーのタペストリーに刺繡された有輪犂による犂耕と馬鍬による地ならし。

鍬の利用、これが第一の条件である。そしてまた、二番目の穀物が十分な収穫を上げなければならないし、一番目の穀物の収穫に悪影響を及ぼしてもいけない。そのため、結局は多量の肥料を準備しなければならなかった。このことはさらに、三圃制の実施の普及が、家畜小屋の糞尿まみれの寝藁の利用（それは干し草の収穫と冬の家畜の舎飼いとを前提としている）と時を同じくしている理由を説明してくれる。当時の状況のもとでは、肥料が第二の必須条件となるのである。第三の条件についてはよく知られており、あらためて言うまでもないであろう。春の穀物は、成長するのに充分な期間を必要とする。しかし、南部のいくつかの地方では夏の乾燥があまりに早く腰を落ち着け、その成長を阻んでしまうこともめずらしくない。そのため地中海沿岸の諸地方では、この三つの条件が完全に揃うことは決してなかったのである。

長くて幅の狭い地片をもつ開放耕地《シャン・ウヴェール》の地方においては、共同放牧権の行使により、耕地の再編が進んでいった。そして最終的には、秋に種をまく畑と、春に種をまく畑と、休耕地とに、強制的に整理された。こうして、村落の用益権者全員で共有する規則正しい輪作地が形成された。そしてついには、それぞれ特種化された輪作地の均等さを維持するため、各輪作地が同面積となるにいたった。こうした規則正しい輪作地の設定は村落単位で強制され、そのため大規模な耕地片の整理統合が必要となった。現在われわれが農地再統合《ルマンブルマン》と呼んでいるものである。この農地再統合と共同輪作地の設定は、それを決定し強制することのできる村民たちの願いなしには実施しえなかったであろう。三圃制は、個人的にはかなり早い時期から実施されていたはずである。しかし、義務的な共同輪作地の存在は、十三世紀以前には証明されないのである（ギー・フルカン）。

南部での二圃制、北部での三圃制は、中世末期には支配的になっている。とはいえ、それらはけっして絶対的なものではない。耕作可能ではあるが草が生い茂っている休耕地は、ときには二年も三年も、さらにはそれ以上も放置されたままになっている。ブルターニュ、中央山塊などの起伏の多い地帯や花崗岩質の諸地方の小農地においては、そうしたことは頻繁におきる。またその反対に、穀物が三年、四年とつづいて栽培されることもある。それとはまた別の例では、輪作周期が四年から六年、ときにはそれ以上に及ぶこともなくはない。

土壌の軽い地方(ガスコーニュ、ブルターニュ)、海の水に浸り、有機肥料を供給された荒地《ランド》には、長期の休耕地は存在しない。そのため、穀物は、刈り入れと種まきのあいだに数ヶ月の間をおくだけで、毎年耕作されるのである。

参考文献

Marc Bloch, *Les caractères originaux de l'Histoire rurale française*, H.Ashehoug, Oslo, 1931, 河野健二、飯沼二郎訳『フランス農村史の基本性格』創文社、一九五九年。

Daniel Faucher, *Géographie agraire, type de culture*, Horizons de France, Paris, 1949.

Marcel Mazoyer, *Cours d'agriculture comparée*, Institut national agronomique, Paris, 1975.

⇩〔**農業**〕

ルイ九世　Louis IX

後世の人々からは、たいてい聖王ルイの名称で呼ばれていることからもわかるように、ルイ九世（一二二六年～一二七〇年）はただの君主ではない。たしかに、≪彼のなかには国王と聖人という二人の人物がいた≫のである。

まず第一に、彼の治世はカペー王政の確立過程の一環をなしている。フランス王位は、彼のおかげで、それまでにない威信を獲得する。最初に、彼は王国の国政運営をつうじて平和をもたらす（一二五八年にアラゴンとのあいだに結ばれたコルベイユ和約、一二五九年のイギリスとのあい

13世紀末に彫られたルイ９世と王妃マルグリットを刻んだ象牙彫刻。

だに結ばれたパリ和約)。フランスの国境線は安定したものになる。また、宗教的至上命令による諸措置を講じて武器の携帯や私闘を禁じ、王国内部に秩序を回復する。これらの措置は、封建貴族に打撃をあたえ、王政に利益をもたらすことになる。一方、彼の命令した一二四七年、一二五四年、一二五六年の三度にわたる王国の官吏の職権乱用に対する監査は、王国行政の威信を高める。決闘裁判を禁じた彼は、最高法廷である国王裁判所への上訴を促進させ、自分で裁決を下す。しかし全般的にみれば、ルイ九世の行使した政治権力は、十二世紀の偉大な国王たちと異なり、彼ら前任者たちよりもずっと創造性に乏しく、創意に欠けたものであった。

彼はまた、この時代の新しい騎士道的な理想を体現している。その理想とは、廉直の士《プリュ・ドム》であり勇壮な騎士であること、すなわち勇敢で礼儀正しく、思慮深く、必ずとはいえないまでも高貴な生まれであることである。その一方で、ルイ九世は、身分は低くても精神の気高い人物にとりまかれることを好む。たとえば、農民出身の一司教座聖堂参事会員でありながら、偉大な叡知をそなえていたロベール・ド・ソルボンのような人物にである。ルイ九世は、庶民のレベルに合わせて国王の職務を遂行することを好んだ。《高貴な人物《グラン・ゼスプリ》》には心を寄せていないのである。

ルイ九世は聖なる国王でもある。それは彼の聖性が公式に認められたからだけではない。たしかに、ボニファティウス八世によって一二九七年に承認された列聖は、フランス国王フィリップ美男王《ル・ベル》との緊張した関係をやわらげようとする教皇側の政治的作為でしかなかったかもしれない。しかし、ルイ九世の聖性はすでに同時代の人々によって実際に深く感じとられている。彼の死の二年後、グレゴリウス十世によって命じられた最初の列聖のための調査についていえば、その実施にはいかなる政治的利害も絡んでいなかったのである。

彼の聖性は、彼の行なった諸奇跡のなかだけに顕現したのではない。ルイ九世はキリストに倣ったことにより(癩病患者を見舞い、貧者の足を洗い、キリストの行ないそのままに行動した)、とくに《清らかに《サントウマン》》生きたことにより(決して人の悪口を言わず、悪魔にかけて誓わず、だれに対しても親切であった)素直に聖人とみなされたのである。しかしながら、彼の聖性は、まさに俗人としての聖性である。先人たちのように、典礼の尊重、教会への献身や従順に顕現しがちな聖性とは異なっているのである。聖王ルイの独自性は、まさにこの点にある。教皇職*に対しては、比較的独自な、ある程度自由な姿勢をとる傾向が認められる。彼における国王の聖性とは、倣うべき模範としてふるまい、臣民に語りかけながら、信仰にもとづいて権威を行使したことにあったのである。

彼の治世の末期を特徴づけているのは、たびかさなる十字軍*の失敗である。エジプト遠征の不成功の理由を、フランスに清純さと正義が不足しているからだと考えた彼は、そこから、この国をキリスト教的に改革しなければならないと考える。一二五四年以降の、徳の高い、理にかなった統治への意志は、ここから生まれた。一二七〇年までには、それは道徳的命令へと発展する。彼は、もはやキリスト教的徳目を実践するだけではあきたらず、真の浄化の達成を、清純な王国の具体化の達成を望むようになる。聖王ルイは、悔悛する国王、拒絶する国王、《臣民と自分自身の終末に心を悩ませる、黙示録的国王》となる。その治世の末期、聖王ルイは、もはや時勢から乖離しているのである（ジャック・ル＝ゴフ）。

参考文献

Jean Richard, *Saint Louis*, Fayard, Paris, 1983.
Gérard Sivery, *Saint Louis et son siècle*, Tallandier, Paris, 1983.

歴史　Histoire

《年代記を書く》ことは、《歴史を書く》ことではない。その事件を《解明する》のが本当の歴史である。これがフロワッサール[1]の歴史に対する定義であり、彼自身の活動でもあった。その言葉には、歴史が大流行したにもかかわらず、本物はほとんど存在しなかった中世への逆説が要約されていた。歴史は大学教育の教材であり、思考の源泉でもあるが（ティトゥス・リヴィウス[2]やスエトニウス[3]のような古代の歴史家たちの作品はたえず書写されていた）、批判精神が発揮される学問分野ではなかったのである。

はやい時期の歴史家たちは、たしかに異教的古代から、聖書から、教父たちから、ことに聖アウグスティヌスから着想をえた聖職者たちである。彼らの物語は、とりわけ世界史の見地において記述されている（天地創造にはじまり、作者の同時代まで）。年代の順序にたいへん注意しながら、しかし神の摂理のなせる業という唯一の説明と、この世の終わりという唯一の結末のもとで、数多くのできごとが述べられるのである。つぎの時期、《歴史家たち》は、何より自分の時代の証人であることを自任するが、キリスト教道徳からも、彼らが頼みにした証人たちからも（自分たちにもたらされた証言の正確さについて彼らはほとんど吟味していない）、彼らの証言の対象となる人物たちからも（ジョアンヴィルを聖王ルイに結びつけていた友情は、彼の判断に影響をあたえた）、彼らの服属している保護者たちからも、けっして逃れることはできない。フロワッサールの年代記が、最初はイギリスに好意的であったのに、やがてブラバンの宮廷の視点へと傾いていくのはそのためである。フィリップ・ド・コミーヌ[4]の作品がそうであったように、都市を年代記の対象とすることにより、中世の歴史書は転機をむかえる。単なる事実関係の上に、考察が加えられるようになるのである。

　中世の歴史作品は、いくつかの大きなカテゴリーに分類してみることができる。中世初期の作品は世界年代記に属し、聖職者たちによって記述される。もっとも代表的なものは、トゥールのグレゴリウス[5]による『フランク人の歴史』（五七六年と五九四年のあいだに書かれた）である。またセビリャのイシドルス[6]もこの系列に属するが、オットー・フォン・フライジング[7]やロベール・ドーセール[8]もまた同様であり、それぞれにこの伝統を十二、十三世紀まで継承していくことになる。この時代には、修道士たちが修道院や司教区での生活を記した年代記も書かれている。

　各国の王政が、なかでもカペー王朝が発展するにつれ、国王たちの伝記や歴史が重要な地位をしめるようになる。しかし、イギリス王政の起源が述べられているのは、十一世紀のギヨーム・ド・ポワティエの年代記などの諸年代記においてである。フランスではシュジェールがルイ六世の伝記をラテン語で書き、リゴールはフィリップ尊厳王《オーギュスト》の伝記を、ギヨーム・ド・ナンジス[9]は聖王ルイとフィリップ豪胆《ル・アルディ》王の伝記を書いている。では、これをもって国史の誕生といえるであろうか。サン・ドニの大修道院長マティウ・ド・ヴァンドーム[10]は、この修道院の修道士たちがずっと書きためてきたフランス国王たちの故人略歴を、一つの集成にまとめさせる。この編纂史料は一二七四年にフランス語に翻訳され、ルイ十一世治下まで編纂されつづけた『フランス大年代記』の出発点となる。ジョアンヴィルの『聖王ルイの歴史』は、それとは別の性質のもので、聖人伝の伝統に属している。

　三番目のカテゴリーは、十字軍やヨーロッパでの戦争を舞台とする、騎士の冒険物語を含むものである。十字軍は、叙事詩というより、歴史といった方がふさわしい多数の物語を生んだ。ベネディクト会修道士のギベール・ド・ノジャンは、第一回十字軍に関して『フランク人による神の御業』を書くし、エヴルーの一巡礼者であり、リチャード獅子心王《ザ・ライオン・ハーテイッド》の戦友であったアンブロワーズ(11)は、第三回十字軍の歴史を書き残す。しかしもっとも入念に、しかもフランス語で記された二つの物語は、第四回十字軍に関するヴィルアルドゥアン(12)とロベール・ド・クラリ(13)の書いた物語である。この二人は、自分で体験した事柄を証言する。ロベール・ド・クラリは普通の戦士の観点を示してくれる。他方、十字軍の指導者のそばにあって諸事件にかかわったヴィルアルドゥアンは、ものごとの道理を示すことに努めるが、キリスト教徒としての振舞との関係が正当化できない事柄は記載していない。

　百年戦争に関するフロワッサールの『年代記』は、歴史学を、なかば政治に奉仕するがごとき活動にかえる。この作者は、読者に好かれようとしており、また宮廷人として書いているため、つねに厳しい批判力を発揮しているとはいえない。しかし彼は、戦闘に参加した戦士にインタヴューするように、また諸事件を正確に描くように配慮しており、それによって最初のジャーナリストとなるのである。

（1） Jean Froissart(1333-1405) はフランスの歴史家で聖職者。百年戦争下の騎士社会を、フランドル、イングランド、イタリアなど各地の宮廷を放浪しながら取材し、それをもとに『年代記』を著した。

（2） Titus Livius(v.B.C.59-A.D.17) ローマ最大の歴史家。アウグストゥスの側近で、古い史料を用いながら、精彩のある美文で『ローマ史』一四二巻を著した。

（3） Suetonius は一世紀ごろのローマの伝記作家。『皇帝伝』を著した。

（4） Philippe de Commynes(1447-1511) はフランスの政治家で歴史家。ブルゴーニュ公につかえたあと、ルイ十一世のもとで外交に活躍した。晩年、『回想録』を著した。

（5） Gregorius(538-594)はトゥールの司教。メロィング朝フランク王国の貴重な記録である『フランク人の歴史』を著したほか、奇跡物語などを残した。

（6） Isidorus(v.560-636) はスペインのセビリャの司教で神学者。当時を代表する知識人で、その著書『語源考』は、当時のすべての知識を集大成した百科全書である。

（7） Otto von Freising(1111-1158)はシトー会士でフランジングの司教。モリモン修道院長やコンラート三世の政治顧問としても活躍し、『二つの国の歴史』や『フリードリヒ皇帝伝』を残した。

（8） Robert d'Auxerre(1156-1212) はフランスの修道士。彼の書いた『年代記』は、十三世紀の諸年代記の手本となった。

（9） Guillaume de Nangis(？-1300)はフランスの修道士で、『フィリップ三世伝』や『簡約年代記』を書いた。

（10） Mathieu de Vandôme は、ルイ九世が十字軍出発にあたり王国の統治を託したほどの有力者で、それまで書きためられてきた年代記のフランス語による編訳を命じた。

（11） Ambroise d'Evreaux はノルマンディーのジョングルール

で、第三回十字軍でリチャードのそばにつかえ、その武勲と無名の戦士たちの活躍を描いた『聖戦史』を記した。

(12) Geoffroi de Villehardouin(v.1150-v.1212)はフランスの年代記作家で、第四回十字軍に指揮官の一人として参加し、『コンスタンティノープル征服史』を書いた。

(13) Robert de Clari(?-v.1216)はアミアン近郊の小騎士で、第四回十字軍を民衆的な視点から観察し記述した、『コンスタンティノープル征服』を残した。

参考文献

Le métier d'historien au Moyen Age:Etudes sur l'historiographie médiévale,dir.Bernard Guenée,Publication de la Sorbonne, Paris,1977.

Historiens et chroniqueurs de Moyen Age,Pleiade,Paris,1952.

La chronique et l'histoire au Moyen Age,Presse Univ.de Paris Sorbonne,Colloque 1982.

レコンキスタ　Reconquista

レコンキスタ(1)は、西欧キリスト教世界の歴史に決定的な一段階を画す。スペイン内のキリスト教諸国は、イスラム教徒に対して獲得した勝利をつうじ、少なくともその国内ではイスラムへの劣勢を挽回する。イベリア半島の再征服はいくつかの段階をへながら進んでいったが、その第一段階は、十一世紀における決定的な情勢の転換である（コルドバのカリフ管区は一〇三一年に崩壊し、いくつかの独立した、たがいに競合しあう領邦に分裂する）。十三世紀初頭、一二一二年には、カスティリア、アラゴン、ナヴァラの国王たちが、ラス＝ナヴァス・デ・トロサでコルドバのカリフに対して勝利をおさめる。一二五〇年ころまでには、残された再征服の対象はグラナダ王国だけとなる。

レコンキスタのもたらした諸結果は、たいへん重大である。まずこの運動は、ヨーロッパでも最強の王政の一つをここに設けることを可能にする。この王政は、効率的な国王官僚たちにとりまかれている。しかし、身分制議会《コルテス》は王権を効果的に抑制する。農業構造は、この時代の痕跡を深くとどめることになる。スペイン北部には有力農民が再移住し、土地を開墾した。そのことは小土地所有の優勢に反映されている。南部は軍事遠征によって再征服され、国王から軍人貴族たちに譲与された地域であり、そこでは大土地所有が支配的である。

レコンキスタはまた、スペイン封建制のもつ特異な性格を説明する。ヨーロッパが公権力崩壊の危機にさいなまれているとき、この王政は、貴族たちによる土地の強奪に歯止めをかけることで、農村共同体から支持される。しかしながら、カタルニアでだけは強力な封建化の動きが目立つようになる。

（1）スペインの再征服運動、国土回復運動を意味するスペイン語。

参考文献

Pierre Bonnassi, *La Catalogne du milieu du X*e *à la fin du XI*e siècle : croissance et mutations d'une société, Le Mirail, Toulouse,1975-1976.

Charles Edmond Dufourcq, *Histoire économique et sociale de l'Espagne chrétienne au Moyen Age*, Collection U, A.Colin, Paris,1976.

煉獄　Purgatoire

煉獄は、中世のあらたなる創造物である。十三世紀まで、あの世*の地理は単純である。一方の側に地獄が、罪人たちに約束された永遠の断罪がある。もう一方には天国がある。そのイメージは、教会や大聖堂のタンパンの多くに描き出されている。

煉獄という中間的なカテゴリーを発明していくのは、神学者たちである。ジャック・ル＝ゴフは、この第三の場所の誕生に関する彼の書物において、そのゆっくりとした出現過程を追跡している。中世初期の全期間をつうじて、煉獄は形容詞の形でしか存在しない。聖アウグスティヌスは、《地獄の火》と《浄罪の火》を区別した最初の人物であり、そのため浄罪の苦しみも存在するようになる。本格的な煉獄の誕生は、十二、十三世紀にはじまる。煉獄は、成功をおさめた諸作品のなかに、とくにヤコブス・ア・ヴォラジネの『黄金伝説』のなかに姿をみせる。とはいえ、教会が煉獄を認め、押しつけるようになるのは、十三世紀も後半になってからである。この概念は、すでに教訓逸話《エクセンプラ》をつうじて説教のなかに浸透していたが、公的に承認されるのは、一二七四年の第二リヨン公会議の場においてである。そして《煉獄の歴史上で最高の神学者》ダンテによって聖別され、『神曲』のなかに取りこまれるのである。

何世紀も前から存在した一つの信仰が、中世に再発見され、その位置が決定されるのはなぜか。ジャック・ル＝ゴフは、この時代のなかに一連の原因を確認するが、キリスト教世界の《現世的空間と歴史的奥行のなか》への設置と、会計学の発展にとくに注目する。というのも煉獄が、あの世の観念に算術をもちこむからである。この世に生きる人々の悔悛の期間と敬虔な行為は、あの世での苦しみをその分だけ減じることを可能にし、ゆえに煉獄への滞在期間も短くなるというのである。これは、苦悩に関する真の決疑論《カジュイスティック》の導入でもある。また、単純には割り切れない裁きの概念の導入でもある。煉獄のせいで、罪人への劫罰は、もはや癒しがたいものとなるのである。

　煉獄をめぐって用いられた中間の概念は、現実におきていた社会面、心性面での根本的な変化にも結びついているし、また、第三の身分を探し求める必然や、二元的な図式から三元的な図式に移行する必然、そして強者対貧者あるいは聖職者対俗人といった対比にはもはや満足できない必然に結びついているのである。

　この場所の創造によって、もう一つの重要な変化があらわれる。それは、死者の社会に対する生者の社会の再編成であり、生に対する死*の再編成である。十二世紀まで、人々は迫りくるこの世の終わりを予見しながら生きていた。死と最後の審判を分かつ時間は、したがってそれほど長くはなかった。十二世紀からは逆に、教会はこの世での生に価値を認めはじめ、この世の終わりは先送りにされるようになる。こうした状況のもとでは、最後の審判も以前のような重要性をおびることはない。大切なのは、信者の魂の当座の審判なのである。それゆえ信者は、死にそなえることに努め、最良の条件のもとで間近な審判に出頭するよう努める。臨終や病の床にある人は、ある意味で、あの世における自分の運命と行く末を≪制御≫することが可能になる。彼らは、地獄を避けて煉獄の恩恵に浴すため、善行を積むことで最後の時にそなえ、最後の痛悔《コントウリシオン》をなしたのである。死者はまた、生者の手助けもあてにできる。聖者の祈りは彼らが煉獄に滞在する期間を短縮し、その天国入りを可能にしていく。死者の社会と生者の社会の連帯の、一手段となるのである。

　こうして煉獄は、個人と集団の発展のための一つの道具となる。上昇しつつある諸階級はそのことに気づいている。たとえば高利貸しは、それまでは地獄堕ちに処せられ、救いの道はなかった。煉獄は、そうした救いのない人々にも一片の希望を残しておく。そして、煉獄の成功を説明してくれるのは、たぶん、ゴシック時代に多くのキリスト教徒たちに授けられたこうした希望なのであろう。その成功は、第二バチカン公会議がこの希望をアクセサリー屋の店先に少しだけ並べるまで、つづくのである。

参考文献

Jacque Le Goff, *La naissance du Purgatoire*, Gallimard, Paris, 1981. 渡辺香根夫、内田洋訳『煉獄の誕生』法政大学出版局、一九八八年。

⇩ **〔あの世〕〔罪〕〔死〕〔高利〕**

ロンバルディア人　Lombards

ロンバルディア人は、カオール人（もはやそのほとんどはカオール出身でなかったが）とともに、両替商、質屋、高利貸しなどの職種を代表する人々であった。彼らが営んでいたのは消費者向けの短期貸付であり、下層や中層の庶民たちは、懐具合のさみしいときにこの貸付の世話になった。そのとき借り手は、半年までは延長可能な貸付期間をつうじ、食器、洋服、武器などの私物を質草においたのである。ロンバルディア人たちは、ときに莫大な資金を保有していたが、それは、彼らの家族的な結社や、三分の一供託の制度のおかげであった。これらは、都市のなかに設置されることがほとんどであった。

　彼らのなかには、大貴族や国王の財政顧問として、無視できない影響力を獲得する者も出てくる。たとえば、フィレンツェ人のビッシュとムーシュ[1]は、フィリップ美男王《ル・ベル》の財政顧問としてたいへん有名である。ロンバルディア人は、十四世紀なかごろのブリュージュでも、カオール人ともども大規模な金融活動に乗り出しているが、一四五七年には破産し、その影響は甚大であった。

　北イタリア諸都市出身の彼らイタリア人は、中世社会のなかではっきり識別されていた。なぜなら、彼らは金利つき貸付を営んでいたからであり、そしてとくに、彼らが異邦人だったからである。彼らの結社がそれほど強力ではなかったとしても、*ユダヤ人の結社との区別は困難だったのである。彼らは、ときに国王から請い求められることもあれば、また違った状況のもとでは、国王によって追放されることもおこりえた。ルイ八世は十三世紀初頭、彼らに王国内への定住を要請したのに対し、フィリップ美男王は一二七七年と一二九一年、彼らを大勢逮捕させた。一三一一年には彼らは全員追放され、ルイ十世（一三一四年〜一三一六年）によってふたたび呼び戻された。一三二三年と一三二四年にポントワーズに定住させられ、ついでパリに移転させられたフィレンツェ生まれの両替商リッポ・ディ・フェデェ・デル・セガの例は、彼らへの金銭がらみでの迫害（それは重い課税からも読みとれる）を証言している。十四世紀初頭にフランスに定住させられたロンバルディア人は、こうした迫害の犠牲者であった。彼らを社会から排除し、社会の片隅に追いやる姿勢をとったのは、民衆たちよりも、むしろ王政と教会（金利つき貸付を断罪する）である。ロンバルディア人たちが食料品店やラシャ製造業や居酒屋などの職業も営んでいたことからして、民衆たちは、彼らに特別な敵意などもっていなかったようである。

（1） 二人はフィレンツェの銀行家で、一二九〇年から一三〇七年にかけ、フィリップの厚い信任を受けて、貨幣政策などによって王国の財政立てなおしに尽力した。

参考文献

Histoire de la France urbaine,tom.2,Seuil,Paris,1980.

Jacques Le Goff,*Marchands et banquiers au Moyen Age*,P.U.F., Paris,1980.

Charles de la Roncière,*Un changeur florentin du trecento: Lippo di Fede del Sega (1285-1363)*,E.H.E.S.S.,Paris,1973.

⇩〔**ユダヤ人**〕〔**排除された人々**〕

フランス地方略図(アンシアン・レジーム期)

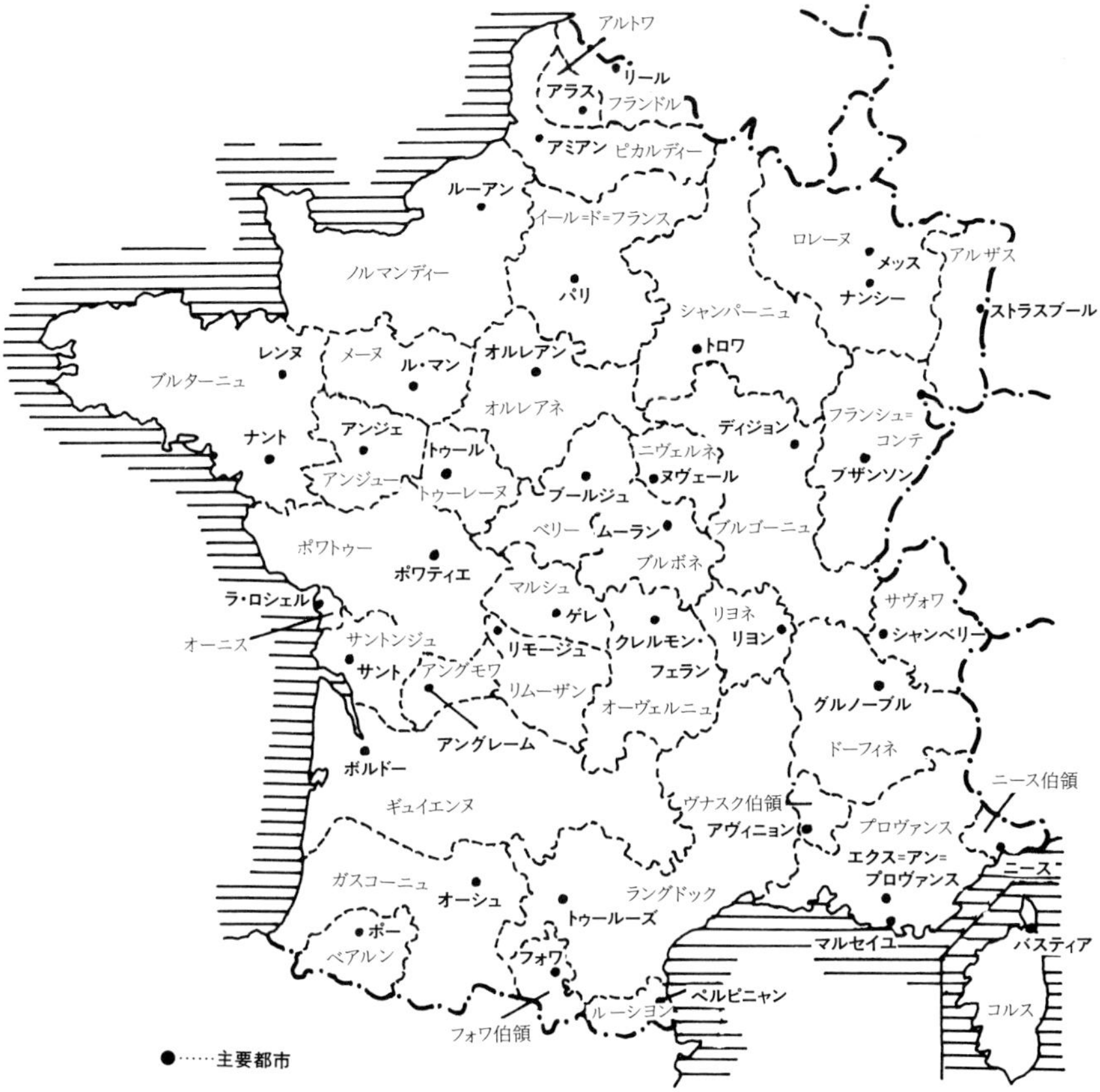

●……主要都市

ホノリウス３世	Honorius III	1216…………1227
グレゴリウス９世	Gregorius IX	1127…………1241
ケレスティヌス４世	Celestinus IV	1241…………1241
イノケンティウス４世	Innocentius IV	1243…………1254
アレクサンデル４世	Alexander IV	1254…………1261
ウルバヌス４世	Urbanus IV	1261…………1264
クレメンス４世	Clemens IV	1265…………1268
グレゴリウス10世	Gregorius X	1272…………1276
イノケンティウス５世	Innocentius V	1276…………1276
ハドリアヌス５世	Hadrianus V	1276…………1276
ヨハネス21世	Johannes XXI	1276…………1277
ニコラウス３世	Nicolaus III	1277…………1280
マルティヌス４世	Martinus IV	1281…………1285
ホノリウス４世	Honorius IV	1285…………1287
ニコラウス４世	Nicolaus IV	1288…………1292
ケレスティヌス５世	Celestinus V	1294…………1294
ボニファティウス８世	Bonifatius VIII	1295…………1303
ベネディクトゥス11世	Benedictus XI	1303…………1304
クレメンス５世	Clemens V	1305…………1314
ヨハネス22世	Johannes XXII	1316…………1334
ベネディクトゥス12世	Benedictus XII	1334…………1342
クレメンス６世	Clemens VI	1342…………1352
イノケンティウス６世	Innocentius VI	1352…………1362
ウルバヌス５世	Urbanus V	1362…………1370
グレゴリウス11世	Gregorius XI	1371…………1378
ウルバヌス６世	Urbanus VI	1378…………1389
クレメンス７世＊	Clemens VII	1378…………1394
ボニファティウス９世	Bonifatius IX	1389…………1404
ベネディクトゥス13世＊	Benedictus XIII	1394…………1423
イノケンティウス７世	Innocentius VII	1404…………1406
グレゴリウス12世	Gregorius XII	1406…………1415
アレクサンデル５世＊＊	Alexander V	1409…………1410
ヨハネス23世＊＊	Johannes XXIII	1410…………1415
マルティヌス５世	Martinus V	1417…………1431
エウゲニウス４世	Eugenius IV	1431…………1447
ニコラウス５世	Nicolaus V	1447…………1455
カリストゥス３世	Calixtus III	1455…………1458
ピウス２世	Pius II	1458…………1464
パウルス２世	Paulus II	1464…………1471
シクストゥス４世	Sixtus IV	1471…………1484
イノケンティウス８世	Innocentius VIII	1484…………1492
アレクサンデル６世	Alexander VI	1492…………1503

＊は、アヴィニョン教皇。＊＊は、ピサの対立教皇。

歴代ローマ教皇一覧（1000年〜1500年）

シルヴェステル２世	Silvester II	999…………1003
ヨハネス17世	Johannes XVII	1003…………1003
ヨハネス18世	Johannes XVIII	1004…………1009
セルギウス４世	Sergius IV	1009…………1012
ベネディクトゥス８世	Benedicutus VIII	1012…………1024
ヨハネス19世	Johannes XIX	1024…………1032
ベネディクトゥス９世	Benedicutus IX	1032…………1044
シルヴェステル３世	Silvester III	1045…………1045
ベネディクトゥス９世	Benedicutus IX（復位）	1045…………1045
グレゴリウス６世	Gregorius VI	1045…………1046
クレメンス２世	Clemens II	1047…………1047
ベネディクトゥス９世	Benedicutus IX（再復位）	1047…………1048
ダマスス２世	Damasus II	1048…………1048
レオ９世	Leo IX	1049…………1054
ヴィクトル２世	Victor II	1055…………1057
ステファヌス９世	Stephanus IX	1057…………1058
ニコラウス２世	Nicolaus II	1059…………1061
アレクサンデル２世	Alexander II	1061…………1073
グレゴリウス７世	Gregorius VII	1073…………1085
ヴィクトル３世	VictorIII	1086…………1087
ウルバヌス２世	Urbanus II	1088…………1099
パスカリス２世	Paschalis II	1099…………1118
ゲラシウス２世	Gelasius II	1118…………1119
カリストゥス２世	Calixtus II	1119…………1124
ホノリウス２世	Honorius II	1124…………1130
イノケンティウス２世	Innocentius II	1130…………1143
ケレスティヌス２世	Celestinus II	1143…………1144
ルキウス２世	Lucius II	1144…………1145
エウゲニウス３世	Eugenius III	1145…………1153
アナスタシウス４世	Anastasius IV	1153…………1154
ハドリアヌス４世	Hadrianus IV	1154…………1159
アレクサンデル３世	Alexander III	1159…………1181
ルキウス３世	Lucius III	1181…………1185
ウルバヌス３世	Urbanus III	1185…………1187
グレゴリウス８世	Gregorius VIII	1187…………1187
クレメンス３世	Clemens III	1187…………1191
ケレスティヌス３世	Celestinus III	1191…………1198
イノケンティウス３世	Innocentius III	1198…………1216

ザクセン朝・ザリエル朝
・ホーエンシュタウフェン朝系図

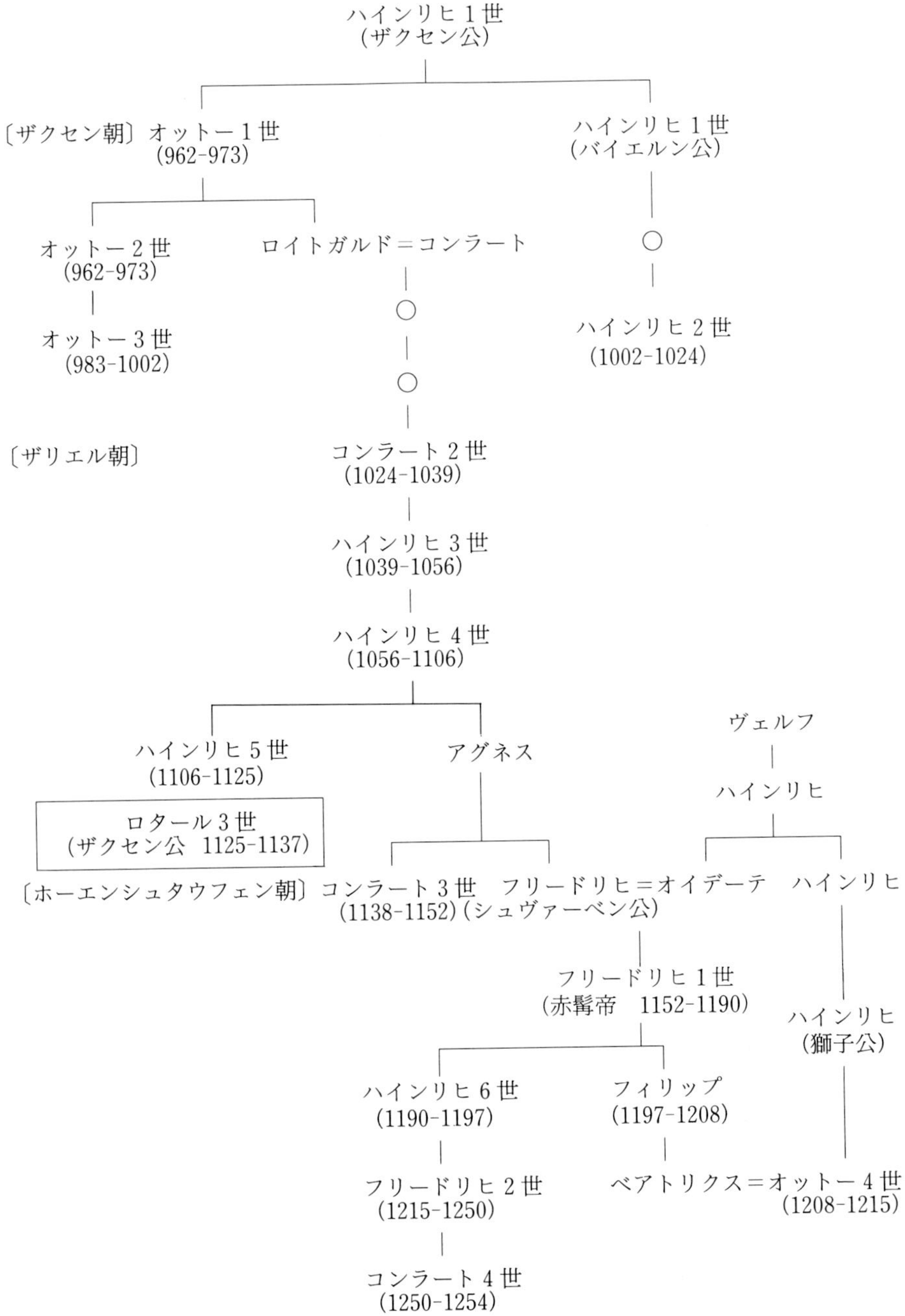
ハインリヒ1世
(ザクセン公)
〔ザクセン朝〕オットー1世
(962-973)
ハインリヒ1世
(バイエルン公)
オットー2世
(962-973)
ロイトガルド＝コンラート
○
オットー3世
(983-1002)
○
○
ハインリヒ2世
(1002-1024)
〔ザリエル朝〕
コンラート2世
(1024-1039)
ハインリヒ3世
(1039-1056)
ハインリヒ4世
(1056-1106)
ヴェルフ
ハインリヒ5世
(1106-1125)
アグネス
ハインリヒ
ロタール3世
(ザクセン公 1125-1137)
〔ホーエンシュタウフェン朝〕コンラート3世
(1138-1152)
フリードリヒ＝オイデーテ
(シュヴァーベン公)
ハインリヒ
フリードリヒ1世
(赤髯帝 1152-1190)
ハインリヒ
(獅子公)
ハインリヒ6世
(1190-1197)
フィリップ
(1197-1208)
フリードリヒ2世
(1215-1250)
ベアトリクス＝オットー4世
(1208-1215)
コンラート4世
(1250-1254)

ノルマン朝・プランタジネット朝系図

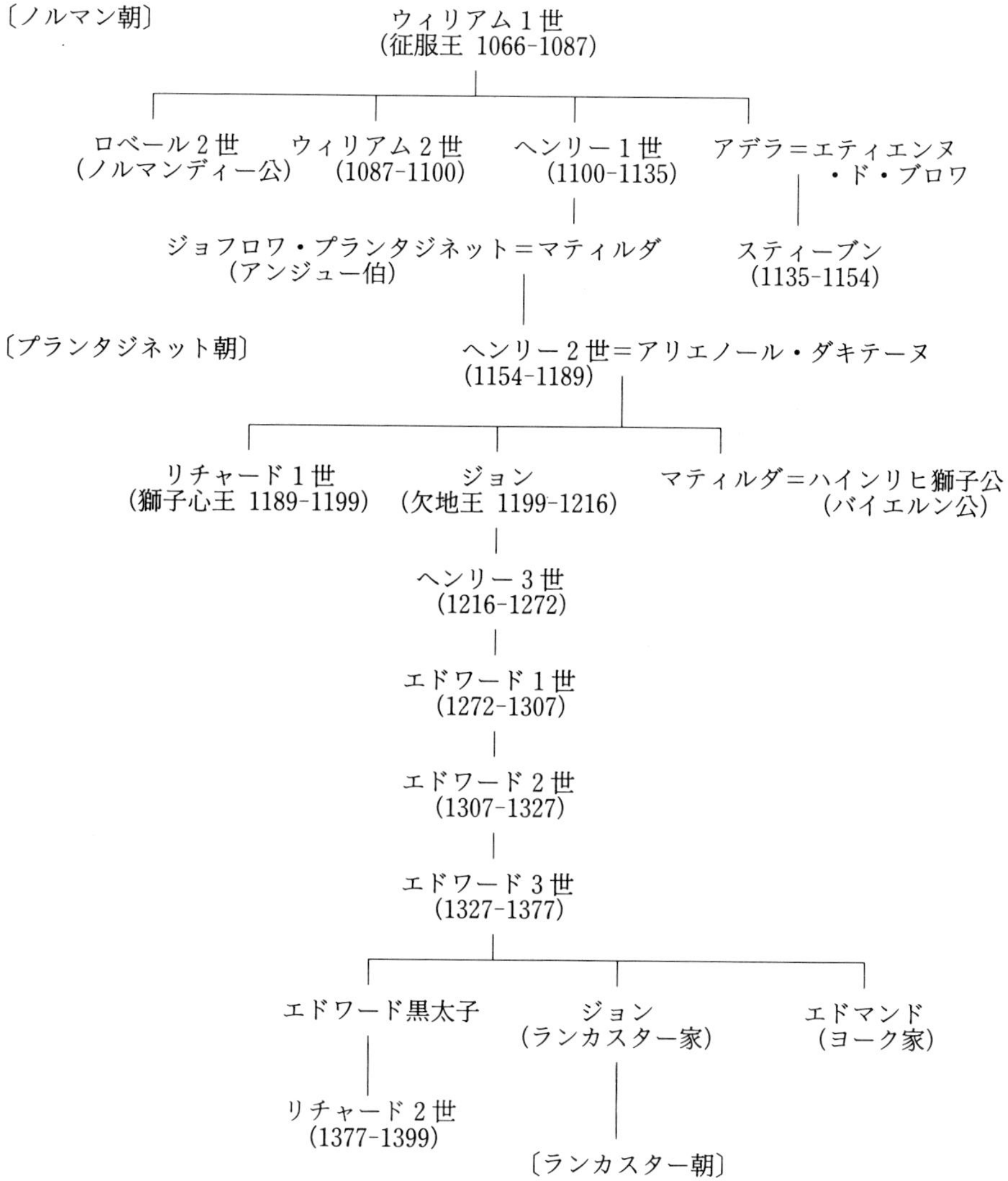
〔ノルマン朝〕
ウィリアム1世
（征服王 1066-1087）
ロベール2世
（ノルマンディー公）
ウィリアム2世
（1087-1100）
ヘンリー1世
（1100-1135）
アデラ＝エティエンヌ・ド・ブロワ
ジョフロワ・プランタジネット＝マティルダ
（アンジュー伯）
スティーブン
（1135-1154）
〔プランタジネット朝〕
ヘンリー2世＝アリエノール・ダキテーヌ
（1154-1189）
リチャード1世
（獅子心王 1189-1199）
ジョン
（欠地王 1199-1216）
マティルダ＝ハインリヒ獅子公
（バイエルン公）
ヘンリー3世
（1216-1272）
エドワード1世
（1272-1307）
エドワード2世
（1307-1327）
エドワード3世
（1327-1377）
エドワード黒太子
ジョン
（ランカスター家）
エドマンド
（ヨーク家）
リチャード2世
（1377-1399）
〔ランカスター朝〕

ヴァロワ朝系図

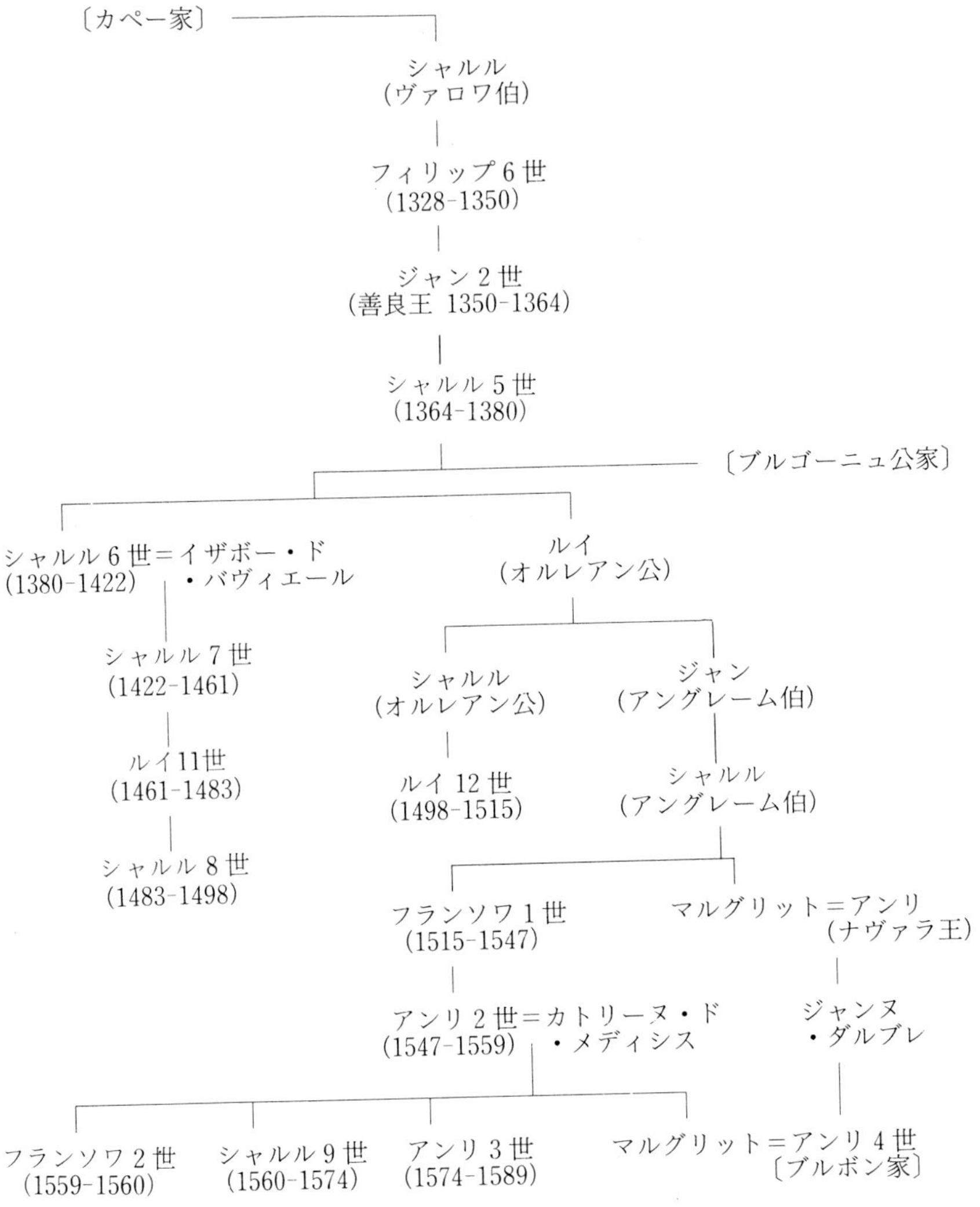
〔カペー家〕
シャルル
(ヴァロワ伯)
フィリップ6世
(1328-1350)
ジャン2世
(善良王 1350-1364)
シャルル5世
(1364-1380)
〔ブルゴーニュ公家〕
シャルル6世＝イザボー・ド・バヴィエール
(1380-1422)
ルイ
(オルレアン公)
シャルル7世
(1422-1461)
シャルル
(オルレアン公)
ジャン
(アングレーム伯)
ルイ11世
(1461-1483)
ルイ12世
(1498-1515)
シャルル
(アングレーム伯)
シャルル8世
(1483-1498)
フランソワ1世
(1515-1547)
マルグリット＝アンリ
(ナヴァラ王)
アンリ2世＝カトリーヌ・ド・メディシス
(1547-1559)
ジャンヌ・ダルブレ
フランソワ2世
(1559-1560)
シャルル9世
(1560-1574)
アンリ3世
(1574-1589)
マルグリット＝アンリ4世
〔ブルボン家〕

カペー朝系図

- ロベール・ル・フォール
  - ウード（パリ伯 888-898）
  - ロベール1世（フランス公 922-923）
    - ユーグ・ル・グラン（パリ伯 ？-956）
      - ユーグ・カペー（987-996）
        - ロベール2世（敬虔王 996-1031）
          - アンリ1世（1031-1060）
            - フィリップ1世（1060-1108）
              - ルイ6世（肥満王 1108-1137）
                - ルイ7世（1137-1180）＝アリエノール・ダキテーヌ＝ヘンリー2世
                  - （アリエノール・ダキテーヌ＝ヘンリー2世）ジョン欠地王
                  - （ルイ7世）フィリップ2世（尊厳王 1180-1223）
                    - ルイ8世（1223-1226）
                      - ルイ9世（聖王 1226-1270）
                        - フィリップ3世（1270-1285）
                          - フィリップ4世（美男王 1285-1314）
                            - ルイ10世（1314-1316）
                            - フィリップ5世（1316-1322）
                            - シャルル4世（1322-1328）
                            - イザベル＝エドワード2世（イギリス王）
                          - シャルル（ヴァロワ伯）
                            - 〔ヴァロワ家〕
                        - ロベール（クレルモン伯）
                          - 〔ブルボン家〕
          - ロベール（ブルゴーニュ公）

附　録

ヤ

ラ

マ

ナ

ハ

タ

人名・事項索引

ゴシック体は項目見出しとなっている語、及びその項目のページ数である。現代の人名については、ファーストネームから排列した。

ア

訳者あとがき

本書は、Agnès Gerhards, *La société médiévale*, MA Edition, Paris, 1986. の全訳である。原著の題名をそのまま翻訳すれば『中世社会』となる。しかし、すでに同じような表題をもつ歴史書は数多い。そのため本書では、題名を『ヨーロッパ中世社会史事典』とした。本書の対象とする地域はヨーロッパであり、その内容は事典の形式であるため、この変更も了承していただけるものと思う。

原著は、"Le monde de…"(「……の世界」)と名づけられた叢書の一冊である。この叢書は、歴史をはじめ、文学、芸術、社会学、心理学など、さまざまな学術分野の知識を、事典形式で集成、紹介することをめざしている。情報が急増し、専門化していく現代の要請にこたえて、そこでは、それぞれの表題に関する基本的な用語がとりあげられ、簡潔に解説され、参考文献が紹介される。さらに、各項目はアルファベット順に並べられ(翻訳ではアイウエオ順となる)、情報の検索は読者の自由にゆだねられる。他方、各項目には、たがいに参照し合うシステムが完備されている。読者は、諸項目を往き来することで、対象への理解を深めることができるのである。そして何より、全項目は一人の著者によって記述されているため、その内容は、緊密な連関と一貫性を備えている。その点で、多数の執筆者の協同作業によって編まれることの多かった従来の事典とは、大きく異なるのである。

本書の著者、アニェス・ジェラール女史は、中世の宗教史を専門とするフランスの歴史家で、大学で歴史学を教える一方、アニェス・ティヴァンのペンネームで新聞『ル・モンド』や『ル・マタン』の歴史欄にしばしば寄稿している。

本書に収められている一五四項目のうち、一四一項目はアニェス・ジェラール自身によって記述されている。しかし、農業技術をとりあつかう一三項目だけは、例外的に、彼女のよき協力者で、技術史の専門家であるマルセル・マゾワィエによって記述されている。

本書に序文を寄せているのは、「新しい歴史学」の中心人物で、雑誌『アナール』の編集委員でもあるジャック・ル゠ゴフである。ル゠ゴフは、彼の代表的な著作の一つ、『西欧中世の文明』の巻末で、三六〇項目あまりの中世史用語の簡単な解説を試みている。アニェス・ジェラールは、その試みを参照しながらも、あらたに項目を選択し、より詳細に解説することで、彼の試みを発展させたのである。ル゠ゴフは、序文において、本書の内容を詳しく紹介し、彼女の記述に高い評価をあたえている。

近年における「新しい歴史学」の急速な発展は、中世史の分野にも豊かな実りをもたらした。歴史学の対象は急激に拡大し、そこであつかわれるテーマも急速に多様化した。それは、歴史学のビッグ・バンであった。旧来の伝統的な歴史学の固い殻は破れ、無数の新しいテーマが、学問の宇宙に飛び散った。そのひとつひとつは、いずれも魅力的に光り輝いている。しかし、その美しい輝きに見惚れている間に、ひそかにある現象が進行しつつある。すなわち、輝く星々は、われわれの手元から急速に遠ざかりつつあるのである。歴史学の遠心運動は、その対象を多様化し細分化することで、かつてのような歴史の全体像の把握を困難にしてしまった。それどころか、多様化し、細分化し、深化した研究の最前線を把握することさえ困難にしてしまった。そうした状況にとまどっているあいだにも、新しい歴史書はつぎつぎに出版されている。すなわち、把握すべき研究情報の量と、把握できる研究情報の量の格差は、実際には拡大する一方なのである。

新しく提起されたさまざまな問題、新しく発見されたさまざまな主題、それを今の時点で秩序立て、整理し、従来のような概説書に仕上げることは不可能に近い。しかし、研究の動向をおおまかに把握し、基礎的な知識を整理することは、歴史を学ぶ者にとって不可欠である。その要請にこたえてくれるのが、本書のような、テーマ別の事典なのである。急速に拡大しつつある歴史学の地平を見つめ、自らの歩む道を見つけることを可能にしてくれる、それがこの書物なのである。

本書にとりあげられている諸項目は、新しい歴史学のめざす方向を如実に示している。そこでは、偉人や権力者は主役の座を追われ、それにかわって、農民たち、商人たち、手工業者たち、学生たち、市民たち、騎士たち、貴族たち、聖職者たちなど複数形で表現される「人間たち」が、主役の座を獲得する。また、これまで語られることの少なかった子供たちや女性たち、さらにはユダヤ人たち、売春婦、排除された人々など、いわゆるマルジノーたちも登場する。動物たちでさえ、その存在を主張している。また、恐怖に満ちたあの世のイメージや、それゆえに誕生せざるをえなかった煉獄、人々を苦しめた快楽への罪の意識や、癒しへの切ない願いのこもった諸聖人への信心、巡礼活動など、中世人の心性《マンタリテ》を語る項目も数多い。その一方で、森林の開墾にはじまり、休耕を含む輪作の完成に終わる中世の農業が、生態系という新しい視点から論じられている。また、『中世の秋』や『封建社会』『紀元千年』『三身分もしくは封建主義のイマジネール』『カテドラルの時代』『ブーヴィーヌの日曜日』『モンタイユー』など、新しい歴史学を開拓し、推進してきた書物の題名がそのまま採用されている項目もある。また、従来から馴染みの深い諸項目も、最新の研究成果をとり入れ、新しい視点から語られている。それゆえこの事典は、単なる歴史事典ではなく、社会史事典なのである。

本書の各項目の末尾に付記されている参考文献のリストは、けっして網羅的なものではない。しかしそれは、欠点ではなく、むしろ長所である。なぜなら、網羅的な文献リストは、ある不都合を生じさせるからである。すなわち、どの本から手をつければよいのか、わからなくしてしまうのである。ここにも、情報過多の問題が顔を出す。本書の参考文献は、まず最初に読むべき、基本的な文献に限定されているのである。特定のテーマに興味をいだいた読者は、その文献を入口として、より深い世界に入っていくことができるのである。しかし、原著の文献情報は一九八六年時点のものであるため、それ以降により適切な書物が出版されている場合もある。訳者の判断で、いくらかの文献を追加した。

参考文献のリストを見ていて気づくことがある。それは、あげられている基本的な文献の翻訳が、まだまだ少ないことである。たとえば、ジョルジュ・デュビィの『西欧中世の農村経済と田園生活』『三身分もしくは封建主義のイマジネール』、ジャック＝ル・ゴフの『西欧中世の文明』など、著者がもっとも基本的な文献としているものが、まだ翻訳されていないのである。たしかに、翻訳には時間がかかる。その間にも、どんどんと新しい書物が出る。そのため実際には、翻訳すべき書物の数と、翻訳されている書物の数の差は開く一方なのである。一般の歴史愛好家たちや、歴史を学ぶ学生たちのためにも、せめて本書にとりあげられている基本文献くらいは、翻訳されるべきではなかろうか。

図版に関しては、原著には図版はなく、訳者の判断で適当と思われる図版を選択し、挿入した。訳者自身の撮影した写真も多いが、Robert Delort, *Le Moyen Age*, Edita SA, Lausanne, 1972.の図版にも多くを負っている。各項目の理解の一助となることを期待したい。

本書の翻訳に取り組んで、またたくまに三年の月日が流れた。その内容は多岐にわたり、一つの項目を訳すごとに、参照した文献の山が残った。何と無謀なことを始めてしまったのかと後悔したことも、しばしばであった。しかし、意図するところがあって著者が一人で書き下ろしたものである以上、訳者も、一人で苦しみに耐え、作業をつづけるしかなかった。さいわい、藤原書店の藤原良雄氏のあたたかいご支援や、清藤洋氏の熱心な編集作業のおかげで、やっと翻訳の長旅を終え、書物を完成することができた。ここにあらためて、感謝の意を表したい。

また、訳者の未熟や無知のため、不適当な訳語の選択や、軽率な誤りがあるかもしれない。識者の率直なご指摘をお願いしたい。

最後に、この事典が、歴史を愛する人々や、歴史を学ぶ人々の手元で、長く愛されつづける書物となることを期待したい。

一九九一年二月二八日

池田健二

訳者紹介

池田健二（いけだ・けんじ）

1953年　広島県生まれ
1990年　上智大学大学院文学研究科史学専攻博士後期課程修了
現　在　上智大学外国語学部講師
専　攻　フランス中世史・中世美術史
論　文　「ヴェズレーのタンパンと十二世紀の霊性」(『上智史学』39) など
訳　書　G. デュビィ『ヨーロッパの中世一芸術と社会』(共訳，藤原書店，1995)
　　　　E. マール『ロマネスクの図像学』上・下 (共訳，国書刊行会，1996)
　　　　〃　『ゴシックの図像学』上・下 (共訳，国書刊行会，1998)
　　　　〃　『中世末期の図像学』上・下 (共訳，国書刊行会，2000)
著　書　『彷徨一西洋中世世界』(共著，南窓社，1996) など

ヨーロッパ中世社会史辞典　新装版

1991年3月31日　初版第1刷発行
2000年6月10日　新装版第1刷発行©
2004年5月30日　新装版第2刷発行

訳　者　池田健二
発行者　藤原良雄
発行所　株式会社　藤原書店

〒162-0041　東京都新宿区早稲田鶴巻町523
電話　03(5272)0301
FAX　03(5272)0450
振替　00160-4-17013

印刷　ビーエム・アート　　製本　河上製本所

落丁本・乱丁本はお取替えいたします
定価はカバーに表示してあります

Printed in Japan
ISBN4-89434-182-4